3·1 민족성지 태화관은 어떻게 여대가 됐나

3·1 민족성지 태화관은 어떻게 여대가 됐나

초판 인쇄   2022년 5월 20일
초판 발행   2022년 5월 25일

지은이   김태은
펴낸이   김상철
발행처   스타북스
등록번호   제300-2006-00104호
주소   서울시 종로구 종로 19 르메이에르종로타운 B동 920호
전화   02)735-1312
팩스   02)735-5501
이메일   starbooks22@naver.com
ISBN   979-11-5795-645-6 03910

• 이 책 본문의 각주에는 '을유1945' 서체를 사용했습니다.
• 잘못 만들어진 책은 본사나 구입하신 서점에서 교환하여 드립니다.

3·1 민족성지 태화관은 어떻게 여대가 됐나

김태은 지음

여성공간의 상징
태화여자관
101주년

스타북스

* 이 책은 방일영문화재단의 지원을 받아 저술·출판 되었습니다.

기자로서, 작가로서 여성을 기록하고 스스로 역사가 된,

한국 최초 민간신문사 여기자 최은희(1904~1984)를 기리며.

최은희는 여성사가 여성이 받아야 할 권위를 되찾아준다고 확신했다.

배제된 3·1운동의 여성사적 의미

● **들어가며** ●

이 책은 2019년 2월, 3·1운동100주년을 맞아 성신언론인회 등의 지원을 받아 독립출판(비매품)했던 '3·1정신과 여성교육 100년'의 후속 격이다. 전작은 성신여대(성신학원)가 3·1운동의 발원지인 서울 인사동 태화관에서 1921년 설립된 태화여학교를 승계한 역사적 사실을 재발굴하면서, 3·1운동이 한국여성에게 끼친 엄청난 영향을 전반적으로 되돌아보는 기회가 됐다. 고루한 국사책 속 태화관이 아닌 현재에도 유효한 공간적 의미와 장소성을 되새기는 동시에, 국내에는 아직 자리 잡지 못한 '대학사大學史' 연구의 한 형태로 알음알음 찬사를 받기도 했다.

민족대표들에 의해 기미독립선언식이 이뤄진 태화관이 '여성에 의해, 여성을 위한, 여성의 공간'으로 변모한 것은 거족적 항일운동이 여성해방운동의 일환으로 인구 절반의 삶에 끼친 지배적 영향력을 강렬하게 상징한다. 오히려 한 세기가 흐른 3·1운동100주년 기념 물결에 여성의 자리는 그다지 눈에 띄지 않았다. 2019년 광복절 옛 태화관 자리에 조성된 '3·1독립선언광장' 준공식에는 역시나 나이든 남자들만 즐비하니 치적을 자랑했다.

그해 말 종교인연합이 추진한 3·1운동100주년기념비 제막식은 '할아버지'들의 대잔치로 그쳤다. 한국여성운동의 초석이 다져진 공간조차 다시금 남성들의 전유지가 되는 것은 금방이다.

그 동안 내가 사로잡힌 어구는 '역사는 발굴이며 해석이고 경합이 된다'는 어느 역자의 말이었다. 한 번 잊힌 역사가 복원되기란 얼마나 어려운지, 한 줌이라도 권력을 쥔 자들의 편의나 이해관계에 따라 엄연한 사실도 어떻게 취사선택되는지를 여실히 보았다. 무엇보다 여성의 역사가 얼마나 홀대되는지를 뼈저리게 깨닫는 계기였다. 유사역사학은 배제해야함이 분명하나 근거와 증거가 뚜렷함에도 이른바 '정통성'을 인정받기가 어려웠다. 한국사가 특정 학교 출신의 초엘리트를 자부하는 몇몇 '남성' 교수들, 혹은 정치적 이용가치에 따라 권력에 빌붙은 자들에 의해 자의적으로 해석되는 것을 목격했다. 역사바로세우기라는 명목으로 자신의 영달을 위해 '학문적 사기'에 준할 만한 분식粉飾도 뻔뻔하게 이뤄지고 있었다. 또 그 카르텔은 어찌나 공고한지, '학문의 자유'나 '지성의 전당' 같은 말들이 얼마나 허무한지를 절감했다.

3·1운동의 평화적 시위는 우리 근현대사에서 '촛불광장'까지 이르는 민주주의적 의미를 지니는 혁명이었고 무엇보다 한국여성사에서 획기적인 사건이다. 한 사람 몫을 하는 인간으로 대접받지 못하던 한국여성이 정치적 주체로 역사의 전면에 나서게 되며 여성참정권을 획득하는 근거가 된다. 3·1운동으로 탄생한 대한민국임시정부는 신분, 계급, 성을 떠난 평등을 임시헌장에 명문화하고 남녀 모두에게 선거권 및 피선거권을 부여한다. 임시정부 계승을 천명한 대한민국정부는 1948년 수립과 함께 역시 성인남

녀 모두에게 동등한 선거권을 부여한다. 2022년 3월1일 국립대한민국임시정부기념관이 개관을 했는데도 여성참정권이 '서프러제트' 같은 무력투쟁을 수반한 서구와 달리, 해방 후 미군정을 거치며 거저 얻어졌다하는 잘못된 정보를 사실로 아는 이들이 여전히 많다.

비단 이뿐이 아니다. 여성의 역사는 동서고금을 막론하고 잊히고 지워지기 일쑤다. 끊임없는 발견과 재해석, 의미부여 없이는 한 세대만 지나도 마치 존재하지 않았던 일처럼 사라져버리곤 한다. 심지어 내가 살아온 반세기 안 되는 시간동안에도 그런 일들이 비일비재함을 목격했다. 2016년 강남역여성표적살인사건 전후로 등장한 온라인 페미니스트들 중 일부가 자신들이 이 땅 최초의 페미니스트라고 주장하는 것을 보고 그들의 무지를 탓해야할지, 기억되고 기려지지 못한 여성사를 안타까워해야할지 아연했다. 남성들이 '거인의 어깨 위'에서 더 멀리 나아갈 때, 여성들은 맨땅에서 또다시 시작해야하는 일이 허다한 이유다. 사소하게는 가문의 치장부터 국가 간 전통·영토 전쟁까지 역사는 단순히 지켜야할 것 이상의 의미와 가치를 가지고 있지만, '여성사'는 사학계측에서도 여성학계측에서도 뚜렷한 대접을 받지 못하며 부유하는 모양새다.

다행히 여성계가 염원해온 국립여성사박물관이 서울 은평구 한국여성정책연구원 내 부지를 결정하고 2024년 개관을 목표로 추진 중이다. 여성사라는 분야가 국내에 확고히 자리 잡는 동기가 될 것으로 보인다. 특기할 만한 것은 그동안 한국 근현대사에서 여성이 '종군위안부' 같은 피해자적 위치가 두드러졌다면, 2010년대 들어 여성운동과 더불어 여성독립운동가를 기리는 움직임이 크게 일었다는 점이다. 2019년에는 태화여학교 출신 여성

8명이 독립운동가로 인정받아 뒤늦게 정부로부터 서훈을 받았다. 김동희 (1900~), 김상녀(1912~), 남윤희(1912~), 노보배(1910~), 민임순(1913~), 신준관(1913~), 정태이(1902~), 홍금자(1912~)가 그들이다. 1930년 1월 15일 서울에서 태화여학교 재학 중 광주학생운동에 동조하는 만세운동과 동맹휴교에 참여하다 체포돼 구류형을 받은 것이 확인돼 모두 대통령표창을 추서 받았다.

민족성지 태화관에서 비롯된 '태화여자관'이 지난 세기 여성계에서 그 역할과 위상 면에서 상징하는 바가 컸을 텐데, 이런 중요한 기록들이 정사正史화되지 못하고 낱낱이 흩어져가는구나 싶어 책을 쓰는 내내 속이 쓰렸다. 간신히 사료에 흔적이 남은 몇몇 인물에만 치중할 수밖에 없는 것이 현 여성사의 명확한 한계다. 분단상황 등이 더해 아직 확보, 정리되지 못한 근현대사에서 증발된 여성의 이야기를 발굴하고 정립할 의무가 더욱 뚜렷해진다. 참고로 2021년 KBS에서 현충일 특집으로 '연순, 기숙'이라는 다큐멘터리를 방송해 눈길을 끌었는데, 10대소녀시절 여자의용군, 학도병으로 한국전쟁에 나섰던 여성들의 육성을 담은 것이다. 애국심, 의협심, 정의감 등은 남성참전용사들과 다를 바 없었지만 자식들에게조차 이 사실을 숨긴 것은 노벨상 수상작 '전쟁은 여자의 얼굴을 하지 않았다'(스베틀라나 알렉시예비치 저)에 나오는 바와 같이 여군에 대한 편견을 극복하기 어려웠기 때문일 터이다. 훗날 영웅으로 추앙받기라도 할 심산으로 싸웠던 것이 아니었던 만큼, 이런 식으로 기억되지 못한 여성의 스토리Herstory가 얼마나 많을지 헤아리기조차 힘들다.

본서는 '태화'라는 키워드를 통해 당대 한국여성들이 여학생이라는 근대적 주체로 탈바꿈하며 어떻게 새로운 차원의 삶을 개척해나갔고, 그 정신이 한 세기가 지난 지금까지 어떻게 면면히 이어져 내려오는 지를 밝히고자 한다. 한편으로는 여성의 지위가 어머니와 아내로 주로 제한됐던 시대에도 그들의 '살림'과 '키움'이 우리사회를 지탱하고 역사를 만들어나가는데 어떠한 역할을 했을 지를 가늠해 보려한다. 태화관이 한국여성사에서 왜 핵심적 표상으로 기려져야하는지에 대한 당위는 여성신문에 기고했던 아래 두 편의 칼럼으로 대신한다.

여성신문 2021년 4월6일자

[기고] 한국여성참정권 시발점, 태화여자관 100주년

김태은('3·1정신과 여성교육100년'·'여성에게 국가는 없다' 저자)

지난 4월4일 3·1운동의 진원지 태화관에서 개관한 대한민국 최초 사회복지시설 태화복지재단이 100주년을 맞았다. 1921년 설립 당시 재단은 '태화여자관'으로 불렸다. 1919년 3·1운동 때 민족대표들이 모여 독립선언식을 거행한 서울 인사동 태화관이 '여성'에 의해, '여성'을 위한 장소가 됐다. 일제강점기와 근대화시기가 겹치며 한국에서의 여권운동은 항일독립운동과 함께 이뤄졌다. '민족성지' 태화관이 '여성'의 공간으로 변모한 것 자체가 굉장히 상징적 의미를 지닌다.

3·1운동이 세상의 절반, 여성에게 끼친 영향은 경천동지라 할 만한 것이었다. 한국 여학생, 즉 여성이 역사의 전면에 최초로 등장한 사건이었다.

남성에 의해 대변될 수 없는 독립된 주체로서 공적영역에 진출했고, 이는 3·1운동으로 수립된 상하이임시정부에서 여성참정권을 얻는 계기가 됐다. 임시정부 기관지 독립신문에는 여성들이 만세시위에 광범위하게 참여했다는 사실이 지속적으로 보도되고, '대한독립을 위한 첫 피는 대한여자에게서 흘렀다'는 기사도 실린다. 서구의 여성참정권이 '서프러제트' 같은 투쟁으로 획득한 것이라 칭송하며, 한국의 여성참정권이 1945년 해방과 함께 미군정에 의해 거저 주어진 것처럼 여겨지고 있는 잘못된 사실을 적극적으로 바로잡아야한다.

애초 미 남감리회여선교부가 복지를 위해 지은 태화여자관은 한국여성들의 자발적 요구로 여학교가 됐다. 또 대표적 항일여성운동단체인 근우회를 비롯, 경성여자기독교청년회YWCA, 조선여자청년회 등이 둥지를 틀었다. 옛 신문을 찾아보면 직업부인협회, 가정부인협회, 연합영아보건회, 연합아동보건회 등도 이곳에서 활약했다. 한국여성운동의 초석이 놓여졌다해도 과언이 아니다. 그럼에도 '3·1운동 100주년에 여성이 없다'는 탄식이 나올 정도로 여성사적 관심은 미약했다.

필자는 3·1운동 100주년이 되던 2019년 졸저 '3·1정신과 여성교육100년'을 통해 태화관이 지금의 명문여성교육기관인 성신학원(성신여대)으로 발전했음을 재발견했다. 태화여자관의 교육 기능은 1936년 성신여학교로 승계됐고, 복지 실무는 서울 수서동에 세워진 '태화기독교사회복지관'으로 이전했다. 4월6일 100주년기념예배가 이곳에서 열린다. 태화관이 있던 자리에 조성된 '3·1독립선언광장'에 이러한 여성사가 새겨지길 바라며, 4·7 재보궐선거를 앞두고 한국여성들이 피로 일궈낸 소중한 한 표의 의미를 되새겼으면 한다.

여성신문 2019년 5월4일자

[기고] 3·1독립선언광장에 한국여성사 새기자

김태은 ('3·1정신과 여성교육100년' 저자)

여성독립운동가 재발굴 움직임이 일기 시작했지만 올 3·1운동 100주년에도 여성을 조명하는 비중은 크지 않았다. 한국여성사연구의 태두 박용옥 전 성신여대 교수가 "우리나라의 여성운동은 서방국가의 경우와는 달리 주로 항일민족독립운동의 추진과정 속에서 발전했다"며 "서구와 다른 방식으로 성장한 한국 여성운동의 초석이 3·1운동"이라는 연구를 내놓은 지 오래지만 3.1운동에 대한 여성사적 해석은 여전히 빈곤하다. 3·1운동은 신교육을 받은 여학생으로 대표되는 한국여성이 정치적 주체로서 역사의 전면에 최초로 등장한 사건으로 평가된다. 서구여성들과 마찬가지로 한국여성들도 참정권을 위해 피의 대가를 치렀다.

여성독립운동가들의 활동이 우리사회에 여권이 뿌리내리는 토양이 됐다. 3·1운동을 계기로 설립된 임시정부 기관지 독립신문은 여성들이 만세시위에 광범위하게 참여했다는 사실을 지속적으로 보도하며 '대한독립을 위한 첫 피는 대한여자에게서 흘렀다'는 기사를 싣는다. 임시정부는 대한민국 임시헌장에 남녀평등 원칙을 명시하고 건국강령에서 여성 참정권을 공식적으로 인정했다. 임시정부 계승을 천명한 대한민국정부는 1948년 수립과 함께 남녀 모두에게 동등한 선거권을 부여한다.

여학생들의 적극적 참여가 이뤄진 3·1운동을 경험하며 보통여성들도 주체적으로 교육받기를 갈망하게 되는데, 그런 과정에서 태화여학교 등이 탄생한다. 3·1독립선언식이 이뤄진 태화관을 남감리회여선교부가 매입해 그 장소성을 이어받은 태화여자관을 세우고, 한국여성들의 적극적 요구에 의해 계획에 없던 여학교까지 설립하게 된다. 3·1운동에 주체적으로 참여했던 신여성들의 직업터전이 되기도 한다.

1926년 태화여자관성경학교(협성여자성경학원) 교감 이효덕(1895~1978)을 찍은 사진에 배경으로 나온 태화관 내 '별유천지'가 3·1운동의 적확한 발상지다. 이 사진이 민족성지의 원형을 담은 거의 현존 유일 영상자료라는 것도 굉장히 상징적이다. 3·1운동으로 6개월의 옥고를 겪은 이효덕은 출옥 후 서울여자협성신학교에 입학, 재학 중인 1921년 3·1운동 2주년 기념시위를 주동해 정학처분을 받기도 했다. 김마리아, 나혜석 등과 함께 3·1운동으로 이어지는 2·8독립선언에 앞장 선 일본 유학생 황에스터(1892~1971)는 출옥 후 태화여자관에서 공장부인들을 위한 무료야학강습을 하며 물산장려운동에도 앞장섰다. 역시 2·8독립선언 가담자인 유영준(1892~?)도 1927년 태화진찰소 의사로 일하며 교편도 잡았다. 3·1운동에 참여한 간호사 한신광(1902~?)도 이곳에서 국내 모자보건사업을 첫 발걸음을 떼었다. 이들의 제자인 태화여학교 생도들은 1930년 서울여학생만세운동에 주도적으로 참여하게 된다. 이후 태화여학교는 1936년 성신여학교로 인계돼, 성신여대로 대표되는 여성교육의 요람 성신학원으로 오늘까지 이어진다.

현재 인사동 태화관이 있던 자리에는 태화빌딩이 들어섰고 서울시 등은 3·1운동 100주년을 맞아 이 빌딩 앞 공영주차장에 3·1독립선언광장을 조성하기로 했다. 올 8·15 광복절에 개장을 앞둔 이 광장에 조선총독부 건물의 돌기둥으로 식민지역사의 상처를 표상하겠다는 의도로 '돌의 귀환'이라는 행사를 벌였다. 여성독립운동가를 재조명하겠다는 의도로 안양의 이은숙 선생(독립운동가 이회영의 아내) 옛 집터에서 이 행사의 일부를 치르기도 했다. 정작 3·1정신을 직접적으로 이어받은 태화관 터에서 독립운동과 함께한 한국여권운동이 꽃폈다는 사실을 간과했다.

1919년 3월1일 독립선언식이 거행된 태화정을 배경으로 1926년 사진을 찍은 태화여자관 성경학교 교감 이효덕.

독립운동사에서 여성의 위상을 제고하겠다는 정부와 지자체의 발표가 충분한 연구조사 없이 피상적으로 이뤄졌다는 비판을 면하기 힘들다. 더 늦기 전에 '3·1독립선언광장'에 태화관이 어떻게 한국여성사에서 빠질 수 없는 상징적 장소가 됐는지를 기록하고 기릴 것을 제안한다.

4장 여성계에 기여한 태화·성신의 인물들

일러두기

1 태화복지재단 100년간의 내부보관자료 대다수는 외부공개가 되지 않고, 미국에 있는 선교부 자료 등은 직접 접근이 어려워 이덕주 감리교신학대 은퇴교수의 저 작 '태화기독교사회복지관의 역사'(1994), '스크랜턴-어머니와 아들의 조선 선교 이야기'(2014)를 주로 재인용했음을 밝힙니다.

2 사진 출처 표기가 따로 없는 것은 공공저작물 이미지임을 밝힙니다.

3 근대시기 발행된 신문잡지 인용 시 맞춤법은 편의에 따라 표기된 그대로 따르거 나, 현대 맞춤법안에 맞게 수정했음을 밝힙니다. 가독성을 위해 한자표기는 한글 로, 숫자표기는 아라비아숫자로 모두 변환했습니다.

1장

여자대학이 된
민족성지 태화관

1927년 태화여학교 특별과 1회 졸업사진.
뒷줄 왼쪽에서 세 번째가
당시 태화여자관장이었던 에드워즈 선교사.
바로 옆 네 번째가 미 북장로회에서 파견돼
교육부문을 관장하던 킨슬러 선교사.

(사진=사회복지법인 감리회 태화복지재단)

—— 고증 부족한 3·1운동 100주년 기념 ——

한국최초의 민간신문 여기자[01]인 최은희(1904~1984) 전 조선일보 기자의 최고 공로는 여생을 바쳐 3·1운동을 기념하고 여성독립운동가를 기록한 일일 터다. 1924~1932년 8년의 기자생활 중에도 6·10만세운동 특종 등으로 필명을 날렸지만, 퇴직 후 '씨뿌리는 여인-차미리사의 생애', '조국을 찾기까지 : 1905년~1945년 한국여성활동비화', '여성전진 70년-초대 여기자의 회고' 등 1만 여명의 인물이 등장하는 역작을 연이어 펴내 근현대기 여성의 투쟁을 역사의 한 페이지로 편입시켰다. 여성인사들을 규합해 활발한 사회활동을 병행한 행동가로 근우회, 여권실천운동자클럽 등 다수

---

01 한국최초의 여기자는 이각경(1897~미상)으로 밝혀졌다. 1920년 7월 매일신보 '부인기자' 모집에 응모, 선발돼 여기자 1호가 됐다. 매일신보는 총독부 한글판 기관지였으므로, 최은희가 1924년 조선일보에 입사하면서 민간신문 최초 여기자가 된다.

1925년 3월11일자 동아일보에 실린 당시 조선일보 기자 최은희의 사진. 경쟁지에 장문의 인터뷰가 게재된 사실이 이채롭다. '기자의 생활' 제하로 "시내 여자고등보통학교를 졸업하던 1919년 봄 종로에서 만세를 부르고 총감부로 잡혀가 무수한 고초를 받다가 1주일후 감옥으로 넘어가 24일 구류를 받았다. 고향 연백으로 내려가 거기서도 운동을 지속해 출판법 위반으로 해주감옥에 6달동안 예심에 있었다. 2년의 집행유예를 받고 나왔으나 아버지가 3일뒤 돌아가셨다"는 사실을 밝히고 있다.

의 여성단체를 이끄는데 앞장서기도 했다. 그 자신이 3·1운동에 직접 참여해 두 차례 검거돼 옥고를 치렀던 최은희는 1967년 4월15일자 동아일보에 '독립공원 설립을 제의한다'라는 칼럼을 실어 같은 달 26일 3·1여성동지회 결성의 도화선이 된다. 그가 걷는 걸음걸음이 곧 한국여성의 길이 됐고, 현대의 사관이라는 기자 출신으로 근대한국여성사의 토대를 마련했다. 그의 선구적 혜안은 뛰어났으나 여성차별이라는 시대적 한계에 막혀서인지 그가 주도한 일들은 더디 인정받기 일쑤였다.

　최은희는 훗날 의사·교육자로 활약한 최정숙(1902~1977) 등과 함께 1919년 3월1일 당일 파고다공원(탑골공원) 만세시위에 참여한 3·1운동 첫 여성 수감자였다고 밝혔다. 수개월간 한반도 전역과 세계 각지 한인밀집지역으로 퍼진 3·1운동의 첫날, 서울에서 단체로 시위를 나선 그룹 중 여학교는 관립경성여자고등보통학교(현 경기여고)가 유일했다고 증언했다. 당시 이 학교 재학생이었던 최은희는 민족대표33인 중 한 명인 박희도로부터 독립선언문을 미리 입수해 조직적 시위를 주도했다. 이런 공적에도 불구하고 사후 1992년에서야 대한민국 건국훈장 애족장에 추서됐다. 그가 추진한 '삼일공원'은 동아일보 기고가 있은 지 한 달 만에, 박정희 정부에 의해 사당동 3만여 평 국유지가 삼일공원 부지로 지정되긴 했다. 정작 공원이 조성된 것은 1990년이었다. 3·1운동에 참가한 여성들의 얼을 기리기 위한 것이라 내세웠지만, 전두환 정권이 유관순 열사가 독립만세운동을 주도했던 천안의 아우내장터 근처에 1987년 독립기념관을 개관하면서 그 취지가 퇴색해버렸다.

2017년 한국여기자협회는 독립공원 설립에 앞장선 최은희를 기리기 위해 삼일공원 내 여성언론인기념동상 설립을 추진했으나, 서울시 동작구청이 유관순 열사 동상을 특정하면서 변경이 불가피해졌다. 관官의 안이한 일 처리와 결핍된 역사인식을 드러낸 사례다. 유관순 열사가 '여성'독립운동가를 표상하는 독보적 존재로 자리매김되면서 여타 여성독립운동가들의 공적이 가려지는 것은 고질적 문제다. 무장투쟁을 펼치는 여성독립운동가들이 등장하는 영화 '암살'(2015), '밀정'(2016) 등이 개봉한 후에야 남자현, 안경신, 현계옥 같은 '여자 안중근'의 이름이 대중에게 겨우 알려지기 시작한 정도다. 유관순의 영웅적 행적은 분명하지만, 여성독립운동가가 거론될 때마다 '유관순 누나'를 대표격으로 내세우고 갈음해버리는 것은 한국여성사를 짓뭉개는 처사다. 유관순의 상징성에 대한 논란과 함께 그나마 유관순을 기려온 세월마저 희미해지는 어이없는 일이 일어나고 있다. 2019년

3·1운동 100주년을 맞아 개봉한 영화 '항거 : 유관순 이야기'의 타이틀롤을 맡은 배우 고아성은 자신이 출연한 영화가 유관순을 다룬 첫 영화로 착각하고는 "3.1 만세운동 100년이 지나 열사님 영화가 나오게 되었어요. 너무 늦었죠. 죄송합니다"라는 자필편지로 홍보한다. 역사에 무지하니 '최초'라는 자만의 우愚를 범하게 된다. 하지만 이미 여러차례 영화화된 유관순 역할은 당대 최고 여배우들이 맡아왔다. 1959년작에는 도금봉, 1966년작에는 엄앵란이 출연했다. 3·1운동에 직접 참가했던 윤봉춘 감독은 1948년작부터 3번이나 동명영화를 만들었다. 당시 서구의 잔다르크에 버금가는 국민적 위인이자, 최고의 영웅스토리였다. 1974년 김기덕 감독에 의해 4번째로 영화화되기도 했다.

다시 최은희로 돌아오면, 서울시는 1994년 정도 600주년 기념사업으로 삼일공원을 비롯한 최은희 생가(행촌동 3-1) 등을 서울명소 600곳으로 선정한다. 1995년에는 최은희가 평생을 산 15평짜리 한옥을 포함한 유적들을 묶어 언론사적공원을 만든다는 계획을 밝히지만, 시장이 바뀌고 재개발 광풍이 불며 흐지부지 된다. 공원조성사업에 포함됐던 건물들 중 '딜쿠샤'와 '홍난파 가옥' 정도만 살아남아 최근 들어 민간에 공개되고 있다. 여성인물의 경우 당대를 호령했던 유명인사조차 한 세대만 지나면 역사에서 쉬이 지워지고 만다. 쉽게 잊힌 역사만큼이나 역사의식 부재, 역사공부에 대한 무지와 서울시의 졸속정책이 합쳐진 '참사'가 2019년 3·1운동100주년 각종 기념사업들에서도 여실히 드러났다. 문재인 정부는 100주년 기념을 위해 조 단위의 예산을 투입했으나, 가장 공을 들였던 대형 이벤트인 남북공동 기념식이 이뤄지지 못하며 뚜렷한 족적을 남기지 못했다. 제 가닥을 잡지 못한 산발적 행사로 의미와 혈세 모두 증발했다.

민족의 심장에 일제 상징 박아 넣은 서울시

서울시가 32억 원을 들여서 조성했다고 밝힌 '3·1독립선언광장' 역시 시기도 역사성도 모두 만족시키기 못한 기기묘묘한 행사가 됐다. 3.1운동100주년서울시기념사업 총감독을 맡은 서해성은 전형적인 좌파인사다. 정치편향적 두 권의 공저를 낸[02] 그는 극우매체 뉴데일리가 극우인사의 입을 빌어 "박원순 시장과 학연·지연 등으로 얽힌 책임자들이 진행하는 역사왜곡은 혀를 내두를 정도"[03]라고 지목했던 이들 중 하나다. 고 박원순 전 시장의 취임 이후인 2015년 광복70주년기념사업 서울시 예술감독으로 이름을 올린 서해성은 서울시인권현장표석화사업 총괄계획가, 서울시역사재생총감독 등으로 직책을 바꾸며 꾸준히 녹을 먹고 있다. 문재인 정부에서 대통령비서실 의전비서관 탁현민이 '쇼하는 청와대'라는 일부 비난을 일으킨 것처럼, 그 역시 이벤트성 행사에 치중하면서 역사지식, 자료조사 부족과 일관성 없는 역사관을 여실히 드러내 지적을 당해왔다.

3·1절 100주년을 앞둔 2019년 2~3월 약 보름간 덕수궁 돌담길 외벽을 대나무 구조물에 흰 천으로 둘러싼 '뱀부스틱 설치미술 모방형' 퍼포먼스는 "뜬금없이 웬 공사를 벌이냐"는 시민들의 항의를 받으며 보수, 진보 양측 매체들 모두로부터 신랄한 비판의 대상이 됐다. 이를 주관한 서해성은 당초 조선일보에 "100년 전 고종이 승하했을 때 봉고제奉告祭로 불리는 일

---

02 포털사이트 네이버에 오른 서해성의 프로필에는 소설가. 그가 이름을 올린 책은 고경태 기자가 한겨레에 정리해 연재된 '한홍구·서해성의 직설'을 묶은 책(2011)과 정치인 이재명과 공저한 '이재명의 굽은 팔'(2017), 두 권이다.

03 박원순은 왜 대한민국을 조롱하는가? -광복 70주년 서울시 기념사업 추진단의 수상한 행보, 뉴데일리 2015년 7월12일

본식 장례를 치렀는데 이번에 우리 식으로 고종에 대한 예제를 다시 올리고 싶었다", "시민들에게 대한민국이 대한제국에서 이어졌다는 사실도 알리고 싶다"고 말했다.[04] 그러나 국장 행사가 알려진 후 "독립운동에 소극적이었던 왕을 재조명하는 것이 적절하지 않다"는 비판이 나오자 "흰 천은 국장이 아니라 민중을 상징한다"고 돌연 다른 해석을 내놨다.[05] 필명 '산하'로 유명한 역사스토리텔러 김형민 PD는 자신의 SNS에 "'시는 고종을 일제에 대한 항거의 상징으로 재평가하겠다는 방침'이라니 이완용 공신각 세우는 소리하고 자빠진 말씀 되시겠다"며 힐난했다. 한겨레신문도 "원래의 담장 자리가 사라진 고종상의 난점도 있지만, 고종의 장례 이전과 이후 일어난 정치적, 문화적 맥락의 역사를 제대로 포괄하지 못했다"고 한탄했다.[06] 중앙일보[07], 프레시안[08] 등도 정치색을 떠나 한목소리로 3·1정신과 거리가 먼 전시에 혀를 찼다. 주요 언론사들이 몰려있는 광화문에 위치한 덕수궁 담장에 벌인 일이다보니 이를 목격한 기자들이 그냥 넘어갈리 없었다. 이와 관련 필자는 이미 '망국'으로 역사적 평가가 마무리된 대한제국 고종을 개혁군주였던양 우상화하는데 보수와 진보 할 것 없이 집권당들이 편을 드는 것은 "위정자로서는 지배층의 위로부터의 개혁이라는 이미지를 마다할 이유가 없는 것으로 보인다"고 간파한 바 있다.[09]

04　"서거 100년 맞아 고종 國葬 재현" 덕수궁 돌담길 흰천 두르는 서울시, 조선일보 2019년 2월22일

05　'덕수궁 흰 천' 말바꾼 서울시… 고종 國葬 재현이라더니 "민중 상징", 조선일보 2019년 2월27일

06　덕수궁 담벼락에 흰천…누구를 위한 퍼포먼스였을까, 한겨레 2019년 3월10일

07　[양성희의 시시각각] '친일잔재 청산'을 넘어서기, 중앙선데이 2019년 3월2일

08　3.1운동 100주년에 '망국 책임'고종 국장 재현을?-역사학계, 여론 "3.1정신 어디로 갔나" 비판 봇물, 프레시안 2019년 3월1일

09　김에리 '대한제국120주년 재평가, 역사왜곡인가', 허핑턴포스트 2017년 10월10일 (필자 김에리는 이 책의 저자 김태은의 필명이다)

서해성은 연이은 3·1운동100주년 관련 행사 중 하이라이트에서 '돌의 귀환'이라는 이해하기 힘든 대형 이벤트를 기획해 여타 지자체와 단체장들, 독립운동가 후손들을 들러리로 세운다. 2019년 2월 24~25일 독립기념관에 보관돼온 조선총독부 건물 잔재 돌을, 태화관터에 조성된 '3·1독립선언광장'의 주춧돌로 활용하기 위해 마련한 행사다. 서울시는 이 돌이 창신동 채석장에서 채굴됐다고 '판단'[10]해 '서울돌'이라고 이름 붙였다. 천안 독립기념관부터 안성3.1운동기념관과 독립운동가 이은숙 선생 옛집터를 거쳐 서울시에 인계하고, 시청사 로비에 하루 동안 전시한 후 태화빌딩에 보관, 전시하는 순회행사를 벌였다. 이어 같은 해 8월 광복절에야 뒤늦게 개장한 3·1독립선언광장 중심부에 이 돌을 박아 넣었다. 이 책에서 집중적으로 다룰 태화관터의 역사적 의미를 생각하면, '한양 중심석'이 있던 민족의 심장에 일제 잔재를 다시금 '회귀'시키는 '만행'을 저지른 셈이다. 원채굴지를 짐작하는 '서울돌' 대신 정작 이 자리에 돌아와야 할 돌은 따로 있었다. 한 시민독지가가 자비를 들여 1979~1980년께 태화관 해체 현장에서 구입해 보관해온 주춧돌 34개와 기타 부재들이다. 필자의 제보로 통신사 뉴시스에 다음과 같은 기사들이 실렸다.

뉴시스 2018년 12월27일자

[단독] 3·1운동 발상지 '태화관' 부재, 전북 김제에 있다

【서울=뉴시스】 이수지 기자 = 3·1운동의 발상지인 '태화관' 일부가 잔존하

---

10 '판단'이라는 표현은 똑떨어지는 적확한 물적 근거가 있다는 의미는 아니다. 치밀한 조사로 더 명확한 역사적 증거를 파악해 실증이 되는 것을 찾아야하는 의무를 게을리 한 것이다.

김제시가 소장 중인 2010년 찍은 태화관 부재 사진. 1980년께 철거된 인사동 태화관 주춧돌과 기와의 일부가 전북 김제시 금산면에 위치한 사립공원 동동동심원에 보관돼있다.

고 있는 것으로 확인됐다.

2019년 3·1운동 100주년을 맞이해 '대통령직속 3·1운동 및 대한민국임시정부 수립 100주년 기념사업추진위원회'가 꾸려지는 등 준비에 한창이지만, 정작 3·1독립선언문을 낭독한 '민족성지' 태화관은 재개발사업으로 완전히 철거된 것으로만 알려졌다.

그러나 한 독지가가 서울 인사동 194번지에 있던 태화관 건물의 일부를 매입, 보관해 오고 있었다.

언론인 출신 작가 김태은씨는 "사업가 출신 송재욱(77)옹이 태화관이 철거된다는 소식을 보도를 통해 접하고 이 중 일부를 사들여 전북 김제시 금산면 '동동동심원(동심원)'이라는 사립공원에 보관해왔다"고 밝혔다. "송재욱옹은 1987년 11월 본적을 김제에서 독도로 옮기면서 독도 호적자 1호로 기록된 인사다. 파킨슨병으로 경기 지역의 요양원에 입원 중"이라고 전했다. 김태은씨는 대신 송옹의 친척동생인 송계연(64)씨를 통해 태화관 매입 경위를 파악했다.

송재욱옹은 1979~1980년께 도시재개발계획으로 서울시와 기독교감리교 주관 하에 개인에게 일부 토지와 건물을 매각한다는 소식을 듣고 감리교 측을 찾아 항의하게 됐다. 매수 의사를 전했지만 이미 다른 이와 계약이 성사된 후였고, 그 매수자와 접촉해 '민족대표 33인'을 상징하는 주춧돌 34개와 건축에 필요한 목재와 기와를 매입했다. 나머지는 다른 일반인에게 매각됐을 것으로 추측한다. 당시 태화관은 여러 번 개·증축됐으나 3·1독립선언식이 이뤄진 건물을 나름대로 확인해 가장 쓸 만한 자재를 구입해 2.5t 트럭 7대분의 물량을 고향 근처 금산면으로 내려 보냈다. 금평저수지 부근 금산사 가는 길목에 있는 제비봉 아래 임야를 매입하고 복원신청을 했다. 그러나 구입한 임야가 도립공원 구역이어서 건축행위가 불가했고 행정기관과 마찰을 일으키다가 결국 무산됐다. 이 와중에 소문이 나도난된 것들도 있고, 자재들은 다 썩어 땅에 묻히고 기와와 주춧돌만이 한쪽에 쌓여있게 됐다는 것이다.

김태은씨는 "오래된 한옥이 해체되면 좋은 부재들은 타 건물을 짓는데 재활용하기 위해 재판매되곤 한다. 태화관 부재 역시 그렇게 사용됐을 가능성이 높으며 배재중·고 출신의 송재욱옹이 역사의식과 애국심이 있는 인사였기에 이를 보존할 생각을 하게 됐을 것"이라고 말했다. "태화관 건물은 남감리회 선교사들에게 인수된 후 1930년대 건축가 강윤에게 재건축을 맡겼다. 유관순과 같이 3·1운동에 참여한 강윤은 이 건물의 역사적 의미를 잘 알고 있었고 현장에 있던 옛 한옥의 기와를 재활용했다. 철거 당시 신문기사를 보면 태화관의 사적가치를 들어 보존해야한다는 여론도 만만치 않았으나 유지관리에 비용이 많이 든다는 이유와 개발논리 등에 밀려 빌딩이 들어설 수밖에 없었다. 1980년 헐린 태화관이 민족대표들이 기미독립선언을 한 것으로 기록된 태화정과 완전한 동일 건축물은 아닐 수 있으나 그 자리를 지켜왔다는 상징성만으로도 보존해야 할 역사적 의미는 충분하다"고 강조했다.

태화관 주춧돌과 기와를 찍은 2010년 사진은 김제시가 소장 중이다. 그러나 이마저도 현재는 더 훼손된 상태다. 김씨는 "금산사 문화해설사 송남진씨가 현장에 가서 확인한 결과, 쌓여있던 기와는 마모된 채 흩어져 있었다. 주춧돌들은 공원 입구 길가에 진열해놓고 있다는 것이 송옹 측의 전언"이라고 전했다. 송재욱옹이 수집해온 또 다른 유물들은 김제시에 기증돼 벽골제농경문화박물관이 전시활용 중이다.

뉴시스 *2019년 2월28일자*

[초점] 태화관 유물 있는데, 3·1독립선언 광장에 일제 잔재?

【서울=뉴시스】 이수지 기자 = 서울시가 '3·1독립선언 광장' 조성에 조선총독부 건물의 주춧돌을 쓰겠다고 했다. 그러자 3·1운동 발상지인 서울 태화관의 주춧돌이 엄연히 남아있는데, 하필이면 조선총독부의 잔재를 재활용하느냐는 지적이 제기됐다.

'3·1정신과 여성교육 100년'의 저자인 언론인 출신 작가 김태은씨는 27일 뉴시스와 인터뷰에서 "태화관 주춧돌의 존재를 서울시가 알지 못한 탓일 수 있겠다"면서도 "수도 서울의 한복판에서 왜 식민 잔재를 봐야 하느냐"고 반문했다.

김 작가는 '성신여대 전신 태화여학교'라는 부제를 단 '3·1정신과 여성교육 100년'을 집필하면서 태화관 주춧돌의 존재를 알게 됐다. 독지가 송재욱(78)씨가 태화관의 주춧돌과 기와 일부 등을 전북 김제시 금산면의 사

'독도 호적자 1호' 송재욱 옹이 매입해 보관 중인 철거된 태화관 기와와 주춧돌. 2019년 기사에 실린 사진으로 부재들이 훼손돼가고 있는 것이 확인된다.

립공원 동심원에 보관하고 있었다. 김 작가는 태화관의 역사, 위치의 장소 성과 함께 이 사실도 파악해 책에 실었다.

김 작가는 "파킨슨병으로 요양 중인 송 선생은 태화관 철거 현장에서 민 족대표 33인을 상징하는 주춧돌 34개, 건축에 필요한 목재, 기와 등 2.5t트 럭 7대분을 매입해 금산면으로 실어왔다"고 밝혔다.

김 작가는 또 "철거 당시 태화관 건물은 유관순 열사와 함께 아우내 장 터에서 독립만세운동을 주도한 건축가 강윤이 2층으로 재건축한 것이다. 건축계에서도 태화관 보전에 평생을 바친 강윤을 재조명 중"이라고 전했 다. 태화관의 독립운동사적 가치가 더욱 높아질 수밖에 없는 스토리다.

'독도 호적자 1호'이기도 한 송재욱씨는 1980년께 태화관 철거 보도를 접하고 자재 일부를 사들여 동심원에 태화관을 재건하려고 했다. 건축 허 가가 나지 않아 무산된 것으로 알려졌다. 당시 송씨가 구입한 태화관의 목재는 모두 썩어 땅에 묻혔고, 기와와 주춧돌만이 부분 훼손된 채 남아있는 상태다.

태화관은 일제강점기 음식점으로 명월관 지점 건물이었다. 위치는 현 서울 종로구 인사동 태화빌딩 자리다. 민족대표 33인 중 29명은 1919년 3·1운동 당시 태화관에 모여 기미독립선언서를 낭독하고 만세를 불렀다. 서울시는 3·1운동 100주년 기념사업의 하나로 지난 24, 25일 '돌의 귀환'을 개최했다. 조선총독부 건물에 쓰인 주춧돌인 '서울 돌'을 인사동 태화관터에 조성할 '3·1독립선언 광장'의 주춧돌로 삼아 식민의 아픈 역사를 극복하고 3·1독립운동을 기린다는 취지다.

필자는 뉴시스의 두 기사에 증거 사진들까지 모두 제공했다. 보도 후 서울시 관계자로부터 "그럼 기사에 나온 주춧돌을 광장에 넣어달라는 말이냐"는 메시지를 전해 받았다. 그러나 뚜렷한 실물이 있음에도 서울시는 그 실체를 파악하고 역사를 바로잡기 보다는 총감독이 예정해놓은 계획을 강행하는데 급급했다. 1979년 서울시가 공평지구재개발지구로 고시확정, 1980년10월 태화회관(태화관)이 헐리고 들어선 태화빌딩 건축본부장을 맡았던 김태연 장로는 고인이 돼 더 이상 추적이 불가능하다. 위 기사에 등장한 '진정한 애국자' 송재욱 옹은 이 책을 집필 중인 2021년 현재 생존해있으나 지병으로 대외활동이 불가한 상태다. 송 옹의 증언에 의하면 태화관 건물을 매수한 이와 접촉해 재사용이 가능한 한옥의 주재료인 나무, 초석, 기와 등을 매입했다고 한다. 서울 종로구가 운영하는 한옥자재은행(한옥철거자재재활용은행)에서 1930년대 자재들까지 보관하고 있고 제작시기 추적도 가능하다고 하는데, 보다 면밀한 조사를 행할 수 있었던 환경에서 이를 간과한 것이다.

'1회성 행사를 위한 반짝 쇼'라는 인상은 공원 운영이 방치된 것이 언론 보도되면서 실제화됐다. 2020년 2월4일자 아주경제 기사는 공원이 정식개장한 지 겨우 반년도 지나지 않은 시점에도 제대로 관리되지 못하고 있음을 적나라하게 보여준다. "서울시 종로구 인사동 194-3번지 일대 '3.1독립선언광장'에 기념물로 세워진 옛 조선총독부 건물 기둥에는 누군가 먹다가 버린 음식물과 쓰레기가 놓여 있었다"며 조목조목 지적한다.[11] 서울시에 따르면 광장 내부에는 국내외 독립운동을 상징하는 백두산과 한라산, 베이징, 오키나와 등 10개 지역에서 가져온 자연석과 독립운동가를 기리는 330개의 조명이 설치돼 있다. 민족의 기상과 공동체 의식을 기린 소나무 세 그루와 느티나무 한 그루를 심고, 1945년 광복 및 백두산에서 한라산까지의 거리(2464리)를 기린 수로를 450mm 넓이, 24.64미터 길이로 팠다. 기사는 "문제는 광장에 이런 의미를 안내하는 표지판이 단 하나도 마련돼 있지 않다"고 지적했다. 서울시는 "(광장 내부가 아닌 광장을 등진 구석에) 키오스크(무인 정보안내시스템)가 있으며 3월까지 소프트웨어 업데이트를 완료할 것"이라며 2020년 3월에 정식개장을 하고 적극적인 홍보에 나설 것이라고 했지만 핑계일 뿐이다. 이미 2019년 2월 '돌의 귀환' 행사, 8월15일 광복절에 선포식, 12월23일 조명점등식을 모두 마친 상태다. 때마다 서울시, 종로구청, 감리교회, 건축설계사 등의 관계자들이 매번 모여 '그들만의 잔치'는 연이었으나, 기획자가 외면돼왔다고 강변하던 '민중'과 '민의'는 찾아볼 수 없었다.

---

11 [이럴 수가] 20억 예산 쓴 '3.1운동 100주년 기념광장' 가보니…문화재에 쓰레기가, 아주경제 2020년 2월4일

　서울시는 '3.1독립선언광장 유지관리 및 광장 활성화 프로그램 운영'을 내세운 '태화관길 도시재생 명소화 사업'에 2018년 10억원, 2019년 14억원 등 총 32억원을 썼고, 2020년 1억5000만원, 2021년 8500만원의 예산을 책정하고 종로구에 관리책임을 넘겼다. 2021년 6월 필자가 직접 방문했을 때도 사정은 별로 달라 보이지 않았다. 가장 기가 막혔던 것은 독립운동 관련 지역 돌들 가운데 조선총독부에서 빼온 '서울돌'을 주춧돌로 섞어 넣은 것뿐만 아니라, 백두산천지를 표징한다는 광장의 가장 높은 곳에 총독부 돌기둥 조각을 세운 것이다. 그러나 이러한 사실은 안내판이나 표식에서 찾아볼 수 없었고, 세계 각지에서 가져왔다는 돌들도 정원 식물들 밑에 묻혀 있는지 찾아보기 어려웠다. 길이 기려야할 본래의 태화관이나 태화여자관, 독립운동가 출신 건축가 강윤의 흔적들은 모두 묻어버린 채, 우리 민족을 핍박한 일제를 상징하는 총독부를 되살린 것은 기획과 설계에 참여한 모든 관련자들의 역사관을 의심케 한다. 무엇보다 총독부건물 해체는 1993년 들어선 문민정부가 과거사 청산을 위한 주요정책으로 내세운 '역사바로세우기'의 핵심사업이었다. 진정한 민주주의를 실현하기 위한 개혁작업의 일환으로 1995년 광복50주년을 맞아 2월에는 '쇠말뚝 뽑기 사업'을 실시하고, 8월15일에 서울 광화문 한복판에 있던 조선총독부 청사를 철거한다. 해방 후 중앙청으로 불리며 중앙정부청사와 국회의사당, 국립중앙박물관 등으로도 쓰인 역사적 건축물이고 반대의견도 만만치 않았지만, 여러차례 공청회 등을 거쳐 국민의견을 수렴해 시행했다. 수치의 역사라도 비극을 되풀이하지 않기 위한 교훈목적으로 보존할 것인가, 경복궁을 일제 이전의 모습을 복원해 민족의 자존심을 되찾을 것인가의 문제는 수십 년간 공론의 대상이었다. 이승만 대통령 시절부터 철거주장이 나왔고 결국 해체해 독립기념관으로 보내버린 '국민합의'를 부정하는데 국민의 돈을 제멋대로 사용한 것이다.

　시설물의 외형도 여러모로 구조적 문제점을 안고 있다. 종로구청에서 주차장으로 쓰던 도로 한 편과 인도를 합친 2950㎡ 정도의 크지 않은 공간을 의미 있게 꾸며보려고 애쓴 의도는 역력하나, 시민 휴식처 '광장'이라는 이름에도 걸맞지 않고 경사로로 만들어져 보행로로 쓰기에도 불편한 '괴작'이 돼버렸다. 비나 눈이 오면 미끄럼사고가 날 것을 우려한 탓인지 안내판에 관련 주의사항이 적혀있기는 했다. 총독부 돌기둥만이 흉물처럼 가장 높이 불쑥 튀어나와있는데 조형물이라기도 애매해, 아주경제 기사에 나온 것처럼 조각의 틈에 쓰레기 등을 버리기에 '알맞은' 용도로 보이기조차 한다. 운영비 부족이나 관리상의 어려움 때문인지 물이 나와 흐르기로 구성된 수로는 말라있었다. 물이 솟아나오는 돌기둥은 경사진 단면이 드러나도록 조각돼있었는데 우기에는 그 때문에 생긴 세 개의 틈사이로 빗물이 고여 오염되고 있었다. 외부에 놓인 조각상의 환경적 요소에 대한 고려가 전혀 없었다고 보여 진다. 이는 종로구에 공공휴지통이 부족한 과거 행정과도 연관된다. 1990년대 종로구는 '가로휴지통 없는 거리' 사업을 벌여 휴지통을 철거하는데, 길거리가 쓰레기 때문에 지저분해진다니 쓰레기통을 없앤다는 '탁상공론' 행정의 결과다. 1995년 1월 쓰레기종량제가 본격 시작되면서 서울시와 지자체들이 가로휴지통을 없애자 오히려 무단투기를 부추기게 됐다. 2000년대 들어 다시 도로변 휴지통 증설하기 시작했지만 여전히 쓰레기통이 부족해 불편하다는 민원이 끊이지 않는다.

'그때그때 달라요' 역사관, 재귀적 좌파 이벤트

한편 툭하면 언론에 보도되며 수 십 년 간 국민들을 사로잡았던 '일제의 민족정기 끊기' 용도라는 쇠말뚝은 결국 해프닝임이 드러났지만, 민간차원에서 이뤄지던 쇠말뚝 철거작업에 정부까지 가세할 만큼 일제청산과 '극일'은 간절한 민족적 갈구였다. 이러한 현대사의 과정을 모두 지켜본 필자에게 서울의 중심에 다시 총독부의 기둥을 박아 넣는 것은 일제침탈의 트라우마를 상기시켰다. 이럼에도 불구하고 동시대를 살아왔던 서해성은 당시 오세훈 서울시장의 '남산르네상스' 프로젝트에, 갑자기 한국통감부 건물을 복원하자며 '반대를 위한 반대'를 한다. 남산르네상스마스터플랜이 발표된 2009년부터 서해성은 "경술국치 현장인 통감관저를 옛 모습으로 복원해 생생한 역사 교육의 장으로 만들자"는 엉뚱한 주장을 펼쳐왔다.[12] 서울 중구 예장동 2-1번지에 있던 '남산일본공사관(통감관저터)'은 1960년 헐린 후 중앙정보부가 들어섰고 표석으로 한일병탄을 기록하고 있다. 이미 중앙청까지 철거한 마당에 소위 '한일합병' 이후 광화문에 새 건물이 들어서기 전까지 조선총독부 기능을 했던 건물을 한일합작으로 다시 세우자는 망발은 어이없다 못해 너무 황당해서 철저히 무시당했다. 조선총독부 건물은 철거 당시 일본에서 해체 후 실어가 복원하겠다는 요구가 나올 만큼 건축유산적 가치가 충분했지만 과감한 결단으로 사라졌다. 반면 여러가지 역사적, 경제적 요소를 감안해 식민지시절 건축물을 지속해 사용하는 국가들도 있고 우리나라에도 구서울시청사 등 여전히 일제 건축물이 남아있기도 하다. 하지만 대한민국의 중심에서 일제침탈의 상징을 치워버리겠다는 결

12　사라진 건물이 국치의 기억을 지운다, 한겨레21 2009년 8월 21일 ∥ [크리틱] 근현대사의 나침반, 남산 크리틱 / 서해성, 한겨레 2012년 5월 11일

정이 난 것도 시대정신이 요구한 역사의 한 자락이다. 그런데 당시 일본에서 실어온 건축자재들로 만들어졌다는 통감부를 엄청난 세금을 들여 복구하자는 '아이디어'는 대체 누가 반일이고 누가 친일인지 정체성을 의심케 했다.

고 박원순을 따라 서울시에 들어온 서해성은 본래의 남산을 훼손했던 통감관저를 다시 짓겠다는 허황된 망상을 이루지는 못했다. 다만 2015년부터 이 자리에서 '경술국치일' 관련행사를 꼬박꼬박 벌여오면서 과거에 대한 '집착'을 버리지 못했고, 위안부할머니들을 내세워 '기억의 터'를 만드는 것으로 대신했다. 물론 나라를 잃은 국치의 오욕을 되풀이하지 말아야 한다는 대의는 알겠으나, 세대가 바뀌고 미래지향적 가치를 제시해야할 시기에 자꾸만 과거의 망령을 불러일으키는 일에 혈세를 낭비한 권력남용이라고 밖에 볼 수 없다. 광복70주년에는 식민지시대 잔재를 없애겠다며 국세청 남대문별관을 철거하고는 동시에 남산에는 '치욕의 길'을 만든다. 제 집 앞마당처럼 제멋대로 역사적 공간을 주무른 것인데, 장기적 안목 없는 이런 식의 즉흥적 공사는 역사적으로도 미적으로도 서울시의 모습을 망치는 주범이기도 하다. 국세청 별관을 공원으로 만들어 그곳에서 광복70주년 행사를 치르겠다는 박원순 당시 시장의 의견이 급속추진되자, 동아일보 등 언론들은 당시 조기철거의 안전문제 등을 제기했다.[13] '일제시대 건물은 모두 철거가 답일까: 국세청 별관 철거에 부쳐'(슬로우뉴스 2015년 05월21일), '[취재파일] '일제 잔재' 국세청 별관, 철거가 정답이었나요?'(SBS뉴스 2015년 08월26일) 등의 우려가 이어졌다.

---

13 [수도권/단독] 국세청 남대문 별관 무리한 철거 논란, 동아일보 2015년 2월10일

어떤 것은 파괴하고 어떤 것은 복원하겠다는 데 역사의식도 기준도 없는 자의적인 '쇼를 의한 쇼'일 뿐이었다. 박원순의 서울시가 공간예술이라는 명목으로 설치했던 공공미술작품들이 경관을 해치고 불쾌감을 일으키는 '시각공해' 아니냐는 논란을 꾸준히 일으켜 온 것과 일맥상통한다. 2019년 3·1운동100주년 행사에서 이르러서는 경술국치의 근본적 책임자인 고종과 대한제국을 기념하겠다는 '자기분열'을 드러낸다. 대한제국 시기 국권을 빼앗기며 한국통감부가 설치됐다는 팩트를 잊은 자기모순의 절정이다. 대한민국정부가 하는 '국사'에 치중하기도 바빠 주요중앙언론들은 지명도가 떨어지는 지자체 이벤트들에까지 감시할 여력이 없고, 지방자치제에 병행해 이를 비판적으로 다룰만한 영향력 있는 지역 언론이 발전하지 못했다. 이런 틈새에서 제멋대로 '문화권력'을 휘두르는데 국고가 줄줄 새고 있었던 것이다. 21세기 대한민국의 젊은세대는 민주화정도나 문화적 '한류열풍' 등 여러 역량이 이미 일본을 넘어섰다는 자부심으로 넘치고 있는데, 진보를 자처한 민주당 계열은 1987년 민주화운동을 하던 시대의 인식에서 한 치도 나아가지 못했다. 젊은 날 운동을 하던 시기에 고착된 사고가 586세대의 적체를 불러왔음이 서울시가 벌여온 가시적 문화행사들을 통해 고스란히 증명됐다. 결국 미래세대들에게 외면당하며 2021년 4·7보궐선거에서 국민의힘 소속 오세훈 서울시장의 컴백을 불러왔다.

남북분단과 이념전쟁으로 좌익사상이 핍박받기는 했지만 해방 후의 역사 역시 우리 선조들이 주체적으로 만들어온 것인데, 절대적 역사지식과 상상력 부족으로 요리조리 자리옮김만하는 보여주기식 눈속임을 반복하며 제자리걸음도 아닌 퇴보를 불러왔다. 결국 새로운 시대의 비전을 만들어내지 못하고 '친일청산'과 '반일'을 정치적 도구로, 자리다툼에 선별적으로

취사선택해 이용하면서 해방직후 반민특위 시절로까지 퇴행하고 있는 꼴
이다. 한국의 근대기가 일제강점기와 겹치면서 전국적으로 많은 근대 건축
물이 이 시기 지어졌다. 이 건물들을 모두 없앨 수는 없었고 시대별로 도시
계획으로 인한 경제적 가치, 일제청산이라는 국민적 관심이 필요할 시 정
치적 이용성 등 필요에 의해 선별 철거했다고 보는 것이 옳을 것이다. 이는
진보분류 정치관련자들이 심심치 않게 꺼내드는 '친일파 청산' 카드와 겹
쳐진다. 해방직후 1948년 제헌국회에서 설치했던 반민특위(반민족행위특별조
사위원회)가 제대로 작동하지 못하고 해산하고 한국전쟁이 일어나면서, 제
때 단죄가 이뤄지지 못하면서 두고두고 논쟁거리를 남긴 것은 사실이다.
하지만 당시 '면제대상'으로 정상참작을 인정받았던 이들까지 다시금 '친
일반민족행위자'로 격하하는 것은 시대상을 고려하지 못한 판단이라고 본
다. 흔히 제2차세계대전 중 나치독일에 협력했던 프랑스 비시정부 부역자
들을 사형 등으로 철저히 숙청한 것과 비교하곤 하는데, 프랑스 남부를 4
년정도 점령했던 나치협력자들을 정리하는 것에 비교하기엔 우리의 사정
은 그리 단순하지 않았다. 일제강점기 36년, 그 전 1905년 을사늑약으로 이
미 주권을 빼앗긴 후 미군정기 3년을 또 거치며 근 반세기, 민족의 운명을
타국의 손에 내놓게 됐던 것이 비극적 민족사의 근본적 원인이다. 일제통
치가 한 세대를 넘게 길어지다 보니 그것을 체제로 받아들여 그 안에서 살
수밖에 없는 백성들이 선택할 수 있는 길은 많지 않았다.

　　'내재적 발전론(자본주의 맹아론)'이 국내 사학계에서 대두됐지만 여전히
많은 식민지를 거느렸던 서구열강중심 국제사회에서는 '식민지 근대화론'
만이 유효한 대접을 받는다. 근대화가 곧 서구화였던 시대에 일제하 교육
받은 관료들을 활용해야만 해방 후에도 근대체계 정부를 운용할 수 있다는

현실적 딜레마에 부딪힐 수밖에 없었던 것이다. 식민지 건설은 '수탈'이 대 전제였기에 뉴라이트의 무조건적 반민족주의는 절대 정당화될 수 없다. 그 러나 당시 일제가 한반도를 지배했던 유일 정부였던 시대적 한계 때문에 반민특위는 새로 탄생한 조국에서 활용할 인력을 추려내기 위해 고심했던 것으로 보인다. 적극적 친일과 소극적 친일, 친일과 부일이라는 등의 구분 법을 내세우는 등 미온적 태도가 미청산 문제를 후손의 부담으로 남겼다. 일제가 연합국에 항복하며 우리 힘으로 얻지 못한 해방은 친일문제를 깔끔 하게 해결하지 못한 채 두고두고 소모적 논란이 되는 원인이 됐다. 일제를 물리쳤다는 자신감이 있었다면 일제잔재물도 '독립전쟁'에서 승리한 후 적 으로부터 쟁취한 '전리품'으로 취급해버리면 그만일 것이었다. 지난 세기 까지도 '적산가옥' 같은 말이 흔히 쓰였듯이 말이다.

고려대와 동아일보의 실질적 설립자로 모셔지는 인촌 김성수의 서훈 취 소는 광복 70여년이 지난 후까지 친일청산을 번복하고 있는 우리의 복잡한 현실을 보여주는 대표적 사례. 인촌의 생존 당대로 갈수록 그에 대한 평 가는 후해진다. 독립자금지원은 증좌를 만들기가 어려운 일이기에, 독립운 동 최대 스폰서라 알려진 그에 대한 동시대인들의 인정이 가장 중요할 평 가기준일지도 모른다. 일제치하에서 민족자본, 교육, 언론을 유지하고자 노력하고 대한민국 제2대 부통령을 지낸 그는 1962년 사후 건국공로훈장 복장(현 건국훈장 대통령장, 2등급)을 받았다. 1996년 친일행적이 드러난 독립유 공자 5명의 서훈을 취소하고 2011년 19명을 추가로 취소할 때 인촌은 빠졌 다. 그의 후손이 '친일반민족행위자' 결정 취소소송을 내 2017년 대법원의 친일행위에 대한 확정판결을 받고 2018년에야 서훈이 박탈됐다. 2019년에 는 서울 성북구 '인촌로' 도로명판이 모두 철거되고 '고려대로'로 명칭이

변경됐다. 본래 '이공대뒷길'로 불리던 도로를 1991년 서울시가 지명심사
위원회를 열어 '인촌로'로 개명했다가 시대적 평가가 바뀌자 또다시 이름
을 바꾸는 일이 일어난 것이다. 세금의 낭비는 물론 일제잔재를 남겨 역사
적 교훈으로 삼자는 주장과도 배치되며 피로감만 가중된다.

지난 세기에만 해도 많은 지식인들이 한 인물의 친일과 반일 이력을 꼼
꼼히 짚어내 종합적이고 합리적 평가를 하려는 의견개진을 했다. 광복군
출신으로 고려대 총장을 지낸 김준엽(1920~2011)은 해방후 가장 잘못한 일
이 친일파 정리를 못해 민족정기를 바로세우지 못한 것이라면서도 "그러
나 일제 36년간 직간접적으로 일제에 협력하지 않고는 생존이 불가능했던
점을 감안해 처벌은 악질분자에 한해야 해요. 물론 역사적 심판은 받아야
겠지만 일일이 따지면 사람이 없어져요. 그 사람의 공과를 잘 따져서 총체
적으로 봐야지. 썩은 사과가 있다고 해봐. 절반 이하가 썩었으면 도려내고
활용해야지. 이건 남북통일이 됐을 때도 마찬가지야. 이북에서는 거의 다
가 공산당이었는데 이들을 공산당에 부역했다고 일률적으로 거부할거야?"
라며 '썩은 사과론'을 피력했다.[14] 사학자이기도 했던 김준엽은 한국일보
1993년 8월9일자 인터뷰에서도 독립유공자 표창을 받은 이들의 친일경력
논란에 대해 "한 사람 한 사람의 행적을 객관적으로 조사해 재평가할 필요
가 있다고 생각합니다. 그러나 친일행적이 있다고 해서 무조건 매도하는
것에는 반대입니다. 친일경력보다 독립운동에 기여한 공이 압도적으로 크
다면 우리는 그의 공을 인정해야합니다. 일제가 얼마나 혹독하게 우리 국
민을 탄압했으며 친일을 강요했는지를 잊지 말아야합니다. 지도층일수록

---

14 고려대 개교100주년 고대교우회보, 2005

본의 아닌 친일을 할 수밖에 없는 경우가 많았을 것입니다. 그 시대에 살지 않았거나 국내에 없었기 때문에 친일과 무관했던 사람들이 무조건 그들을 비난하는 것은 옳지 않습니다"고 밝혔다. 1995년 4월12일자 중앙일보에 임정수립 76년을 맞아 가진 인터뷰에서도 "임시정부의 정통성을 하루빨리 찾아야할 것"이라면서도, 과거청산문제에 대해 '썩은 사과도 먹어야한다'는 신중론을 펼치고 있는 것을 찾아볼 수 있다. 그런데 이제 와서 그 시대를 살아보지도 않은 이들이 자신의 실리와 명분을 위해 친일과 반일을 뒤집어대는 데는 염증이 날 수밖에 없다.

역사에 관해 많이 인용되는 문구는 '과거를 기억하지 못하는 이들은 과거를 반복하기 마련이다'라는 철학자 조지 산티야나의 명구다. '역사는 잊은 민족에게 미래는 없다' 등으로 변용돼 한국에서 자주 쓰이는데, 단재 신채호, 윈스턴 처칠 등등이 말했다고 하지만 근거가 불분명하다. 그런데 좌파정부가 잊고 있는 것은 이 '과거'가 단지 '일제'에만 머물러있지 않다는 것이다. 3·1운동100주년에 벌인 각종 행사에서 드러났듯이 광복 후를 비롯해 지난 100년간 3·1절을 기려온 방식과 성과들은 싹 다 잊고, 자신이 유관순 역을 최초로 맡았다고 여겨버린 어느 젊은 여배우처럼 '최초'라는 무지의 행렬에 빠져버렸다. 대한민국 현대기에 이뤄온 것들을 무시해버리면 남는 것은 망각과 회귀뿐이다. 2021년 6월20일 방송된 KBS '시사기획 창 : 불평등 사회가 586에게'는 일관성도 전통도 창의성도 없는 586세대의 세대정신을 잘 짚어냈다. 1987년 6월 민주항쟁의 주역 86세대가 주류 엘리트가 돼가는 동안 한국은 OECD 최고수준의 불평등 국가가 된 것에 대해 "586은 적과 싸우는데는 능하지만 새로운 변화를 설계할 준비는 안돼있는 세대"라고 어렵게 입을 열어 자체평가를 한 것이다. 민주화세대인 자신들만이 절대선이라는 오만은 자신들 외의 것들을 모두 악으로 치부해버리는 이분법적 사고를 낳으며 '불통'의 고집을 되풀이하게 만들었다. 기득권 우파는 곧 친일이라는 식의 진보와 보수를 나누는 20세기식의 낡은 당파적 사고로는 보수타파라는 파괴적 정치 이상으로 한걸음도 앞으로 나갈 수 없게 만든다. 국민 화합과 통합이라는 구호가 무색해진다.

"3·1운동 기생 사진은 본래 여학생 사진" ─────

1919년 3·1운동 당일 서울에서 찍힌 한복을 입은 한 무리의 젊은 여성들의 사진(사진1)은 처음부터 '기생' 아닌 '여학생'들의 사진이었다. 촬영자가 멀쩡히 '여학생'이라고 지목해 제공한 사진이 어떻게 '기생'으로 둔갑하게 됐는지는 미지수다. 헤어스타일을 보고 기생이라고 찍어 붙인 듯하다. 누군가의 불찰로 시작돼 지속된 방만으로 사진 속 인물들이 오기돼온 것에, 학계에서는 이제와 바로 잡혔노라고 호들갑을

[사진1] 1919년 3·1운동이 일어난 당일 서울에서 언론인 진학문(1894~1974)이 직접 찍어 보관해오던 것을 1968년 3월1일자 동아일보에 제공했다. 사진설명에 '관립여자고등보통학교 여학생들도 오전 수업을 마치고 '독립만세'를 외치며 시위에 들어갔다', '검정 치마저고리에 머리를 틀어올린 귀여운 여학생들의 열띤 절규' 등의 묘사가 포함돼있다.

떠는 모양새다.

이 사진을 직접 찍은 언론인 진학문(1894~1974)이 1968년 3·1절 동아일보에 "관립여자고등보통학교 여학생들"이라는 설명과 함께 국내에서 처음으로 공개했다. 사진 오른쪽 하단에는 흐릿하지만 영문으로 'OSAKA ASAISHIMBUN. OSAKA, JAPAN', 한자로 '大阪朝日新聞社'라고 출처가 표기돼있다. 진학문의 이력만 알아도 금세 파악될 문제였다. 총독부를 출입한 첫 번째 조선인 기자로 알려진 진학문은 일본유학 후 총독부 기관지 경성일보에 들어갔다가 1918년 7월 오사카아사히신문 경성지국으로 자리를 옮겼다. 1919년 11월 오사카니치니치신문으로 갔다가 1920년 동아일보 창간에 참여해 초대 정경부장, 학예부장, 논설위원을 맡았다. 3·1운동 당시 서울에서 오사카아사히신문 지국에 재직 중이던 그는 이 사진을 촬영해 3월5일자 일본 현지신문에 실었다.

진학문이 제공한 3장의 사진 중 가운데 실린 이 사진에는 '파고다공원과 태화관에서의 만세소식이 전해지자 관립여자고등보통학교(지금의 덕성여중 자리) 여학생들도 오전 수업을 마치고 '독립만세'를 외치며 시위에 들어갔다. 안국동을 거쳐 종로네거리를 지나 광화문쪽으로 뛰쳐나온 수십만의 인파에 앞장서 소리높이 '대한독립만세'를 부르며 거리를 누볐다. 검정 치마저고리에 머리를 틀어올린 귀여운 여학생들의 열띤 절규는 온 장안 사람들의 가슴을 울렸으며, 타오르는 분노의 불길에 기름을 끼얹었다'는 설명이 붙었다. '3·1운동 당시사진3'이라는 제목으로 국가기록원에서 소장중인 동일사진은 1968년 동아일보사에서 받은 복사본이다.

민간신문 최초 여기자였던 조선일보 출신 최은희는 3·1운동의 첫날, 서울에서 단체로 시위를 나선 그룹 중 여학교는 '모교' 관립경성여자고등보통학교(현 경기여고)가 유일했다고 증언했다. 1972년 3월1일자 경향신문에는 최은희가 이날 참여한 만세시위를 상세 진술한 것이 한 면을 털어 실렸다. 그가 제공한 '3·1운동이 일어나기 며칠 전에 찍은 졸업사진'(사진2)은 진학문이 찍은 사진에 등장하는 여학생들과 같은

[사진2] 민간신문 최초 여기자였던 조선일보 출신 최은희(1904~1984)가 1972년 3월1일자 경향신문에 제공한 것이다. 사진설명에 '1919년 3·1운동이 일어나기 며칠 전에 찍은 졸업사진. (둘째줄 오른편에서 2번째가 최여사)'라고 나와 있다.

모습을 하고 있다. 3·1운동 당일 전찻길에서 찍힌 사진에도 최은희의 모습이 포함됐을 개연성 역시 높다.

　2019년 "'3·1운동' 사진 속 여성은 기생 아닌 여학생'이라는 주장을 담은 기고문이 어느 신문에 실렸다. "사진 속 머리 모양은 당시 히사시가미라 불리는 일본식 헤어스타일이었다. 히사시가미는 20세기 초 일본의 여배우가 유행시킨 머리로 여학생들이 열광적으로 따라 했다"며 패션·문화사적으로 접근한 시도는 돋보인다. 하지만 이 사진이 찍힌 '연원'을 찾아내는 데까지 미치지 못했다. 2021년 또 다른 신문도 '3·1 만세운동 사진, 기생 아니라 여학생이었다' 제하로 같은 사진을 싣고 똑같은 실수를 되풀이했다.

여성해방 상징하는 3·1운동 공간

3·1운동100주년기념사업은 정작 3·1운동이 보여줬던 개혁과 변화의 물결, 당대 민중에게 끼친 영향을 실질적으로 구현해 보여주는데 실패했다고 판단된다. 3·1혁명이라 정명하자는 주장이 있을 만큼 이 거족적이고 비폭력·평화적 대중시위가 당대를 살아가던 개개인의 인식과 삶에 끼친 '의식혁명'은 지대했다. 대표적으로 시대의 사상가 함석헌(1901~1989)은 3·1운동에 참가하며 사회참여의식에 눈떴고 생의 전환기를 맞았다고 고백했다. 기생이었던 정칠성(1897~1958?)이 사상운동가로 변신하며 "기름에 젖은 머리를 턱 비어 던지고 일약 민족주의자가 되었다"고 표현할 만큼 여성에게 끼친 변혁의 영향력은 더욱 극적이었다. 정칠성은 "21세시 당시는 3·1운동 즉후 조선 안은 수선수선하든 판이라 기푼 뜻은 모르나 종로 네거리에 서서 바라보는 절문가삼은 흥분에 넘치는 뜨거운 눈물을 흘리면서 그 뒤를

따라 다닌 일도 있었다. 여러 가지 활동사진에서 본 것과 이 때에 밧든 충동은 마츰내 현해를 건느게 되어 거기서 어학도 배호고 서양 갈 준비로 영어도 배호고 타이푸라이다도 배웠으나 그러는 중 차차 사회에 눈 뜨게 되에…"라고 1937년 잡지 삼천리와의 인터뷰에서 회고하기도 했다.[15] 이후 정칠성은 사회주의계열 항일독립운동가, 페미니스트, 언론인, 조선민주주의인민공화국의 정치인으로서의 삶을 살게 된다.

3·1운동100주년에서 박원순의 서울시가 놓친 가장 커다란 가치는 무엇일까. 단순히 생물학적 성별로만 갈려지는 여성 뿐 아니라, '여성'이 상징하는 역사와 더불어 여러 미래가치를 제대로 찾아내 고려하지 못했다. 이 때문에 여성에 대한 성폭력은 더불어민주당 정권의 가장 큰 리스크가 됐고 n86세대가 외치는 정의는 빠르게 당위를 잃고 있다. 여성인권을 위해 법정투쟁을 해왔던 고 박원순 전 서울시장이 "저는 사실 여성"이라고 말한 것은 생물학적 여성이라는 의미가 아닌, '여성'으로 대변되는 피지배층, 사회적 약자의 위치를 말했던 것일 게다. 그러나 권력의 속성은 마찬가지로 작용했고 권력형 성범죄로 이어지며 유력대선후보로 꼽히던 이들의 좌초를 줄줄이 불러왔다. 필자의 전작 '여성에게 국가는 없다'에서도 지적했듯이 집권당의 완고하고 견고한 '내로남불' 권력욕에 균열을 낼 수 있었던 것은 여성들에 의한 '미투혁명'이었다. 이러한 여성의 힘을 잊고 있던 자칭 진보·좌파의 여성혐오는 곳곳에 드러났고, 결국 민심조차 떠나게 하는 원흉이 됐다. 태화관의 역사적 추이만 잘 살펴봐도 새롭게 '여성'이라는 가치를 끌어낼 수 있는 지점은 많았다. 2010년대 들어 꾸준히 재발견되고 있는 여

---

15 著名人物 一代記, 삼천리 제9권 제1호, 1937년 01월01일

1918년 3월 5일자 매일신보에 '화류계의 기마열, 말 잘타는 기생'이라며 한남권번의 명기 현계옥과 정칠성(정금죽) 등의 사진이 실렸다. 훗날 항일독립운동가, 여성운동가가 되는 여걸들이다. 기사에 따르면 사진 오른쪽 첫 번째가 현계옥, 두 번째가 정칠성이다.

성독립운동가들에 대한 여성사적 흐름에만도 조금이라도 관심이 있었다면 3·1운동100주년은 아주 새로운 계기로 재탄생할 수 있었다. 하지만 586세대의 청개구리식 방식에만 집중한 상상력의 한계는 일제잔재의 부활이라는 기괴한 기념행사를 만들어냈다. 지난 잔재의 철거도 당대 의식 속에서 국민적 합의를 거쳐 진행된 것인데 파괴와 재현을 반복하며 새로운 것을 보여주지 못하는 것도, 통합된 대한민국의 역사를 인정하지 않는 진영논리에 갇힌 사고다.

2016년 행정자치부 국가기록원은 '여성독립운동사 자료총서-3·1운동편'을 발간했고, 2018년 서대문형무소 역사관에서 열린 제99주년 3·1절기

념식에 참석한 문재인 대통령은 "대한민국임시정부기념관에는 3·1운동에
참가한 나무꾼도 광부도 기생들도 자랑스러운 독립운동가의 이름으로 새
겨질 것"이라고 했다. 하지만 반쪽의 역사를 되살리는 데는 역부족이었다.
모집단의 비율대로 여성을 대의하지 못하는 공권력, 여성들의 역사는 부수
적인 것일 뿐이라고 여기는 실무진의 인식과 실행 변화까지는 더 오랜 시
간이 걸릴 듯하다. 2021도쿄올림픽은 성평등을 위한 다양한 가치들을 드러
냈고, 2024파리올림픽 '마리안' 엠블럼은 여성이 인류의 대표얼굴이 될 수
있음을 보여줬다. 이러한 세계적 흐름에 동참하지 못하는 여성비하문화는
앞으로 국운을 가르는 요소가 될 수 있다.

　짚어보자면, 정칠성은 민족대표 33인 중 29인이 참여한 태화관 독립선언
식 자리에 있었을 개연성이 높다. 당시 이곳에서 일하던 몇몇 기생들도 동
참했다하고, 정칠성도 3·1운동 가담혐의로 연행됐다가 특별한 혐의가 없
어 석방됐다는 얘기도 전한다.[16] 이 장면을 그린 민족기록화 '민족대표 독
립선언'은 박정희 대통령 집권시기인 1967~1979년 정부가 당대 저명한
화가들을 지원해 탄생한 그림들 중 하나다. 화가 최대섭이 사학자들의 고
증을 받아 그린 이 그림은 당연히 상상력이 가미돼있을 수밖에 없고, 기생
들의 현장 참석여부를 가리는 증거는 될 수 없다. 여성의 역사는 남성의 대
표성에 의해 지워지고, 한 명의 독립된 인격으로 기록되지 못하기 마련이
다. 3·1운동에의 혁혁한 여성참여에 반해, 한 세기 동안 여성의 자취는 더
욱 희미해지고 누락된 역사를 되살리려는 노력은 부족했다. 어느 대중 역
사강사가 태화관을 '룸살롱'이라고 불러 폄훼논란을 일으키며 고소를 당하

16　사상기생 정칠성 선각자 /김지욱 (사)국채보상운동기념사업회 전문위원, 세명일보 2018년 10월30
　　일

기도 했는데, 영업을 위해 기생들이 대기하고 있었음은 분명하다. 당시 태화관은 조선의 멸망으로 실직했다고도 전해지는 대한제국 마지막 대령숙수(궁중 최고 주방장) 안순환이 요릿집으로 개점한 명월관의 분점으로, 관기제도가 없어지며 궁중과 지방의 기녀들이 사교장으로 쓰이는 이곳으로 몰려들었다고 한다. 금죽錦竹이란 기명으로 활동하던 대구 태생의 정칠성은 17~18세 무렵 상경해 남도출신 기생조합인 한남권번 소속으로 요릿집에서 일했다.

기녀들이 당대의 연예인으로 유명인사였다는 것은 그 시기 발행됐던 신문·잡지를 보면 잘 알 수 있다. 1910년 강제병합후 3·1운동 이듬해 문화통치정책으로 다시 민간신문이 발간되기 전까지는 총독부 기관지 '매일신보'가 유일한 한글신문이었는데, 정칠성은 '정금죽'이라는 이름으로 동정이 실릴 정도로 세간의 관심을 모으는 스타였다. 1918년 3월5일자 매일신보에는 '화류계의 기마열, 말 잘타는 기생'이라는 제하의 기사가 사진과 함께 보도됐다. 경성 황금정 승마구락부에서 승마바지를 입고 말고삐를 잡은 3명의 여성의 사진 중 한남권번의 명기 현계옥과 정금죽이 있다. 여성이 바지를 입는 파격적 차림은 이들이 최첨단을 달리는 신여성이었음을 증거한다. 기사는 "현계옥 같은 체격은 여간 남자들보다도 당당하다"고 표현하는데 이같이 진취적이고 도전적 기상이 항일독립운동으로 나서게 했음을 미루어 짐작할 수 있다. 현계옥(1897~?)은 경북 달성 출신으로 일찍 부모를 여의고 17세에 대구기생조합에 들어가 기생이 된다. 상경해 한남권번에 진출했던 그는 3·1운동이 일어난 해 자취를 감추는데, 만주로 건너가 여성 최초 의열단원이 됐다. 소설가·기자였던 현진건의 형으로 일본에 유학한 인텔리였던 현정건의 연인이었다. 현정건에게 영어, 김원봉으로부터 폭탄

제조법과 육혈포 쏘는 방법을 배워 조직의 비밀활동을 담당했다. 1928년 현정건이 상하이에서 검거되자 시베리아로 망명, 이후 모스크바로 가 공산 대학을 졸업했다는 기록을 마지막으로 자취를 찾을 수 없다. 외몽고로 갔다는 소식이 있다.

한편 이 보도가 당대 얼마나 충격적이었는지 같은 해 3월27일자에는 '승마기생 금지, 경찰서에서 금지한다'는 기사가 다시금 실린다. 1970~1971년 중앙일보에는 일제강점기 최고 기생으로 꼽혔던 이난향(1900~1979)의 회고담이 연재되는데,[17] 여기에는 3·1독립선언식이 있었던 날 태화관의 상황이 상당히 구체적으로 나온다. 3·1운동을 주도한 천도교 제3대 교조 의암 손병희는 기생 출신 주옥경(기명 산월, 1894~1981)을 셋째부인으로 맞는데, 이난향이 '선배'라고 지칭한 주옥경의 목격담 등을 옮긴 것으로 보인다.[18] 3·1운동에 적극동참하고 손병희의 옥바라지까지 성심껏 했던 주옥경[19]은 손병희 사후 일본 유학을 하고 돌아와 천도교 여성지도자로 거듭난다. 1924년 손병희의 딸 손광화 등과 함께 '내수단'이라는 천도교 여성단체를 만들었다.

---

17 이난향은 31세에 결혼해 가정을 꾸렸는데 말년에 이런 인터뷰를 하게 된 것은 신문기자였던 남편의 영향이 아니었나 싶다. 1979년 9월10일자 각 신문에 언론인 남상일의 부고가 실리는데, 그가 이난향의 부군이었다. 24세때 매일신문 기자로 언론계에 투신, 동아일보 등을 거쳐 합동통신사 이사를 역임했던 그는 84세에 교통사고로 사망한다. 이난향도 같은 해 영면했다.

18 남기고 싶은 이야기들(57)-제자는 필자|제4화 명월관(17)|선언문낭독 후 총감부에 통고 옥고1년… 출감 넉달만에 별세, 중앙일보 1971년 1월16일

19 서울시는 2019년 12월 일제강점기 서대문형무소에 수감된 독립운동가를 옥바라지 했던 가족들과 그 가족들이 모여살았던 동네를 기억하는 '독립운동가 가족을 생각하는 작은 집'을 개관했다. 주옥경이 형무소 담장 밑 허름한 농가의 방 한 칸을 빌어 매일 죽밥을 지어 차입해 손병희의 옥바라지를 한 것이 대표적 사례로 꼽힌다. 옥바라지마을은 무악2구역 재개발사업으로 완전히 사라지고 아파트촌이 들어섰다. 이 과정에서의 논란도 컸다.

1920년 5월15일자 동아일보에 나온 주옥경의
사진. '옥중공궤에 여념업난 손의 애인' 제하로 장
문의 인터뷰와 함께 실렸다.

　2005년 천도교여성회에서 펴낸 '천도교 여성운동의 선구자 수의당 주옥
경' 등을 보면 그는 결혼 전부터 이미 여성운동가의 면모를 드러냈다. 1913
년 무부기無夫妓, 기둥서방 없는 기생)주장으로 '기생계의 혁명'을 주도한 대표
적 기생이다. 1908년 통감부 경시청은 기생이나 창기영업을 하려면 조합을
결성해 경시청의 인가를 받도록 하는 단속령을 시행하는데, 이때 서도출신
무부기들이 중심이 돼 다동기생조합을 만든다. 한편 관아에 소속돼 임금의
신하라는 의식이 뚜렷했던 관기들의 애국정신이 면면히 이어져 내려와 임
진왜란 당시 왜장을 껴안고 진주 남강에 투신한 '애국기생' 논개와 '평양의
논개' 계월향의 후예임을 자처했고, 3·1만세운동 에 참여한 기생들도 속
속 재발견되고 있다. '조선독립운동비화'라는 책을 남긴 당시 경기도 경찰
부 부장 지바료千葉了는 1919년 9월 "800명의 기생은 화류계 여자라기보다
는 독립투사라는 것이 옳을 듯했다. 기생들의 빨간 입술에서는 불꽃이 튀

기고, 놀러 오는 조선 청년들의 가슴속에 독립사상을 불 지르고 있었다",
"경성 장안 백여 처 요정은 불온한 소굴로 화해버렸다. 간혹 우리 일본인들
이 기생집에 놀러 오는 일이 있어도 그 태도는 냉랭하기가 얼음장 같고 이
야기도 않거니와 웃지도 않는다. 그 분위기야말로 유령들이 저승에서 술을
마시는 기분이다"고 보고했다. 기생이 '살아있는 독립격문'이라 불린 것도
여기서 나온 표현이다.

　이난향의 중앙일보 회고담은 '3·1운동 후 눈뜬 애국지사들의 연락역 맡
아' 편 등으로 이어지는데, "3·1운동이 일어난 후 일본인들이 우리나라 사
람들을 보는 눈도 달라졌지만 기생들이 세상을 보는 눈도 하루하루 변해갔
다"고 묘사한다. "목이 터져라 외치던 기미대한독립만세에서 애국이 무엇
인지 알게 된 기생들의 귀에 아직도 만세의 여운이 감겨있어 애국지사나
우국 청년을 따르는 이른바 사상기생들이 생겨나게 된 것이다", "기미독립
선언 이후 일인들은 한국사람이 3인만 모여 있어도 감시하기 일쑤였다. 비
교적 요릿집은 자유로운 상태이어서 애국지사들은 요릿집에 잠입하게되
고 명월관은 우국지사들의 숨막히는 연락장소로 쓰이기도 했다"고 전한
다. "이 무렵 서울에는 요릿집이 많았지만 명월관·국일관·식도원 등이 큰
것으로 손꼽혔다. 명월관은 점잖은 손님, 국일관은 장사하는 신흥부호, 식
도원은 일본사람과 관공리들로 각각 손님이 대강 구별됐다"며 인촌 김성
수의 일화도 남겼다. 식도원에서 인촌과 친일파 박춘금사이에 언쟁이 벌어
지고, 화가 난 박춘금이 육혈포를 꺼내 인촌을 겨누자 기생들이 재빠르게
주위를 둘러 "쏘려면 우리를 쏘라"고 막아서 박춘금이 총을 거두었다. 인
촌은 대표격인 이연행을 자택으로 불러 부인에게 "생명의 은인"이라고 소
개했다고 한다. 이외에도 애국지사를 물심양면으로 지원하던 의기義妓들이

적지 않았다.[20]

외신들도 주목한 소녀들의 항쟁

3·1운동이 가져온 가장 가시적 변화도 '여성'이라는 존재의 대두였다. 스코틀랜드계 캐나다 언론인 프레더릭 아서 매켄지[21]는 1920년 저서 '자유를 위한 한국인의 투쟁'의 17장 '자유를 위한 소녀들의 순교'에서 "한국 독립운동의 가장 극적인 장면은 소녀들과 여성의 참여"라고 정의했다. 당시 재한외국인들의 증언에 의하면, 3·1운동 이전 시기에는 여성들이 길거리에 나다니는 것을 보기도 어려웠는데 이후 여성들의 대외활동이 본격화됐음을 알 수 있다. 그러나 100년이 지난 21세기에 이를 조명하려는 시도는 오히려 후퇴해 현재 우리사회에서 여성의 위치와 여성사가 가지는 의미가 얼마나 초라한지를 증명하는 듯 했다. 페미니즘 잡지 '일다' 편집장 조이여울은 "3·1운동과 유관순 열사는 마치 동의어처럼 짝으로 따라다닌다. …아이러니하게도 한국인 중 3·1운동을 '10대여성들이 주체가 된 독립운동'으로 기억하는 이는 거의 없다"고 지적한다. 학계에서도 "3·1운동연구

---

20 국가보훈처에 등록된 독립유공자 중 기생만 수십 명이란 사실은 잘 알려지지 않았다. 3·1운동 참여로 서훈 받은 기생들로는 김향화를 비롯 문응순, 옥운경, 이소선, 문재민 등을 찾아볼 수 있다. 이들을 다룬 다큐멘터리가 2015년 SBS에서 방영된 '꽃들의 저항'이다. 분쟁전문 프리랜서 PD 김영미가 연출해 '독립기생단'이라고 불리던 이들의 잊힌 행적을 좇았다.

21 2014년 한국정부에 의해 독립유공자로 추서된 프레더릭 아서 매켄지(1869~1931)는 여러차례 한국을 방문해 기사와 함께 '대한제국의 비극' 등의 저서를 썼다. 1907년에는 조선 통감부에 의한 대한제국 군대의 해산 명령에 항의해 각지에서 일어난 의병의 활약상을 취재, 이를 사진으로 남긴 것으로 유명하다. 인기 드라마 '미스터 션샤인'에도 재현됐던 장면이다. 매켄지는 3·1운동시기 제암리학살사건을 취재해 전세계에 알리기도 했다.

와 관련해서 보면 3·1운동 당시 여성들보다 더 존재감이 없는 것 같다"[22], "3·1운동 100주년에 여성이 없다"[23] 같은 자성이 흘러나왔다. 여러 보도매체들에 남아있는 근대사의 증언만 봐도 역사가들에게 여성과 여성사가 얼마나 소외당하는지를 알 수 있다. 수개월간 지속된 만세운동 가운데 여성들에 의해 조직되고 주도된 평화적 행진이 많았고, 임시정부에서 여성참정권을 얻는 계기가 되지만 이에 대한 기억은 너무 쉽게 사라져버렸다. 임시정부의 적통을 계승하겠다면 한국여성의 활약상과 참정권 쟁취에 관한 부분을 반드시 한 몫으로 다뤄야할 것이다. 여성의 광범위한 독립운동은 임시정부의 여성정책에 큰 영향을 미쳐 남녀평등 방침이 제도화됐고, 여성과 여성운동에 대한 사회적 인식 변화에 크게 기여했다.

　3.1운동은 당시 전체 인구 2000만 명의 10%가 넘는 200만 명이 참가한 것으로 추계되는 민족 최대 규모의 독립운동이었다. 보통 1920년 박은식이 쓴 '한국독립운동지혈사'에 기록된 사망자 7509명, 부상자 1만5761명, 피검자 4만6948명을 많이 인용한다. 대한민국임시정부에서 발행한 '한일관계사료집'에는 사망자 7492명, 부상자 1만5146명, 피검자 5만3099명으로 나와 박은식의 책과 가장 유사하다. (자료출처마다 집계 수가 많이 차이난다) 3·1운동 참가자의 성·젠더별 집계를 밝힌 연구는 거의 찾아보기 힘들다.[24] 1920년 1월 조선총독부법무朝鮮總督府法務에서 발간한 '망동사건처분표妄動

22　강정숙 '여성사로 본 3·1운동과 임시정부', 한국여성정책연구원 2019년 봄호

23　예지숙 '3·1운동 100주년에 여성이 없다', 창비 주간논평 2019년 2월27일

24　2019년 3월1일 SBS뉴스는 "유관순 같은 3.1운동 여성참가자를 따로 집계해보고 싶었으나, 판결문에는 피고인 성별 정보가 거의 나오지 않았다"고 했다. 같은 날 KBS뉴스는 '총독부가 만든 '3·1운동 계보도' 단독 발굴' 기사를 내보내며 일본 고서점에서 발견한 자료를 보도했다. 계보도에 등장하는 140명 가운데 독립유공자로 인정받지 못했거나 국가보훈처가 정보를 파악하지 못하고 있는 사람이 적지 않다는 점에서 3·1운동 연구성과가 여전히 미진함을 알 수 있다.

事件處分表'에 따르면, 1919년 3월1일~12월31일 3·1운동 피고인 1만9054명 중 여성은 전체의 2.4%정도인 471명이었다. 박찬승 한양대 교수는 "당시에는 감옥의 여사女獄가 현저하게 부족해, 여성 시위자의 경우에는 대부분 경찰서 수준에서 석방했다. 이 점을 고려하면 시위에 참가하고, 체포된 여성들의 수는 기록된 것보다 훨씬 많았을 것이다"며 이 통계만으로 여성들의 시위 참가가 저조했다고 판단해서는 안된다고 지적했다.[25] 여성 피고인 직업 중 학생이 차지하는 비중은 33%로 전체의 학생 비중 9%에 비해 높았으며, 여성 피고인 시위지역 중 경성부가 차지하는 비중이 27%로 전체의 경성부 비중 7%에 비해 높았다.[26] 처벌의 역사 역시 남성 위주라는 점, 여성의 바깥활동이 거의 없던 시대라 서울, 평양 같은 도시와 달리 지방에서는 여성 피고인의 수가 절대적으로 적은 점 등을 고려하면 교육받은 젊은 여성들의 활약상이 상당히 돋보였을 것으로 보인다. 유관순, 최은희 등의 대표적 사례에서 보듯 서울에서 3·1운동 참가 후 휴교령으로 고향으로 내려간 여학생들이 지역에서 만세운동을 조직한 경우도 많았다. 이미 총독부의 감시를 받고 있던 남성 인물들보다 여성들이 더 적극적으로 참여할 여지가 많았다는 견해도 있다.

일부 '시위대의 태반이 여성이었다'는 증언이 나온 것이 과장이 아니었던 듯, 당대 여러 기록들에서 젊은 여성의 참가가 두드러졌음을 알 수 있다. 한국 최초 여성서양화가 나혜석(1896~1948)의 아들인 전 서울대 법대 교수 고 김진이 공저한 책에는 이에 대해 여러 구절이 나온다. 아버지 김

---

25 박찬승 '1919, 대한민국의 첫 번째 봄', 다산책방 2019년 4월8일
26 서울역사박물관 저 '경성과 평양의 3·1운동', 서울책방 2018년 12월1일

우영이 3·1운동 관련자들을 위한 변호를 했던 일화를 밝히면서 전한 내용들에는 "3·1운동의 중심에는 독립선언문에 서명한 33인 대표가 있었지만, 이 선언문을 유포하고 대중에게 만세운동에 참가할 것을 촉구하는 주동적 임무는 김마리아, 박인덕, 신준려, 황애시덕 등이 맡았다. 나의 생모 나혜석도 이들 중 하나였다", "우선은 체포된 사람들이 대부분 여성이었고 그들 중 주모급은 한결같이 자신처럼 일본에 유학했던 신여성들이었다", "여성들의 사회진출을 반대할 정도는 아니었지만 삼일운동의 요체가 여성들이었음은 그를 경악시키기에 충분했다. 수감자들은 감옥에서 심문을 당하면서 어쩔 수 없이 외모는 초췌해졌지만 눈빛은 살아있었고 의연했다" 등이 포함돼있다.[27] 남아있는 사진들도 여성들이 주체가 됐던 운동의 정황을 알 수 있게 해준다. 1919년 3월5일자 '오사카아사히신문'에 처음 실린 한 무리의 여성참가자들의 모습을 찍은 사진에는 '조선인 여학생이 만세를 절규하면서 전찻길을 행진하고 있다'는 사진설명이 붙었다. 3월1일 서울 시위에 나선 경성여자고등보통학교 여학생들로, 당시 일본 여배우가 유행시킨 올림머리(히사시가미)를 하고 있다는 이유로 '기생 시위'로 잘못 알려지기도 했다. 최은희의 증언처럼 일반부녀 내지 전도부인 추정인들도 두 팔을 들어 만세를 불렀다는 것이 확인되는 사진도 남아있다.

대한민국임시정부 기관지 독립신문(상해판)은 여성, 특히 여학생이 3·1운동에 광범위하게 참여했다는 사실을 지속 보도하며 "대한독립을 위한 첫 피는 대한여자에게서 흘렀다"고 썼다. 1920년 2월17일자 '부인과 독립운동' 기사는 적(일제)에게 두 손을 베인 처녀 이야기와 함께 위 같은 문구로

---

27 김진·이연택 공저 '그땐 그 길이 왜 그리 좁았던고', 해누리기획 2009년 3월20일

오사카아사히신문이 1919년 3월6일 게재한 '경성 종로의 조선인 군중'이라는 제목의 사진기사. 당시 이 신문의 경성지국에 근무하던 언론인 진학문이 1968년 3월1일자 동아일보에 제공하면서 국내에 첫 공개 됐다. 이 책의 전 단원에 실린 관립여자고등보통학교 여학생들의 만세사진과 같은 경유를 거쳤다. '1919 년 3월초하루 정오 파고다공원에서 독립선언문을 낭독하고 '독립만세'를 외쳐 부른 뒤 거리에 뛰쳐나온 시위대가 종로네거리에 이르자 때마침 3일에 있을 고종의 인산을 참관하기위해 경향각지서 모여든 남녀 들이 '만세, 만세, 독립만세'를 외쳐 불렀다. 지금의 신신백화점 앞에 모여 섰던 그들은 시위대가 종로네거 리에 당도하자 모자를 벗어들고, 혹은 갓을 벗어들고 만세를 불렀다. 부녀자들도 나라잃은 슬픔에 뜨거운 눈물을 흘리며 손을 활짝 들어 만세를 외쳤다. 만세를 부르다 부르다 지쳐 그들의 목은 쉬었고, 눈물을 흘 리다 흘리다 지쳐 주저앉은 부녀자도 보였다'는 설명이 붙어있다. 한편 신신백화점은 1983년 철거됐고 SC제일은행 본점건물이 들어섰다. 통신사 뉴스1이 입주해있기도 하다.

시작하며 "그로부터 대한여자는 독립운동의 모든 부문에 빠짐이 없었다. 비밀문서의 인쇄, 등사, 배포와 통신의 대부분은 여자의 손으로 되었다"고 전한다. "처음에는 남자의 운동을 위하여 일어난 그네는 점점 자기네의 실 력과 지위를 자각하게 되어 '우리는 남자의 부속물이 아니오 독립한 인격 이다'함을 사실로 증명하게 되었다"며 여성들이 여러 조직을 만들어 주관 적으로 활동을 했음을 기록한다. 특히 "이번 우리 독립운동에 자랑할 것이

많은 중 아마 우리 여자의 활동은 가장 자랑할 것의 하나일 것이다"고 분
명히 인정하고 있어 눈길을 끈다. 이상경 카이스트 교수는 독립신문을 다
룬 논문을 통해 "상해판 독립신문에는 일본 경찰에 잡혀갔던 여학생들이
감옥에서 풀려나오면서 그들이 당했던 각종 고문을 증언한 것이 실려있
다. 그 증언은 남녀 가릴 것 없이 행했던 각종 폭력 외에 여성에게 행한 각
종 모욕, 성고문과 성폭행을 공론화시키고 있다"며 "당사자인 여학생들은
폭로라는 형식으로 공적 담론의 장으로 끌고나와 민족운동의 명분을 획득
함으로써 전래 여성에게 부과된 성적수치심이나 정조관념으로부터 해방되
고 담론에 균열을 일으켰다"고 분석했다.[28] 그러나 여성들은 참혹한 고문
을 견디며 몇 달씩 갇혀 있다가 재판도 없이 방면된 경우도 많았고, 옮기기
도 어려운 끔찍한 만행들을 차마 입에 올리거나 형언할 수 없어 침묵을 택
하기도 했기에 관련 자료가 없어 독립유공포상도 극히 제한적으로 이뤄져
왔다.

　일제의 은폐와 통제에도 불구하고 외신들에도 3·1운동이 연이어 보도되
기 시작했다. 연합뉴스가 3·1운동100주년을 맞아 발굴하거나 정리해 연재
한 외신들을 보면 '여학생'들이 어떻게 시위를 했고, 야만적 인권유린을 당
했는지에 주로 초점이 맞춰지고 있다. 그만큼 여성참정권운동이 진행 중이
었던 20세기초 서구에서도 한국여성의 자주성을 증명하는 자발적이고 적
극적 독립운동이 주는 파장과 함께, 연약할 수밖에 없는 어린 소녀들에게
까지 총칼로 무력진압을 한 일제의 야만성이 충격을 안겼다. 중국 국민당
기관지 민국일보는 3·1운동과 독립선언 보도에 이어, 익명의 한인 여학생

28　이상경 '상해판 '독립신문'의 여성관련 서사연구 - "여학생 일기"를 중심으로 본 1910년대 여학생의
　　　교육 경험과 3·1운동' 2007

이 미국 윌슨 대통령과 파리강화회의 참석자들에게 보낸 독립호소 편지 전문을 게재하기도 했다. 1919년 3월 10일 작성된 이 편지에는 "우리는 불행히도 여자의 몸으로 수치스러운 대우를 받고, 누차 모욕을 당했습니다"는 구절이 포함돼 성고문이 심했다는 사실을 알 수 있다. 중국 여러 매체에 실린 이 편지는 미국으로 전해져 지역신문 컴벌랜드이브닝타임스 6월 5일자에 실린 것이 확인된다. 이 신문은 이미 3월 22일자에 한국에서 여성의 역할에 주목한 기사를 내보냈다. '한국의 미래 여성'이라는 제목으로 평양 감리교 유치원의 여학생들 사진과 함께 "며칠 전 한국 소녀가 10년 동안 한국을 통치한 일본으로부터의 자유를 향한 큰 시위를 주도했다"[29]며 이는 '은둔의 왕국'Hermit Kingdom에서 여성의 지위가 얼마나 빨리 변화했는지를 보여준다고 했다. 당시 한국에 온 미 선교사들은 각급 교육기관을 운영하며 여성교육과 인재배출에 기여했는데, 신문은 "한국에서 '여성해방'의 비밀이 여기에 있다"고도 했다.

신문은 대중판매를 전제로 하므로 여성들이 당한 수난을 내세워 선정성을 강조한 점도 없지 않아 있었다. 미국 워싱턴포스트는 3월 15일자 1면에 '소녀의 손들이 잘렸다'는 타이틀로 "시위 도중 독립선언서를 들고 있던 한 소녀의 손을 일본 군인들이 장검으로 훼손했지만, 소녀는 다른 손에 선

---

29 연합뉴스는 이 소녀를 '유관순'이라고 추측했으나 이는 기자의 잘못된 역사지식으로 인한 오인이다. 어찌보면 국내에서 '정상적인' 국사교육을 받았다면 여학생들의 광범위한 3·1운동 참여에 대해 모르는 것이 당연하다. 배운 일이 없기 때문이다. '국사편찬위원회 삼일운동 데이터베이스'가 파악한 바에 따르면 국내외 총 1798건의 만세운동이 벌어졌다.(앞으로의 연구에 따라 추계될 수 있다) 유관순이 주도한 천안 아우내 만세운동은 4월 1일(음력 3월 1일) 발생했으므로 보도시기와도 맞지 않는다. 메릴랜드주의 지역신문에 당시 한국의 상황이 자세히 실리게 된 것은 평양에 파견된 이 지역 출신의 선교사가 취재원인 것으로 유추함이 타당하다. 평양에서는 3월 1일 서울과 동시에 만세시위가 시발됐으며, 이틀 뒤인 3일 여학생들이 주도한 시위가 또 일어났다.

언서를 들고 시위를 이어갔고, 그러다 결국 남은 손마저 훼손됐다"고 전했다. 남가주대학USC 디지털라이브러리에는 미국에 망명했던 독립운동가 정한경(1981~1985)이 기증한 한국독립운동관련 자료들과 영문기사들이 보관돼있는데, 이중 여성 종군특파원인 페기 헐[30]이 쓴 신문기사 클립도 눈에 띈다. 1919년 8월8일 시베리아에서 막 돌아온 뉴스페이퍼엔터프라이즈어소시에이션NEA의 여성종군특파원이 전한다며 일제의 잔학행위를 고발하고 있다. '여학생들이 천황의 경찰들 앞에서 강제로 옷이 벗겨졌다'는 부제로 보도된 이 기사에서 서울에서 만세운동에 참여해 체포됐던 여학생들의 증언을 전한다. 한 여학생은 "서대문형무소에서 옷을 벗으라는 강요를 받았으나 거부했다. 그러나 금수술을 단 제복을 입은 일본관리와 일본경찰들 앞에서 강제로 옷이 벗겨진 채 10분을 서있어야 했다. 16명의 다른 여학생들과 돼지우리만도 못하게 더러운 감옥에 갇혔고, 다음날에는 일본인 의무관과 수 명의 경찰들이 보는 앞에서 다시 옷을 벗기고 조롱하고 침을 뱉기도 했다. 또 다른 잔악행위는 허용하지 않은 신체검사를 하며 이어졌다"고 털어놨다. 이러한 모욕과 고초 끝에 "재판도 없이 풀려났다"고 해 정식으로 기록에 남지 못했을 가능성을 증거한다.

　당시 통신 수준 상 한참 뒤늦게 보도됐지만 한국에 왔던 '푸른눈의 목격자'는 직접 본 일제의 잔혹성을 생생하게 전했다. 1922년 3월5일자 워싱턴 타임스는 사업가 로버트 L 워드가 3년 여간 극동아시아를 돌며 확인한 일제의 잔학상을 종합적으로 보도하는데, 일경이 눈이 가려진 여러 명의 한

30　Peggy Hull(1889~1967)은 1,2차 세계대전을 모두 취재한 미국 언론인으로, 미 육군성에서 여성으로서는 처음으로 특파원 공식인가를 받았다. 1918년 시베리아에 파견된 미군(러시아 내전 당시 시베리아 원정) 취재를 담당하다가 1919년 7월 시베리아를 떠나 상하이를 거쳐 미국으로 돌아왔다는 기록이 있다. 3·1운동 상황을 상하이에서 전해 들었을 것이다.

인들을 총살하는 사진 등이 첨부돼있다. 이 기사 역시 '98명의 여성이 집단 학살 당했다, 일본이 총과 총검으로 노예화한 한국을 점령하는 동안'이라 는 제목을 달고 "한국 소녀들을 길거리에서 벌거벗겨 매를 때리며 끌고 다 닌 노골적인 치욕과 죽음에 이른 고문, 가족단위 처형, 애국단체원들을 매 질해 죽인 일, 미 선교사들에 대한 탄압을 이미 (앞선 보도를 통해) 봤을 것"이 라며 자신의 이야기가 '진짜'임을 두 번이나 강조한다. 3·1운동, 제암리와 간도에서 벌어진 학살사건, 눈앞에서 사람이 생매장 당하는 일을 본 것 등 에 대해 장문의 글을 게재하며 소녀들에 대한 반인권적이고 비인도적 처사 에 대해서도 폭로한다. 서울과 곳곳의 지역에서 소녀들이 길에서 총검에 겨눠져 강제로 끌려가는 것을 목격할 수 있었다며 이들이 일경들 앞에서 벌거벗겨져 말로 할 수 없는 치욕을 당했다고 했다. 이들은 14~15살 혹은 그보다 더 어려 보였다며 고문당하고 굶겨지고, 군인들이 맘대로 다룰 수 있게 던져졌다고 했다. 한 무리의 소녀들이 서로의 엄지손가락이 묶인 채 로 길거리에서 끌려가기도 했다는 목격담도 있다.

프랑스 식민지였던 알제리에서 발행된 프랑스신문 '알제의 메아리'L' Echo d'Alger 1919년 5월8일자는 여학생들이 3월1일 '혁명가'라 마르세예즈 를 부르기 시작한 사실을 보도했다. "한국의 학생들이 조국의 독립을 위해 시위하며 프랑스 국가 라 마르세예즈를 노래했다. 한국의 옛 수도 Sonds(개 성)에서 200명의 호스톤 여자기숙학교 학생들이 3월1일 처음으로 라 마르 세예즈를 불렀다"며 '중국의 메아리'L'Echo de Chine (상하이 프랑스 조계지에서 발행 된 프랑스어신문으로 보인다) 특파원이 서울로부터 받은 소식이라고 전했다. '호 스톤'은 지금은 대전에 위치한 호수돈여중·고를 지칭하는 것이다. 1899년 미국 남감리교 홀스톤연회가 선교기금을 모아 개성에 선교사 캐롤을 파송

1969년 3월22일자 동아일보에 실린 사진. '일본순사가 만세를 부른 부녀자를 잡아 포승으로 묶고 있다'는 설명이 붙어있다.

해 시작된 학교다. 한국전쟁 때 남하해 1953년 대전에 재개교했다. 이는 홍콩, 태국, 미얀마 등지에서 이뤄진 동남아 민주화시위에서 5·18광주민주화운동으로 만들어진 민중가요 '임을 위한 행진곡'이 불렸을 때 한국인들이 느낀 것과 같은 감동을 전함과 동시에, 같은 식민지 처지였던 알제리의 관심사도 엿볼 수 있다.

태화관서 시작된 천지개벽, 여성참정권 획득

1928년 1월6일자 동아일보 '조선여성운동의 사적고찰' 제하의 전면기사는 3·1운동의 여성운동적 의미를 콕 집어 끌어내며, 국내 근대여성사 연구의 방향을 제시하고 있다. "1919년은 민족운동전반에 잇서서 비약적 전개의 출발점이었다. 이 해에 민족의 각계급각층이 최대의 요구를 요구하게 되었다. 그 전체운동의 일요소로서 여성들도 용감히 닐어나 참가하얏다"며 비밀단체 애국부인회를 대표적 조직으로 꼽았다. 이때가 여성운동의 제1기의 시작이라고 했다. 또 "3·1운동 전체가 조선인민 전부에게 만흔 정치적의식을 환기한 것은 물론이지마는 조선신진여성으로서 정치적의식을 가지게 된 것은 이때를 최초라고하야도 과언이 아니다"고 3·1운동이 여성들에게 끼친 영향을 짚어낸다. "여자의 생활영역은 지극히 국한되어 잇섯다"며 "조선신진여성은 이 계단을 통하야 비로소 다소간 광범한 영역으로 진출하게 되엇다"는 것이다. 이 시기 언론들에 남녀평등, 여성해방, 부인운동과 같은 단어들이 빈번히 등장하고 있는 것도 주목할 만하다. 현재 우리가 생각하고 있는 여권인식이 근대시기 여성들에 의해 형성되고 있었다. 이후 한국 근현대사의 혼란과 함께 이렇게 앞서 갔던 여성운동의 전통이 제대로 전승되지 못했다. "재능있는 여성들이 존재했고, 그들은 용감히 투쟁했으며, 또 업적을 이루었다. 그리고 그들은 잊혀졌다. 그들 위에 오는 여성들은 전부 다시 시작하면서 그 과정을 반복해야만 했다"고 한 여성 사학자 거다 러너의 명문을 떠올리게 한다.

이준식 전 독립기념관장에 따르면 여성독립운동 연구는 1960대 들어서기 까지 완전 불모의 영역이었다. 1958년 기자 출신 최은희가 정부가 주최한 '3·1운동 사건사료 현상모집'에 '대한민국애국부인회 사건(김마리아 사건)'이 당선되면서 물꼬를 텄다. 관련해 여러 글과 책을 쓰기 시작한 최은희는 여성독립운동사를 집대성하기에 이른다. 1960년대 박용옥(수도여사대·성신여대 재직), 정세현(숙명여대 재직), 정요섭(숙명여대 재직)에 이어 1970년대 이현희(성신여대 재직), 노영택(효성여대 재직), 신영숙(이화여대 석사, 현 박사, 항일

여성독립운동기념사업회 연구소장)이 새로 등장한다. 연구자의 성별을 떠나 여자
대학을 중심으로 연구가 이뤄졌다는 것이 특기사항이다. 여성사 연구에서
여대의 역할과 비중이 필수적이었음을 증명한다. 박용옥은 1968년 '국채보
상운동에의 여성참여' 논문을 발표한 이래 반세기 동안 여성독립운동 연구
를 이어오며 대표적 1세대 연구자로 자리 잡았다. 2019년 발표시기까지 국
내 여성독립운동 관련 논문 수는 총 221편이었다. 1950년대 1편, 1960년대
6편, 1970년대 10편, 1980년대 4편, 1990년대 33편, 2000년대 63편, 2010
년대 104편 등이다.[31] 1990년대부터는 국내 영페미니즘의 부흥으로 여성학
관련 학회, 연구회, 학술지 등이 늘어난 것이 여성사 연구 활성화에도 영향
을 끼쳤을 것으로 보인다. 그러나 이중 절반이 개별 인물에 대한 연구에 그
치고 있어 보다 포괄적 시각의 시대연구가 아쉽다. 이준식은 또 3·1운동
100주년을 맞아 최대 한국사 연구단체인 한국역사연구회에서 펴낸 '3·1운
동 100년' 총서에 실린 49편의 글 가운데 여성독립운동을 다룬 글이 1편에
그친 것에 아쉬움을 표하기도 했다.

　박용옥이 1996년 펴낸 '한국여성항일운동사연구'(지식산업사)가 지금까지
도 발간되고 있는 스테디셀러가 된 것은 그가 이룬 성취와 함께 여성사 연
구에 박한 국내 현실을 방증하는 셈이 아닐까 싶다. 이 책은 "서구와는 다
른 방식으로 성장한 한국 여성운동의 초석이 3·1운동"이라고 가리킨다.
"우리나라의 여성운동은 서방국가의 경우와는 달리 주로 항일민족독립운
동의 추진과정 속에서 발전했다. 그러므로 일제하 여성항일운동은 근대적
한국 여성상 정립의 필수적인 요체였다"는 것이다. 또 3·1만세운동 직후

31　이준식 '일제 시기 항일여성운동 연구사 회고와 전망', 국제심포지엄- 항일여성독립운동에대한 회
　　고와 전망 – 기조발제 2019년 8월12일

인 1919년 4월 중국 상하이에 우리 역사상 최초의 민주공화정부인 대한민국임시정부가 수립되고 공포된 민주헌법에 '남녀평등'이 명문화됐다는 점을 부각하며 "임시정부는 국내외의 전 민족의 뜻을 모아 세운 것인 만큼 남녀평등은 전 민족의 의지라고 해석할 수 있다"고 했다. 대한민국 임시헌장은 제3조 '대한민국의 인민은 남녀·귀천 및 빈부의 계급이 없고 일체 평등하다', 제5조 '대한민국의 인민으로 공민자격이 있는 자는 선거권과 피선거권이 있다'로 여성참정권을 보장한다. 민주주의가 일찍 자리 잡은 국가들에서도 여성의 참정권 인정이 더뎠던 것과 비교하면, 여성이 대한민국 임시의정원에서 당당하게 활동할 수 있는 근거가 됐다는 점에서 더욱 선구적이다. '조선이 낳은 혁명여걸' 김마리아(1892~1944)가 1922년 2월8일 제10회 임시의정원 회의에서 첫 여성 의원으로 뽑혔다. 같은달 20일 독립신문은 '선거계의 신기원'이라며 "여자로서 의원에 당선된 것은 우리 선거계에는 물론 이번이 처음일 뿐더러 세계열국을 통하여서도 이것이 아직 몇 째 안 가는 희귀한 일"이라고 기록했다. 김마리아에 이어 양한나, 최혜순, 방순희, 김효숙, 지경희, 신정완 등 총 7명의 여성이 의원으로 활약했다.

최초의 여성들, 잊힌 여성들의 비극 ────────

대한민국정부 수립 후 최초의 여성 국회위원은 임영신이었으나, 앞서 대한민국임시
정부 수립 후 임시의정원에서 여성 의원으로 처음 뽑힌 것은 김마리아였다. 일본유
학 당시 2·8독립운동에 가담, 2·8독립선언서를 숨기고 부산으로 들어와 대구, 광
주, 서울, 황해도 일대에서 여성계에서도 조직적 궐기를 서둘러야한다며 참여를 독
려해 3·1운동의 도화선이 됐다. 3·1운동과 이어진 대한민국애국부인회사건 등의
배후로 옥살이를 하며 모진 고문을 받고 평생을 그 후유증으로 투병하면서도 항일독
립운동에 헌신했다. 3년형의 판결을 받고 복역 중 병보석으로 풀려났을 때 변장하고

1932년 8월1일자 동아일보에 실린 김마리아의 사진.
미국유학 당시 세탁한 의복을 함께 유학한 황애시덕과
마주잡고 다리는 모습이다.

탈출, 일제의 감시망을 뚫고 1921년 상하이로 망명한 사건은 당대에는 박헌영 망명보다 훨씬 유명한 작전이었다. 그의 통쾌한 일거수일투족은 신문보도를 통해 알려지며 식민치하 한민족의 빛이자 희망이 됐다.

김정의 한양여대 명예교수는 2018년 10월18일 '대한독립의 별 김마리아 기념학술 세미나'에서 '김마리아 열사 현양 방안'을 발표하며, 그에게 제1등급 건국훈장 대한민국장으로 훈격이 승격돼야한다는 견해들이 여기저기서 개진되고 있다고 했다. 김마리아는 유관순과 함께 1962년 3등급 독립장에 추서됐다. 3·1운동100주년을 맞아 정부는 여성독립운동가들에 대한 홀대를 개선하라는 요구에 상징적인 인물인 유관순 열사에게 대한민국장을 추가로 추서했지만 김마리아는 제외했다. 이전까지 대한민국장 서훈자 30명 중 여성은 단 1명으로 중국인 쑹메이링(송미령, 중화민국 전 총통 장제스의 부인)이었다. 김 명예교수는 김마리아 열사가 뒤로 밀려 생소하게 된 이유로 양성불평등이라는 우리시대의 편견을 꼽으며 "에드워드 H 카 교수의 '역사란 현재와 과거 사이의 끊임없는 대화'를 입버릇처럼 되뇌는 현대인들이 정작 교과서 집필에서는 객관적이고 공정한 서술이라는 미명아래 여성독립운동가를 게재하는 데는 양성평등운동이 무색할 정도로 인색해 보인다"고 질타했다.

대한민국 임시의정원의 두번째 여성 의원 양한나(1893~1976)는 3·1운동 참여 후 상하이로 향한 독립운동가 중 한 명으로 역시 여권운동가이기도 했다. 부산지역에서 독립운동과 사회사업을 펼쳤고 광복 후에는 초대 수도여자경찰서장에 취임해 공창폐지운동을 주도했다. 45세에 김우영과 만혼을 했는데, 일본 외무성 외교관이었던 김우영은 나혜석의 남편이었던 이다. 위에 인용한 '그땐 그 길이 왜 그리 좁았던고'에는 김우영과의 결혼 후 생활이 잘 드러나있다. 양한나 연구자인 이송희 신라대 사학과 교수는 논문에 "양한나와 친일파 김우영의 결혼은 안창호·김규식 등이 독립

1927년 11월27일자 조선일보에 실린 양한나의 사진. '호주를 여행한 양한나 양, 조선여자로 처음'이라는 제하로 보도됐다. "수일 전에 입경해 방금 인사동 태화여자관 기숙사에 유하고 있다"고도 나온다.

운동 자금모집에 이용하기 위해 그녀를 설득한 결과"라는 조카의 발언을 인용하기도 했다. 양한나의 본명은 '양귀념'으로 호주 언론에 최초로 등장한 한국인으로 알려져 있다. 멜버른에서 발행됐던 일간지 '디 아거스'는 그의 호주 도착 소식을 기사화한 데 이어 1927년 7월29일자에 인터뷰를 싣는다. 사회복지 분야에 헌신해 1976년 국민훈장 동백장을 수여받았으나 독립운동은 아직 인정받지 못했다. 경찰청은 2018년 양한나, 이양전(부산여자경찰서장), 안맥결[32](서울여자경찰서장) 등 미서훈된 독립운동가 출신 경찰관 5명에 대해 국가보훈처에 심사를 요청한 바 있다. 한편 김우영은 반민특위 피의자로 서대문형무소에 구금됐다가 병에 걸려 1949년 2월 보석됐

---

32 안맥결 만이 2018년 11월 건국포장을 받았다. 앞서 8월9일 흥사단이 배포한 '만삭의 여성도 3개월 이상 옥고를 치러야 독립운동가로 서훈받을 수 있다?' 제하의 보도자료를 언론들이 일제히 받아쓴 것이 영향을 끼친 것으로 보인다. 안맥결은 도산 안창호의 조카로, 흥사단은 도산이 1913년 창단한 재미한인단체다.

1920년 9월5일자 매일신보에 실린 국내 최초 여기자 이각경의 사진. '금회에 본사 입사한 부인기자 이각경 여사, 오늘의 부인사회를 위하여 건전한 붓을 휘두를 그 목적'이라는 제하로 소개되고 있다.

고 1958년 생을 마감한다.

한국최초 여기자는 최은희로 알려졌으나, 언론학자 정진석의 발굴로 이각경(1897~미상)인 것으로 뒤늦게 밝혀졌다. 1920년 7월 매일신보 '부인기자' 모집에 응모, 선발돼 국내 여기자 1호가 됐다. 많은 여성 위인들이 그렇듯이 사망시일조차 명확치 않다. 1925년 각 신문에 당대 '여류명사'였던 그의 음독기사가 실리는데 매일신보 7월30일자에 구체적 사정이 나와있다. "남편과 사이가 좋지 못하고 시부모의 구박을 견디지 못해 여러차례 음독시도를 했고, 남편의 외도상대인 기생 문기화가 자살 한 후 불면증과 정신이상으로 여러차례 자살을 시도해왔다. 그러던 중 7월27일 남편 전우영과 말다툼을 벌이다가 시아버지로부터 '너같은 년은 죽어도 좋으니 죽어라'는 욕을 듣고 음독해 회생가망성이 없다"는 내용이다. 제적부에는 1936년 2월24일 사망한 것으로 기록돼있어 음독 후 더 생존했을 가능성도 있다. 한국최초 여판사 황윤석(1929~1961)의 의문사와 더불어 봉건적 시대에 선각된 신여성이 겪을 수밖에 없었던 갈등과 고뇌가 유추되는 사건이다. 일부 신문에는 황윤석이 남편과 동반음독자살을 시도한 것으로 보도되기도 했으나, 남편 손정현만 소생하면서 부인 독살혐의로 재판을 받게 된다. 아이를 더 낳으라는 등의 문제로 불화가 심했다고 알려진 시어머니까지 유기치사혐의로 수사를 받았으나 결국 증거불충분으로 모두 무죄가 확정됐다.

국내 최초의 '여자' 서양화가 나혜석이나 국내 최초의 '여자' 의사 김점동 (1877~1910)의 경우는 '여자'라는 수식언을 떼고 '최초'라고 해도 무방한 삶을 살았다. 나혜석에 앞서 고희동, 김관호, 김찬영이 일본에 유학해 서양미술을 전공했으나 모두 일찍이 작품활동을 접었다. 고희동은 다시 전통회화로 복귀했고, 광복 전후에서는 미술행정과 정치 쪽에 관심을 돌렸다. 김관호는 평양에서 가업인 목재상을 했다고 전해지고, 김찬영은 비평가, 이론가로서 더 많이 활동하며 고미술품 소장가, 영화수입업자 등으로 일했다. 그만큼 당대 한국사회가 서양화를 받아들일 만한 여건이 안됐다고 볼 수 있다. 고희동은 화구박스를 엿판, 유화물감을 고약이나 닭똥 같다고 하대를 당하며 동양화로 회귀했다고 전해진다. 나혜석은 한국땅에서 꾸준히 서양화가로 정진한 최초의 인물이라 할 수 있다. 1921년 열린 우리나라 최초의 서양화 개인전 주인공도 그였다. 한편 보통 서재필(1864~1951) 박사를 한국최초의 양의사라고 꼽지만, 정작 근대의학교육을 받고 한국 땅에서 본격적으로 의술을 펼친 최초의 한국인은 김점동이었다. 보통 박에스더라 불리웠는데, '박'은 결혼 뒤 따른 남편의 성이고 '에스더'는 세례명이다.

여성억압이 심하던 시대에 여권사상을 가지고 첫걸음을 걷는 것은 그만큼 어려운 일이었다. 실제 나혜석은 행려병자로 삶을 마쳐 여성의 자기실현은 불행으로의 지름길이라는 편견을 강화시켰다. 나혜석과 동갑인 최초 근대 여성소설가 김명순 (1896~1951)은 번역가, 기자, 영화배우 등으로 다채로운 삶을 살았으나, 여성해방

왼쪽은 1925년 11월26일자 조선일보에 실린 나혜석과 김우영 부부와 두 아이의 사진. 5살 라열, 2살 선이라고 소개돼있다.
오른쪽은 1931년 11월29일자 동아일보에 실린 최영숙의 사진. '서전(스웨덴)에 류학, 9년만에 귀국한 최영숙씨'라며 '서전 대학 졸업날' 찍은 사진을 게재했다.

론에 대한 사회의 반발과 공격을 이기지 못하고 결국 일본 도쿄의 정신병원에서 생을 마감한다. 나혜석이 인왕산 청운양로원을 벗어나 서울시립자제원 무연고자 병동에서 사망한지 3년 뒤였다. 역시 이들과 동갑으로 언론인, 작가로 활동한 김일엽 (1896~1971)은 승려로 출가해 속세와의 인연을 끊었다. 그 외에도 김점동이나 '조선 최초 여성 경제학사' 최영숙(1905~1932)처럼 단명하기도 해 롤모델이 돼야할 선지적 여성들의 업적들이 증발돼버렸다.

한편 '남녀'가 아닌 여자를 앞에 둬 '여남'이라고 부른 것은 21세기 들어 탄생한 영영페미니스트(뉴페미)가 최초가 아니다. 역사는 반복된다지만, 1945년 조선부녀총동맹(총재 유영준, 부총재 정칠성·허하백)은 "봉건유제 타파해서 여남평등 이룩하자!"

라는 구호를 외쳤다. 글로 남아있는 당대 여성운동가들의 주장은 여기서 일일이 다 거론하진 않겠지만, 경제적 자립과 사회적 관념 변화를 통한 남녀평등, 성과 정조의 분리 주장 등 현시대에도 진보적이라 할 만한 것들이다. 이들이 선택한 단발머리는 21세기 '페미니스트 숏컷 논란'처럼 여성억압에 대한 저항의 일환이었다. 여성해방론, 정조취미론, 자유연애론 등을 주장한 글을 발표해 파란을 일으켰던 나혜석은 한국최초로 '부모성함께쓰기'를 시도한 페미니스트라 하겠다. 1990년대 호주제에 반대한 여성운동가들이 양성쓰기를 실천하며 네 자 이름은 이 시기 한국 페미니스트들의 표징처럼 여겨지기도 했다. 나혜석은 김우영과 결혼 후 낳은 첫딸의 이름을 김나열이라고 짓는데, '김우영과 나혜석의 기쁨悅'이라는 뜻으로 붙였다.

3·1정신 이어받아 탄생한 성신여대

3·1운동이 한국여성에게 끼친 혁신적 변화를 고려하면, 발상지인 태화관에서 여성복지·교육기관이 탄생한 것은 굉장히 상징적이면서도 필연적 사건이라 할 수 있다. 일부에서 '3·1독립혁명운동'이라 부르기도 하는 이 사건은 여러 정권, 진영, 단체들에서 당위성 확보를 위해 '3·1정신'을 호출해왔으며, 관련 연구와 의미부여 작업이 3·1절 돌아올 때마다, 특히 10주기마다 꾸준히 이뤄져왔다. 정작 해방후 '여성'이라는 집단, '여학생'이라는 개념 자체를 전면에 등장시키게 됐다는 젠더사적 관점이 크게 주목받지 못한 것이 사실이다. 100년이 지나 이미 참여자들이 모두 사망한 3·1운동이 한국인 개개인에게 끼친 변화와 영향을 가슴깊이 느끼게 하지 못한다면, 정의, 인도, 존영, 평등, 평화를 담은 3·1정신은 역사책 속에만 존재하는 텅 빈 울림에 그치고 말 것이다. 앞서 좌파정권의 '말로만' 민중인식과

달리 현재에도 살아있는 역사로서 국민들에게 다가가 참여를 요구했어야할 것이다. 상투적 이미지로 박제된 3·1절 이벤트를 반복하는 것은 국고낭비에 불과하다.

1987년 6월 민주항쟁을 전후해 3·1운동 또한 민중사적 해석이 크게 작용했다. 한국 민주화운동과 연결되며 피지배층이 역사의 주인공으로 등장하는 것에 주목했다. 그전까지 근대화 개혁은 개화파 지식인들이나 선각자들 위주로 이뤄졌고, 여성들에게도 근대화의식은 천주교(서학)와 동학(천도교)에 의해 알려지긴 했다. 당대 인구의 10분의 1이 참여한 3·1운동은 민중다수가 '백성이 주인이 되는 나라', 즉 민주주의가 무엇인지 온전히 체험하는 기회였다. 민족대표 33인의 출신부터 유교를 대표하는 유림이 빠져 집권층이었던 양반을 벗어난 기독교, 천도교, 불교 인사들이었다. 파고다공원에서 거리시위를 주도하기 시작한 이들도 신교육을 받은 학생들이었다. 여권의식도 동시에 확산됐다. 여학생을 위시로 여자들도 남성과 대등하게 독립운동을 할 수 있다는 것을 직접 본 여성들의 각성은 천지가 개벽하는 것에 비유할 만 할 것이다. 이는 2년 뒤 '민족성지'가 된 태화관에 자신들을 교육시켜달라며 몰려든 여성들이 만들어낸 장면으로 직결된다. 현존하는 국내 대개의 교육기관들이 선구자들이나 해외 선교사들에 의해 만들어졌다면, 이름없는 여성들, 즉 민중의 자발적 요구로 정식학교가 세워져 대학으로까지 성장한 희귀한 사례라 할 것이다.

많은 대학과 학원들이 3·1운동과의 관계를 과시하지만 3·1운동의 직접적 계기로 탄생해, 그 장소성까지 고스란히 물려받은 교육기관은 '태화여학교'가 유일하다. 이 공간에 부여된 의미와 기억을 고려할 때 3·1정신의 적자라 해도 무방할 것이다. 여기에서 교육받은 여성들은 1930년 서울여학생만세운동의 주역이 된다. 태화여학교가 성신여학교로 인계되고 지금의 성신여자대학교로 발전했다는 사실은 각종 신문 보도 등을 통해 대외적으로도 선명하게 증거가 남아있지만, 한~두 세대 만에 이 사실은 완전히 흘러간 역사로 묻혀버렸다. 가장 큰 원인은 남성중심의 역사 His+Story=History 서술에 반한 여성의 역사에 대한 무시 또는 무관심일 것이다. '그나마' 여성의 일은 여성 당사자의 손으로 이뤄져왔는데 인정과 지지를 받지 못하는 일을 파고든다는 것은 여전한 여성의 현실에서 쉽지 않은 일이다. 여학생운동은 3·1운동을 시작으로 1920년대에 활달히 일어났으나, 오늘날 민족운동에 대한 연구가 활발함에도 경성이라는 공간에서 일어난 여학생운동을 본격적으로 조망한 연구는 거의 없어 그 실태조차 정리돼 있지 않다.[33]

개화기 전까지 공적인 영역에서 여성교육이 이뤄진 적은 없었다. 쇄국정책을 펴던 조선은 1876년 일본과 강화도조약을 체결해 문호를 개방했고, 1882년 한미수호통상조약으로 미국교회의 한국선교에 대한 관심이 높아졌다. (그전까지 '서학西學'이라는 학문활동으로 자율적으로 천주교 신자 생겼고 개항 전까지 2만 명이 있었다는 연구도 있지만, 조정의 꾸준한 탄압을 받아 신앙을 공공연히 드러내기는 어려웠다) 고종은 선교사들에게 먼저 교육과 의료사업만 윤허했기에 현전 근대식 학교는 대개 개신교에 의해 설립됐다. 1884년 9월 부산으로 국내 최초 근대식 병원인 제중원을 설립한 의사 겸 미 북장로회 선교사 알렌이 들어왔다. 1885년 4월 미 북장로회 언

33 김정인 '일제강점기 경성지역 여학생의 운동과 생활' 제1장 일제강점기 경성의 여학생 운동, 서울역사편찬원, 2020

더우드와 미 감리회 아펜젤러 부부가 입국했고,[34] 이들은 각각 오늘날 한
국 대학의 씨앗이 되는 교육기관을 연다. 같은 해 4월말 의료선교사 스크
랜턴, 6월 그의 어머니, 아내, 어린 딸 등 3대가 조선땅을 밟았다. 보통 '스
크랜턴 대부인'으로 불리는 어머니 메리 F 스크랜턴(1832~1909)은 미 감리
회 해외여선교회WFMS로부터 선교사로 파송을 받고 온 한국 최초 여성 선
교사였다. (한국 입국당시 53세로 적지 않은 나이였으나, 한국근대여성사에서 많은 것의
'처음'으로 기록됐다) 이화학당을 비롯 수원에 위치한 삼일소학당[35] 등 여러 여
성교육기관을 창립하고 간여한 바로 그 인물이다. 스크랜턴 대부인과 같
은 배로 미 북장로회 의료선교사 헤론과 부인 해리엇 깁슨(헤론 부인, 재혼 후
게일 부인)이 입국했다. 존 헤론(1856~1890)은 서류상으로는 1884년 4월 28일
미 북장로회가 임명한 첫 번째 한국선교사다. 1885년 1월 26일 약혼녀 해리
엇(해티) 깁슨(1860~1908)도 한국선교사로 임명됐고 4월 23일 결혼식을 올린
후 5월 1일 한국으로 출발했다. 헤론은 1890년 순회진료와 전도활동으로
얻은 이질로 순교하면서 양화진에 묻힌 첫 번째 외국인이 됐다. 해리엇과
의 사이에 두 딸을 뒀는데, 첫딸 새러 앤 헤론(1886~1975)은 한국으로 돌아
온 첫 번째 2세 선교사로 알려져 있다.

---

34 본래 이들은 인천 제물포항을 통해 입국한 것으로 알려져 있었으나, 새로운 사료들과 함께 당시 항
로로는 부산을 거쳐야 조선땅을 밟을 수 있었다는 것이 후속 연구로 밝혀졌다. 2013년 이를 기념하
기 위해 부산 중구 광복동 쌈지공원에 알렌, 언더우드, 아펜젤러의 사진을 넣고 '기독교 선교사 이
곳에 첫발을 딛다' 표지석이 세워졌다.

35 삼일소학당은 1902년 3명의 여학생을 받아 개교한 수원 최초 여성교육기관이다. 1906년 삼일남
학당과 분리돼 삼일여학당이 됐고 1909년 삼일여학교로 이름을 바꿨다. 수원 출신 나혜석이 다닌
학교로 현재 매향여자정보고등학교와 매향중학교가 됐다.

왼쪽은 해리엇 깁슨 헤론 게일.
가운데는 새러 앤 헤론. 1886년 5월15일 서울생으로 기록돼있는데, 입국 전 일본에서 태어난 것으로 짐
작된다. 1910년 서울에서 양부 게일의 조카인 이선 M 게일 박사와 결혼했다.
오른쪽은 해리엇 깁슨의 전도부인이었던 김씨. 1890년대 찍힌 사진이다.

1886년 추정되는 태화의 뿌리 '성경학교'

한국에 진출한 장로교의 4개 선교부(미 북장로교회, 미 남장로교회, 호주 빅토리
아 장로교회, 캐나다 장로교회)와 감리교의 2개 선교부(미 감리교회, 미 남감리교회)[36]
는 선교지역 분할협정을 맺었고 지역·지방 별로 담당 선교부가 정해져 교
파교회 설립이 이뤄졌다. 서울과 평양 등 대도시에서만은 2개 이상 선교부
가 공동사업을 할 수 있도록 규정해 서울에서는 미감리회, 미 남감리회, 미
북장로회 등이 함께 사업을 추진했다. 이들 교파는 여성교육기관으로 각각
1886년 이화학당, 1898년 캐롤라이나학당(배화학당), 1887년 정동여학당(연

---

36 미국 감리교회는 노예제도에 강력하게 반대해온 웨슬리의 영향으로 1836년, 1840년 총회에서 노
예제도에 반대하는 입장을 천명했다. 결국 노예제도가 합법인 주에 있는 연회 대표들이 1845년 미
감리교회와 분리된 남감리교회라는 새로운 교단을 세웠다. 미국장로교회도 1861년 발발한 남북전
쟁으로 미 북장로교회와 미 남장로교회로 갈렸다.

동여학교, 정신여학교)등을 대표적으로 설립해 운영했다. 최초의 남, 녀학교 공히 처음에는 학생모집이 힘들어 고아를 교육하기 시작했다는 것은 잘 알려져 있다. 그동안 근대기 선교사들과 그 관련자들에 대한 정보는 근거없는 재인용과 불성실한 추측 등으로 제멋대로 떠돌아다닌 측면이 있으나, 몇몇 연구자들의 진득한 연구와 조밀한 사료발굴로 새롭게 정립되는 추세다. 이덕주의 '스크랜턴–어머니와 아들의 조선 선교이야기'(2014)은 그러한 결정판 중 하나라 할 수 있다. 또 옥성득 UCLA 교수 등에 의해 해리엇 깁슨의 '여성에 의한 여성 사역' 분야에서의 공로와 장로교계 현 정신여중·고교의 토대를 마련하고 '천로역정'을 최초로 한글로 번역한 사실 등이 재평가되고 있다.

특히 김은정의 논문 '선교사 해리엇 깁슨에 대한 연구: 헤론 부인, 그리고 게일 부인'(2017)은 감리교 여성사역을 개척한 스크랜턴 대부인과 유사한 역할을 한 장로교의 부인선교사로 해리엇 깁슨을 꼽았다. 김은정은 "해리엇 깁슨은 스크랜턴 대부인처럼 미국 내에서 수년 간 여선교회 활동에 참여한 경력을 갖고 있으며, 같은 시기에 각각 감리교와 장로교의 미국 여선교회의 대표로 한국에 들어왔다. 두 여선교사 모두 초기 여성사역을 시작하기 위해 여학교와 전도사역 등 여러 가지 방법을 모색하고 있었다"며 "해리엇이 개척선교사로서 중요한 역할을 했음에도 그다지 인상적으로 기억되지 않는 것은 그가 여러모로 경계적인 정체성을 가지고 있었기 때문이었을 것이다. 우선 그의 이름이 언제나 남편의 성을 따라 불렸기 때문에 남편 선교사의 명성에 가려졌으며, 때로 게일 부인과 헤론 부인을 후대 사람들이 같은 이로 인식하고 있는지 의심스러울 때가 있다"고 지적했다. 게일은 해리엇 사후 재혼해 또 다른 게일 부인이 존재하는 것도 혼동을 가중시킨다. 첫 부인선교사 타이틀은 알렌의 부인인 프랜시스 앤 메신 저(1859~1948)가 가져갔지만 한국여인들과 직접 사귀며 여성교육에 솔선수 범한 것은 해리엇 깁슨이었다. 부유한 의사 아버지와 명문 마운트홀리오 크 여자신학교[37]를 나온 어머니로부터 기독교교육을 받은 그는 미국 매사 추세츠주 앤도버에 설립된 명문 중등교육기관 애벗 아카데미(남녀공학으로 통합된 현 필립스 아카데미)에서 당대 최상의 여성교육을 수혜했다. 또 남편과 는 별도로 테네시주대회 여선교회로부터 연간 400달러 가량의 후원을 받 는 정식 선교사였다. 해리엇은 입국한 1885년 가을, 2명의 조선부인들을 집에 초대해 케이크를 대접한 일을 그해 12월8일 본국에 보낸 편지에 적고 있다.[38] 또 집에 한국인 부인들을 모아 가르치고 있다고 1887년 1월 헤론의 선교보고 편지에 나온다.[39] 여기엔 여종을 데리고 온 양반부인도 있었다. 점차 최하층 백정의 부인부터 신분을 초월한 여성들의 모임이 이뤄지게 된 다.

해리엇은 과로에 따른 건강문제로 서너 명의 여성들과 시작한 '여학교' 를 2개월 만에 중단하고 스크랜턴 대부인에게 소녀와 부인들을 합해 6명으 로 이뤄진 초기 여학생들을 모두 보내야만 했다. 유모를 구하지 않고 직접 젖을 먹이다가 생긴 유선염으로 시작, 크게 앓게 된다. 한국여성들이 배움

---

37 미국의 동북부에 있는 역사 깊은 여대에서 출발한 7개의 학부중심대학 'Seven Sisters' 중 하나다. Mount Holyoke College를 비롯 Barnard College, Bryn Mawr College, Smith College, Wellesley College, Vassar College, Radcliffe College가 여기에 속한다. 일부는 남녀공학으로 개편했다.

38 Hattie G. Heron 'Behind the Sealed Doors in Korea' WWW/OMF(Woman's Work for Woman and Our Mission Field) 1.4 (1886), 김은정 '미국 북장로회 전도부인 연구'(연세대학교 연합신학대학원, 2021)에서 재인용

39 김인수 역 '헤론 의사의 선교편지(1885-1890)'(장로회신학대학교부설 한국 교회사연구원, 2007), 김은 정 '선교사 해리엇 깁슨에 대한 연구: 헤론 부인, 그리고 게일 부인'(2017)에서 재인용

에 대한 욕구가 매우 크다는 것을 느꼈던 헤론 부인은 눈앞에서 놓쳐버린 여학교에 대한 자신의 계획을 접고, 본국에 여학교를 전담할 여선교사가 필요하다는 점을 알린다. 여학교 사역은 정규적인 활동시간이 보장되는 애니 엘러즈 등의 독신 여선교사의 몫으로 넘겨지고, 대신 해리엇은 1888년 3월부터 주일마다 8~10명 사이의 여성들이 모이는 성경공부반을 시작했다.[40] 스크랜턴 대부인과 공동으로 이뤄진 성경반이라고 보이며, 이것을 장감연합 성인여성교육의 시작으로 볼 수 있다. 해리엇은 1889년에도 "여자들은 매 주일 오후 2~3시간씩 복음서를 공부한다. 30여 명이 참석할 때도 있다. 9명은 앞날이 기대되는 기독교인이 됐다"고 선교편지를 쓰고 있다. 능숙한 한국어로 명성황후의 여의 통역을 맡기도 한 해리엇은 막대한 사명감으로 첫남편 헤론이 사망한 뒤에도 한국을 떠나지 않았다.

한편 스크랜턴 부인은 1887년 고종으로부터 '이화학당'이라는 여학교 이름을 하사받는다. 앞서 1886년 첫 학생인 소실 김씨가 3개월 만에 학업을 중단하고 실질적으로 버림받은 아이들(첫 번째 '영구학생' 10살 꽃님이와 고아 음전이, 두 번째 영구학생 간난이 등)을 받게 되면서, 어린이들을 위한 돌봄과 고아원학교로서의 성격을 갖게 된다. 간난이는 전염병에 걸려 성벽 아래 남편이 갖다버린 여인의 딸이었다. 이 여인은 아들 스크랜턴이 데려와 치료한 후 스크랜턴 집에서 식모로 일하게 됐고 다시 찾아온 남편은 잡역부로 고용됐다. 간난이는 이화학당의 최연소 학생이 됐다. 아무래도 대외적 활동에 개방적인 남성들을 대상으로 한 사역과 교육이 어느정도 진척되는 것에 비해 여성들에게는 접촉하기조차 어려운 것이 당시의 상황이었다. 1887

---

40 김은정 '선교사 해리엇 깁슨에 대한 연구: 헤론 부인, 그리고 게일 부인', 2017

년 3월 20일 학생가족초청만찬모임을 시도해 30명 가까운 여성들의 방문을 받게 된다. 같은해 10월 16일에는 첫 개신교 여성세례인이 탄생한다. 아펜젤러가 남대문 안 벧엘예배당에서 1887년 10월 9일 한국인집회를 시작한지 일주일만에, 매서인(매서 전도자) 최성균의 부인인 29세의 여성에게 세례를 주게 된다. 정식 종교교육이 시작되기 전 스스로 성경을 읽고 신앙고백을 하게 된 케이스다. 이를 보고 다른 매서인 부인들과 선교부 직원 부인들도 세례받기를 원하게 됐고, '토착 여성이 토착 여성에게' 복음을 전한다는 여성선교정책이 수립됐다.

스크랜턴 대부인은 '안방선교'를 위해 '전도부인'을 활용하기로 했다. 1888년 3월 'Heathen Woman's Freind'(미 감리회 해외여선교회 기관지)에 게재된 선교서신에 "약 4주전 남자선교부에서 고용한 매서인이 교인이라는 자기 누이를 데리고 왔는데 그에게 다른 사람에게 그리스도에 대해 말해주거나 전도책자를 나눠줄 수 있겠느냐고 물었고, 2주일후 돌아온 여인은 전도책자를 읽어보겠다는 부인 3명이 생겼다며 좀 더 나눠줄 전도책자를 요구했다"며 "다음 번 보고를 들어본 후 그를 내 사역자로 채용하겠다는 의사를 정식으로 밝힐 생각"이라고 했다. 미성년자를 가르치는 곳이 학당이었다면, 자발적 교육의지를 지닌 성인들(기혼녀나 과부, 독신 등)을 전도부인으로 활용하기 위한 신학교육은 다른 갈래로 뻗어나가게 된다. 그리고 자신의 뜻과 상관없이 교육 기회를 가지게 된 고아나 점차 일찍 개화한 부모의 후원으로 교육혜택을 받게 된 아이들과 달리, 자신의 자립적 자각으로 교육받기를 선택한 한국여성의 적극성 주체성이 발휘된 태화여학교의 전통이 가지는 독립적 성격과도 이어진다. 교육 여선교사 로드와일러가 1887년 10월 입국해 이화학당에 투입되면서 스크랜턴 대부인은 여성집회 사역에 본격적으로 착수하게 됐다.

　여전도사 직분의 기원이 되는 전도부인이 근대교육을 받은 신여성이자 리더십을 발휘한 지도자로, 교육자로서의 역할을 재조명하는 학술적 연구는 1990년대부터 간간히 등장하기 시작했다. 이러한 전도부인양성학교의 공적 교육기관으로서의 가치와 의의는 성신의 전신 태화의 뿌리가 닿고 있기에 중요하다. 스크랜턴 대부인의 1896년 보고서 '한국에서의 여성사업 Woman's work in Korea'을 보면 "1888년 1월 주일학교 Sunday School를 조직했다. 선교부 내 구성원은 이미 비공식적으로 다소의 종교적 교육을 받아왔었는데, 이것이 가장 적당하다고 판단됐기 때문이다. … 주일학교는 12명의 소녀, 3명의 여성, 3명의 선교사, 그리고 선교본부의 1명으로 시작됐다"[41]고 해 이화학당과 별개로 기독교교육을 위한 여성교육기관이 운영됐음을 알 수 있다. 그동안 여성세례 지원자들이 계속 늘어나 아펜젤러의 일기는 "1888년 1월12일 여성5명의 세례문답을 했다"고 기록했다. 또 "1888년 3월11일 21명의 한국 최초의 여성예배가 시작됐다"며 여성교회의 설립을 알리고 있다. 이때 2명의 전도부인이 임명됐다고 한다. 감리교신학대는 "1887년 9월 미감리교 한국선교회가 한국인 목회자 양성을 위한 목적으로 한국학생들에게 신학교육을 최초로 실시하다"에 이어 "스크랜턴 대부인이 1888년 3월 부인성경반을 시작한 후 성경반 부인 2명을 전도부인으로 채용했다"고 공식연혁에 포함시켜, 이것이 신학교육으로 작용했음을 시사하고 있다.

41　이배용·이현진 '스크랜튼 한국 근대여성교육의 등불을 밝히다', 이화여자대학교출판부 2008년 10월29일

미 감리회 해외여선교회(WFMS)가 1910년경 펴낸 '한국의 매혹'이라는 책자 표지에 실린 사진. 시골 사역을 마치고 돌아오는 전도부인들과 여학생들의 모습이다.

여성 전문직종으로서의 전도부인 양성을 여성근대교육의 기준점으로 삼는다면 성인여성교육의 선도역할을 해온 태화와 성신의 창립의도와도 일치한다. 일반인을 위한 교육은 사경회査經會, Bible Conference Movement (오늘날의 '부흥회')에서 이뤄졌다. 종합하면, 첫 여자 사경회는 1888년 서울 정동에서 스크랜턴 대부인과 헤론 부인(해리엇 깁슨)이 성경반Bible Class 을 조직하면서 시작됐다고 보는 것이 일반적이다. 첫 여성성경교육의 시작부터 감리교와 장로교의 연합이 이뤄졌으며, 태화가 두 교파가 합작해 만들어졌음을 고려하면 이를 첫 발걸음으로 봐도 무리가 없을 것이다. 이화가 1886년 5월31일 영어를 배워 왕비의 통역을 맡겠다는 어느 양반의 소실(김씨 부인)을 데리고 선교사 자택에서 시작한 일대일 수업을 개교일로 잡듯이, 뿌리를 찾아 올라가면 비공식적이었을지라도 여성학습이 시작된 1886~1887년을 성신의 '개학開學'으로 삼을 만한 근거가 된다. 스크랜턴 대부인도 이 시기 이미 선교부에서 일하는 여성이 있었음을 알리고 있고, 1888년 초 전도부인이 임명됐다는 것은 이전부터 한국인 여성에게 교육을 하고 있었다고 추리할 수 있다. '미국 북장로회 한국선교회 여성사역자 통계표'에도 1887~1988년 사이 3명의 전도부인Bible reader을 기록하고 있다.[42] 또한 '여자관Woman's House'라는 명칭 자체가 여성사업, 여성모임을 하는 장소를 일컫기 위해 선교 초기부터 쓰이고 있었다.

사경회 처음에는 한글을 깨친 여성들에게 성서와 기도법 등을 가르쳤다고 한다. 한국인 전도부인Bible Woman들을 양성해 유급 전도사업에 종사하게 할 목적이었다. 더 많은 전도부인이 필요하게 되고 스스로 성경을 읽고 싶어하는 여성들이 늘어나자 사경회와 별도로 한글교실도 운영하게 됐다. 문밖출입도 자유롭지 않고 절대다수의 여성이 문맹이었던 시대에 사경회는 주요한 여성교육의 장이기도 했다. 몇 년도를 사경회의 시작으로 볼 것이냐부터 기간과 방식, 규모와 형식 등은 시기와 교파, 지역마다 조금씩 다르고 다양했지만, 사경회가 일반 한국여성에게 최초의 '교육'으로서 작용한 것은 분명하다.[43] 부인대사경회, 주일학교교사 사경회 등으로 불붙듯 번진 여사경회에서는 성경 뿐 아니라 한글, 산수, 지리, 아동교육, 건강위생

---

42 김은정 '미국 북장로회 전도부인 연구'(연세대학교 연합신학대학원, 2021)에서 재인용

43 기독교계에서도 페미니즘의 영향으로 한국 초기 기독교가 가진 여성교육적 측면을 주목하는 연구들이 증가하고 있다. 조은하 목원대 교수의 '사경회와 기독교교육'(2007), '선교와 여성교육-사경회의 선교적 의미를 중심으로'(2008), 이명실 숙대 교수의 '1910년대 사경회의 교육사적 의미'(2007), 이숙진 이대 강사의 "한국교회 초기 부흥운동과 여성' 논찬'(2007), '대부흥운동기 여성공간의 창출과 여성주체 탄생'(2009), '초기 한국 기독교의 교육공간과 말하는 주체의 탄생'(2020) 등의 논문이 대표적이다.

법, 새생활운동 등 실제적인 과정도 교육했다. 이를 통해 여성들도 평등의
식, 사회의식, 민족의식을 형성해나갔다. 등급을 두어 진급하게 하고 마치
면 진급증(수료증)을 수여하기도 했다.

스크랜턴 대부인은 1893년 "오래전부터 기혼여성을 위한 학교를 세워야
겠다는 소망이 있었다"고 선교보고 하고 있고, 상동교회에 출석하는 기혼
여성들을 대상으로 한 '교리공부반Catechism class'을 시작했다. 상동교회에 세
웠던 통학학교day school 공옥학교보다 앞서 출범한 교육사업이다. 이 해 봄
에 신앙심 있는 5명을 선발해 달성궁 자택에서 교리교육을 실시했고, 상동
교회 밖으로 대상자를 확대하며 '전도부인양성학원Bible Woman Training School'
이라는 명칭을 썼다. 이는 1900년 로드와일러, 1903년 피어스 등이 맡아보
다가 1908년 여성신학교육 전담선교사로 내한한 앨벗슨에 의해 '감리교부
인성서학원Methodist Woman's Bible Training School'이 됐다. 한편 1898년 선교보고
서에 이름이 언급된 감리교 여선교회 유급 전도부인은 Mrs. Drusila Ni(이경
숙), Mrs. Sarah Kim, Mrs. Hannah Chung 3명이다. 스크랜턴 대부인은 해
리엇에게 인계받은 여성들을 교육시켜 다시 그의 전도부인으로 알하게 했
고, 미감리회보다 10년 늦게 한국선교에 착수한 미 남감리회의 여선교사 J
P 캠벨을 도운 남감리회 최초 전도부인인 김세라와 백루시도 스크랜턴 대
부인에게 교육받은 인물들이었다. 이들은 서울의 종교교회, 광화문교회 창
설에 중요한 업적을 남겼다.

1907년 8월12일~9월17일 황성신문에 24회에 걸쳐 전도부인이 주요인
물로 등장하는 소설 '몽조'가 연재되는 등 전도부인을 새로운 여성직업으
로 인식하게 됐다. 외국인의 연구에서도 부인권서(바깥나들이가 힘든 여성을 안

방으로 찾아가 책을 읽도록 권유하며 성경을 판매하는 권서인 역할) 등으로 불린 전도부인들을 진보적 근대한국여성이라고 평가하고 있다. 성경반이 한국에서의 첫 여성전문교육이며, 전도부인이 당시 교육받은 여성이 가질 수 있는 몇 개 안되는 전문직업 중 하나였다는 것이다. 하버드대와 연세대에서 각각 석·박사학위를 취득한 리-엘렌 스트론은 "한국 개신교에서 성경교육은 20세기 초 여성을 위한 현대교육이었다. 많은 한국 여성들에게 기본적인 문해능력을 제공했을 뿐 아니라, 공인된 전도부인 지위를 위한 고급훈련은 여성전문교육의 첫 단계를 대표하고 있다. 여성을 위한 성경교육이 한국 현대사회에서 여성리더십과 전문교육의 첫걸음으로 인정받을 만하다"고 진단했다.[44] 사경회를 성경반(부인성경공부반)의 연장선상으로 보고 점차 4년의 교육과정을 거친 이들 중 또다시 뽑힌 이들만 전도부인이 될 수 있었다며, 세계에서 유례를 찾기 힘든 여성들의 적극적 활약이 한국에서 기독교가 번성하는 계기가 됐다고 봤다. 이러한 연구는 성경반, 성경학교, 성경훈련학교Woman's Bible Training School (감리교에서는 '부인성서학원'으로 지칭) 등이 신학대학으로 이어지는 목회자 양성기관으로서 뿐만 아니라, 근대적 전문교육으로써 여성의 사회진출의 일환으로 작용했음을 재평가해야한다는 점을 분명히 한다. 기독교계 미션스쿨이나 신학교, 관련 연구기관들이 이러한 여성들의 종교활동을 신앙적 측면으로만 파악해 해석을 좁히는 경향이 있으므로, 여성 전문인으로서 이들에 대해 시야를 넓혀 연구할 수 있는 시각이 요구된다.

---

44 Lee-Ellen Strawn 'Protestant Bible Education for Women: First Steps in Professional Education for Modern Korean Women', Journal of Korean Religions Vol. 4, No. 1, Interpreting Christian Missionary Experiences in Korea, April 2013

1910년대 초반 미국 보스턴에서 출간된 '한국의 매혹'에 실린 사진. '훈련반(사경회)에 오고 있는 한국여인들'이란 설명이 붙어있다.

이후 여성목회자 양성목적은 '신학교'로 흡수통합돼 한국 개신교 최초 신학교인 감리교신학대학교가 된다. 위에 썼듯 이 대학은 1887년 9월을 개교로 삼고, 1920~1930년대 남녀신학교가 통합되며 고등교육기관으로서는 한국최초 남녀통합교육기관이라고 자평한다.[45] 감신대가 밝히고 있는 여성신학교육 연표에 따르면 1907년 여성선교사 앨벗슨M M Albertson이 내한한 해 부인성서학원을 맡으며 신학교 체제를 갖춘 것으로 본다.[46] 1912년 3월

---

45 감신대 연혁은 1925년 '한국 최초로 협성신학교와 협성여자신학교가 합동하여 남녀공학제 수업을 실험적으로 실시하다', 1931년 '교명을 감리교신학대학교로 개칭하고 전문학교령에 준하여 4년제 남녀공학을 실시하다', 1932년 '협성신학교와 협성여자신학교를 합병하고 교명을 감리교(회)신학교로 개명한 후 명실상부한 4년제 남녀공학을 실시하다(교장 : 빌링스 B W Billing, 부교장 : 채핀 A B Chaffin)'고 표기하고 있다. 그러나 한국인 여성 목사가 탄생한 것은 1950년대 들어서다.

46 감신대 공식 연혁에 나와있는 것 외에도 1900년경 서울에 상설교육기관 '부인성경학원(Woman's Bible Institute)'에 대한 기록이 등장하며, 의료선교사 스크랜턴이 세운 남대문 상동교회, 종로 기독

부인성서학원 제1회 졸업식을 가지고 손메례, 양우로더, 박마불, 문알베르트 등을 배출했다. 또 임시교사로 여선교부 소속건물(구 손탁호텔)을 빌려 사용했다고 한다. '감리교여자성경학원'으로도 불린 이 학교는 1917년 서대문 밖 충정로 죽첨정에 독자 교사를 마련한다. 충정로 3가 8번지에 4층 회색벽돌건물을 신축해 이전하고 로드웨일러성경학원the Louise C. Rothweiler Bible Training School으로 명명한다.[47] 1920년 남·북감리교회에서 합동운영하기로 결정한 후 명칭을 감리교회협성여자신학교Union Methodist Women's Theological School로 개칭하고 초대교장에 채핀A B Chaffin 선교사가 취임한다. 이전 성경학교가 나이 상관없이 학생을 받았다면, 협성여자신학교는 학생 연령을 20세로 한정하고 입학생의 학력도 제한했다.

'협성協成'은 union의 번역어로 연합, 합동의 의미다. 감리교와 장로교가 연합한 것, 같은 교파 내에서도 각 회가 결합한 것 등을 아울러 이렇게 불렀음을 알 수 있다. 협성여자성경학원은 또 다른 갈래로 뻗어나가게 됐다. 1903년 원산부흥운동, 1907년 평양대부흥운동, 1909~1911년 백만구령운동 등을 통해 전국적으로 초교파적 대규모 연합운동 분위기가 정착하면서 서울에서도 1910년대 이후 여러 교회가 연합으로 사경회를 개최하는 경우가 많았다. 서울에서는 1914년 가을부터 미 북장로회, 남감리회 등이 연합

교청년회 건물 옆, 인사동, 동대문부인병원 등에서 교육했다는 기록이 산발적으로 남아있다. 1905년 '감리교여학당'이라 새겨진 기념메달도 남아있다. 초기 개신교의 급속한 전파에 발맞춰 지방에서도 성경교육이 다수 이뤄졌으며, 서울에서도 여러 곳에서 교육이 나눠 진행됐다.

47 1917년 일본 주재 건축선교사인 보리스에 의해 설계돼 1918년 완공됐다. 처음엔 초기 내한 여성선교사였던 로드웨일러를 기념해 그의 이름을 땄다. 1923년 '회수분'으로 유명한 소설가 전영택이 교수로 취임하기도 했다. 이 건물은 1980년대 초까지 감신대 남자기숙사로 이용된 것이 확인되고, 지금은 빌라촌이 됐다. 영화촬영도 많이 하던 웅장한 건물이 흔적도 없이 사라진 것이다. 남자기숙사가 1982년 6월29일 종합관이 준공되면서 그 지하로 옮겨갔으니, 그 즈음 철거된 것으로 추정된다.

해 여자성경학교를 시작했다. 46명의 첫 학생들 중 30명이 장로교인이었
다. '협성여자성경학원Woman's Union Bible Institute'은 1921년에 세 선교회의 연
합사업으로 승동에 세워진 태화사회복지관으로 통합돼 메리언 킨슬러가
연합사업이 중단될 때까지 이곳을 담당하게 되었다.[48] 이 같은 연합정신이
3·1운동 기간 중 서울의 대한민국애국부인회 같은 초교파 여성민족운동체
결성의 밑거름이 됐고, 태화여자관이 이들 세 교회 여성들에 의해 운영되
는 기틀이 됐다.

하나의 조상, 여러 갈래로 뻗은 여성교육

현재 태화빌딩 등이 들어선 인사동 194번지 일대는 태조 이성계가 한양
을 도읍으로 삼으며 역사의 주요무대가 된다. 1919년 당시에는 경성에서
가장 유명한 요릿집인 명월관의 분점 태화관이 있었다. (명월관 본점은 현 동
아일보 광화문사옥 일민미술관 자리에 있었다) 기미독립선언식 이후 미국 남감리
교 여선교부가 매입해 '태화여자관'이라고 명명하고 사회선교를 시작했
다. 현 태화복지재단 산하 태화기독교사회복지관의 원형이다. 우리나라 최
초의 사회복지기관으로 사회복지 전공과목과 사회복지사자격증시험 등에
서 주요하게 다뤄지고 있다. 서울지역 감리교·장로교 여성들의 연합사경
회가 발전한 각종 성경연구반 및 여성신학과정이 마련됐고, 협성여자성경
학원의 원장으로 남감리회의 마이어스 선교사가 선임된 후 매번 남의 건물
을 빌려 쓰던 학원의 교사 마련을 추진하게 된다. 미국 감리교선교100년기

---

48 해리 로즈 '미국 북장로회 한국 선교회사1', 김은정 '미국 북장로회 전도부인 연구'(연세대학교 연합신
      학대학원, 2021)에서 재인용. 태화여자관이 인사동에 세워진 것을 '승동'이라 오기했다.

넘으로 모금된 기금을 받은 마이어스가 장소를 물색하던 중 종로 인사동에 이완용 소유인 태화관이 나왔다. 왕실소유였던 이곳은 1907년 친일파 이완용의 소유가 됐고 5년간 거주하다 요정 명월관에 임대해줬다. 3·1운동 이후 그 장소가 민족운동의 요람으로 인식되자 못견디고 팔려고 내놓은 것을 매입했다. 안신영[49]이 쓴 '태화기독교사회관 50년사'(1971)는 "남감리회 선교부는 1920년 9월20일 이완용과 20만원(10만달러)에 매매계약을 맺고 그해 12월11일 잔액을 지불함으로 태화관을 소유하게 됐다. 그러나 태화관 건물을 사용하고 있던 명월관측이 임대차 기간이 남았다는 이유로 집을 비워주지 않는 바람에 입주는 늦어졌다. 결국 중앙교회 엡윗청년회원들을 동원해 명월관 정문에 걸렸던 요정깃발을 내리고 성조기를 거는 등의 시위를 벌인 끝에 그해 성탄절 예배를 태화관에서 드릴 수 있었다"고 기술하고 있다.

1929년 조선남감리회가 발행한 '조선남감리교회삽십년기념보' 등을 참조하면, 마이어스는 한국인 전도부인 이숙정, 박정화와 함께 태화관으로 살림을 옮겨 4개월 수리 끝에 1921년 4월1일 태화여자관을 개관할 수 있었다. 마이어스는 두 전도부인과 방 하나를 차지하고 손님 들어올 저녁시간에 찬송가를 부르는 등 수 일을 버틴 끝에 명월관 지점은 결국 광교 쪽으로 옮겨갔다고 한다. 총독부의 문화통치 전환으로 동아일보, 조선일보 등 여러 매체가 탄생하면서 바로 이 시기 태동한 태화여학교에 대한 보도는 상당히 상세하다. 선교사들은 이곳을 'Seoul Social Evangelistic Center for Women(서울부인사회전도관)'이라고 불렀고, 한국인들 사이에서는 태화여자

49 안신영(1902~1975)은 태화사회관 이사장을 맡았던 독립운동가이자, 교육자, 한글학자, 문학가, 기독교운동가이다. 유관순과 동갑으로 함께 공주영명학교에 다니다가 1916년 각각 서울 배재학당과 이화학당에 편입학했다. 서울에서 3·1운동에 참가했고 연희전문학교를 졸업하고 교사로 일했다.

관, 태화여학교, 태화학교, 태화여교, 태화학관, 태화여학관, 태화여자원, 태화여자학교, 태화여자학원, 태화여자교육관, 태화여자학관, 태화여자강의소, 태화여자강습소, 여자태화관, 태화회관, 태화여자회관, 태화원 등이 혼용됐다.[50] 여학교가 이곳 복지관의 간판사업으로 인식되면서 '학교'라는 명칭을 붙여 불렀고, 줄여서 본래 가지고 있던 이름인 '태화관'이라고 통용되기도 했다. 당대 신문에서 장소를 가리킬 때 그냥 '태화관'이라 하든지, '태화녀관(태화여관)'으로 줄여서 표기하는 경우도 많았다. 1933년 공식명칭이 태화사회관으로 바뀐 후에도 여전히 태화여자사회관으로도 호칭되곤 했다. 이후 1953년 태화기독교사회관, 1980년 태화기독교사회복지관으로 각각 이름을 바꾸는데 '여자'라는 타이틀을 뗐어도 지금도 여성위주 복지사업을 하고 있는 것은 변함없다.

태화여자관은 1921년 4월 1~2일에 걸쳐 일반공개를 한후 4월 4일 공식 개관했다. 본래는 복음전도를 위한 사회사업에 시급히 착수하려했으나 '교육'이 급선무가 됐다. 마이어스는 "그 당시 3개월 과정의 여자성경학원[51]을 운영하고 있었고, 어느 곳에서 열든 20~50명 정도가 참석했다. 그런데 (개관) 첫 주간에 100명 이상이 등록했다. 우리는 곧바로 교육과정을 전면 개정해야하며, 모든 분야에서 기초교육을 실시해야 함을 발견했다. '우리가 남에게 뭔가 해주려면 먼저 우리가 뭔가 배워야만 한다'며 교육받기

---

50 호칭이 통일되지 않으면서 연구조사에 어려움이 크다. 독립기념관에서 시행한 '2019년도 광주학생운동 참가자 기초조사 학술용역 과업지침서'를 보면, 참가학교 372교 목록중 '태화여학관'이라고 표기돼있다. 이 지침서에는 태화의 현재명이 '성신여대'로 적혀있기도 하다.

51 협성여자성경학원은 5년과정으로 1년에 3개월만 수업을 받았다. 출석하지 않는 9개월 동안은 집에서 할 수 있는 과제물이 주어졌다. 1918년 당시 교과과정에는 구약, 신약, 신학과 산수, 고전, 작문, 연설, 음악, 자수 등의 일반교양이 포함됐다. 1921년 4월 4일 태화여자관이 공식 개관되는 날도 협성여자성경학교의 수업으로 시작했다.

를 갈망하는 부인들을 대상으로 '가르치는 일'부터 해야 했다"고 기록한다. 소외계층을 위한 교육시설이 거의 없었던 상황에서 배울 기회와 장소를 제공하며 여성교육의 산실이 됐다. 개관 1년이 채 못 된 상황에서 여자성경학원, 재봉과, 야학, 여학교 등 4개 교육기관을 운영하게 됐다. 동아일보 1921년 3월 25일자에 실린 초대 관장 마이어스의 인터뷰 기사는 태화여학교가 설립되는 구체적 계기가 됐다. 마이어스가 "이미 가정에 든 여자로서 어려서 학교교육을 받지 못한 여자들을 위해 보통상식을 줄 만한 기관을 설립할 예정"이라는 사업계획을 밝히자, 이 소식을 들은 여인들이 4월 1일 문을 열자마자 몰려들었다. 개관과 동시에 재봉과가 신설되고, 가정주부를 위한 야학부가 설치됐다. 5월 18일자 동보는 "입학자가 답지하야 도저히 주학만으로는 다 수용할 수 없으므로 다시 야학부를 설시하고 작일부터 오는 21일까지 학생을 모집한다"고 전한다. 5월 21일 태화여자야학이 설립되고, 1922년 초 태화여학교가 간판을 달고 정식 출범을 알린다.

1921년 3월 25일자 동아일보 '조선여자의 대복음-태화여자관의 설립' 제하 기사는 조선여자를 위한 공간이 생긴 것에 크게 주목한다. 그때까지만 해도 여자들이 활동할 수 있는 공적장소가 없었지만 태화관이 그 터전이 돼주면서 여성운동이 움트는 기반이 된다. 이튿날인 3월 26일에는 1면 톱기사로 '미국인의 기부-학교와 병원의 확대, 태화여자관의 신설'을 실어 그 중요성을 널리 알린다. 일종의 사설로 "인류의 문명이 여자의 공헌에 대하는바 다하며 조선사회의 문화가 여자의 개명에 기하는바대함은 현대의 추세가 차를 증명하나니 조선의 여자계가 점차 각성하야 오는 것을 충심으로부터 환희하는 동시에 교육의 기회를 실한 가정부인에 대하여 절실한 교양기관이 결핍함을 일즉히부터 통한하얏노라"며 시대적 흐름에 적극 참여할 것을 독려한다. 이후 당시 발행 신문들은 진급식, 하기강습회, 전람회, 자선음악대회, 구제가극 등 태화여자관의 동정을 줄곧 보도하고 있다. 또 조선일보 1923년 3월30일자는 '유치원을 신설, 태화여자관 내에 4월9일부 터 개학'이라며 "유각경 녀사를 위시하야 몃 선생이 담임하야 가라치더라 더라"고 알리고 있어 눈길을 끈다. 일부 유치원운동 또한 식민지교육에 저 항하는 교육구국주의의 하나로 보는 시각이 있다. 유치원은 식민지 교육정 책의 최종단계까지 일본어 사용을 강요당하지 않았기 때문에 조선어를 사 용하였고, 민족문화를 온존시키는 역할을 수행할 수 있었다는 것이다.[52]

여자대학들의 설립과 전통, 학원분규

일제는 일본인과의 차별교육정책을 펼쳐 재조일본인과 조선인의 학제 를 달리했다. 1919년 3·1운동을 경험한 한국인들이 남녀불문 교육열에 들 끓게 되나 여학교의 수는 몇 개 되지 않았다. 집계 주체에 따라 조금씩 차 이가 나나 1925년 천도교에서 발행된 '신여성'에 보도된 '전조여학생(고등 정도) 총수와 그 출신도별' 집계에는 재조일본인여학교는 제외하고, (1930년 대 일본인 여성을 위한 관립여학교의 수는 조선인 여학교에 비해 3배정도 많았다) 전국 18 개교 중 12개교가 경성에 집중돼있었다. 경성여자고등보통학교, 동덕여학 교, 이화여학교, 이화학당, 배화여학교, 숙명여학교, 진명여학교, 정신여학 교, 근화학원, 태화여학교, 여자학원, 여자고등학원 등이다.[53] 이중 현 서울

---

52   이상금 '한국근대유치원교육사', 1987

53   소현숙 '일제강점기 경성지역 여학생의 운동과 생활' 제4장 일제강점기 경성지역 여학생의 일상생 활과 규율, 서울역사편찬원, 2020

시내 6개 4년제 여자대학 중 5개인 동덕, 이화, 숙명, 덕성, 성신의 모체가 모두 자리잡고 있다.(학교법인배화학원은 2/3년제 전문대학 배화여대를 세웠다) 당대 근화학원과 태화여학교 등은 정식 고등여학교라 할 수 없었으나, (학교의 혜택을 받지 못했던 성인여성들이 뒤늦게 교육을 받는 교육기관으로 시작했다) 재단이 각각 최고학부 덕성여대와 성신여대로 발전하는 위업을 이룬다.

다만 1961년 개교한 서울여대는 "3·1운동 직후 기독교 정신에 입각한 여성고등교육기관의 필요성을 절감한 대한예수교장로회가 1923년 12차 총회에서 대학설립을 결의하였으나 식민통치의 억압된 상황에서 그 설립이 좌절됐다"며 3·1운동과의 연관성을 홈페이지를 통해 밝히고 있다. 당시 장로회선교사연합회에서 여자대학 설립에 대한 의견을 물었고 총회 학무부는 "크게 환영할 일"이라며 협의원 3인을 택해 협의하기로 총회에 청원해 허락받았다. 그러나 일제 치하에서 기독여성 리더를 양성하기 위한 학교의 설립이 추진되지 못했다.[54] 3·1운동 이후 일제의 문화통치와 유화정책을 배경으로 월남 이상재 등이 민립대학설립운동을 펼쳤으나 실패로 끝난 것과 맞물린다. 국내 많은 대학들이 해방 후 우후죽순 개교를 한 것과 달리 여자대학들은 근원을 찾아 올라가면 상대적으로 깊은 전통을 가지고 있다. 또 다음 단원에 언급할 남자대학들이 연원은 깊이 잡으나 재개교까지 폐교된 기간들이 꽤 길었던 점과도 비교, 여자학원재단의 명맥이 끊임없이 이어져왔다는 것도 주목돼야할 사실이다. 그러나 워낙 대표적이고 대형 아카데미 기관이기에 몇몇 학교들은 혼란한 근현대사를 지나며 주인 분쟁이 없을 수 없었다.

---

54 여성 지도자 양성 위해 기도로 세운 서울여대, 한국기독공보 2020년 8월6일

동덕여학단은 현존하는 학교들 중, 구한말 여성교육을 위해 국내 민간자
본으로 설립된 최초의 여성교육시설이라고 볼 수 있을 것이다. 1908년 춘
강 조동식이 동원여자의숙을 만든 것이 시초로 그 해를 창학년도로 한다.
1910년 종친 이재극과 김인화가 설립한 동덕여자의숙을 인수합병하면서
이름이 동덕으로 바뀌었고, 1911년 천도교에서 인수하여 천도교에서 대부
분의 운영비를 지원했다. 교주 손병희가 3·1운동 수감으로 얻은 병으로 타
계하며 천도교의 지원이 끊기게 됐다. 1926년 학봉 이석구와 조동식 등이
동덕여학단 재단을 창립한 뒤 1950년 대학 설립허가를 얻었다. 설립 기금
을 출연했던 이석구의 후손은 2010년 설립자기재정정 소송을 내 동덕여대
가 조동식을 설립자로 표시하는데 이의를 제기했지만, 2016년 둘 다를 설
립자로 인정하는 대법원 판결에 따라 현재 조동식을 유지하고 이석구를 병
기하지 않아도 된다는 결론이 도출됐다.

덕성여대의 처지는 좀 더 복잡하다. 1950년 덕성여자초급대학을 설립하
고 초대학장을 지낸 것은 송금선(1905~1987)으로, 그가 덕성여대의 창립자
로 여겨져 왔다. 1920년 조선여자교육회(부인야학강습소)를 시작하고 1925년
근화여학교를 설립한 차미리사(1879~1955)는 덕성여중고의 설립자로만 기
려져왔다. 차미리사의 뜻을 잊지 않기 위해 덕성여자중·고등학교동창회(근
화회)는 1957년 최은희가 쓴 '씨뿌리는 여인–차미리사의 생애'가 절판된 후
에도 자체적으로 복간해 발행해왔다. (1997년본 등이 확인된다) "나는 이 전기
를 출판함에 있어 최은희 여사를 선택하였다"며 송금선이 서언을 쓰고 있
다. 차미리사가 덕성여대의 설립자로까지 모셔지게 된 것은 사립학교법 개
정에 의한 재단의 전횡으로 인한 학내분규가 시발이다. 이 과정에서 차미
리사가 1940년에 총독부의 압력으로 친일파 송금선에게 덕성여자실업학교

(근화여학교) 교장직을 물려주게 됐다는 정황이 밝혀지며 2000년대 들어 대대적 역사 수정이 이뤄졌다. 차미리사는 2002년 정부로부터 건국훈장 애족장을 추서받았는데, 2010년 차미리사의 후손[55]이 나타나 2013년 훈장을 전수해가면서 덕성의 설립자 논란이 다시금 불거진다. 학교법인 덕성학원 관계자는 이 후손에 대해 "지금 차미리사 여사를 설립자로 모시고 있지만, 사실상 야학을 설립하셨고, 덕성여대는 후임 교장과 그 자손들이 일궈냈다. 차 여사의 후손과는 크게 관계없다"고 선을 그었다.[56]

근대화시기가 일제강점기와 겹치므로 '친일논란'을 피해갈 수 있는 근대학교는 찾기 힘들 것이다. 남자대학들은 해방이후 설립도 많지만 여자대학들은 전통이 깊은 만큼 총독부와의 연관성이 없을 수 없기 때문이다. 억압된 식민지교육에 대한 학생들의 저항은 끊이지 않았지만, 식민지라는 근본적 한계에서 벗어날 순 없었다. 숙명은 현재 민족사학이라고만 소개하고 있지만 설립취지논란은 국경을 넘어 한일 간 시각이 나뉜다. 2017년 2월6일 한국기독교역사학회 제353회 학술발표에서 가미야마 미나코(간세이 가쿠인대학 신학연구과 박사과정)는 '숙명여학교 설립운영과정 속의 일본 기독교-통감부 조선총독부와 관련성을 중심으로'라는 주제로 "숙명여학교(현 숙명여대)의 설립과 운영의 목적은 일본제국의 조선식민지화와 그에 협력한 일본 기독교계의 조선전도론의 흐름 속에서 달성된 하나의 사업이었다"고

---

55 차미리사는 미국 유학을 떠나며 고명딸을 모친에게 맡겼다가 잃어버리게 된다. 성인이 돼 다시 찾은 딸 김숙자는 이미 결혼해 아들 둘을 두고 있었다. 보훈처가 보관 중이던 훈장은 유족만이 받을 수 있다는 규정에 따라 차미리사 선생의 외증손인 박종충 씨가 돌려받게 됐다. 2013년 12월 추서 11년만에 외고손인 박동석 씨에게 전수됐다.

56 덕성여대 설립자 '후손', 환영 받지 못하는 이유 - "할머니를 할머니라 부르지 말라?"…사학분쟁 속 학교 측도 학생·교수 측도 '외면', 일요신문 2016년 6월4일

주장했다. "숙명여대 측에서는 숙명여학교가 대한제국 황실 유지가 설립한 조선의 첫 민족 사립학교임을 강조하지만, 실제로는 일본 기독교인 후치자와 노에淵澤能惠가 1906년 숙명여학교의 창립을 주도했다"며 "엄비는 영친왕의 안위를 목적으로 숙명여학교 설립에 찬동해 후치자와에게 의뢰하는 형식으로 숙명여학교 설립을 진행했지만, 실제 설립 및 운영은 주로 일본조합기독교회, 통감부, 조선총독부 등 조선 식민지배에 앞장섰던 일본인들을 중심으로 운영됐다"고 했다. 그 결과, 초기 숙명여학교는 철저히 일본식 교육의 장으로 오직 일어만을 사용하는 교육이 진행됐다.[57] 후치자와 노에(1850~1936)는 숙명학원 설립인가 진본에 이정숙과 함께 설립자로 올라있다. 기독교인이기는 했으나 "숙명여학교에서 기독교는 학생들에게 일본 천황과 국가를 위한 모성성을 강조한 천황제의 도구로 악용됐다"는 평가가 있다. 일본의 여러 화족들에게 기부를 받았던 기록 등이 구체적으로 뒷받침하고 있다. 1905년 을사강제조약 후 교육구국운동이 일어나자 이를 막기 위한 식민지 여성교육의 필요성으로 후치자와가 선택돼 조선에 들어왔다. 그는 당시로서는 거금인 퇴직금 1만원을 숙명여전 발족에 기부했다. 2021년 6월 국내 출간된 '사랑으로 잇다-한국을 위해 다리가 된 일본인 10명'(나카무라 사토시 저)은 후치자와 노에 등이 식민지배에 사죄와 보상의 뜻을 가지고 조선인에게 봉사했다며 한국에서 활동했던 일본 기독교인 10명을 소개하고 있다. 양면성이 없을 수 없는 입장이었다.

1991년 이대 석사학위 논문으로 '淵澤能惠(1850-1936)의 信仰과 行動 : 日本 朝鮮植民地 支配와 日本여자 크리스챤에 관한 일 고찰'이라는 일본인 유학생의 논문이 제출된 바 있고, 국내에도 '후치자와 노에의 생애'(무라

카미 슈쿠코 저)가 2009년 번역 출판됐다. 숙명여고보는 1906년 3월 보병대사의 수행원으로 일본의 학습원을 시찰한 고희준이 화족남녀의 학교설립을 건의한 것[58]과 엄비가 총재로 있던 한일부인회 회원들의 여학교 설립논의가 함께 맞물려 진행됐다. 한일부인회는 일본이 조선에 대한 식민지화 작업의 일환으로 조직했고, 부인회 회장이었던 이정숙은 교장이 되고 총무였던 후치자와 노에가 학감자리에 임명됐다. 한국인 교사들은 현실적 한계 속에서 나름대로 조선식 교육을 하고자 했지만, 숙명여고보 교원이나 교수용어(일어)는 통감부의 영향을 받지 않을 수 없었다. 경술국치 후 제2대 교장에 1935년부터 오다 쇼고小田省吾가, 3대 교장으로 1940년부터 해방까지 노무라 세이지助野村晟之助가 임명되는 등 일본인이 교장직까지 맡게 된다.[59] 후치자와 노에는 1912년 제2대 재단이사장에 취임했다.

지난 2019년 3·1운동100주년을 기념하기 위해 나선 대학들의 곡학아세는 언론의 질타를 받기도 했다. 헤럴드경제는 "대학생들은 자신들 학교의 어두운 역사를 알리고, 이에 대한 반성과 청산작업을 스스로 진행해왔다. 이에 비해 각 대학은 과거에 대한 언급은 하지 않은채, 학교 출신 독립운동가를 발굴하는 등 정부의 3·1운동100주년 사업에 보조를 맞추고 있다"고 지적했다. 보도에 따르면, 이대는 2019년 3월15일 '3.1운동, 여성 그리고 이화'라는 주제로 학술대회를 열고 5월21일 '이화의 독립운동가들' 전시를 계획했다. 언론에 유관순 열사 등 이화 출신 독립운동가 21명에 대한 자료를 배포하기도 했다. 독립운동사 연구자인 김주용 원광대 한중관계연구원

---

58 又設學校, 황성신문 1906년 3월9일

59 강혜경 '숙명여고보 맹휴사건으로 본 식민지 여성교육', 2010

교수의 말을 빌려 "이대가 친일학교 이미지를 지우기 위해 유 열사에 대한 대대적인 홍보에 나섰다"고 주장했다.[60] 숙대 초대총장인 임숙재 박사도 친일논란이 따라붙는 인사지만, 숙대는 용산구와 함께 3·1만세 운동을 재현하는 행사와 함께 숙대 출신 독립운동가 발굴을 계획했다. 숙대는 이번 행사 참여뿐만 아니라 3·1운동 및 임시정부 수립 100주년을 기념하는 연중 행사 및 캠페인 등도 진행하고, 3월 4일부터 교내 백주년기념관 등에서 '독립운동과 숙명'이라는 주제로 '대한제국 황실의 꿈: '숙명'에서 타오른 독립의 불꽃' 기념 전시회를 개최했다. 또한 용산구청 등과 함께 효창공원 일대에 독립로드를 조성하는 프로젝트도 진행했다.[61]

반면 성신여대는 2019년 6월 18일 대학사에 길이 남을 전례 없는 결단을 내린다. 설립자 이숙종 34주기 추도식에서 당시 황상익 이사장이 "진정한 추도는 고인이 살아서 하지 못한 참회와 사죄를 대신하는 것이 포함돼야 한다"며 이숙종과 초대총장 조기홍의 친일반민족행위와 이숙종의 조카인 심용현 전 이사장이 한국전쟁 당시 저지른 집단학살 행위를 대신 사죄하는 시간을 가졌다. 추도사는 "학원은 인간과 공동체를 사랑하는 민주시민으로서의 자질을 함양하는 민주국가의 보루입니다. 반민족, 반민주, 반인권, 반평화가 발을 들여놓아서는 안되는 진실과 정의의 전당입니다. 우상은 한 점 남김없이 철거되고 이성이 참 빛을 발하는 곳이어야 합니다. 학원이 제 구실을 하려면 지난 시대의 잘못과 과오들에 대해 반성하고 참회하고 사죄해야만 합니다. 역사와 진실을 외면한 채 미래로 나아갈 수 없기 때문입니

---

60 [3·1운동 100주년] 친일 색깔 지우는 대학들…과거 언급 없이 '독립운동가 발굴, 100주년 행사', 헤럴드경제 2019년 2월 27일

61 3·1운동 100주년 대학별 행사 풍성, 대학저널 2019년 2월 28일

다"며 "진실을 바탕으로 한 참회와 사죄와 화해, 국가 차원에서와 마찬가지로 우리 성신학원 차원에서도 반드시 이루어야 합니다. 성신공동체는 유한한 개인을 넘어 지속되어야 하며 성찰과 화합 위에서 발전해야합니다"고 공개사죄를 포함해 발표됐다.

첫 번째 '근대 여성전문직' 전도부인 ─────

부인권서를 비롯 여전도인, 여조사, 여전도사, 부인전도사 등으로도 불리던 전도부인은 유급으로 교회의 여러 일을 맡았던 여성지도자였다. 신학교를 나와도 목사안수를 받을 수 없었던 시대, 목사와 결혼해 '사모'라도 되지 않는 한 이들 여성의 위치는 불안정할 수밖에 없었다. 감리교 측에서는 1888년 여성교회가 설립됐고 전도부인은 1889년 가을부터는 공개적으로 채용되기 시작했다. 여성선교사의 지휘아래 관할지역에 파송돼 전도사역을 하던 이들은 활동영역에 따라, 도시전도부인, 학교전도부인, 병원전도부인 등으로 구분됐다. 첫 전도부인들은 스크랜턴 대부인의 수양딸 격들이라 볼 수 있는데, 한국여성교육에 지대한 공헌을 남겼다. 선교보고에 처음 이름이 밝혀진 전도부인은 청상과부 이드루실라(이경숙, 1851~1930)다. 1889년 4월 이화학당 최초의 한글교사가 돼, 언문, 한문, 글씨 등을 가르친 초기 여교사로 기록된다. 성신의 처음을 전도부인 양성으로 본다면 한국인으로 전문직 여교사가 된 이경숙을 광범위한 의미의 동문으로 여길 수 있을 것이다. 1909년 대부인 사후, 수원지방에 파송돼 수원종로교회 여선교회 사업과 교회에서 설립한 삼일여학교 교육사업을 관장했다.

  부모에 의해 스크랜턴 대부인에게 맡겨져 이화학당에서 공부한 여메례(1872~1933, 남편 성을 따라 황메례, 양메례로 불리기도 함)는 1903년 일본 교육기관을 시찰하고 이화학당, 상동교회 주일학교, 수원 삼일여학교 등에서 교사로 일했다. 상동교회에서 가르치던 학생 중 엄비의 동생 엄준원의 딸이 있어, 엄비를 소개받아 근대식 여학교를 설립하게 됐다. 1906년 4월 21일 자하골(현 창성동)에 개교한 진명여학교 학감을 맡아 실질적인 학교운영을 담당했다. 1910년 진명여학교가 일본인의 손에 넘어가게 되자 그의 교육활동은 중단됐다. 재혼한 남편과도 사별한 후에는 경성성 서학원(현 서울신학대학교)을 졸업한 후 여자부 부사감이 됐고, 1925년부터는 교수가 돼 영어를 가르쳤다. 1929년 여자부 사감이 됐으나 1931년 사임하고 본격 목회를 시작했다.

점차 기독교계 여학교 졸업생들이 늘어나며 전도부인은 이들이 사회생활을 시작

'한국의 매혹'에 실린 전도부인과 십일조회(시간의 10분의 1을 하나님께 바치는 초기 여성 전도단체) 회원들의 사진. 이 책의 공동저자로 'Mrs 조지 허버 존스'가 이름을 올리고 있다. 존스 선교사의 부인 매거릿 J 벵젤을 일컫는 것이다. 수년간 한국 선교에 종사했다고 소개되고 있다. 1890년 내한한 벵젤은 1892년 인천 영화여학당을 설립했다.

하는 첫 관문이 되기도 했다. 한국 최초 여의사 김점동(1877~1910)과 그의 자매들도 전도부인으로 일했다. 1885년 아펜젤러 선교사 밑에서 일하게 된 아버지 김홍택이 4녀중 셋째인 점동을 스크랜턴 대부인에게 보냈고, 이화학당을 나와 보구여관에서 조수로 일하다 미국 유학을 마치고 의사가 됐다. 첫째 언니는 일찍 시집갔고, 둘째 언니 신마리아(1873~1921)는 해리엇 깁슨의 전도부인이었다. 1896년부터 정신여학교에서 산술, 성경 등을 가르쳤고, 이 학교의 최초 한국인 교사이자 교감이 됐다. 남편의 성을 따라 '신마리아'라 불렸고, 딸 신의경(1898~1988)은 독립운동가로 해방 후 미군정이 1946년 12월 남조선 과도입법의원(의장 김규식)을 발족시키자 여성의 원으로 참여하기도 했다. 신의경은 1919년 3·1운동 당시 정신여학교 교사로 근무하며 경성애국부인회를 조직, 독립운동을 지원했다. 그해 10월19일 김마리아 등과 대한애국부인회를 조직, 경기도지부장으로 활약하다 징역 1년형을 받고 복역했다. 막내동생 김배세(1886~1944)는 1907년 세브란스병원 간호원양성학교에 첫 학생으로 입학한 간호사였다. 김점동을 따라 평양기홀병원에서 일하고 정신여학교를 나왔다. 이들 자매들은 초기 한국기독교의 '장감연합'을 보여주는 인물들이다. 게일 선교사는 이들 자매들을 조선여자사회의 진보를 상징하는 인물들로 언급했다.

이외에도 이름 난 초기 전도부인으로는 전삼덕, 김세지 Sadie Kim 등이 있다. 평양에서 매년 개최되는 여자사경회 참석해 전도인 훈련을 받고 1901년 전도부인으로 임명된 전삼덕(1840~1932)은 학동교회와 숭덕학교를 설립했다. 1899년 전도부인으로 채용된 김세지(1865~?)는 매년 참석해온 대사경회가 '여자성경학원'으로 발전하면서 1908년 졸업장을 받았다. 1903년 교회여성들로만 '보호여회', 1916년 '과부회'를 조직해 평양지역 여성운동 지도자로 부상했다. 1919년 11월 장로교와 감리교 여성들이 중심이 돼 조직한 대한애국부인회에 참여해 재무부 부장 직책을 맡아 독립자금을 지원하다 체포돼 옥고를 치렀다. 2019년에야 대통령표창에 서훈됐으나 역시 사망연도도 명확히 확인되지 않는 것이 여성인물들이 처한 현실이다.

　장성진의 책 '한국교회의 잊혀진 이야기 : 초기 한국 개신교 선교와 교회 성장에서의 전도부인에 관한 연구, 1892~1945'(한국학술정보, 2008년 7월15일)는 1884년부터 시작된 개신교 선교에서 발휘된 한국 여성의 지도력과 주체성을 집중 조명해 눈길을 끈다. 전도부인을 연구한 최초의 박사논문으로 영국 에딘버러대에 제출된 것을 한역한 것이다. 기존 전통사회에서 발휘되고 있던 여성의 실제적 종교리더십이 한국사회에 기독교가 정착, 발전할 수 있는 커다란 요소가 됐다고 주장했다. 또 당대 동학에서 여성존중과 리더십이 있었음을 예로 들어 여성리더십이 서구 기독교의 문화적 영향만으로 형성된 점이 아니라고 밝혔다. 이는 박용옥 등이 이미 연구한 바로, 박용옥은 "초기 선교사들의 기록에서도 기존 한국사회에서 여성의 지위가 낮지 않음을 알게 돼 여성 대상 선교를 노리게 된 것"이라 말했다.

　"한국 개신교회의 터를 닦고 확장시켜나간 전도부인은 실체는 있으나 교회법규상의 직책은 아니었다. 이는 한국 교회가 제도화되는 과정 속에서 남성 사역자들의 경우, 일찍이 교회법을 따라 전문적인 목회자로서의 위상이 확립된 것과는 대조되는 것이었다. … 한국 교회 형성과 발전에 기여한 수많은 노고와 업적에도 불구하고, 전도부인들의 실상에 대해서는 거의 알려진 바가 없다. 다만 자신을 고용한 선교사나 선교단체의 보고 속에서 단편적인 면을 발견할 수 있을 뿐이다. 이에 비추어볼 때 매티 노블Mattie W Noble 선교사가 편집해 1927년 펴낸 '승리의 생활'은 전도부인에 관련한 독보적인 저술이다. '승리의 생활'에는 전도부인들의 인생 역정, 선교의 여정과 사역의 성과 등이 약력이나 자전自傳의 형태로 담겨 있어 전도부인 연구에 귀중한 사료가 되고 있다."(한국민족문화대백과사전, 조선혜 집필, 2015)

1930년대 후반부터 여성들의 주일학교나 사경회를 신학교를 나온 남자목사들이 맡기 시작하면서 전도부인의 위상이 하락하기 시작한 것으로 본다. 남성들이 신종 전문직에서 영역을 넓혀가는 동안, 박봉에 시달리던 전도부인들은 교회에서 아무런 권한이 주어지지 않았다. "1930년 중반이후는 한국교회가 제도화된 시기로 전도부인은 설교권과 치리권을 보장받지 못한 채 제한적 역할을 수행하는 임시직으로 밀려나서 교권화와 보수화라는 두 기둥이 지탱하는 한국교회 앞에서 존재는 있으나 존재를 인정받지 못하는 신세로 남겨지게 됐다."(양미강[62] '참여와 배제의 관점에서 본 전도부인에 관한 연구', 1997) 교회에서도 세간의 남녀차별을 고스란히 답습한 임금과 대우 차별이 이어진 것이다. 그러다보니 남자목사에게만 주어진 권세를 질투하는 속내를 솔직히 드러내는 여전도사도 있었다. 여성들이 온갖 차별과 난관을 뚫고 개척해온 분야도 사회적 인식이 개선되면서 남성이 진입하면 그 영역을 금세 뺏기고 마는 직업의 대표적 사례로 반면교사 삼아야 할 것이다. 1982년 5월27일자 동아일보는 '여전도사 푸대접 심하다'는 제하로 "한국교회의 치부"로 보도하고 있어 눈길을 끈다.

2019년 나온 고유경의 논문 '3.1운동에서 전도부인의 역할과 의의'는 3·1운동이 전국적으로 확산된 물적토대가 철도라면, 인적기반으로서 전도부인을 조명했다. 기독교계 여성의 만세운동 참여 정도를 보면, 글자그대로 '산 넘고 물 건너' 방방곡곡 개척지로 다니며 전도활동을 하던 전도부인들이 3·1운동의 전국적 전파의 메신저가 됐다고 보는 것은 전혀 무리가 없다. 논문은 전도부인들을 중심으로 교회와 학교 여성조직이라는 인적 네트워크가 형성되며 3·1운동이 일어났을 때 전도부인이 연락책 혹은 주도적 역할을 맡을 수 있었다고 봤다. "1919년 2월, 2.8독립선언 당

---

62   양미강은 전도부인에 대한 학문적 연구를 본격적으로 시작한 신학자, 목사, 정당인, 활동가다. 성신여대 사학과 79학번. 한국정신대문제대책협의회(정대협) 총무로 '2000년 일본군성노예전범 여성국제법정' 운동의 실무를 맡았다.

시만 해도 도쿄 유학생들 사이에서는 여성을 인정하지 않고 있었다. 하지만 얼마 지나지 않아 임시정부가 전도부인과 접촉하며 대한애국부인회를 발족하고 그들의 연락망을 적극 활용하기에 이른다." "남성 위주의 사회에서 여성에 대한 기록이 거의 전무하던 시절임에도 불구하고 전도부인의 역할이 3.1운동과 관련하여 남아있다는 것은 그 당시 전도부인을 포함한 기독교 여성들이 얼마나 적극적으로 3.1운동에 참여했는지를 엿볼 수 있게 해준다."

——— 확장되는 역사, 보이지 않는 전쟁 ———

'역사전쟁'이라는 말이 이젠 낯설지 않다. 국회도서관에서도 동명으로 각각 다른 4명의 저자가 쓴 단행본을 찾아볼 수 있다. 국제질서가 자리 잡으며 물리적 침략이 어려워지는 시대가 되면서, 각국은 영토 점유를 위한 전쟁을 넘어 시공간적 역사를 차지하기 위한 공략을 앞 다퉈 내세우는 모양새다. 선사시대에는 미지의 영역이었던 천지자연을 이용해 신화를 만들었다면, 문자시대에 들어서며 집안이라는 개인적 혈통(족보)부터 국가라는 큰 단위까지 '기록'을 통해 고증하고 '역사'를 만들어가는데 총력을 다하고 있다. 일본이 미국에 이은 제2의 경제대국으로 성장했던 20세기에는 '임나일본부설'에 분개했고, '독도'를 놓고는 지금도 영토분쟁이 계속되고 있다. 이 기록들 역시 훗날 독도영유권을 판단하는 근거로 작용할 것이다. 중국이 G2로 급부상한 21세기에는 '동북공정東北邊疆史與現狀系列硏究工程'으로 온 국민이 비분강개한다. '역사수정주의'가 무엇이 사실이고 실증이냐에까지 영향을 끼치고 있다. 20세기에는 일본에서 '기무치', 21세기에는 중국에서 '파오차이'로 불리는 종주국 한국의 김치를 둘러싼 신경전이 데자뷔처럼 반복된다. 동북아 주도권을 놓고 '낀' 처지인 한국의 역사 정립이 다른 어느 분야보다 시급해 보인다. 2021도쿄올림픽에서도 드러난 일본과 중국의 군국주의적 행태, 2022베이징동계올림픽 개회식 '소수민족 한복 사태' 등에서 볼 수 있듯이 동아시아의 탈민족주의는 아직 갈 길이 멀다. 심지어 2022년 일본은 일제강점기 조선인 강제노동의 상징인 사도광산을 유네스코 세계문화유산에 추천하겠다고 천명했다. 1월27일 아베 신조 전 일본총리는 "한국과의 '역사전歷史戰'을 피할 수 없는 이상 추천을 강행해야한다"고 페이스북에 썼다.

　여차하면 '위인'까지 뺏길 지경이다. 한국문학에서 가장 중요한 인물 중한 명인 민족대표시인 윤동주(1917~1945)를 둘러싼 국가 간의 경쟁이 대표적이다. 우리끼리야 당연히 '한국인'이라고 여기고 있지만 중국에서는 중국국적, 일본에서는 일본국적이라는 주장이 나오기도 한다. 윤동주가 태어난 북간도 명동촌에 2012년 중국 옌벤 룽징시가 생가를 복원하고 '중국 조선족애국시인'이라는 표석을 새겼다. 중국 환구시보는 "윤동주가 중국에서 태어났고 출생시 한국은 일제 점령하에 있어 정식 건국 전이었다"며 "양국 전문가들이 고증과 분석에 나서야한다"고 주장했다. 중국 옌벤박물관이 항일독립운동을 '조선족 혁명투쟁사'로 칭해, 상설전시한다는 사실이 2021년 국내 매체를 통해 알려지며 논란이 되기도 했다. 조선족이 중국국적을 취득하게 된 후부터 '한인'을 '중국인 조선족'으로 지칭, 역사 기술방식을 슬금슬금 바꿔왔다. 인터넷 오픈사전의 영향력이 점점 커지는 시대,

중국 포털사이트 바이두 백과사전이 윤동주의 국적을 중국이라고 표기하는 한편 일본어판 위키백과는 윤동주의 생전 국적을 일본이라고 소개하고 있는 실정이다. 당시 한국이 '일본통치시대'에 있었기 때문이라는 것이다.

각 학원과 대학사까지 공을 들이는 일본에서는 윤동주를 동문으로서 높이 평가하고 매년 추모식을 벌이고 있다. 반년동안 재학한 릿쿄대학, 9개월 다닌 도시샤대학 등 그가 조금이라도 거쳐 간 곳에는 시비가 세워지고 기념행사가 벌어진다. 앞서 언급한 독립투사 김마리아도 국내에서는 점점 잊혀져가는 이름이 되고 있는데, 오히려 그가 유학했던 일본 메지로여자학원에서 그의 자료를 충실히 활용하고 있다. 김마리아선생기념사업회 이미자 회장은 "메지로학원 115년 역사를 다룬 책에는 '유학생란'이 따로 있는데 김마리아 선생을 무려 6쪽에 걸쳐 상세히 다루고 있었다"고 전했다.[63] 김마리아의 모교 정신여중·고교에서 김마리아 열사 흉상과 기념관 등을 세우고 그를 기리고 있지만, '서양'에서도 일종의 '패권주의'가 작용하고 있는 것이 아니냐는 의문을 떨칠 수 없다. 이로 인한 '유관순 논란'이 일기도 했는데, 2·8독립선언서를 국내에 들여오는 등 압도적 활약을 한 김마리아를 비롯 '북한의 유관순' 동풍신(1904~1921) 등 대중에게 알려지지 않은 여성 독립투사들이 너무 많은데서 기인한 의혹일 것이다. 동풍신은 매일신보 1920년 2월1일자에 보도되는 등 당대 기록이 남았지만, 박은식의 '독립운동지혈사'에도 등장하지 않는 유관순은 해방이후 '이화' 관계자들에 의해 언급되기 시작했다.[64]

63 김마리아 열사에게 '대한민국장'을 허하라, 시사인 2019년 3월6일
64 김정인 춘천교대 교수의 저서 '대학과 권력 : 한국대학 100년의 역사'(휴머니스트, 2018)를 인용하면, 해방이 되고 미군정이 들어서며 이화여전 교장 김활란, 연희전문 교수 백낙준, 보성전문 교수 유진

1920년 2월 1일자 매일신보에 실린 '북한의 유관순'이라 불리는 소녀 열사 동풍신의 기사.

　　2009년 발표된 정상우 박사(서울대 국사학과)의 논문 '3·1운동의 표상 '유관순'의 발굴'에 그 근거가 제시되며 '한국사 교과서 국정화 논란'과 함께 다시금 화제가 됐다. 고등학교 검정 역사 교과서 8종 중 4종에 유관순 열사가 누락된 이유가 유관순은 친일파가 만들어낸 영웅이기 때문이라는 주장을 담았다. 일부 개신교 세력과 박인덕, 신봉조 등 이화 관계자들이 자신들의 친일의혹을 덮고 도덕적 권위를 부여하기 위해 개신교계 학교인 이화학당 학생이었던 유관순 열사를 부각시켰다는 것이 논문의 개요다.[65] 김정인 춘천교대 교수는 2014년 3월 '월간참여사회'에 실은 '영웅은 어떻게 만들어지는가'라는 글을 통해 "유관순의 숭고한 희생정신을 훼손한 것은 그

오, 3인방이 대학교육 재건의 주역으로 활약을 펼쳤다. 1945년 11월 미군정이 만든 조선교육심의회에서 활동한 이들은 1950년대에는 각각 이화여대, 연희대(연세대), 고려대 총장으로서 대학과 정계를 넘나들며 대학권력을 형성해나갔다. 세 대학을 명문 사립대학으로 일궈내는데 3인방의 역할이 절대적이었다.

65 주장의 주요 근거 중 하나는 1978년 10월 7일 '미국의 소리' 방송에서 가진 전 이화여고 교장 신봉조와 유관순의 은사였던 박인덕의 대담이다. 여기서 박인덕은 "항간에서는 김마리아를 추대하자고 했지만, 유관순이를 알리고 가는 것이 세상에서 가장 기쁘고 통쾌하다", "신교장이 이렇게 말했어요, 유관순이 이화에서 났으니 이 사실로 인해서 이화가 영원히 산다고 그랬죠" 등의 발언을 했다. 정상우는 "아마 김마리아가 '이화' 출신이 아니었던 것도 작용하지 않았을까?"라는 의문을 제기한다.

녀의 항일로 자신의 친일을 덮으려했던 유관순 영웅 만들기 프로젝트의 주체들이라 할 수 있다"고 꼬집기도 했다. 김주용 원광대 한중관계연구원 교수는 "1919년 3월 1일 당시 일제에 항거하다가 사라져 간 '유관순' 같은 학생이 한두 명이 아니었다. 한국 최초의 여성 의병지도자로서 25년 넘게 항일활동에 전념한 윤희순(1860~1935)도 5등급인 건국훈장 애족장을 받는 데그쳤다. 상징성 차원에서 유 열사의 서훈만 상향하겠다는 것은 오히려 3·1운동 정신의 본질을 흐리는 것"이라며 "만약 유 열사가 이화학당을 나오지 않았다면 아마도 그는 지금까지도 무명의 독립운동가로 남아 있을 것이다. 그에 대한 서훈 논의에는 이런 정치적·역사적 배경도 함께 고려돼야 한다"고 설파했다.[66] 유관순의 순국투쟁 행적은 모두 사실이라는 것이 재확인되며 2019년 최고등급 건국훈장이 추가 서훈되는 것으로 일단락됐지만, 인기영합주의와 인지도에 기운 형평성 논란 등은 여전히 남았다.

한편 국내 지방자치단체에서도 역사를 소급하는 작업에 동참하고 있다. '천년 고도古都' 신라의 수도 경주가 국내 최고最古 도읍이라 일반적으로 인식돼왔지만, 이젠 '2천년 사적지'로 역사문화도시조성사업을 벌이고 있다. 다른 지자체들도 2000년전까지 지역사地域史를 끌어올리고 있다. 서울시는 1994년 '정도定都600년' 사업을 벌이는 등 조선시대 한성으로부터 기간을 카운트해왔지만, 서울시 영역이 사대문 밖으로 확장돼온 만큼 그 역사 역시 확대했다. 송파구 풍납동토성, 몽촌토성, 석촌동고분군 등 한성백제 유적과 유물들이 발굴조사되면서 서울역사편찬원(구 서울특별시사편찬위원회)이 '서울2천년사'를 펴내기 시작했다. 부산에서도 '2천년 역사고도, 부산의

---

66 '유관순 서훈 격상' 딜레마에 빠진 정부 정책, 서울신문 2019년 2월17일

뿌리 동래'라는 지역방송프로그램이 만들어지기도 했다. 김해시는 '가야건
국 2천년'을 기념하며 김해가야축제를 열고, 경산시, 나주시 등도 2000년
전을 기준으로 역사 재조명에 동참하고 있다. 새로운 증거가 발견되면 역
사는 언제라도 새롭게 써지고 해석될 여지가 있다는 것을 입증한다.

역사 확장성 놓고 기억투쟁하는 대학들

　대표적 아카데미인 대학들의 경우 사학私學들 뿐 아니라 국공립에서도
연혁을 늘리고 수정하는 일이 늘고 있다. 대표적으로 국립서울대학교는 본
디 해방이후 1946년도를 개교년도로 공표해왔으나, '개교원년' 논쟁 끝에
개교년도는 그대로 유지하고 1895년을 개학년도로 새로 지정했다. "대한
제국 시대에 최초의 국립 고등교육기관들이 세워지면서 해방 후 국립대학
설립의 토대가 됐다"며 1895년 설립된 법관양성소(법과대학), 한성사범학
교(사범대학)를 기준으로 삼은 것이다. 기존 개교년도 1946년은 미군정 '국
립서울대학교설립안(국대안)'에 의해 경성대학과 9개 전문학교를 합쳐 종
합대학으로 출범한 해다. 서울대법대는 이미 1995년 '근대법학교육 100주
년' 기념사업을 자체적으로 벌였고, 이듬해 '근대법학교육 백주년기념관'
을 개관했다. 2012년 법관양성소 1회 졸업생인 이준 열사의 동상도 세웠
다. 9개 전문학교에 뿌리를 둔 각 단과대들도 구한말(대한제국 시대) 모체를
기념해왔다. 2008년 서울대 총동창회는 '서울대 개교 원년 찾기' 운동을 시
작했고, 서울대는 연구팀을 꾸려 교사校史 개정을 위한 자료수집에 착수해
2016년 함께 '국립서울대학교 개학반세기사 : 서울대학교 개학120년 기념
: 1895~1946'을 발간하기도 했다. 서울대 홈페이지 연혁에는 일제강점기

'경성제국대학' 시기는 빼놓고 있지만, 위 책은 경성제대의 역사까지도 포함해 서술했다. 이 과정에서 '일제 잔재 청산', '대한제국의 역사는 대한민국의 역사가 아니므로 1946년 이전의 역사는 서울대의 전사前史로서의 의미만을 지닌다' 등의 사유를 들어 기존 개교시점을 유지해야 한다는 의견을 가진 교수들과 논쟁이 벌어지기도 했다. 왕정시대 왕립과 국립은 엄연히 다르다는 것이다. 그러나 이태진 국사학과 명예교수(전 국사편찬위원장)가 주축이 된 '서울대는 경성제대의 후신이 아니다. 경성제대는 서울대로 통합한 10개 교육기관의 하나였을 뿐이다'는 주장이 힘을 얻었고, 여러 서울대 출신 언론인들도 역사적 근거를 대며 여기 동조했다. 결국 '개학'연도를 변경하는 것으로 타협하기에 이르렀다.

사실 대학의 설립연도 지정에 정해진 기준이 있는 것이 아니다. 다만 서울대 원년찾기연구팀이 더타임스가 선정한 세계랭킹 50위내 주요대학들의 원년을 조사한 결과, 최초의 작은 기원을 종합대학 출범의 원년으로 삼거나 통합 전 각 교육기관의 원년 중 가장 이른 시점을 개교 원년으로 삼는 경우 등이 46개교(92.2%)이며 종전의 서울대처럼 통합시점을 원년으로 삼는 대학은 임페리얼컬리지런던 등 4개교에 불과했다.[67] 하버드대는 미국 플리머스에 최초로 유럽인들이 이주한 지 16년 만에 교사 1명에 학생 9명으로 시작한 목사양성소가 생긴 1636년을 설립연도로 정했다. 아메리카 대륙에서 가장 오래된 대학교로 꼽히는 멕시코국립자치대는 개교원년을 1551년으로 잡고 있다고 한다. 1866년 괴뢰정권 황제 막시말리아노1세에 의해 폐교됐으나, 1910년 재개교하며 스페인 식민기간 왕립멕시코대학의

---

67 서옥식 언론중재위원회 중재위원 "모교 '개학 1895년'은 왜곡된 역사 바로 잡은 것", 서울대 학보 '대학신문' 2013년 8월31일

전통을 이은 것이다.

　국내 대학들도 조금이라도 더 역사를 늘리기 위해 안간힘을 쓰고 있다. 각 재단들의 주장을 바탕으로 국내에서 오래된 대학 순위를 매기면 1위 성균관대, 2위 가톨릭대, 3위 연세대, 4위 배재대, 5위 이화여대, 6위 숭실대, 7위 고려대 등이다. 각각 1398년 성균관, 1855년 성요셉신학당, 1885년 광혜원, 1885년 배재학당, 1886년 이화학당, 1897년 숭실학당, 1905년 보성전문학교를 뿌리로 삼고 있다. 서울대 '개학' 1895년을 온전한 개교로 인정한다면 설립순위 6위로 껴들게 된다. 한국최초의 근대교육기관은 1883년 민립 원산학사와 관립 동문학이었지만 현전하지 않는다. 기독교계 학교들에서는 개신교 선교사가 최초로 세운 '배재학당'을 기준으로 원년을 찾고 있다. 배재대는 1885년 8월3일 미 감리교 선교사 H G 아펜젤러에 의한 배재학당 창립을 설립일로 삼았다.[68] (해방 후 배재대 재건노력이 실패로 돌아가면서 실질적 전신인 대전보육초급대학은 1955년에 설립됐다) 감리교신학대는 1893년 설치된 배재 신학반을 자신들의 역사로 받아들이고 있다. 연희전문과 세브란스가 합친 연세대는 '1885년 4월10일, 한국 최초의 근대식 병원이었던 '광혜원'에서 시작됐다'고 밝히고 있는데 이는 세브란스의 기원이다. 또 하나의 유래인 연희전문학교는 1915년 3월5일 YMCA(중앙기독교청년회관)에서 개교한 '조선기독교대학Chosen Christian College'을 연원으로 삼고 있다. 이와 관련해서도 학술적 연구가 지속되고 있는데, 옥성득 UCLA교수는 2021년 "현재 연세대학교가 연희전문학교 설립일(개교일)로 서술하는 두 날짜는 1915년 3

68　1955년 창립70주년 기념으로 정리된 '배재사'(배재중고등학교 발행)는 아펜젤러가 1885년 7월 서울에 들어와 의사 스크랜턴의 집 한 채를 사서 교실을 만들고, 이겸라, 고영필이라는 두 학생을 앞에 앉히고 역사적인 처녀수업을 8월3일 개시했다고 기록한다. 이것이 한국의 신교육사상에 있어서 효시인 배재학당의 시작이었다는 기술이다.

월5일(현지이사회 조직일)과 1915년 4월 12일(개교식 거행)이다. 이는 법제적, 기구적, 의례적 관점이므로, 교수와 학생의 수업(학사) 관점에서 정식 개교 1년 전인 1914년 4월 12일(서울 YMCA 건물에서 배재중 대학반과 경신중 대학반을 통합하여 예비반 시작)을 임시 개교일로 보고자한다"고 했다. 또 "평양과 서울의 연합, 장로회와 감리회의 연합, 그리고 배재와 숭실과 경신의 세 중학교의 연합체로 연희전문대학이 출발했음 강조해야한다"고 주장했다.**[69]**

연세대 설립자로 모셔지는 H G 언더우드는 1885년 4월 입국 직후 제중원 교사로 일하며 1886년 서울 정동에 고아원 성격을 띤 학교를 세웠다. 언더우드학당, 예수교학당 등 다양한 이름으로 불리다가 1905년 경신학교로 명명됐고, 현 경신중·고교로 이어진다. 배재학당이 개교하기 전부터 언더우드가 자기 집에서 여러 명의 소년들을 가르치기 시작했다는 사료(1885년 7월 6일 선교부에 보낸 편지)가 제시되면서 1885년 개교, 1886년 개설예배를 드린 것으로 정리되고 있다. 이는 연세대가 제시한 연사에는 공식적으로 포함되지 않았으나, 서울 경신중·고교는 1885년 10월 16일에서 5월 9일로 창립일을 수정했다.(이러면 배재의 개교보다 앞서게 된다) 2015년 경신학교 개교130주년 기념식을 연세대학교 강당에서 진행하기도 했다. 같은 뿌리의식을 가지고 있다는 증거다.

한편 숭실대의 경우는 아예 '오랜 역사를 기반으로 미래를 여는 대학'이라며 평양에서의 시발을 적극 수용하고 있다. 1897년 미국 북장로교 선교사 배위량w M Baird 박사가 자기 사저 일부를 사용하여 13명의 학생을 모아

---

69 옥성득 '대학 문제: 조선기독교대학의 설립 과정과 정체성, 1913~1917', 동방학지 2021, vol., no.196

'사랑방 교실'을 시작했다. 홈페이지는 1906년 한국최초 근대대학으로 출범, 국내 4년제 정규대학 교육의 '효시'임을 강조한다. 연혁에는 1912년 조선총독부로부터 사립학교규칙에 의거하여 '숭실대학'으로 정식인가를 받았고 1919년 전교생이 3.1운동에 참가, 주동역할을 해 많은 교수와 학생들이 옥고를 치렀다는 사실 등을 상세 기록했다. 1938년 일제의 신사참배 강요를 거부해 기존 알려진 것처럼 폐교 당한 것이 아니라, 신앙과 양심을 지키기 위해 스스로 학교 문을 닫았다는 점을 강조하기 위해 3월18일을 '폐교기념일'로 기리고 있다. 서울에 학교가 재건된 것은 1954년으로, 재건 숭실대 초대학장을 지낸 한경직 목사는 1992년 신사참배를 공개적으로 회개하는 첫 인물이 되기도 했다. 앞서 언급했듯이, 이화여대는 미국 북감리교 여선교부선교사 스크랜턴 대부인이 서울 정동의 자택에서 1명의 학생으로 수업을 개시한 1886년 5월31일을 설립시점으로 잡고 있다. 대학과가 생긴 것은 1910년이고, (당시 조선총독부가 대학령이 없다는 등의 이유로 고등교육기관을 인가하지 않아 불이익을 받았다) 1933년 이미 이화학당과 이화학원으로 재단이 분리돼 이화학당은 따로 대학 부속과 병설 중고교를 개교하기도 했지만, 여전히 이화여고와 같이 1886년 5월31일을 설립일로 기념하고 있다.

서로들 설립연도를 끌어올리려다보니 '적통'을 놓고 논란이 생기기도 한다. 우리나라 최초의 서양식 국립병원인 제중원을 놓고 대립 중인 연세대 의대와 서울대의대가 대표적이다. 서로 각자의 명분과 역사 증거를 들이밀며 반박, 재반박하는 일이 수 십 년 째 지속되고 있다. 연희대와 세브란스 의대가 통합된 것은 1957년이지만 연세대는 위에 언급한 것처럼, 1885년 4월10일 한국 최초의 근대식 병원이었던 '광혜원'을 시초로 본다. 광혜원은 출범 2주 후 고종이 지어준 '제중원'으로 이름이 바뀌었다. 이에 맞춰 연세대는 1985년 100주년 기념행사를 가졌고 제중원 개원일이 있는 5월 둘째 주 토요일에 창립기념식을 열고 있다.[70] 2003년 신촌캠퍼스와 의료원 사이 '연세대 역사의 뜰'에 광혜원 한옥을 복원해 연세사료관으로 꾸몄다. 서울 대병원 홈페이지에는 '국립병원 제중원'이라며 서울대병원이 제중원을 계 승했다는 점을 조목조목 밝히고 있다. '우리나라 서양의학의 발상지' 제중 원을 놓고 자존심 대결이 치열하다. 서울대병원이 2007년 '대한의원100주 년·제중원122주년 기념식'을 갖자 세브란스병원 동은의학박물관장 박형 우 교수(연세대 해부학교실)는 "갑자기 서울대병원이 남의 역사를 빼앗으려 한다"며 "일본이 독도를 자기네 땅이라고 우기고 중국이 동북공정을 진행 하는 것과 같은 맥락의 이야기"라고 분노를 표했다.[71]

일단 서울대는 개학년도를 1895년으로 조정하며 1899년 의학교 설립(의 과대학), 1901년 대한의원 교육부 산파및간호부양성과 신설(간호대학)을 연혁 에 포함시킨 상태다. 앞서 1976년 서울대에서는 개교기념일연구위원회가 꾸려지기도 했다. 이때 나온 것이 '국립대 생성론'이다. 국립대학은 고구려 태학(372년), 통일신라 국학(682년), 고려 국자감(992년), 조선 성균관으로 이 어져 내려왔기에 이들의 설립일자를 고증해 개교기념일로 삼자는 주장이 다. 성균관의 위상은 서울대가 물려받은 것이 아니냐는 논란은 꾸준히 제 기됐지만 성균관의 역사는 성균관대가 선점한지 오래다. 조선이 한양천도

---

70 세브란스와 통합 전 연희대는 1915년 조선기독교대학을 출범으로 봐, 1955년 학보 '연희춘추'에는 개교40주년 행사가 성대하게 열렸다는 기사가 실렸다. 1957년 통합 후 '연세춘추'로 이름을 바꾸 고 창립기념식이 열렸다고 보도한다. 이후 몇 년간 연세대학교는 1957년을 기점으로 개교 기념행 사를 가졌는데, 1963년 연세춘추에 '개교79주년'이라는 표현이 등장한다. 이즈음 1885년 시작된 제중원에 학교의 기원을 두기 시작한 것으로 보인다.

71 서울대-연세대, 제중원 122주년 두고 "최고는 나의 것", 대학신문 2007년 3월24일

후 유교 건국이념에 따라 1398년 설립한 성균관의 전통을 계승한다며 이를 건학원년으로 삼고 있으나, 지금의 성균관대가 실질적으로 개교한 것은 1946년이다. 성대 홈페이지는 고전대학시대, 근대대학시대, 현대대학시대 3기로 나누어 620여년 역사를 설명하고 있다. 그러다보니 설립자로 모셔지던 유림 대표 심산 김창숙의 비중은 절대적으로 낮아졌다. 성대는 학원사를 정립하면서 갑오경장 이후인 1894년 칙령으로 경학원에 3년제 경학과를 설치한 것을 근대대학으로 전환된 것으로 보고, 1975년 성균관 근대교육 80주년행사를 따로 갖기도 했다. 일제시기 명륜학원, 명륜전문학교 등을 기술하기는 하나 "성균관의 정통을 계승한 것으로는 볼 수 없다"고 자체평가를 내렸다.

　서울특별시가 운영하는 '공립' 서울시립대학교는 1918년 조선총독부가 설립한 경성공립농업학교를 전신으로 한다고 과감하게 인정하고 있다. 이를 기준으로 2018년을 개교100주년 삼아 백주년기념관을 개관하고 기념우표도 발행했다. 물론 홈페이지 등에는 '총독부'를 언급하고 있지는 않아 이것까지 따져보는 이는 거의 없는 듯하다. 4년제 서울농업대학이 된 것은 1956년이다. 역사관 논란보다는 '실익'을 취한 것이라 보이는데, 배일, 반일, 극일이라는 '20세기 일본'을 기준으로 한 콤플렉스를 넘어설 수 있다면 사실을 그대로 받아들이는 것도 나쁘지 않은 선택지일 수 있다. 이런 연혁 확립이 자리 잡자 이후 서울시장들도 이를 쭉 따르고 있는데 주목도가 떨어져서인지 논외가 됐다. '국립' 서울과학기술대학교도 1910년 4월15일 공립어의동실업보습학교(어의동은 서울 종로구 효제동에 있던 마을로 '어의궁'이 있던 데서 이름이 유래됐다) 개교를 설립일로 잡는다. 공식 연혁에는 포함되지 않았지만, 3·1운동으로 졸업생이 줄어든 후 학생 수 감소로 1921년 폐교했다. 일반고등교육을 받기 위해 타 학교로 진학하는 학생이 너무 많았기 때문이다. 모든 보습학교는 총독부에의해 1931년 아현동에 경성공립직업학교로 학제가 이관된다.[72] 이를 바탕으로 1982년 경기공업개방대학으로 변모해 1988년 서울산업대, 2010년 서울과학기술대로 교명을 변경했고, 2012년 일반대학으로 개편에 성공했다. 2009년 100주년기념관을 준공하고 2010년 개교100주년 행사를 가졌다. 현 공릉동 캠퍼스 부지는 일제강점기 경성제대 이공학부가 소재해있었고, 해방 이후에는 서울대 공과대학이 자리를 잡았던 곳이다. 서울공대의 관악캠퍼스 이전 후인 1980년 이곳에 자리를 잡게 됐다. 한편 여학교에서 남녀공학으로 전환한 중앙대의 경우 '중앙유치원'이 생긴 1918년을 출발로 삼고, 2018년 우정사업본부를 통해 개교100주년 기념우표를 발행한 것도 주지의 사실이다.

경희총민주동문회, 신흥무관학교연혁복원추진위원회는 1911년 중국 지린성에 설립됐다가 1920년 폐교된 독립군양성학교 신흥무관학교를 경희대의 전신으로 인정해달라는 '기억투쟁'을 벌여왔다. 2018년 12월에는 '경희역사교육을 위한 총동문회-총학생회 협약식'도 열렸다. 우당 이회영 일가가 전 재산을 처분한 돈으로 세운 신흥무관학교를 이어 1949년 신흥초급대학으로 출범했으나, 한국전쟁 혼란의 와중에 주인이 바뀌며 과거를 희석해왔다는 주장이다. 해방후 우당의 동생 성재 이시영(초대 부통령)이 '신흥무관학교 부활위원회'를 조직하고 1946년 세워진 배영대학관을 인계해 1947년 신흥전문학원을 설립했으나, 1951년 조영식이 인수하며 재단과 학교이름을 바꾸고 역사를 독점했다는 것이다. 한편으론 2011년 신흥무관학

---

72 조명제 한국산업기술사연구회 고문 '일제하 이공계 교육 실상', 신동아 2006년 2월16일

교100주년기념사업회가 꾸려졌는데 대한민국 국군의 뿌리를 이곳에서 찾고 있다. 2017년 육군사관학교는 신흥무관학교를 주제로 학술대회를 개최하고 2018년 신흥무관학교 설립107주년기념식도 육사에서 개최했다.(100주년 기념식은 육사에서 여는 것을 거부당했다) 이는 문재인 정부의 기조를 따른 것으로 경희대 출신이기도 한 문재인 대통령은 2019년 육군사관학교 75기 졸업및임관식에 친서를 보내 "육사의 역사적 뿌리는 100여 년 전 '신흥무관학교'"라고 강조했다. 급기야 2021년 신흥무관학교기념사업회가 주최하는 '설립110주년 콘텐츠 공모전'에 국가보훈처를 비롯 육사, 경희대가 후원에 나섰다. 한 모체의 후신이 꼭 하나일 필요가 없다는 생각은 일부 서울대의대 교수들이 '제중원' 연원에 주장하는 바와 같다.

성신여대의 잃어버린 15년 '태화'

남성들은 사회 전 분야에 걸쳐 한결같이 자신들의 욕망을 투사해 전통과 역사를 세우기 위해 애를 쓰지만, 여전히 2등국민 취급받는 여성들은 소수를 제외하고는 이 같은 노력에서 멀어질 수밖에 없는 것이 현실이다. 국가유공자들이 새삼 조명됐던 3·1운동100주년은 이러한 역사에서의 젠더 불평등이 적나라하게 드러난 실례였다. 2019년초까지 300만명(추산)에 달하는 독립운동가 가운데 고작 1만5000여명에만 서훈이 이뤄졌고, 이중 여성비율은 2%정도였다. 2018년 국가보훈처 '여성독립운동가발굴 및 포상확대방안 연구용역'을 통해 202명을 더 발굴해 다수 서훈했다. 박용옥은 "3·1운동 참여자가 200만~300만이라고 추측되는데 그 중 여자 참여자가 얼마인지 집계되어 있지 않지만 국내외의 모든 참여자 중에는 절반이 여자라고 기술된 부분들이 많았고 또한 지도적 위치에서 만세 시위를 계획하고 진행한 여성들이 적지 않았으나 그들이 체포 구금으로 판결문을 남기지 못한 분들은 독립유공 대상자에 들지 못하고 있다"고 지적하기도 했다.[73] 이 때문에 "일제의 인정을 받아야 독립운동가가 될 수 있는 것이냐"는 비판도 나왔다. 용역에 참가한 연구자들 중 한 명인 이순자 한국기독교역사연구소 책임연구원은 "남자와 똑같은 평가를 적용해 기준미달로 서훈되지 못하는 여성에게는 다른 훈격을 만들거나 표창장이라도 수여해야하는 것 아니냐고 안타까워했다"고 말했다. 실제 여성들은 나체로 만들어 성폭력을 행하는 것으로 처벌을 대신한 경우가 대다수였던 것으로 파악된다.[74] 여성계 등의 노력으로 여성 서훈자는 꾸준히 늘어나고 있고 국가보훈처도 여성 포상자를 따로 집계해 발표하게 됐다. 2021년 11월17일 게시된 '독립유공자 포상현황'에는 외국인 72명을 포함한 1만7066명으로, '독립유공자(여성) 포상현황'에는 외국인 6명을 포함한 544명으로 나와 있다. 이제야 겨우 여성이 3%가 넘는 비율을 차지하게 된 것이다.

국가기록원 자료총서 발간과 위 연구용역 등을 통해 3·1운동 1주년인 1920년 3월1일 배화학당의 만세운동으로 옥고를 치른 20여 명이 2018~2019년에 걸쳐 서훈 받아, 이중 일부는 배화여고 자료실에 전시되

---

73 박용옥 '독립운동과 여성독립운동가', 제1회 여성독립가발굴연구학술심포지움 기조발제 2018년 8월8일

74 국사편찬위원회가 1993~2002년 52권으로 간행한 '신편 한국사'는 "3·1운동에 참여한 여학생은 약 1만여 명이며, 총 기소인 9411명 중 여자가 587명이고, 제1심 유죄 판결자 8471명 중 여자 153명이고, 제3심 유죄 판결자 7816명 중 여자 129명이었다. 일제는 체포된 여학생이나 젊은 여자의 경우는 의례히 나체고문을 하는 등 만행을 하였으나, 유교적인 순결상실을 내세워 자결한 사람은 거의 없었을 뿐 아니라 출감 뒤 소감에서 조국을 위한 일이라면 다시 투옥이 되어도 좋다고 하였다"고 했다.

2020년, 101주년 3·1절 기념식이 서울 종로 배화여고에서 열렸다. 배화학당 여학생 40명이 3·1운동 1주년을 맞아 학교 뒷산에 올라 만세운동을 벌이다 24명이 서대문형무소에 투옥된 것이 새로이 주목받으며, 이를 기억하기 위해서다. (사진=청와대)

고 언론에 보도되기도 했다. 이들의 이후 행적과 사망연도 등은 미상이었지만, 이렇게 알려진 덕분에 왕종순, 박양순 등은 후손이 나서 사망일을 제시하고 영정사진도 공개했다. 그러나 같은 용역을 통한 '직권발굴'로 1930년 1월 서울여학생만세운동에 참여한 기록이 발견되며 서훈된 8명의 태화여학교 여학생들은 기려줄 후배도 후손도 없어 표류하고 말았다. 교육기관으로서 성신의 확장성을 놓쳤고, 이들의 흔적을 찾는 여성사 전공 학자들의 노력도 답보상태가 됐다. 실질적으로 남학교라 할 수 있는[75] 숭실대

75　연세대는 연표에 '1946년 9월 연희대학교, 국내 최초로 남녀공학 시작'이라고 밝히고 있는데, 남,여학교가 합친 감신대 같은 사례가 이미 있으므로 남학교에 여학생을 받아들이기 시작했다고 표현하는 것이 옳을 것이다. 여학생들의 입학이 허가되기 전까지는 '남녀별학'이 기본이었다. 기존까지 남녀공학 대학에서 여학생의 비율이나 사회진출도, 공헌도 등을 비교하면 과거를 세우는 행위는 곧 남성의 역사를 복원하고 더욱 탄탄히 하는 것과 동의다.

의 자발적 업적찾기, 홍보전략과는 뚜렷이 대비된다. 숭실대 한국기독교박물관은 2017년부터 숭실 출신 독립 운동가를 발굴하는 사업을 진행해오고 있다. 독립운동을 전개한 인물들을 조사하여 공적조서 및 평생이력서를 작성, 국가보훈처에 공적을 신청해왔고, 2017년 광복절 김양선(건국포장), 김태술(애족장), 김형두(대통령표창), 2018년 광복절에는 고병간(애족장), 순국선열의 날 기념식에서 이겸호(애족장), 박기복(대통령표창), 이양식(대통령표창)이 독립유공자 포상을 받았다. 2019년에는 김근식(애족장), 김사현(대통령 표창), 박종은(애족장) 등이 숭실대의 신청으로 광복절 독립유공자로 선정됐다고 적극적으로 언론에 알렸다. 2020년에는 숭실 출신 독립유공자 88인을 기념하는 현충시설 '독립의 반석' 추모비 제막식을 가졌다.

 모교출신 첫 성신여대 총장과 총동창회는 2018년부터 필자가 제안한 '연혁복원'에 대해 설립자 이숙종의 유지를 받들어야한다는 등의 사유로 외면했다. 그러나 앞서 증거자료를 제시했듯 이숙종은 성신이 태화여학교를 인계했다는 것을 인터뷰마다 거론하며, 자랑스러워할망정 숨기거나 지우려는 의도는 전혀 보이지 않았다. 무엇보다 이숙종은 성신을 창학한 것이 아니라 1936년 5월4일 태화여학교에서 성신여학교로 '교명 변경'을 인가받은 것뿐이다. 이같은 사실은 국사편찬위원회가 발간한 '일제침략하 한국36년사'의 연표에도 기록돼있다. 인물사적 접근이라는 가장 안이한 방법으로 한 '위인'에만 매몰돼 민중사적 의미를 재발견할 소중한 기회를 박탈한 것이다. 그나마 이숙종이 친일파로 매도되며 학원 측은 입도 뻥긋 못하고 전전긍긍할 뿐이다. 제 밥그릇을 찾아먹기는커녕 차려진 밥도 제때 받아먹지 못한다면, 점점 존립이유를 공격받는 여자대학이 설 자리를 더더욱 좁아질 수밖에 없다. 학문적 게으름과 고착된 사고, 세상의 흐름과 멀어진 독선적

나태를 반성해야하지 않을까. 무엇보다 여자대학이 여권과 여성사, 여성학을 지키는 주축이 돼야함에도 그 당위성을 지키지 못하는 대학당국의 처신이 발전을 더디게 하고 있음을 시인해야할 것이다. 남성이 선조들이 축적한 공을 딛고 '거인의 어깨 위에 올라 더 멀리 보았다'면, 앞서 인용한 거다 러너의 말처럼 여성들이 매번 다시 시작해야하는 이유는 이 같은 역사인식의 부재일 터이다.

당시 양도상황에 대해 '태화기독교사회복지관 역사'를 따오면 다음과 같다. "1933년 4대 관장 빌링슬리가 취임하면서 사회사업 분야에 치중하게 되고 기존사업에 대한 재평가와 축소·개편에 들어갔다. 기관의 명칭도 'Taiwha Community Center'로 바꿨고 한글명칭도 태화여자관에서 태화사회관으로 바뀌었다. 태화사회관의 간판사업처럼 여겨졌던 태화여학교와 아동보건 및 공중위생사업을 다른 곳으로 이양하는 결단을 내렸다. 추진 중 3개종단 연합을 이뤘던 북장로회와 미감리회 측과의 관계가 소원해지며 이들의 이탈이 이어졌으나, 이 과정을 통해 '사업사업' 기관으로 재정립됐다. 떠나간 선교사들의 자리를 유능한 한국인 사역자들로 메웠다. 1차 사업축소 대상이 태화여학교와 태화유치원이었는데, 빌링슬리는 이 두 기관이 경우 경제적 자립이 이뤄지고 있어 부득이 선교비를 투자해 태화사회관 사업으로 묶어둘 필요가 없다는 판단을 내렸다. 마침 태화여학교를 관장하고 있던 메리언 킨슬러[76]가 1935년 7월 휴직하고 미국으로 돌아갔고, 1936년 2월 자신과 북장로회가 철수한다고 통보했다. 1935년 10월 태화여

---

76 미국 북장로회 소속 킨슬러 가는 여러 명의 한국 선교사를 배출한 집안이다. 태화에서 활동한 킨슬러는 메리언 킨슬러(1894~1985, 한국명 권수라)로, 보통 킨슬러라고 칭해지는 프랜시스 킨슬러(1904~1992, 한국명 권세열)의 누나이다.

학교 1,2학년 학생이 동맹휴학을 결의하고 주모자 10여명이 경찰에 연행되는 사건도 이러한 학교의 상황과 연관있는 것으로 봤다."

1935년 10월25일자 동아일보는 '태화여생도 십수명 검속, 교원사임으로 동요한 80명, 종로서 그중 수명 취조'라는 제목으로 동맹휴학 건을 상세 보도하고 있다. "태화여학교에 16년간 근속하든 교무주임 장귀련 여사와 1학년 담임 김운경 여사와 그 남편되는 교원 양성민 씨 등 3교원이 지난 22일에 돌연 사직하엿다고 한다. 이 의외의 소식을 접한 학생들은 그 사직이유를 알고저하엿으나 교장은 분명한 대답을 하지 아니하므로 학생들은 이상 3교원을 복직시키랴고 맹휴를 일으키어 생도총수 123명중 약 80명이 등교치아니하엿다고 한다. 종로경찰서고등계에서는 수모격인 박신애(27), 김성선 등 수명만 남기고 대부분은 석방하엿다. 교당국은 3교원이 사직한 것은 그의 형편때문이오 권고사직이나 그런 일은 없다 말한다"고 전했다. 10월 30일자 기독신보는 "1,2학년생도 92명은 돌연 동맹휴학을 단행하고 그중 전위분자 10여명이 거리에서 등교생을 방해하다가 경찰에까지 피검되엿엇다"고 보도한다. 미국에 들어간 킨슬러는 이 학교의 폐쇄까지 생각하고 있었으나 빌링슬나 태화사회관 이사회는 학교폐쇄보다는 존속에 무게를 두고 인수자를 물색했다.

최은희의 '조국을 찾기까지' 하권은 "이때 태화여학교를 인수하겠다고 나선 인물이 이숙종이었다"고 운정 이숙종을 소개하고 있다. '성신35년사'와 '성신50년사'는 '태화여학교 인수' 항목에서 "뜻있는 이들은 기독교 태화학교를 인수해 어떤 역경이 닥쳐도 민족의 여성교육을 계승·발전시켜야 한다고 믿고 있었다. 특히 한국인을 위한 교육기관이 하나라도 더 필요한 당시, 학교를 폐교함은 부당함을 역설하고 폐교 직전의 태화여학교를 인수할 후임자를 물색하기 시작했다. 그 후임으로는 수 명의 유능한 인사가 물망에 올랐지만 여자로서는 운정 선생 한 분 뿐이었다. 리숙종 선생을 지지한 신홍우[77]씨는 '우리나라의 여자교육은 지금 대단히 중요한 시기에 있습니다. 이러한 때 이 학교를 인계받아 참된 이 나라의 여성을 교육해나갈 분은 리숙종 선생밖에 없습니다'고 말했다. 이러한 신홍우 씨의 지지와 협조로 선생이 태화여학교를 인계받게 됐다. 그러나 30대의 리숙종 선생은 당장 가진 것이 아무 것이 없었다. 그는 오직 용기와 신념을 재산으로 해 기독교 태화여학교를 인수했고 이 기독교정신은 오늘에까지도 성신교육의 맥이 되어 흐르고 있다"고 정리하고 있다.

동아일보 1936년 3월27일자 '태화여교 인계 가정학교 변경' 제하의 기사는 "종래 남감리교의 경영인 태화여자학교는 창립된지 14년간 다수한 유위의 여성을 길러내고 그 전도가 양양한바 잇더니 여러가지 사정으로 동교회에서는 계속 경영키가 어렵게되어 한때에는 물의에 올르고잇든바 종래부터 교육사업에 종사하고잇으며 조선실제가정에 가장 뚜렷한 주부를 양성할만한 교육기관을 맨들고저 계획중이든 이숙종 여사와 동교의 직접설립자인 뻴딩슬리 양과의 사이에 교섭이 진전되어 지난 10일에 학교 경영권의 일체를 이숙종씨에게 인계하는 동시에 학무당국에대하야 설립자 변

---

[77] 교육자, 정치인이었던 신홍우(1883~1959)는 당시 태화사회관 이사장을 맡고 있었다. 미국 남가주대학에 입학해 서재필, 윤치호의 뒤를 이어 미국유학 제2세대 됐고, 유학중이던 1908년 3월 친일 외교관 미국인 스티븐슨을 저격한 사건으로 재판을 받던 장인환, 전명운 의사의 변호와 통역을 맡았다. (교민들은 이승만에게 통역을 부탁했지만 외교독립론자였던 이승만은 저격사건에 부정적이어서 변호를 거절했다) 1911년 귀국 후에는 배재학당 학당장, YMCA총무 등을 지냈다. 신홍우의 평생은 항일과 친일, 그 중간을 오갔다고 평가된다. 해방후에는 정치인으로 변모했다.

경선청을 제출중이더니 재작 25일에 이 설립자변경인가가 나왔다 한다"
고 알리고 있다. 이어 5월6일자에 '태화가 성신여교로'라며 교명변경을 알
린다. "태화여학교를 이숙종 여사가 인게하야 가정학교로서 그 목적을 변
경하야 경영키로 되엇다함을 기보한바어니와 저간학교의 명칭과 학측등을
전부 고치어 학무당국에 신청중이든바 4일에 이르러 학교명칭만이 위선
인가되며 성신여학교로 되엇다한다"며 "이 학교는 종래 태화여자관 안에
잇든 것을 위선 시급한 사정이 잇기 때문에 시내 경운동 88번지에 이전하
고 신축교사가 끝나기까지 그곳에서 수업토록하엿다 한다. 그리고 오는 10
월경에는 학측변경에 관한 것이 정식으로 인가될 터이라하며 새로운 교사
도 그때에나 끝나게 될 것이라 한다"고 전했다. "60명의 학생과 세 분 선
생님, 그밖에는 종 하나"를 인수받아[78] 이미 4월7일 신학기를 계속하고 있
었다. '성신35년사'에도 "태화여학교에서 넘어온 학생들"이라고 첫 재학생
들에 대해 기록하고 있다. 성신여고에도 1935년 태화여학교 학적부부터 보
관하고 있다고 한다.

특히 1938년 5월28일자 동아일보는 "동덕학교에 이웃한 동료의 학교가
성신여학교이다. 이 학교의 전신은 구 태화여학교이니, 창설된 지가 18개
성상이라 할 수 있으며 소화11년 3월부터 현교장 이숙종씨가 인계경영을
하게 되면서 발을 더 한층 힘있게 내어디디게 되었다. 이 학교는 성신, 자
동, 상지의 3대표어를 내어걸고 이땅의 씩씩한 딸들 길러내기에 힘을 쓰고
있으며 개학당시에는 겨우 93명이었던 것이 지금은 400여명이나 된다니
그만큼 이땅에 보람있는 딸들이 많어진 것을 믿을 수 있다"며 태화여학교

---

78 최은희 '조국을 찾기까지 : 1905-1945 한국여성활동비화', 1973

부터 설립일을 세고 있다. 경향신문 1972년 6월10일자 이숙종의 인터뷰기사 역시 "그가 태화여학교를 인수하여 오늘의 성신을 이룩한 것도 우연은 아니었다… 태화여학교(교장은 미스 빌링스리엿다)는 미국 북감리교회(남감리회의 오기로 보임) 선교부에서 경영하던 교육기관으로… 종교에 대한 탄압을 시작한 일제는 선교부에서 한국인들을 교육하는 것을 몹시 못마땅히 여겨 전학생의 신사참배를 명령하니 이러한 굴욕밑에 학교교육을 계속할 수 없다고 폐교를 결정하니 이를 안 여성교육자들이 태화를 인수, 민족발전의 근원인 여성교육을 계승해야한다고 박인덕, 박신애 등이 인수의사를 표시했다. 그러나 선교부내 간부였던 고재봉, 박마리아, 빌링스리 교장 등은 이숙종 선생이 적임자라 결정, 인수를 요청해왔다"고 밝히고 있다. 경쟁자들에

1972년 6월10일자 경향신문에 이숙종의 일대기 인터뷰를 담은 '내가 겪은 20세기' 시리즈 기사와 함께 실린 사진. '1935년 온양에서 있은 조선어학회 모임'이라고 나와 있다. 맨 앞줄 가운데 여성이 이숙종이다.

대해서는 성신연사에 기록된 것과는 차이가 있는 기억이다.

　성신여대가 연혁을 꼭 '설립자 이숙종'이라는 기준에 맞춰 시작할 필요성은 찾기 힘들다. 각 대학마다 친일논란이 없을 수 없는 일제치하 초대학장이나 초대총장 등을 제치고 더 앞선 창설자를 찾거나, 전통을 세우기 위한 역사 재발굴 기류가 있음은 전술한 바와 같다. 고려대도 인촌 김성수의 친일논란에 전신 보성전문학교를 세운 충숙공 이용익을 재부각해야한다는 목소리가 주목받고 있다. 2017년 대법원의 인촌 김성수의 친일행위 인정으로 건국훈장이 박탈된 후에도 고려대 총학 등은 김성수 기념물 흔적을 청산할 것을 꾸준히 요구해왔지만, 김성수의 후손이 고려중앙학원 재단을 맡고 있어 마이동풍이다. 2005년 개교100주년을 맞아 고대학보는 이용익의 외고손자 허종 씨를 인터뷰했다. 허씨는 "지금의 고대 역사는 지나치게 김성수 선생 중심으로 편중돼있다. 고대가 진정으로 교육구국이념과 항일독립운동정신을 모태로 하는 민족대학이라면, 설립자 이용익 선생에 대한 비중있는 평가를 모색할 필요가 있다"고 강조했다. 전신 보성전문은 1905년 이용익이 설립, 그의 사후인 1907년 손자인 독립운동가 이종호(1885~1932)가 운영을 물려받았으나 지속되는 운영난으로 1910년 천도교(대도주 손병희)로 넘어간다. 그러나 3·1운동으로 손병희가 사망하고 천도교 조직이 궤멸적 타격을 입자 1932년 김성수가 재단을 인수해 지금에 이른다. 허종씨는 외조부인 독립운동가 이종호의 건국훈장 독립장을 42년 만인 2005년 11월 국가보훈처로부터 전달받았다. 직계가족만이 전수할 수 있는 훈장을 차미리사의 후손이 뒤늦게 받은 것과 같이 독립운동가의 후손이 삶의 어려움으로 자신의 조상이나 집안의 유산을 제대로 챙기지 못했음을 방증한다. 허종 씨는 이용익에 대한 서훈을 20여년째 신청하고 있지만 '독립운동 성격

이 불분명하다'는 사유로 거절당해왔다.[79]

  여학교에서 남녀공학으로 전환한 중앙대도 승당 임영신을 설립자로 받
들고 있지만, 앞서 언급한 것처럼 1918년 중앙교회 부설 중앙유치원 창설
을 출발로 잡는다. 1922년 중앙유치원에 유치사범과를 설치하고 1928년
중앙보육학교로 승격한다. 임영신이 이 학교를 인수해 교장에 취임한 것
은 1935년이다. 따라서 1937년 지어진 영신관이 중앙대 100주년기념우표
에 들어간 것은 '중앙유치원'과 직접적 관련성을 찾기는 힘들다. 한편 덕
성여대에서는 송금선의 동상이 2000년 철거됐고, 이화여대 김활란 동상과
성신여대 이숙종 동상 철거 요구는 재학생들에 의해 시위형식으로 벌어지
곤 했다. 심화진 전 성신여대 총장은 2011년 자신의 연임이 결정되자 아버
지이자 이숙종의 조카인 심용현 전 이사장의 흉상을 세우기도 했는데, 심
용현이 1950년 대전 산내 골령골에서 민간인 수천 명을 학살한 지위책임자
로 뒤늦게 드러나며 역시 철거 요구를 받았다. 평생 독신으로 산 이숙종이
1985년 직계자손 없이 타계하자 사실상 '주인없는 학교'가 된 성신학원은
물밑에서 학사분규가 끊이지 않고 있다. 1990년부터 총장직선제가 실시되
며 일찍이 민주화를 이루는 듯 보였지만, 이사회, 총장, 교수들 사이의 얽
혀있는 갈등이 지속되고 교육부 사학분쟁조정위원회에서 파견한 관선이사
들까지 가세하며 장기적으로 학교 발전의 저해가 되고 있다. 재단 안정화
를 위해 주인의식을 가진 운영진을 위임, 근원적 설립정신을 찾아가야 할
때다.

---

79 "나의 외증조 이용익은"…어느 독립운동가 후손의 피끓는 외침, 뉴스트리 2021년 5월1일

2장

3·1독립정신의 장소성 계승한 '적자'

1925년 4월3일자 동아일보에 실린
태화관 내 독립선언식이 열린 '태화정' 사진.
기사는 "종로네거리에서 리문안 골목을 드러서서
중앙례배당을 지나서 조금 더 드러가면 큰대문 집이 잇스니
이 집이 태화녀자관인데
이 문을 지나서 오른손쪽으로 별유턴지라고
놉직이 홍예문가치 패가 달닌 문을 지나서 바라보이는 기와집이 잇스니
이것이 여자긔독교청년회 사무실인데
이곳이 즉 여자로동야학임니다"고 소개하고 있다.

선구여성의 일터, 여성운동의 요람

1장에서 언급했던 한국 최초 여판사 황윤석의 이름이 언론에 다시금 등장한 것은 2013년이다. 황윤석의 유족이 태화복지재단에 1억 원을 기부한 것이다. 고인의 아들 손문방(연세성형외과의원 대표원장)은 "황윤석 판사는 평소 여성교육과 여성지도력 신장에 큰 관심을 가지셨는데 우리나라 최초 사회복지기관인 태화복지재단에서 여성을 위한 사회복지사업을 활발하게 전개했던 점이 고인의 뜻과 부합된다고 생각돼 기부를 결심하게 됐다"며 "캄보디아, 라오스 등 아시아 국가에서 여성리더를 발굴하고 육성하는데 기금을 잘 사용해 주시기 바란다. 태화 100년에도 함께 할 수 있었으면 좋겠다"는 소감을 남겼다. 여성인재양성이라는 '태화'의 설립이념과 오랜 전통을 잘 파악하고 있었기에 적절한 기부처를 찾을 수 있었다.

태화여자관의 역사적 의미는 단순히 현 태화복지재단과 성신여대의 기원이라는데서 그치지 않는다. 집 담장을 못 넘었던 여성들이 마음껏 이런저런 활동을 벌일 수 있는 조선 최초의 여성전용 사회적 공간이었다는데 그 넘치는 의의가 있다. 여성주의 의식을 행동으로 옮기기 위해서는 필수적 장소였다. 당시 한국에는 일반민간인이 공적 모임이나 행사를 가질 수 있는 규모의 공간이 없었고, 무슨 '회관'이 들어서기 전에는 주로 요릿집을 빌어썼다. 3·1독립선언식이 태화관에서 열린 이유도 시내중심가에 이 정도로 사람들이 모일만한 장소가 없었기 때문이었을 연유도 크다. (1926년 11월4일 조선어학회가 연 한글날 첫 기념식이 거행된 곳도 요리집 식도원이었다. 1919년 명월관이 화재로 전소되고 1920년 태화관(명월관 분점)도 팔리자, 안순환은 1921년 명월관이라는 옥호를 '장춘관'에 팔고 이것이 '돈의동 명월관'(명월관 본점)이 된다. 안순환이 1922년 남대문로1가로 옮겨가 개원한 음식점이 식도원이다.) 그런데 이것이 온전히 여성들을 위한 활동무대가 된 것이다. 남녀유별 시대의 분위기가 여전히 남아있었고, 여성에 대한 규제와 차별이 큰 사회에서 여성이 마음껏 이용할 수 있는 장소가 생겼다는 것만으로도 해방적 상징성은 분명하다. 초기 태화여자관에서 이뤄진 일들을 나열하는 것만으로 그 시기 국내 주요 여성사를 구성할 수 있을 정도다. 태화의 여학교로서의 선풍, 여학생들의 면면, 향학열과 여학생운동 등 교육기관으로서의 역사는 3장을 통해 살펴보고, 2장에서는 장소적 특성과 그 의미에 주목하고자 한다.

초대관장 마이어스가 개관 직전 동아일보와의 인터뷰에서 이모저모 원대한 계획을 밝히며 "조선녀자로서 무슨 어려운 일이 잇든지 무슨 원통한 일이 잇든지 이 태화녀자관을 어머니가치 알고 와서 상의할 것 가트면 무엇이든지 우리의 힘자라는대로 주선하야 줄터이요", "이 여자관은 범위가

비상히 넓어서 한편으로 학교도 되고 한편으로 병원도 되고 한편으로 여자
청년회도 되고 한편으로 노는 곳도 될터이올시다"고 했는데, 그가 말한 것
이상으로 많은 것들이 이곳에서 이뤄졌다. 역사적 여성단체들이 태화여자
관에서 둥지를 틀어 엄청난 일들을 벌이게 된다. 대표적인 것이 YWCA와
근우회일 것이다.[80] 3·1운동 직후 조직됐던 항일여성단체들이 대부분 일
경의 탄압으로 해체된 후 여성운동은 교육운동, 민족경제진흥운동, 생활향
상계몽운동, 종교계여성단체를 통한 신앙운동 등으로 전개됐다. 여성사회
운동기관 여자기독청년회YWCA는 장로교의 여전도회와 감리교의 여선교
회 유학파 여성들이 보다 적극적으로 사회현실에 참여하기 위해 만든 조직
이다. 1922년 3월27일 '조선여자기독교청년회' 발기대회를 열고, 같은 해
6월13일 서대문 충정로에 있던 감리교협성여자신학교에서 '조선여자기독
교청년연합기성회'가 조직됐다. 이후 1년간 임원들이 전국을 돌며 지방 조
직에 착수, 1923년 8월에는 전국 연락망을 지닌 여성사회운동체 '조선여
자기독교청년연합회'로 기반을 다지게 된다. 독자적인 사무실 없이 기독
교청년회, 협성여자신학교, 정신여학교 등 남의 사무실을 옮겨 다니며 회
의와 모임을 하다가 1924년 3월 태화여자관에서 무상으로 방을 내줘 1932
년 조선기독교청년회YMCA로 옮길 때까지 8년간 둥지를 틀었다. 태화의 적
극적 찬동과 지지로 여성계몽, 농촌사업, 문맹퇴치 등의 다양한 사업을 펼

---

80 당시 내로라하는 여성 엘리트들이 빠짐없이 태화의 공간을 거쳐갔다고 보면 된다. 그들 하나하나
가 한국사의 굵직한 장면을 장식하는 주인공들이 됐다. YWCA에는 김활란, 김필례, 유각경 등에 의
해 시작됐고, 좌우합작 근우회는 김활란, 김필례, 유각경, 박차정, 박순천, 차미리사, 차사백, 최활란,
손메례, 정종명, 주세죽, 정칠성, 김필애, 유영준, 최은희, 황신덕, 한신광, 고황경, 김일엽, 이현경, 박
원희, 박호진, 현덕신, 허정숙 등 한국여성(운동)사를 수놓은 인물들이 두루 간여했다. 근우회사건은
'허정숙사건'이라고 불리울만큼 사회주의계열 허정숙이 주도적 역할을 했으나 월북하면서 지워진
여러 이름들 중 하나가 됐다. 또 이들 신여성 중 많은 수가 친일파로 변절한 것도 부정할 수 없는 사
실이다.

쳤다. 1924년 8월 25일 '조선YWCA'로 독립적으로 세계YWCA에 가입인준을 받아, 한국 최초 세계적 여성운동체에 가입한 조직이 됐다.[81] 1926년 말에는 15개 학교(이화, 정신, 호수돈, 중앙유치사범학교, 세브란스간호학교, 배화여고, '태화관학생' 등)에서 학생Y를 조직했다. YWCA아카이브는 1924년 태화여자관 별관으로 사무실 이전, 1925년 8월 배화, '태화학생' 청년회 가맹을 기록하고 있다.[82] 이 때문에 YWCA가 유명해지면서 태화여자관이 YWCA의 전신이라고 잘못 전해지는 경우가 상당히 많았던 것으로 보인다.

1924년 사회주의 사상의 영향을 받아 조선여성동우회가 조직되고 1925년 조선공산당이 창건된 뒤부터는 여성계도 민족주의적 방향과 사회주의적 방향으로 양분됐다. 분열된 국내외의 항일민족운동을 통합해 보다 강력히 추진하기 위해 1927년 2월 신간회가 출범했고, 여성계에서도 여성운동 통합론이 일어나 그해 5월 근우회가 조직됐다. 기독교 여성과 사회주의(공산주의) 여성들이 연합해서 만든 것으로, 신간회와 함께 좌우합작의 전무후무한 예였다. 태화복지재단 측의 기록에 근거하면, 근우회는 1926년 태화 안에서 움트기 시작한 것으로 보인다. 근우회 조직과 활동에 여자기독교청년회 임원들이 적극적으로 참여해, 근우회는 창립과 동시에 사무실을 태화에 두게 됐다. 1927년 4월 30일자 동아일보와 7월 6일자, 7월 7일자 조선일보에 따르면, 태화여자관에 근우회 임시사무소가 위치한다. 또 태화여자관과 담을 맞대고 있는 인사동 중앙유치원, 중앙예배당 등에서 창립준비위원

81　일제말기 탄압이 극심해지자 1938년 일본YWCA에 소속됐다가 1942년부터 해방후까지 문을 닫게된다.

82　앞서 언급했던 것처럼 태화여학교를 다양한 호칭으로 부르면서 통합된 연구조사에 어려움이 많다. YWCA에서는 '태화관학생', '태화학생' 등으로 기록하고 있다.

회(창립사무소)를 꾸렸다는 기사도 보인다. 1927년 5월27일 중앙기독교청년
회YMCA 대강당에서 회원150명과 방청인1000명이 참석한 가운데 창립총회
를 가졌다. 회관자리를 마련해 공평동43번지로 옮겨간 것은 1927년 9월25
일이다. 최진 변호사 소유의 13간 와가를 무료로 빌어 신축할 때까지 사무
를 본다.[83] 보도상 근우회관이 신축된 것은 1929년으로 보이며, 지금의 공
평동도시유적전시관이 있는 자리다. 여성차별 철폐, 봉건적인습 타파, 조
혼폐지 및 결혼의 자유, 인신매매와 공창 폐지, 농촌여성 지위향상, 부녀자
노동조건개선 등 그때까지 추구했던 어떤 여성운동보다 개혁적이고 근본
적인 여성사회참여운동을 전개했다. 서울에 본부를, 전국 각지 및 일본·만
주 등 국내외에 지부를 뒀다. 1929년 5월 총40여개 지회에 회원수가 2971
명에 이르렀고 1930년까지 60여개 지회가 설립됐다. 1930년 1월 경성제2
차만세운동, 경성여학생운동 등으로도 불리는 여성주도 대규모 만세시위
인 '근우회 사건(서울여학생만세운동)'을 일으키며 여성의 힘을 단적으로 드러
냈다. 하지만 1931년 신간회가 해체되며 근우회도 해산했고 여성운동계가
입은 타격은 심각했다.

태화여자관은 교파와 이념, 정파를 떠나 '여성'이라는 하나의 이름으로
합동사업을 벌일 수 있었던 열린 공간이었다. 그밖에도 당대 신문을 살펴
보면 조선여자청년회, 경성여자청년회, 망월구락부, 직업부인협회, 가정
부인협회, 경성여자소비조합 등 다양한 조직들이 이곳을 근거지로 삼았고,
연합영아보건회, 연합아동보건회 등도 사무소를 뒀다. 극예술연구회의 공
연, 조선음악가협회 '음악과 강연의 밤', 각종 간담회와 각급 행사가 열리

---

83 근우회의 회관완정, 조선일보 1927년 9월25일

는 등 문화예술단체들도 이곳에 사무소를 두고 판을 깔았다. 그 시대 사회 문화의 요지라고 해도 무방할 터였다. 이숙종도 태화여학교를 인수하기 직전 이곳에서 열린 직업부인협회 임시총회에서 회장으로 당선됐다.[84] 미국인 선교사가 꾸리는 장소로, 성조기를 꽂아 요릿집을 내몬 에피소드는 일종의 치외법권지대로 작용하며 일제의 눈을 피할 수 있었다는 것도 의미한다. 근우회가 독립적인 회관을 마련한 후 일경의 지속적인 감시를 당했다는 것은 당시 보도를 통해 알 수 있다. 이는 조선공산당사건, 서울여학생만세운동 등에 연루된 바도 크다. 1928년 10월17일 새벽6시경 경기도 경찰부 고등형사 대여섯이 공평동 근우회본부에서 중앙집행위원장 정종명 등을 검거해 엄중취조중이라는 기사가 난다.[85] 1928년 11월19일 서울청년회관을 대수색한 종로서형사대는 20일 오후4시경 공평동에 있는 근우회본부와 지부를 약2시간 동안 샅샅이 검색하고 서신왕래와 필적 등을 세밀히 조사하고 돌아갔다.[86] 같은해 12월29일에도 근우회와 간부 정종명, 우봉운의 가택을 수색하고 근우회 7~10명의 간부를 소환해 지문을 받았다는 기사가 조선일보와 동아일보에 나란히 실린다. 양보 1930년 1월8일자에는 일경이 근우회원을 성추행한 기사가 일제히 나온다. 조선일보는 '취체하러간 경관이 근우회원에게 비행', 동아일보는 '백주 회관에 침입, 근우회원을 농락'이라며 1929년 12월30일 종로서 고등계 경무보가 묘령처녀의 손목을 잡고 무례한 행동을 해, 근우회원들이 강경항의한 사실을 뒤늦게 전한다. 이후 일경이 근우회의 여러 활동을 금지시키고 감시와 탄압을 지속한 것이 속속 보도되며 1932년 12월4일자 조선일보는 '여성운동의 총본영, 해소도

---

84 직업부인협회 임원을 개선, 동아일보 1935년 12월12일

85 불효경찰부출동 정종명 여사 인치, 조선일보 1928년 10월18일

86 종로형사대 근우회를 또 수색, 조선일보 1928년 11월22일

'일제감시대상인물카드'에 실린 정종명의 사진.

하랴다가 못한 근우회, 금후의 갈길은 과연 어대인가' 제하로 "시내 공평
동의 회관을 찾으면 낫익은 간판은 잇다 그러나 시무보는 이도 사무볼일도
업다 그것도 작년겨울부터는 아주 사람의 발길조차 끈어저 오는이라고는
업시 뷔인방에는 거무줄쓸이잇는 형편이더니 (중략) 근우회는 남모르는 사
이에 슬그머니 업서지고"라는 소식을 전한다.

 1929년 1월2일자 동아일보의 종합기사는 당대 여성운동계에서 태화여
자관의 위치를 엿볼 수 있다. 부인기자 최의순이 쓴 '10년간 조선여성의 활
동'을 망라한 이 시리즈 보도는 조선부인운동의 배태기를 애국부인회 창립
후부터 각 지방에서 여자청년운동이 일어나기 전까지, 활약기를 여자청년
운동이후부터 근우회 창립당시까지, 그리고 근우회 창립이후를 침체기로
구분하고 있다. "태화녀자관(남북감리와 장로파의 연합기관) 가튼대서 종교부,
교육부, 사회부 세 부를 두고 빈부귀천을 구별치안코 전국뎍으로 몽매한
부녀들의 맘문을 열어준다 또는 규중부인으로하야금 사교계에 활발히 나

서게 한다하는 방침을 취하고잇는 단톄로 생겼습니다마는"이라고 태화여
자관을 '활약기'에 넣고 있다. 태화는 태화관이 가지고 있던 민족성지로서
의 상징성을 바탕으로 당대 여성들이 출신을 떠나 한자리에 모을 수 있는
중심축 역할을 톡톡히 해냈다. 그 시대 최신식 교육을 받은 초엘리트 여성
들이 모여 이런 저런 활동과 동시에 강연회, 좌담회 등을 벌여 최첨단의 사
고와 지식이 집중되는 거점 현장이었다. 배운 이들이 자신의 뜻을 펼칠 수
있는 동시에, 일반부녀나 여학생들도 감화받지 않을 수 없는 '복음'을 전해
들을 수 있는 곳이었다. 워낙 인텔리들이 들락거리다보니 이들이 있는 자
리는 바로 교육의 장이 되곤 했다. 소외받던 여성들에게 '남녀평등'이라는
새로운 의식을 심어주고 한줄기 빛이 돼 줄 수 있는 동아줄 같은 역할을 했
음을 그려볼 수 있다. 태화를 거쳐 간 여성들 모두 하나하나 뛰어난 인물이
었고, 각기 거론하기도 다 벅찰 정도다.

민족성지 태화관의 여성해방 상징성

　한양의 중심지로 여겨진 인사동 194번지 일대 태화관 자리는 매 시대 최
고 권세가들이 탐을 내는 공간이었다. 조선이 멸망하자 친일파 거두 이완
용이 거주하다가 명월관에 집을 빌려주고 떠나게 되는데, 명월관 지점 태
화관으로 불린 이곳은 생계를 찾는 기생들의 새로운 일터가 된다. (여성의 직
업활동이 극히 제한된 전근대 사회에서 기생들의 '남성접대'라는 기본업무가 떳떳할 대접을
받을 수는 없었겠지만, 이 가운데서도 그들은 신분적 한계를 넘어서 점차 인간으로서, 예인으
로서의 자기정체성을 찾아갔다는 점은 부인할 수 없다) 3·1독립선언식의 목격자였을
것으로 추정되는 정칠성이 금죽이라는 기명으로 활동했고, 사회운동가로

변신하며 근우회 창립발기인으로 태화여자관으로 돌아온다. 기녀의 삶터
였지만 아이러니하게도 일반부녀에게는 '금녀의 공간'이었다. 초대관장 마
이어스도 "1921년 4월1일 우리는 관람객에게 기지를 공개했다. 이틀 동안
300~400명이 구경왔다. 전에 이곳은 요정이어서 상류층 여인들의 출입이
금지돼있었다. 그러나 이제는 한국여인들을 위한 기독교사업체가 됐기 때
문에 자유롭게 와서는 아름답고 진기한 풍경을 즐겼다"고 보고하고 있다.

  조선시대 여성이 가질 수 있는 직업이 궁녀, 의녀, 기녀, 무녀와 그 하위
직종인 다모, 주모 등에 한정됐다면, 개화기 이후 여성은 서구식 교육을 받
고 계몽운동가를 비롯 의사, 간호사, 산파, 교사, 전도부인(여전도사), 기자,
작가 등 다수 전문직종에 진출할 수 있었다. 태화여자관은 이들이 자신이
배운 것을 펼칠 수 있고, 동시에 여성들이 그 수혜를 받을 수 있는 공간이었
다. 특히 3·1운동에 참가했던 여교사들과 여학생들이 교사로 취업하며 이
들은 제자, 후배들이 항일독립정신을 물려받을 수 있는 인적토대가 됐다.
근우회 41인 발기인 명단에는 태화여자관에서 일하던 여성들도 포함돼있
는데, 이효덕, 최활란, 차사백, 신알배터, 유각경 등이다. 독신 여전도사 이
효덕(1895~1978)은 민족대표들이 모여 3·1독립선언식이 일어난 정확한 장
소를 담은 사진에 찍혀있는 인물이다. 1926년 찍힌 사진은 태화관 내에서
도 '별유천지'라는 이름으로 독립된 이름이 붙은 정자가 배경인데, 이곳이
독립선언식이 치러진 적확한 위치라고 한다. 이효덕은 황해도에서 교편을
잡던 중 3·1운동 만세시위를 주동해 징역6개월형을 살았다. 이후 협성여
자신학교에 진학, 1921년 3·1운동 2주년 기념시위를 주동해 정학처분을
받았다. 1924년 졸업후에는 태화여자관 성경학교 교감, YWCA이사 등으로
활동했다. 이효덕을 협성여자성경학교 교감이라고 사진설명을 붙이기도 해

협성여자성경학교가 태화여학교의 전신으로, 혼용되고 있음을 알 수 있다.

　이화학당 대학과 출신의 최활란(1888~1984)은 태화여학교를 이숙종에게 넘기는데 주도적 역할을 한 인물로 기록된다. B 베어 선교사와 함께 미감리회에서 파송된 최활란은 1925년 합류해 장기간 복무하면서 태화유치원 사업도 하고 음악반도 운영했다. 태화여자관 요리부에서 다년간 교편을 잡았다는 보도도 있다. 차사백(1899~?)은 1925년경 태화여자관에 근무한 것이 확인되는 교육인이다. 근우회 서기로 참여했고 중앙보육학교 부교장을 지냈다. 1945년 미군정 하에서 '여학교 교장은 여성으로'라는 여성실천자클럽의 여성운동에 참여해 6년제 무학공립여자중학교(현 무학여고)의 초대 교장이 됐다. 차사백은 장로교 목회자 전필순(1897~1977)의 부인이었는데 전필순은 반일인사였다가 친일파로 변절해 1949년 무학고녀 사택에서 반민특위에 의해 체포됐다가 기소유예로 풀려난다. 차사백은 1965년 5월23일자 조선일보 '여성교육가 차사백 여사 '인간과정' 출간' 기사에서 도미한다는 사실이 보도된 후 사망일이 알려지지 않았다. 이 기사에 "중앙보육학교를 처음 설립한 이래"라는 구절이 나온다. 이는 다소 과장으로도 보이나, 여성이 앞설 수 없었던 시대 분위기상 그의 역할이 축소돼 전해졌을 가능성도 완전히 배제할 수는 없다. 중앙유치원은 유양호가 설립하고,[87] 중앙보육학교는 민족대표 33인중 한 명으로 후에 변절한 박희도와 장두현, 신태화, 김상돈 4명이 공동설립자로 1928년 인가받았다.[88] 차사백은 1925년 유치원 교사 겸 사범과 교수로 보도되고 있고, 1934년 교장 박희도가 '여제

87　유치원방문귀(1일) 중앙유치원, 동아일보 1926년 1월31일

88　중앙보육교인가, 동아일보 1928년 9월9일

자 정조유린' 스캔들로 사임한 후 교장대리를 맡는다.[89]

초대관장 마이어스와 함께 태화관에 들어온 전도부인 이숙정도 1924년 경성태화여자관 교사로 언론을 탄다. 인천의법청년회가 10월17일 오후7시 반 내리예배당에서 개최한 강연회에서 연사 이숙정은 '신시대에 응하야'라는 제목으로 강연을 한다.[90] 그 외 1920년대 여러 강연회와 토론회에 참여한 것으로 보도되는 '이숙정'은 동일인으로 추정되나 여느 여성들처럼 자세한 정보가 남아있지 않다. 역시 태화여자관 교사로 일한 전도부인 박정화와 함께 굉장한 시대의 선구자, 개척자라 할 수 있으나 결국 역사에서도, 교회에서도 여성에 대한 홀대를 면치 못했다. 다만 태화가 거시사적 측면에서 여성운동이 활발히 꽃필 수 있는 근거지 역할을 톡톡히 했다면, 미시사적으로도 개개인의 삶에 얼마나 커다란 영향을 미쳤는지를 곳곳에서 발견할 수 있다. 근대기 여성의 삶을 서술하는 여러 글들에서 '태화'의 이름이 툭툭 튀어나온다. 앞서 말했던 것처럼 명칭이 이래저래 조금씩 달리 불리면서 자료조사부터 난관에 부딪히기 마련이다. 굵직한 족적을 남긴 명사들뿐 아니라 사사로운 개인의 삶에도 어떤 영향을 끼쳤는지에 대해서, 또 '교육'의 효능을 증명하기 위해서 종합적 연구가 절실하다.

유명 개화파집안의 딸인 유각경[91] (1992~1966)도 태화여자관에서 일했다.

---

89 중앙보육교장 박희도씨 사임, 조선일보 1934년 3월24일

90 청년기타집회, 동아일보 1924년 10월19일

91 유각경은 개화파 유성준의 딸이자 '서유견문'으로 유명한 유길준의 조카이며 유만겸, 유억겸의 사촌누이다. 1910년 정신여학교를 졸업한 뒤 장로교의 주선으로 집안의 반대를 무릅쓰고 베이징에 유학했다. 1914년 연경대학의 옛터인 협화여전 유치원사범과를 졸업했다. 후술된 유영준 역시 유각경과 같은 해 정신여학교를 졸업하고 함께 베이징에서 유학했다.

유학과 유아교육전공자인 그는 태화유치원을 창립해 초대원장을 지내고, 태화여자관 내 노동야학에서도 가르친다. 태화유치원은 1924년 설립된 것으로 공식 기록되고 있는데, 본래 개관시부터 계획됐던 유치원 사업은 언론보도를 통해 1923년 시작됐음이 드러났다. 조선일보 1923년 3월30일자 '유치원을 신설 태화여자관 내에 4월9일 신설' 제하 기사는 "시내 종로 리문안에 있는 태화녀자관 안에서는 새로히 태화녀자관부속유치원을 셜립하야 오는 4월9일로부터 개학할터이다는데 오날까지하여 오든 각유치원보다는 설비를 완전히하야 일반남녀의 어리인아해들을 가라치리라하며 한달에 월사금으로 2원을 밧게되얏고 오래동안 우리조선유치원의 유공하든 유각경녀사를 위시하야 멋선생이담임하야 가라치리라더라"고 보도하고 있다. 그는 태화유치원 외에도 연건동유치원, 안국동유치원 등도 창립했다. 또 1925년 2월13일자 조선일보는 여자기도청년회, 의·약·간 여자청년회, 이화여자청년회, 정신여자청년회, 신학여자청년회가 연합해 2월16일부터 태화여자관 안에서 노동야학을 시작해 각 공장의 여공들을 중심으로 배움의 장을 마련했다며 유각경 등이 가르친다고 보도한다. 동보 1929년 6월5일자는 조선주일학교연합회가 태화여자관에서 성경학교교사강습회를 개최한다는 소식을 전하며 유각경 등이 강사로 나온다고 전한다.

구여성도 신여성으로, 교사가 되다

　태화여학교에서 배우고 또다른 학교를 세운 과부 김경근의 활약은 개화된 여성교육이 역동적 삶으로의 변화를 이끈 본보기로 주목된다. 1925년 2월11일자 동아일보는 황해도 은율군 김경근에 대해 "여사는 일즉이 당지

재산가 홍진삼씨의 미망인으로 비록 유시로부터 구식가정에서 생장하고 신교육을 수치못하엿스나 본시 천질이 총명한 결과 자기의 경우를 미루어 일반구식가정부녀들에게 신교육을 실시할 필요가 잇슴을 절실히 늣기고 2년전부터 당지에 독자부담으로 여자학원을 신설하고 유급교원3,4인을 초빙하야 이내 사계에 전력을 다하며 자기도 역시 최초에는 이 학원에서 수학하다가 작년도에는 경성태화여자원에 유학하엿고 지금은 귀성중인데 여사는 교육계뿐만아니라 일반공공사업에대하야 물질적공헌이 다대하다"고 보도한다.[92] 김경근은 남자도 못하는 일을 하는 여성 위인으로 여러차례에 걸쳐 기사화됐다. 조선일보 1924년 8월16일자는 "황해도 은율읍내에 거주하는 김경근(35) 부인은 3년전에 사랑하는 남편을 영별하고 이계까지 자선사업으로 자미를 붓쳐오든중 금년봄부터는 교육에 뜻을 두고 삼성학원이라는 학교를 설립하야 녀학생중에 소학교는 졸업하고도 학자금이 업서셔 중학교에 입학하지못하는 불상한 녀학생들를 교육한다는데 현금 재학생이 40여명이오 일반설비도 완전하야 달은 학교에 비하야도 별로 못할것이 없다하며 근일에 300여평의 토디를 또 사들이여 운동장으로 쓸계획이라는데 은율군민은 물론이오 타디방사람들도 그 부인의 공익심을 칭송치안는이가 업다더라"고 보도하고 있다.[93]

태화는 배움의 기회를 갖지 못했던 '구여성'에게도 신여성이 될 수 있는 길을 열어주는 통로였다. 1장에서 언급했던 여자 의열단원 현계옥은 독립운동 동지이자 연인인 현정건을 1908년 처음 만났다고 하나, 현정건은 집

---

92 동아일보기자지방순회 정면측면으로 관한 은율과 송화, 동아일보 1925년 2월11일

93 은율읍내 김부인의 독지학교를 설립하여, 조선일보 1924년 8월16일

1925년 2월11일자 동아일보에 실린 김경근의 사진.

안에 의해 양반 대지주 명문거족의 딸 윤덕경(1895~1933)과 1910년 혼인하게 된다. 윤덕경의 생애경로를 연구한 논문들[94]이 발표되면서 태화여자관의 신교육이 한 여인의 삶에 끼친 지대한 영향이 드러난다. 결혼 3일만에 현정건은 친구였던 그녀의 작은 오빠 윤현진(1892~1921, 임시정부 초대 재무차장)과 함께 상하이로 떠나버린다. 그 사이 현정건은 아내도 모르게 대구로 와서 기생 현계옥과 밀회를 가진다. 1916년 시동생 현진건을 따라 상하이로 가서 남편과 해후했으나 석 달 만에 되돌아와야했다. 1917년 서울로 이주해 몇 해 뒤 '태화여자학원'[95]에 들어가 보통학교 과정을 이수했다. 3·1운동 이후 현계옥이 현정건을 따라 중국으로 탈출한 이후 입학했으니, 스스로 신여성이 되고자하는 뜻이 있었을 것이다. 학교를 마칠 때 평균

94　이상경 '일제시대 열녀 담론의 향방: 독립운동가 아내의 '순종殉終'과 그 맥락' (2012), 김영범 '현계옥 스토리 이면의 '또다른 신여성' 윤덕경 연구- 그 삶과 죽음의 여성사적 함의를 찾아서 - '(2020)

95　'태화여자학원'이라는 명칭은 일제강점기 여성잡지 '신여성' 1933년 3월호에 실린 정오성의 글 '윤덕경 여사 순종 비화悲話'에 나온 것을 따른 것이다.

98~99점의 성적을 냈고 재학 중에 자습한 자수 솜씨도 '천재적'임을 인정
받았다. 소문이 났는지 모교인 태화여자학원, 경성여자미술학원 등에서 교
편을 잡았다. 경성여자소비조합의 회원으로도 활동했다. '여자소조'라는
약칭으로 불린 이 단체는 1929년 근우회 회원들이 중심이 돼 결성, 이들이
납부한 자본금을 가지고 생산자에게서 직접 물품을 구매해 중간 마진없이
조합원에게 판매하는 방식으로 운영됐다.[96] 당시 근우회 중앙집행위원장
이던 정칠성은 낙원동 여자소조 구매점 옆에 자수와 편물을 전업하는 '분
옥수예사'를 개점하고 편물강습회를 열어 조선여성들의 경제적 자립을 도
왔다. 윤덕경은 여기에서도 강습했는데, 정칠성은 현계옥과 윤덕경 모두를
알고 지낸 셈이다.[97]

　윤덕경은 끝내 음독자살로 생을 마감해 안타까움을 더한다. 한편 태화를
통해 새로운 삶의 전기를 얻으려했으나 자살시도를 하게 된 또 다른 여인
의 이야기는 신문에까지 실리면서, 그 시대 여성의 속박된 삶을 고스란히

96　여자소조는 1931년 근우회도 해소되고 여러 현실적 한계로 소멸된다. 국내최초 스웨덴 유학생으
　　로 경제학사였던 최영숙(1905~1932)이 귀국후 경제적 어려움에도 불구하고 여자소조가 곤란하
　　다는 소식에 이를 인수해 교남동에 매장을 개설, 소비자운동을 전개했으나 귀국 반년만에 낙태수
　　술과 건강악화로 타계했다. 최영숙이 스웨덴 유학을 선택한 것은 현지여성운동가이자 교육운동가
　　엘렌 케이(1849~1926)를 만나기 위해서였다. 안타깝게도 그는 최영숙 도착 얼마 전 세상을 떠났다.
　　엘렌 케이의 '연애결혼론'은 동북아3국에서 한 시대를 풍미한 히트상품이었고, 그의 저서 '연애와
　　결혼'은 그 시대의 필독서였다. 한편 여자소조의 부재에 아쉬움을 느낀 200여명의 여성들이 1933
　　년 1월14일 조선여자소비조합을 새로 창립하게 된다.

97　현정건은 1928년 4월12일 상하이 프랑스 조계에서 일제에 검거, 5월 신의주로 압송돼 '상하이한인
　　동맹사건'으로 징역3년을 언도받고 평양형무소에서 복역하게 된다. 윤덕경이 남편 현정건과 함께
　　하게 된 것은 1932년 6월 만기출소 뒤다. 가회동에 마련한 집에 병든 현정건을 데려와 간호했지만
　　반년만인 12월30일 사망했다. 현정건 사후 40일만 인 1933년 2월11일 밤 윤덕경은 유서를 남기고
　　음독자살한다. 이것이 구여성적 순종인지 신여성적 정사情死인지에 대한 구구절절한 해석을 남겼
　　다. 한편 현정건의 '제2부인' 현계옥은 1장에서 언급됐던 것처럼, 현정건 체포 후 시베리아로 망명
　　해 이후 모스크바 공산대학을 졸업하고 외몽고로 갔다는 전언이 있다.

드러낸다. 1926년 7월4일자 시대일보는 '시집살이 심하여 물에 빠져 죽으려던 여자'라는 다소 선정적 제목의 기사를 내보낸다. "경북 안동군 도산면 포계동에 사는 이중기의 장자 이발호의 처 권씨는 며칠전 오전 5시경에 동리앞강에서 빠져죽으려다가 마침 행인의 손에 구원받았다. 권씨는 3~4년전에 핍박과 학대가 심한 시부모의 가정을 버리고 경성에 올라와 태화여자학원에 입학해 지금껏 공부를 계속해오다가 마침내 금전의 고통으로 공부를 더 계속할 수가 없어서 다시 시가에 돌아와있었으나 도저히 가정에서는 핍박이 심함으로 그와같이 비관자살을 도모했던 것"이라는 내용이다.

살을 붙여보자면 동양화의 거장 운보 김기창(1914~2001)을 키우는데 태화도 일조했음을 주장할 수 있다. 김기창의 어머니 한윤명은 감리교 신자였고 진명여학교 1회졸업생인 신여성이었다. 1920년 장남이 장티푸스에 걸린 후 인삼을 달여 먹고 청각신경이 마비되자, 그를 교육시키기 위해 전력을 다한다. 가세가 기울자 개성 정화여학교 교장 김정혜의 부름으로 교사로 채용돼 김기창을 데리고 개성으로 갔다가, 서울에 있는 가족들과 함께 살기 위해 1925년 태화여자관에 직장을 얻어 다시 상경한다. 1926년에는 서울역 앞 세브란스병원 치과 간호사로 전업하며 김기창에게 그림 공부를 시켰으나 1932년 산후 후유증으로 생을 마감한다. 1931년 매일신보 5월 21일자 '18세 아소년 훌륭히 입선 눈물겨운 그 어머니 약이 미전 동양서부에', 동아일보 5월23일자 '영예의 미전 신 입선자(2) 농소년 김기창 군' 제하의 기사에서 한윤명은 말이 서툰 아들을 대신해 인터뷰를 하기도 한다. 한윤명은 그 자신부터 이미 훌륭한 신여성의 모범이었다. 매일신보 1916년 2월8일자에는 '한여사의 열성, 여자교육에 열심'이라는 기사가 실린다. "경성북부 진골 거하는 한윤명여사는 사립진명여학교 출신으로 여자교육

매일신보 1937년 5월15일자에 실린 천재화가
김기창을 소개한 기사는 1932년 타계한 그의
어머니 한윤명을 집중조명하고 있다. 김기창의
어린시절, 아버지 김승환, 한윤명과 찍은 사진
이 실렸다.

에 대한 일이라면 힘을 다하야 찬조하더니 재작년경에 개성의 정화여학교
주인 김정혜여사가 여자교육에 극히 열심한다는 말을 듣고 그를 한번 방문
하야 의견을 교환한 후 아름다운 심지가 상합하야 정화여학교에서 1년동
안 교사노릇을 하되 한푼도 보수를 받지 안이할 뿐아니라 그후 집에 돌아
와서도 정화여학교를 졸업하고 경성여자고등보통학교에 입학한 두 여학생
을 자기 집에서 유숙케하며 열성으로 보호감독하는고로 개성의 여자교육
계에서는 한여사의 도타운 뜻을 칭찬하는이가 만터라"고 한윤명을 극찬하
고 있다.

한윤명 사후 매일신보 1937년 5월15일자는 '농아 이중고 김기창군 금일
의 영광과 성공은 자모생전의 노력소사'라며 장문의 기사로 그를 집중조명

하고 있다. "출중한 '조선의 젊은 아들'을 만들고자 애쓴 기창군의 어머니 한윤명 여사는 27년전 그가 17살때 제1회로 진명여학교를 졸업하고 개성 정화여학교에 교편을 잡고 있다가 그후 세브란스 병원 부스 박사의 치과에서 일을 보면서 기창군의 뒤를 거두었고"라고 소개하며 "7년 전 여아를 낳고 산후가 좋지 않아 세상을 떠났다"고 전한다. 한편 김기창은 자신의 생애에 가장 결정적인 영향을 끼친 세 사람의 여인으로 외할머니 이정진, 어머니 한윤명, 부인 우향 박래향(1920~1976)을 꼽았다. 박래향은 일본 도쿄여자미술전문학교 일본화과를 졸업한 인텔리여성으로 '국졸(경성 숭동보통학교 졸업)'[98] 학력의 장애인 김기창과의 결혼은 세간의 화제를 불러일으켰다. 박래향은 여자미전 선배인 이숙종과의 인연으로 성신여자사범대학에서 동양화를 지도하기도 했다.

이외에도 당대 언론매체 등을 통해 태화여자관에서 교사로 일했던 여러 여성들을 발견할 수 있다. 조선여자청년회 초대회장 신알배터도 태화에서 가르쳤는데, 1920년대 조선일보의 후원을 받아 부인견학단을 조직해 동보에 자주 보도되는 당대 '여류명사'였다. 1924년 11월23일자에는 '스물세 해동안을 여자교육에비친 ◇조선녀자청년회장신앨벳트녀사'라며 "지금은 낮에는 인사동 태화녀자관에 가서 가르치고 밤이면 인사동 조선녀자청년회관에서 낮에 나와서 배홀긔회가 업는 녀자들을 모하놋코 100여명 학생들을 각각 그정도를 따라서 가르치게하며 매토요일마다 부인강좌를 개시하고 보편뎍 지식을 널펴주고 혹은 활동사진으로 혹은 부인견학단을 조직하여가지고 실디로 뵈여서 부인을 양성하야 첫재 조선에 실업을 발뎐식

---

98 지금의 기준과 달리, 무학자가 다수인 시대에 이는 교육적 혜택을 상당히 본 것이다.

히고 생산을 만히하야 경제계를 바로 잡어보자하는 것이다"고 보도됐다.

조선일보 1925년 7월29일자는 '미국으로 류학가는 김량 양'이라며 "인사

동 태화녀자관에서 교편을 잡고잇는 김량金良(26)양은 원대한 리상과 포무

를 가슴에 가득품고 28일 오전10시 경부선특급렬차로 정든 고국산천을 떠

나 저멀리 미주를 향하야 배홈의길 떠낫다"고 전하기도 했다. 대한민국애

국부인회 서기로 3·1운동에 참여해 추서받은 김영순(1893~1986)도 1922년

5월 2년간의 옥살이를 끝내고 출옥, 열흘동안 집안 정돈을 한 후 태화여자

관에 출근해 한문과 가사를 가르쳤다는 기록이 있다. 이후 모교인 정신여

학교로 옮겨갔다.[99] 태화를 버팀목 삼아 자신의 커리어를 찾아가는 여러 사

례를 볼 때 태화여자관이 당시 여성들에게 많은 기회를 주고자했음을 분명

히 알 수 있다. 또 3·1운동 등 독립운동 관련자들에게 꼬박 자리를 마련해

준 다수의 사례들을 통해, 일제의 탄압으로부터 보호막이 돼준 태화의 기

독교정신에 입각한 사랑과 관용을 엿볼 수 있다.

모자보건의 시작, 여의사·간호사·산파

우리나라 최초의 사회복지기관 태화여자관은 한국인들의 요구로 뜻하지

않게 교육사업에 치중하게 됐고, 교육적 욕구가 어느정도 채워지게 되자

본격적으로 사회사업을 전개하게 된다. 태화진찰소를 중심으로 한 모자보

건사업과 공중위생사업이 초기 대표적 사업이었다. 성신여대에는 2000년

대 들어 사회복지학과와 간호학과(국립의료원 간호대학 인수), 미국 의대 예과

---

99   이정은 '김영순의 생애와 독립운동', '3.1여성동지회 학술연구회발표자료' 2013

과정인 글로벌의과학과(국내외 유일 미국의학전문대학 무시험 진학 학과로 복수학위제를 도입하고 있다. 2020년 학과안내자료집에 따르면, 그때까지 미국의사면허시험 USMLE 에 5명이 합격했고 국내 의전원 진학이나 의학대학 편입 등으로 의사를 배출하고 있다) 등이 생겼다. 종합대학교로 승격되기전 사범대학이었기에 교과위주의 전공이 주가 됐고, 여느 여자대학들처럼 인문학을 선두로 둔 교육이 지속됐었다. 성신의 개편은 초기 태화의 여성사업을 이어나간다는 의미에서도 뜻 깊다. 근·현대 여성의 발자취와 함께 해온 태화를 이어받은 성신이 21세기 여성직업의 역사에서도 매개역할을 이어나가고 있다.

내외법이 의식을 지배하고 있던 시대라 여성건강을 위해서는 여성만을 위한 병원이 절실했다. 한국최초 근대식 여성병원 보구여관이 동대문부인병원이 되고 김활란의 노력으로 이화의료원에 이르게 된 것은 잘 알려져 있으나, 1920년대 쌍벽을 이뤘던 태화여자진찰소의 자취가 희미해진 것은 안타까운 일이다. 태화진찰소는 국내 최초 영유아전문병원을 표방했고, 우리나라 최초의 우량아경진대회가 열린 곳이기도 하다. 당시 외국에서 공부하고 온 여자 의료인들에게는 동대문병원과 태화진찰소가 대표적 취업처였다. 항일투사이기도 했던 의사 유영준[100](1892~?)과 현덕신(1896~1963), 길정희(1899~1990), 산파(조산사) 한신광(1902~1982), 그리고 간호사 이금전

---

100 1892년 평안남도 평양 생인 유영준은 정신여학교를 졸업하고 1910년 중국 북경여학교를 다니면서 안창호의 지도로 독립운동에 투신했다. 조선에서 3·1운동에 참여하고 동경여자의학전문학교와 일본적십자병원에서 의학공부를 했다. 동경유학생여자강연단으로 부인의식을 일깨우고 위생교육을 전파하며 전국순회를 하기도 했다. 1925년 사회주의운동에 간여하게 되며 1927년 근우회 창립의 주역으로 활약한다. 1934년 말에는 여자의학전문학교 설립을 위한 교섭위원으로 활약하고 1938년 이를 경성여자의학전문학교로 승격시키는데 기여했다. 1945년 12월 좌익진영 여성단체인 조선부녀총동맹(여맹)의 중앙집행위원장을 맡는 등 좌익단체의 요직을 담당하다 1947년 월북, 1948년 8월 최고인민회의 대의원이 되며 조선민주주의인민공화국 정치인으로 활동했다.

1926년 5월 15일자 조선일보에 실린 '태화진찰소에서 어린이 건강진찰하는 광경' 사진.

(1900~1990), 최우경, 전정윤 등이 이곳에서 일했다는 기록이 남아있다. 태화에서는 의료인으로서뿐만 아니라 사회운동가로서 뜻을 펼칠 수 있었다. 의학과 간호학 전공자들은 병원뿐 아니라 태화복지관, 경성자매원[101]과 같은 사회복지관이나 동대문부인병원에 개설된 탁아소에서 근무하며, 한국인들에게 건강을 위한 예방의학, 보건, 위생을 계몽하는데 큰 역할을 했다.[102]

101 　서울여대 초대학장 바롬 고황경이 언니 고봉경과 1937년 세운 사회사업단체. 자매는 1931년 4월 16일 동아일보에 '교비생 뽑혀 미국가는 두 재원'이라며 사진과 함께 대서특필되기도 했다.

102 　김성은 '1920~30년대 미국유학 여성지식인의 현실인식과 사회활동', 서강대 박사학위 논문 2012

당대 해외유학 자체, 더군다나 여자가 간다는 건 문자 그대로 '신문에 날' 일이었다. 이들의 언행 하나하나가 새로운 뉴스거리였고 특히 이들이 귀국후 벌일 활동으로 변화할 사회에 대한 기대감이 그만큼 컸다. 꾸준히 신문에 이름을 올리던 유명인이었던 유영준은 1926년 1월6일자 동아일보에 상세한 동정이 보도된다. "다년간 해외생활로 오래동안을 보내엿슬뿐 아니라 일본동경류학생계에는 노학생이오 노처녀로 여러학생의게 존경을 밧던 유영준양은 작년에 동경여자의학전문학교를 졸업한후 일본 동경에서 작년말까지 연구를 하다가 신년 1월1일부터는 시내 동대문부인병원에 와서 일을 보게 되엿다는대 일방으로는 병원일을 보면서 또 한편으로는 태화녀자관과 그밧게 시내에 잇는 다른 녀학교에 가서 교편도 잡게 되엿다더라"고 전한다. 유명인 유영준의 활동은 태화를 더욱 돋보이게 했다. 그가 진단과 강연을 벌이는 일이 꾸준히 언론에 보도됐다. 현장으로 나가 '부인 구호반'에서도 활동했다.

최초의 여의사 박에스더를 제외하고는 유학을 통해 의학을 전공한 초기 여의사들은 1900년 설립된 동경여자의학전문학교(도쿄여의전)을 나왔다. 허영숙(1917년 졸업), 정자영(1918년 졸업), 현덕신(1921년 졸업), 유영준, 길정희, 한소제, 송복신(이상 1923년 졸업), 이덕요(1924년 졸업) 등이 그들이다. 현덕신 이하 졸업생들은 1920년 1월 일본 도쿄도에서 조선인 여자유학생들이 조직한 '조선여자학흥회'에서 친목단체를 가장하고 독립운동에 간여했다. 이 중 현덕신은 3·1운동 1주년을 맞아 도쿄 히비야공원에서 동료 유학생 80여 명과 함께 독립만세를 외치다가 체포됐던 일 등을 인정받아 2020년 뒤늦게 건국포장이 추서됐다. 조선일보 1924년 11월26일자 '첫길에 앞장선 이들 (4) 육체의 병과 정신의 병을 다 치료 ◇여자기독교청년회장 현덕신 여사'

기사는 "현덕신이 태화여자관에 수십명의 여자를 모아 상당한 교사를 초
빙해 매일 2시간씩 영어강습을 시키고 있다"고 보도해 눈길을 끈다.

길정희는 미국 의료선교사 로제타 셔우드 홀과 함께 1928년 조선여자의
학강습소(경성여자의학강습소)를 설립했으며, 홀의 귀국 후 한국최초 정신과
의사인 남편 김탁원(1898~1939)과 함께 운영을 맡았다. 현재 고려대의대(고
려의료원)가 됐으며 1980년 '길정희장학금'이 제정되기도 했다. 1924년 11월
30일자 조선일보는 '첫길에 압장선 이들(8) 의사의 몸으로 의사에게 첫사
랑에 안기인 ◇신진의사 길뎡희녀사' 기사에서 "그가 금년 봄에 동경여자
의학전문학교東京女子醫學專門學校를 우수한 성적으로 졸업하고 조선에 도라
와서 자긔의 뜻하엿든 사업의 첫길을 열어보려하엿슴니다 그러나 조선사
회는 너무도 거칠고 너무도 사나와서 마츰내 자긔의 목뎍하는사업은 뜻과
가티 그러케 평탄한길을 열어주지 못하엿슴니다 그는 그만 인사동仁寺洞 태
화녀자관泰和女子舘안에 설립하여노흔 진찰소診察所에서 매일 두시간식 어
린아기들과 부인들의 병을 고치면서 한엽흐로 의학에관한 서젹을 만히 읽
고 의술醫術을 연구하든 중이엿슴니다"고 보도한다. 로제타 셔우드 홀 역
시 태화에 봉직했는데 조선일보 1933년 9월28일자는 '허을부인의 공적'이
라며 "평양, 인천, 경성의 각부인병원, 평양맹아학교, 태화학관소아과 등은
다 부인의 위대한 공적들이다"고 전하고 있다.

1924년 1월25일자 동아일보 '유아를 위해 생긴 태화진찰소' 기사에는 의
사 2명, 간호원 1명, 산파 1명이 종사한다고 소개하고 있는데, 의사는 로제
타 홀과 현덕신, 간호사는 로젠버거, 산파는 한신광이다. 1925년 3월30일
자 조선일보 '태화녀자관 확장' 제하의 기사는 "시내 인사동 만세사건으로

유명한 전 태화관 터에 위치를 점령한 태화녀자관에서는"이라며 이 장소
적 가치를 강조하며 시작한다. 교육부, 종교부, 사회부 각 기관을 소개하고
"금년4월부터 양부인 배의례(B 베어 선교사)씨가 교육부를 경영하게 되엿다"
며 태화여자학교와 유치원의 모집사실을 알린다. 한국인 학감 이성 씨, 유
치원 사업에 종사하던 방성옥 여사, 최활란, 장귀련, 이은경 등이 가르친다
는 소식도 전한다. "사회부에서는 태화진찰소를 설치하고 작년의 동경녀
자의학전문학교를 우수한 성적으로 졸업한 유영준 양과 산파계에 명성잇
는 한신광 양이 소아와 부인에게 한하야 매일 오후2시부터 5시까지 약갑은
실비로 병을 보아주고"라며 함께 언급한다. 한신광의 이름이 의료인으로
언론에 처음 등장하는 것은 1923년 6월9일자 동아일보와 조선일보에서다.
각각 '산파간호부합격자', '조선인은 3명뿐'이라는 제목으로 간호부와 산파
합격자를 전하는데, 산파 합격자 21명중 조선인은 윤영자, 한신광, 박복남
등 3명뿐이었다. 간호부는 16명중 조선인은 한 명도 없고 서양여자 4명, 나
머지는 모두 일본인이었다.

1924년 1월25일자 동아일보에 '사회
봉사하는 두녀자'라고 실린 노선복과 한
신광의 사진. '유아를 위해 생긴 태화관
의 진찰소' 기사와 함께 게재됐다.

산파나 간호부는 1914년 산파규칙과 간호부규칙이 제정되고 면허제도
가 시작되는 등 일제시대와 해방 후 상당기간 여성 보건의료 전문가로 인
정받으며 사회적으로 비중 있는 지위를 차지하고 있었으나, 한국사회에서
점차 상대적인 위치가 축소되면서 인물탐구과 평가가 빈약하다. 그 동안
한신광에 대해서는 1923년 태화여자관에서 시작된 모자보건사업을 주도
한 서양인 선교간호사 로젠버거 Elma T. Rosenberger (한국명 노선복)의 '동역자' 정
도로 알려져 있었다. 그러나 이꽃메 등의 연구로 태화여자관 모자보건사업
의 주요 인물이었으며, 1924년 조선간호부협회[103]를 창립해 초대회장을 지
냈고, 근우회의 주요 인물로 활동했음이 밝혀졌다.[104] 3·1운동에도 참여했
던 그는 서울여학생만세운동의 주모자로 징역1년, 집행유예 1년6개월형
을 선고받기도 했다. 1925년 결혼해 일본유학을 한 후 여성운동가로 변신
했으며 해방 후에는 정치가가 됐다. 동대문부인병원 간호부양성소를 나온
그는 산파 면허만 가지고 있어 지속적으로 조산원을 운영했으며 말년까지
YWCA할머니모임 회장을 지내는 등 활발한 사회활동을 이어나갔다. 한신
광, 최우경 등의 뒤를 이어, 1929년에는 세브란스 간호부양성소를 졸업한
이금전이 로젠버거와 함께 모자보건사업에 뛰어들었다. 이미 이화여전 문
과, 중국 연경대 학위가 있었던 그는 곧 캐나다 토론토대로 유학해 한국인
여성 최초로 공중위생학 학위를 받고 귀국, 태화여자관 공중보건·위생부

---

103 1923년 설립돼 간호선교사 셰핑이 회장을 맡은 '조선간호부회'와는 다른 단체다. 현 대한간호협
회는 조선간호부회를 전신으로 하고 있음을 홈페이지를 통해 밝히고 있다. 조선간호부회는 국제
간호협회(International Council of Nurses) 가입을 위해 선교계 간호학교의 교육수준 향상을 위주
로 활동했다. 한국인 간호부가 주축이 된 조선간호부협회는 사회사업, 재해구호 등 사회참여에
힘썼다. 1924년 1월22일자 동아일보는 '간호부의 협회발긔' 제하로 "한신광 김금옥 정종명 등 8
씨의 발긔로 이번에 조선간호부협회를 발긔하야 오는26일 하오7시에 시내인사동 중앙례배당에
서 창립총회를 개최할터이라는데"라고 보도하고 있다.

104 이꽃메 '한신광韓晨光 : 한국 근대의 산파이자 간호부로서의 삶', 2006

간호사로 복직해 실무, 교육, 행정, 조직, 학문 등 간호의 각 영역에서 선구적인 활동을 펼친다. 이금전은 1930년대 내내 태화여자관, 경성연합아동건강회, 경성탁아소 등을 두루 거치며 보건사업 전문가로서의 위치를 확고히 했다.[105] 그 공을 인정받아 1959년 우리나라에서는 두 번째로 국제적십자위원회로부터 '나이팅게일 기장'을 수상했다.

의녀 직위를 이은 한국근대여성의 첫 전문직중 하나로 꼽히는 간호사는 2012년 대한간호협회가 펴낸 '간호사의 항일구국운동: 시대의 아픔을 함께한 근대의 간호사, 그들의 애국정신과 독립운동'에서 볼 수 있듯이 독립운동에 적극적으로 참여하기도 했다. 이 책의 공동집필과 감수를 여성사 권위자인 박용옥 전 성신여대 교수가 맡은 것도 눈길을 끈다. 2021년에는 추가 발굴된 이들을 더해 '독립운동가 간호사 74인'이 발간됐다. 이중 한명인 정종명(1896~?)은 '행동하는 간호사의 원조'로 불리는데, 유명한 대중연설가이자 활동가로 당대 언론에 자주 거론된 인물이다. 태화여자관이 여성단체들의 둥지 노릇을 톡톡히 했으므로, 그의 활동무대가 되기도 했음은 주지의 사실이다. 3·1운동 발생당시 세브란스병원 간호부양성소에서 공부하던 그는 주동자들을 돕다가 취조를 당하기도 했다. 졸업 후 1922년 여자고학생상조회부터 시작해, 조선여성동우회, 근우회 등 수많은 단체를 조직하고 이끌었다. 태화여자관과 그의 이름이 함께 언급된 기사를 찾아보면, 1927년 7월15일자 동아일보 '근우회 선면일' 기사 등이 있다. 15일 오후2시부터 인사동 태화여자관 임시사무소 내에서 정기집행위원회를 개최를 알리고 있는데, 정종명은 이날 오후대 조선은행 앞에서 선전사업을 벌인다

---

105 이꽃메 '한국 지역사회간호의 선구자 이금전에 관한 역사적 고찰', 2013

고 나와있다. 1927년 1월 20일자 조선일보 '망월구락부를 중심으로 직업부
인단체조직' 제하 기사에도 "당일 오후 7시에 인사동 태화녀자관안에 각 중
등정도 녀학교 선생을 위시하야 긔자, 유지원보모, 산파, 전도부인 등 각
방면의 직업부인들이 30여명이나 모히게 되엇다"며 발기인에 이름을 올리
고 있다. 전도부인으로 사회생활을 시작, 간호부·산파로 방향을 틀고 결국
은 월북한 정종명은 남북 모두에서 지워진 이름이었으나, 2018년 항일운동
으로 건국훈장애국장을 추서 받으며 뚜렷이 재조명됐다.

여자성인교육 선도, 태화여자관 ─────────

여자대학은 여성의 공간에서 이뤄지던 일들의 연장선상에서 발전해왔다. 앞서 1장에서는 태화여자관의 전신이 성경학교, 그 이전 스크랜턴 대부인이 여성전문직업인인 '전도부인' 양성 목적의 교육을 한 것이라고 본다고 서술했다. 태화여자관의 탄생은 보편적 교육에 대한 열망이 더 커졌지만 학교교육은 요원한 상태에서 어떻게 여성교육이 행해지고, 이것이 여성의 직업활동으로 연결됐는지를 보여주는 통로다. 조선일보 1995년 12월28일자 '이규태 코너'는 태화여자관에 대해 "한국 여자성인교육에 선도적 역할을 다해왔다"고 평가했다. 지금까지도 언론에 태화여자관은 근대여성의 첫 사업들이 이뤄지던 곳으로 언급되곤 하지만, 이의 존재가 어떤 것인지를 현대에 와서는 잘 인지하지 못하고 있다. 현재 '태화여자관'으로 뭉뚱그려 말해지는 것들에는 장소를 빌려 입주했던 여러 여성관련 단체들에서 이루어졌던 활동들도 포함됐을 것이다. 하지만 여성관련 사업의 첫 삽을 뜰 수 있도록 구체적 공간을 제공했다는데 초점을 두면 역사적 장소로서의 의미는 더욱 확장된다.

과거로 날짜를 소급해가며 1970년대 이후 현시대 언론에 '태화여자관'이 어떻게 언급되고 있는지를 살펴보면 다음과 같다.

• 1925년 국내 최초의 사회복지기관인 태화여자관에서 여성에게 배구를 가르쳤다는 기록이 있다. (한겨레 2019년 3월6일자 [ESC] 팡! 팡! 여자배구, 재미가 터졌다!)

- 충정공 부인은 아들 2명을 프랑스와 독일로 유학 보내고, 며느리들을 인력거 태워서 기독교가 세운 학교인 태화여자관에 보냈다. (한겨레 2018년 10월28일자 "충정공의 고결함 알리고 싶었죠…민씨 가문 망한 건 잘된 일")

- 역사를 돌아본다면, 유치원은 1890년대 일본 고급 관료나 우리나라 부유 가정의 자녀 교육을 위해서 만들어진 기관입니다. 반면에 어린이집의 경우에는 태화여자관이라고 해서 1800년도 말에 복음전도라든가 여성교육, 사회사업을 위해서 시작된 기관입니다.[106] (KBS뉴스 2017년 6월14일 [인터뷰] 김경란 교수(광주여대 유아교육학과) "유보 통합, 부처 통합과 교사처우 등 격차 해소부터"②)

- 1934년 6월16일밤. 종로에 있는 중앙기독교청년회관에서는 여지껏 볼 수 없었던 행사가 펼쳐져 장안에 화제를 불러일으켰다. 이른바 '조선 유행 여자의복 감상회'가 바로 그것이었다. (중략) 이 행사를 주관한 곳은 인사동의 태화여자관 안에 있는 조선직업부인협회였다. (경향신문 1996년 6월6일자 김은신의 '이것이 한국최초' (18)여성의류패션쇼)

- 재봉틀이 보급되면서 20년대에 태화여자관 YMCA등이 양재기술을 가르치기 시작했다. (조선일보 1986년 5월23일자 '신여성 100년 ⑮패션의 변화')

- 17일 제2회방송은 '학생이 중요한 손님'으로 태화여자관, 중앙, 공옥, 협성학교 등의 5백수십명 학생들이 아래위층에 그득했다. (조선일보 1973년 1월11일자 조선일보철을 통해 본 민족의 '파노라마' 순간㊽ '전방송국' 시대, 1924년 12월 있었던 조선최초의 무선전

---

106 유치원이 끝난 후 오후 놀이시간에 무산아동을 위한 유희장 개방을 일컫는 것으로 보인다. 선교사들은 이들을 '거리의 아이들', '버림받은 아이들'이라 칭했다.

화방송에 대해 보도한 것으로 17일 방송에서는 방년 21세의 처녀기자였던 최은희 여사가 급조된 여

자아나운서로 한국인 최초의 방송아나운스먼트를 했다고 전한다)

한양 중심석 있던 북촌의 갑제

이완용이 소유하던 태화관에서 독립선언식이 거행되자 찜찜한 마음에 팔겠다고 내놓았고 새로운 형태의 사회선교를 전개할 공간을 찾던 남감리교 여선교부가 이를 매입했다. 1919년 9월부터 1년을 끌어 1920년 9월20일 20만원으로 계약이 체결되고 그해 12월11일 감리교회(재단법인 남감리교회 대한선교부 유지재단)로 소유권이 넘어갔다. 이 자리를 차지한 여선교사들은 태화여자관의 영어명인 'Seoul Social Evangelistic Center for Women'을 줄여 'Center'라고 불렀는데, 태화관에 깃든 역사적 의미를 잘 알고 있었다. 한국을 배경으로 한 여러 소설과 풍속서를 쓴 작가이기도 한, 태화여자관 3대관장 와그너는 굉장히 구체적이고 섬세한 선교보고서를 작성했다. 1927년 "순화궁(태화관)이 특별한 의미를 지니게 된 것은 1919년이었다. 34(33의 오기로 보임) 애국자들이 이 음식점 공개 식당 중 한곳에 모여 독립선

1930년 영문으로 간행된 태화여자관을 소개한 안내책자에 나온 중앙지표석 사진. '조선왕조의 첫 왕에 의해 1395년 서울이 한국이 새 수도가 되면서, 서울의 정확한 지리적 중심에 이 돌이 설치됐다. 4개의 둥근 돌들은 동서남북을 표시하기 위해 같은 날 놓여졌다'는 설명이 달려있다.

언서에 서명했다.… 또 변함없는 민족적 관심으로 이곳은 한국의 모든 애국자들에게 '민족성전national shrine'이 되고 있다"고 했다. 1938년에는 "왜 이곳을 센터라고 부르느냐고요? 이곳이 서울의 한 중심이기 때문이다. 정원에는 풍상을 겪은 팔각형 돌기둥이 박혀있는데, 수백 년 풍우로 새겨진 글자들은 거의 알아볼 수 없지만 이것이 바로 '중심석center stone'이다. 이 돌은 1395년께 조선왕조가 서울을 새 도읍지로 삼고 성을 둘러쌓은 후 이곳이 그 중심이라는 사실을 알리기 위해 이성계 대왕이 세운 것이다"고 썼다. 애초 민족대표들이 태화관을 3·1독립선언식장으로 잡은 것도 단순히 단골 요릿집이라서가 아니었을 것이다. '서울의 중심지'라는 관념이 통용된 이곳의 오랜 장소성까지 염두에 둔 선택이었으리라 생각된다.

현재 태화빌딩이 있는 인사동 194번지 일대는 태조 이성계가 한양천도
를 하면서 서울의 중심이 된다. 실제 한양도성 범위를 테두리 삼아 양끝으
로 일직선을 그어보면 인사동이 중심점이 된다. 그 흔적이 지금도 '서울의
중심 표지석'으로 남아있다. 중앙지표석, 서울의 중심점 표지석, 혹은 표
지돌 등으로 불리는 이 돌은 현재 태화빌딩 바로 옆 하나로빌딩에 있다. 원
래는 태화사회관 대지 안에 있었으나 1980년 태화빌딩 건축과정에서 재개
발구획정리에 따라 중앙감리교회 구역으로 편입됐다. 하나로빌딩과 태화
빌딩 사이 경계선 화단에 놓여있다가 하나로빌딩 지하1층 계단 옆에 방치
되기도 했다. 현재는 하나로빌딩 1층 로비로 옮겨져 유리관으로 둘러싸 보
존되고 있다. '1층로비에 있는 네모돌 화강석은 서울의 한복판 중심지점
을 표시한 표지돌로 대한제국 건양원년(1896)에 세워진 것이다'고 써진 안
내석이 함께 있다. '이곳은 인사동 194번지로 예전에는 순화궁터였는데 그
후 삼일만세운동의 현장인 태화관이었고, 현재는 하나로빌딩(중앙감리교회)
으로 변천된 유서깊은 장소이다. 고려왕조에 이어 조선조를 창시한 태조
이성계는 고려왕조의 별궁으로 이용됐던 서울(한양)을 도읍지로 삼고 1395
년 천도하면서 북한산 자락에 경복궁을 건축한 후 북악산, 인왕산, 남산,
낙산을 연결하며 사대문과 성곽을 쌓고 서울 도읍의 중앙지점을 이곳으로
잡아 이곳에 지표석을 세웠던 것이다'는 상세설명이 덧붙어있다.

'태화기독교사회복지관의 역사'는 중앙감리교회가 빌딩건축 후 안내문
을 쓰면서 건양원년을 건립연도로 밝혔으나, 선교사 문헌들은 건립연대를
조선조 초기로 밝히고 있다며 정확하게 언제 건립됐는지 불분명하다고 짚
고 있다. 또 1930년 사진자료를 보면 해방이후 현재 남아있는 돌의 모습과
다르다며, 1938년 옛 건물을 헐 때 전에 있던 지표석도 같이 철거되고 대신

현재의 것을 세워놓은 것이 아닐까 추정한다. 혹은 일제말기 총독부 당국
에 의해 훼손된 것을 광복 후 복원하면서 형태가 달라진 것일 수도 있다고
보고 있다. 한편 인사동은 2000년도에 전통문화를 보전하는 '문화지구'로
정해지며 많은 연구가 이뤄졌으나, 정작 중앙지표석의 존재와 의미는 거
의 잊혀졌다. 일제가 들어서며 '도로원표'라는 것을 각 도시마다 설치하며
고려시대 이후 유지돼오던 대·중·소로의 전통적 개념도 무너지고 이 돌도
무용해졌으리라 추정된다. 1914년 총독부가 10개 도시의 시가지 원표위치
를 결정, 고시했고, 서울에는 광화문 네거리에 설치됐다. 1935년 도시정비
과정에서 '고종 어극 40년 칭경기념비'가 있는 곳으로 옮겨져 지금도 남아
있다. 세종로 광화문파출소 앞의 새로운 도로원표 조형물은 1997년 12월
서울시가 한글로 설치한 것이다. 또 지금 사용하는 서울 중심점은 2008년
GPS측량을 해 남산정상 N타워 인근으로 정해져, 따로 조형물을 세웠다.

권문세가들의 갑제에서 순화궁터로

  인사동 일대는 조선초기부터 사대부 거주지역이었다. 조광조, 김좌근,
민익두[107], 박영효, 민영환, 의친왕 이강 등이 살았던 집터가 모두 이곳에
있었다. 인접한 공평동 센트로폴리스빌딩 지하1층에는 연면적 3817㎡에
이르는 '공평도시유적전시관'이 2018년 9월 개관했다. 환경정비사업으로

---

107 명성황후의 인척 민익두의 집터는 천도교 중앙대교당 앞 종로구 경운동 66-7번지로, 2000년대
들어 '민가다헌'이라는 고급음식집으로 운영돼 문화재 활용을 놓고 서울시와 소송을 벌이기도 했
다. 서울시 민속자료 제15호로 지정될 때는 '경운동 민익두가'라 칭해졌으나, 현재는 '경운동 민병
옥가옥'으로 수정됐다. 지금 있는 개량한옥은 민보식의 의뢰로, 화신백화점을 설계했던 건축가 박
길룡(1898~1943)이 1930년대 지은 것으로 H자 평면의 살림집이다.

청진동 유적지 발굴 중 발견된 조선전기 무신인 구수영(1456~1523)의 패찰이 전시되며 구수영 집터에 대한 영상도 상영됐다. 구수영의 집터가 바로 조선초기부터 350여년간 태화관터를 차지하고 있던 능성구씨 종가다. 고려와 조선에 걸쳐 유력가문이었던 능성구씨는 왕실과 혼맥으로 굉장히 복잡하게 얽혀있었다. 일제강점기 명기 이난향은 "세종대왕의 8남 영응대군 이염이 당시 영의정 아들을 사위 삼아 지어준 곳"이라 전했는데, 구수영의 부인이 영응대군의 딸 길안현주 이억천이었고 큰아버지는 영의정 구치관이었다. 15세기 중반 왕실의 인척이 되며 세종 혹은 세조로부터 (조선왕조실록에 따르면 세조대가 맞는 것으로 보인다) 하사받은 가대(집의 터전)를 대대로 외척이 되며 계속 불려갔다.

이 집안은 추존왕 원종의 비 인헌왕후(계운궁 구씨, 1578~1626)를 배출하기도 했다. 능안부원군 구사맹의 딸인 인헌왕후는 조선의 16대왕 인조의 어머니이다. 인조는 외가인 구사맹의 집에서 어린시절을 보냈는데, 인조반정 후 왕이 지낸 '잠저'의 하나로 격상된다. 구수영의 증손인 구사안[108](1523~1562)이 구씨의 종가노릇을 하게 되면서 16세기 후반 동생 구사맹을 위해 자기가 살던 곳의 서쪽 땅을 떼어줬다. 이것이 대종가와 소종가로 나뉘어 각각 태화정가, 잠룡지가로 불리게 됐다.[109] 17세기 중반 태화정이 건립되며 '태화'라는 이름의 연원이 되고,[110] 구사맹의 집에는 연못 옆에

---

108 구사안도 부마였다. 중종의 셋째딸 효순공주를 맞아 능원위로 피봉됐으나, 공주가 출산중 죽자 국법을 어기고 다시 결혼해 봉작을 빼앗겼다. 증조부 구수영의 부인, 즉 증조모는 길안현주로 세종대왕과 소헌왕후의 8남 영응대군 이염의 딸이다. 종조부 구문경은 연산군의 딸 휘순공주와 결혼했는데, 연산군과 중종이 이복형제이므로 처가로는 사촌동서가 된다.

109 배우성 '종로시전뒷길의 능성구씨들', 서울학연구 제67호, 2017

110 구윤명은 '계관첩'에 "태화정太華亭은 구사맹의 손자인 구인후가 만든 것"이라 쓰고 있다. 3·1독립선언식이 열린 요릿집 태화관은 처음에는 太華館이라 했다가 태화여자관이 설립되며 泰和로 개

매일신보 1915년 4월25일자 1면은 '태화정 무량춘'이라는 제목으로 태화정 앞 거목에 꽃이 만개한 사진 기사를 실었다. 독립선언식이 거행된 태화관 내 태화정의 원래 모습이 담겨있는 드문 사진 중 하나다.

부용당(작은 정자)이 지어져 이 앞에서 인조가 놀았다고 해 '잠룡지'로 지칭하게 됐다. 구사맹의 손자 구인후(1578~1658)는 1632년 고종사촌 인조가 반정을 일으키는데 가담해 공신작위를 받고 능천부원군에 봉해졌다. 서편의

명했다. 음은 그대로 따왔지만 한자는 다르다. 한편 순종실록부록 2권에는 '太和亭'이라는 표기도 나온다. 현재 이 자리에 있는 태화빌딩은 '泰和' 표기를 따르고 있다. 태화여자관의 초대관장 마이어스는 "이곳의 본래 이름은 '태화관'으로 '큰 조화의 집'이란 뜻을 갖고 있다. 이곳에 붙어서 넓은 정원이 있는데 그 입구엔 한문으로 '낙원정'이라는 문패가 붙어있다. 현재 선교사사택이 이 정원 안에 있다"고 선교보고하고 있다.

잠룡지가에 살던 구인후는 본가까지 물려받게 되고 동편에 태화정을 짓는
다. 소유주가 일원화됐다가 구윤명(1711~1797)대에 이르러 다시 분리된다.
지손인 구윤옥(1720~1792)에게도 분할 상속된 것이다. 1794년 구윤명이 쓴
'영조어제표태화정계판첩英祖御製表太華亭揭板帖'에 이 집에 대한 역사가 상
세히 나와 있다. 구윤명은 증손인 득로(1771~미상)가 사관으로 있으면서 정
조로부터 영조년간에 있었던 이야기를 듣고 구윤명에게 전해, 그가 그때를
추억하며 글을 써 판에 음각해 태화정에 걸었다. 탁본해서 왕실에 바친 것
은 현재 한국학중앙연구원 장서각에 소장돼있다.[111] 영조실록(조선왕조실록)
에 따르면, 영조41년(1764년) 12월18일 '구윤명에게 인묘의 잠룡지에 대해
묻다' 기사에서 구윤명이 "신의 종가에 있는데 인묘께서 어렸을 적에 장난
치다가 늘 못 속에 빠졌다고 합니다"고 답했다고 기록됐다. 영조49년(1773
년) 2월15일 '잠룡지에 행행하다' 기사에서는 도승지 이계가 "사저에 왕림
하는 것은 마땅한 일이 아닙니다"고 하는데도 태화정에 나아가 효종의 어
필을 봉람한 뒤, 집에 있는 여러 구씨 모두를 불러 만나보고 상을 내리거나
벼슬아치로 등용하라고 명했다고 기록돼있다.(동일 승정원일기에 따르면 훗날 정
조가 되는 세손이 동행했다) 한편 구득로 이후에는 구윤명의 후손 중 벼슬길에
나갔다는 이를 찾기 힘들어, 집안의 세력이 미약해졌음을 알 수 있다. 대
종, 소종가 간의 싸움으로 점차 몰락의 길을 걷게 됐다고 한다.

당대 최고 권력자들이 탐을 낸 이 집터가 북촌의 '갑제'(으뜸가는 집)로 꼽
혔던 것은 한양의 정중심이라는 상징성과 함께, 북촌의 다른 내로라하는
저택들을 압도하는 넓은 조망권을 가지고 있었기 때문이다. 실제 이 지대

---

111   정정남 '인사동 194번지의 도시적 변화와 18세기 한성부 구윤옥 가옥에 대한 연구', 건축역사연구
제17권 3호, 2006

의 지반이 높은 것은 측량으로도 나타나며 승정원일기에도 기록돼있다. "1758년(영조 34) 3월, 영조가 신하들을 만난 자리에서 '구윤명의 집터가 가장 높다는데 과연 그런가?' 묻자 옆에 있던 조명정이 '그 집이 매우 좋습니다. 그 집에는 태화정이라는 이름의 정자가 있는데, 가장 높은 곳에 있어서 사면을 두루 바라볼 수 있습니다'고 답했다. 구윤명은 '태화정의 낮은 네 주변으로 정자의 터만이 돌기하였습니다. 이 산등성이의 위에 연못이 있는데, 당나라 시인 한유韓愈가 노래한 '태화산 봉우리, 옥 우물의 연꽃太華峰頭玉井蓮'이라는 시구에서 따와 정자의 이름을 지었습니다. 대개 태화정의 자리는 아주 높은 곳이어서 두 궁궐과 동대문, 남대문이 시야에 들어오는 것은 물론 남으로는 만리현, 동으로는 왕십리까지도 굽어볼 수 있습니다'고 답한다."[112] 여기서 태화정 이름의 맨 처음 유래를 알 수 있다. 한유(768~824)의 시 '고의古意'의 첫구절로 태화산은 오악五岳(중국 옛신앙에 보이는 5개의 산) 중 서쪽에 있는 화산華山을 일컫는 것으로, '산해경'에서 화산을 특히 '태화太華'라고 했다고 한다.

　조선후기 안동김씨가 세도가로 떠오르며 중심인물 김흥근(1796~1870)이 19세기 초 이 땅을 차지하게 된다. 1849년 헌종 승하후 간택 후궁이었던 경빈김씨(1832~1907)의 사저가 되며 '순화궁'으로 불리게 됐다. '순화'는 후궁 책봉시 경빈김씨에게 내려진 궁호인데, 더불어 김씨에게 속한 궁방전宮房田 및 재산을 관리하고 사후에 제사를 맡아 지내던 궁가의 명칭이기도 하다. 1908년 친일파 거두 이완용 일가에게 넘어가기까지 여성이 주인인 공간이 된 것이다. 2019년 TV조선에서 방영된 사극 '간택-여인들의 전쟁'이

112　배우성, 위의 논문에 해독된 것을 재인용

동아일보 1924년 7월5일자 3면 '내 동리 명물'난에 면톱으로 '인사동 태화 관'이 사진과 함께 실린다. '정해자'(해설자)가 인사동 8번지에 사는 김복례라 는 여성인 것도 일반여성의 활발한 발 화를 보여주는 사례라 하겠다. "이문 안 대신 김흥근씨 댁에서 헌종귀빈 순 화궁 김씨의 궁이 됐다가, 이완용 후 작이 이 집을 팔아 요릿집이 되기 시작 해 태화관, 명월관 지점이 된" 내력을 상세히 설명하고 있다. 또 "이 집이 태 화관으로 있었을 때 3.1운동에 큰 관 계를 맺었고, 지금은 여자교육기관이 돼 요릿집이었던 흔적도 없게 됐다"며 "그 안에 있는 정자 태화정을 지금도 양파정이라 별명삼아 부르는 것은 요 릿집으로 있을 당시 기생들이 정양파

(광주 대부호 양파 정낙교를 이르는 듯)의 휘짜를 어디서 얻어듣고 변삼아(암호같이) 부른 것"이라고 전한다.

헌종과 경빈김씨 사이의 야사를 모티프로 꾸며진 팩션으로 주목받기도 했 지만, 둘 사이의 혼례 전 로맨스는 사실이 아닌 것으로 보인다. 경빈김씨가 왕비 간택에서 마지막에 떨어지자 그에게 반했던 헌종이 무품입궐빈(1품보 다 위인 왕,왕비,세자 격 무품)으로 들였다는 러브스토리인데, 궁녀들 사이에 도 는 이야기에서 유래됐다고만 하고 확인은 되지 않는다. 후사를 보기 위해 창덕궁 내 왕의 처소 가까이 낙선재, 석복헌을 지어 주었으나 입궁 2년만에 헌종이 23살의 나이로 사망하면서 자식없이 궁을 나와 76세까지 살았다.

경빈김씨는 순화궁에 머물면서 '국기복식소선國忌服飾素膳'과 '사절복식 자장요람四節服飾資粧要覽', 두 권의 책을 궁체로 썼다. 이 둘을 합쳐 '순화궁

첩초順和宮帖草'라고도 한다. 서울특별시 유형문화재 제101호로 현재 숙명
여대박물관에 소장돼있다. '국기복식소선'은 왕과 왕비의 기일인 국기國忌
에 비빈妃嬪을 위시한 내시의 복색·머리모양·화장·노리개·반지 등 수식修
飾의 복제服制를 담았다. '사절복식자장요람'은 궁중 제일의 명절인 탄일誕
日과 정월·동지·망간望間(정월의 마지막 명일인 보름날)의 문안예시問安禮時의 복
식을 설명했다. 왕실의 일원이 직접 작성한 복식사 연구의 귀중한 자료로
꾸준히 연구되고 있다. 헌종의 편애로 후궁이면서도 왕비 못지않은 옷차림
이 가능했다는 야설을 따르면, 시대의 패션리더로서 이러한 저술을 남길
수 있었다고 보여진다.

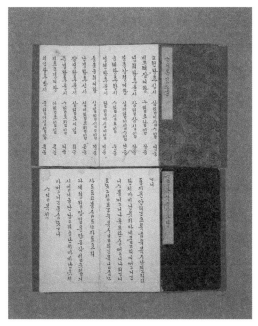

숙명여대박물관에 소장돼있는 '순
화궁첩초'

조선왕실의 명당에서 친일파 소유로

1394년 11월 한양천도를 단행한 태조는 이듬해 한성부로 이름을 바꾸고 5부(중부·동부·서부·남부·북부) 52방으로 행정구역을 나눴다. 태화관이 있던 인사동 일대는 이중 중부8방중 하나인 건평방에 있었다. 의금부, 전의감[113] 등 여러 관청과 시전(전방, 종로를 중심으로 설치한 상설시장)이 있어 한양에서 경제와 문화가 가장 발달한 번화가로 꼽혔다. 한양의 인구가 빠르게 증가하면서 건편방의 경우 인근지역보다 3~4배 비싸게 거래됐다. 당연히 초가집보다 기와집(와가) 비율이 높았다. 이 일대는 일제강점기를 거쳐 해방후 종로구 청진동, 공평동, 인사동 등의 행정구역으로 나뉘었다. 이 지역의 또다른 주요시설로는 궁가들을 들 수 있다. 궁궐을 나와 살아야하는 왕자와 공주를 위해 궁궐 근처에 너른 땅을 주어 살 집을 주었는데, 이것이 이후 계속해서 왕실 관련의 인물들에게 이어져 궁가나 왕실의 사묘로 유지됐다. 그중 하나가 순화궁이다.[114]

한양도성에는 경복궁, 창덕궁, 창경궁, 덕수궁, 경희궁 등 임금이 거주한 5대궁 말고도 임시 궁궐로 쓴 별궁과 왕실에서 분가한 여러 궁가들이 큰 자리를 차지했다. 철저한 신분제 사회였던 조선은 '경국대전'에 신분별 가

---

[113] 조선시대 궁중에서 쓰는 의약의 공급과 임금이 하사하는 의약에 관한 일을 관장했던 관서. 의료행정과 의학교육의 중추기관으로서 의학취재(의학실력을 시험해 사람을 뽑음) 등의 사무도 겸해 관장했다. 1894년 갑오경장 이후 태의원으로 개칭됐으나 서양의술이 보급되면서 점차 그 역할이 감소돼갔다. (결정적으로 1885년 미국인 의료선교사 알렌에 의해 서양식 왕립병원 제중원이 설치됐다) 본래 현 종로구 우정국로59(견지동 39)에 있다가 옮겨갔고, 이 자리에는 1884년 우정총국청사를 건설하고 그해 11월17일 우정사무를 시작했다. 12월4일 우정국개국축하연 자리에서 갑신정변이 일어나 우정국도 나흘 뒤 폐지됐다. 알렌은 우정국사건 당시 중상을 입은 민영익을 서양의술로 살려 제중원 설치가 가속화되는 계기가 됐다.

[114] '한양의 家 건평방 가옥' 공평도시유적전시관, 2020

질 수 있는 집터의 크기를 정해놓았고, 당연히 이 자리들은 대형필지였다. 일제강점기를 거치며 대거 훼손, 파괴됐고 총독부의 허가를 받은 민간사업자들이 궁터는 좋은 기운이 흐르는 노른자위 땅이라고 여겨 적극적으로 매입, 개인사업장으로 쓰는 바람에 이제 복원은 불가능한 지경이 됐다. 하지만 모든 것에는 양면이 있기 마련이다. 전통도 언제든 재구성될 수 있는 시대의 부산물이라는 것이 상식이 된 시대, 보존과 개발 사이에서의 고민은 언제나 있어왔다. 20세기 들어와 궁궐과 육조의 관아, 각 별궁 등 기존의 기능이 약화하고 새로운 도시 시설이 진입하게 된 것은 한양이 근대도시로 전환돼 가는 급박한 변화의 큰 축이었다. 병원·학교·통치시설·군대시설·산업시설 등 새로운 유형의 시설은 중대형의 필지를 필요로 했고, 관청과 별궁 자리는 수요를 충당할 수 있는 대상이었다. 별궁자리가 근대기 이후로도 중대형 필지로 존속하는 양상은 조선시대의 도시적 양상이 근대기 이후, 현재까지도 지속되고 있음을 보여 주는 중요한 지표라 할 수 있다. 전통시대의 한양, 근대도시 경성, 현대의 서울은 서로 다른 시간대를 표상하고 있지만 이들은 별궁 등이 서 있던 중대형 필지를 통해 시대 간극을 메우면서 연속적인 도시로 이해될 수 있다.[115]

　경빈김씨가 살았던 순화궁의 도면은 한국학중앙연구원 장서각에 '이문내구윤옥가도형里門內具允鈺家圖形'이라는 명칭으로 남아 있다. '이문里門'이라는 시설명은 '이문설농탕'이라는 대한민국에서 가장 오래된 식당의 명칭으로 남아있다. 1900년대 개업할 때(1902, 1904, 1907년 등 정확한 연도는 갈린다)는 '이문옥'이었다가 일제강점기에 '이문식당'으로 바뀌었다고 한다. 당대

115　김지영 조영준 조재모 '궐밖의 왕실, 한양의 별궁' 서울역사박물관, 2020

신문에는 인사동 268번지에 있었다고 나온다. 공평동에서 일제강점기 스타일 복층한옥에 있다가, 2011년 강북 사대문지역 도심재개발사업(도시환경정비사업)으로 현재의 견지동 자리로 이전했다. 이문은 세조때부터 지어지기 시작한 '방범 야경소'로 한양의 주요골목 입구마다 있었다고 한다. 관아시설, 혹은 왕실과 관련된 특수 집단이나 시설을 보호하기 위한 것들도 있었다. 능성구씨종가로 들어가는 인사동 222번지에 있던 이문은 후자의 경우로 인조가 세워줬다고 한다. 배우성은 "구씨 종가 터에서 종로의 어물전으로 이어지는 길이 피맛길과 만나는 지점에는 이문里門이라 불리는 시설이 있었다. 이곳을 가진 자들은 비공식, 불법, 탈법을 포함한 사적인 방법으로 시전의 일부 또는 전체에 영향력을 행사할 수 있었던 것"이라며 저자거리 뒷골목 인근에 유력가문이 위치하고 있었던 이유를 추론한다. 18세기 도성도들에 그려진 유적구간에 구씨의 종택들이 '궁'(수전궁, 시전궁 등)으로 표기됐던 것은 "구씨의 종택들은 당시 사람들에게 '시전市廛의 배후공간에 있는 궁가宮家' 내지는 '시전에 막대한 영향력을 미치는 궁가'로 인식되었을 가능성이 농후하기 때문"이라는 것이다.[116]

이 터는 경빈김씨에 의해 '순화궁'이라는 지위를 공식 획득했지만, 일제가 득세한 후 1908년 이완용 일가에게 넘어가고 순화궁은 이전된다. 순종실록부록2권, 순종4년(1910년) 4월24일(양력) 1번째 기사는 "남작 장석주에게 서부 반송방에 있는 순화궁의 토지와 가옥을 하사했다. 이어 순화궁을 북부 관광방 간동(현 사간동 일대)에 있는 전 호위대 영사로 이전하도록 명했다"고 기록한다. 이어 작은 글씨로 "이에 앞서 융희 원년(1907년) 11월에 유

---

116 배우성, 위의 논문

길준, 조희연, 장석주에게 주택과 부속 토지를 특별히 하사했다. 그런데 장석주가 하사받은 북서北署 대동帶洞에 있는 범씨范氏 가옥은 대한의원 부지로 이미 편입됐다. 대한의원은 장석주에게 인도하지 않고 전 궁내부 소관의 선희궁, 경리원, 영희전 세 곳 가운데 대신 급여할 뜻을 탁지부度支部에 청원하였으나 해부該部가 불허하자 두 번 세 번 요청했다. 작년 10월 장석주는 또 구 궁내부 대신과 결탁하여 총독부에 간절히 아뢰어 이러한 명이 나올 수 있었다. 순화궁은 본래 중부에 있는 태화정太和亭이었는데 남작 이윤용이 궁내부 대신으로 재임할 때 그 집에 머물면서 반송방의 택지를 순화궁의 자리와 바꿈으로써 반송방으로 옮겨 갔던 것이다"고 부연 설명을 하고 있다. 반송방은 돈의문(서대문) 밖 현 독립문 부근에 있었고, 대한매일신보 1908년 3월 6일자에는 "궁내부대신 이윤용씨는 종로 이문내 순화궁으로, 순화궁은 수교(수각교, 중구 남대문로4가 1번지) 앞 총장 엄준원씨 집으로, 엄준원씨는 신문외(새문밖, 중구 충정로1가) 이윤용의 집으로 이사하기로 결정이 됐다더라"는 소식이 실린다.

실록[117]과 신문에 실린 얘기를 종합해보면 다음과 같은 유추가 가능하다. 이윤용은 매국친일파의 대명사인 이완용의 서형이었고, 장석주 역시 친일파로 일제로부터 남작 지위를 받았지만 이완용 가의 위세를 넘을 수는 없을 것이다. 엄준원은 숙부 엄진삼의 양자가 돼 사촌인 순헌황귀비(엄비)

---

117 국사편찬위원회는 '조선왕조실록' 편찬 경위에 "고종황제실록과 순종황제실록은 일반적으로 조선왕조실록에 포함시키지 않는다"며 "두 실록은 일본인들의 주도로 제국주의적 사관에 따라 편찬된 것"이라는 이유를 들었다. 고종황제실록은 순종황제실록과 같은 시기에 '이왕직'의 주관으로 함께 만들어졌다. 순종이 서거하자 이왕직에서는 다음 해인 1927년 4월 역대 실록의 예에 따라 고종과 순종의 실록을 편찬하기로 결정했다. 1927년 4월 1일에 시작해 1934년 6월에 완성됐고, 이듬해 3월 31일 간행이 완료됐다.

의 남동생이 됐지만 이미 조선왕조는 막을 내린 것이나 마찬가지인 상태였다. 국권을 일제에 앗긴 후라 순종의 명이 제대로 받들어지지 않았을 가능성이 높고, 일제에 협력한 정도에 따른 권력 순으로 좋은 부동산을 차지했을 것으로 보면 맞을 것이다. 따라서 순화궁 자리는 장석주가 아니라 이윤용에게 간 것일 게다. 신문, 새문, 서대문은 모두 같은 돈의문을 가르키는 것으로, 순화궁이 이윤용 집으로 옮겨간 것으로 추정된다. 망국기의 혼란과 권력의 이동이 고스란히 드러나는 사건이다. 이렇게 순화궁은 한양도성 인근으로 갔다가 재동으로 다시 옮겨간 것으로 보인다. 국립문화재연구소, 국립고궁박물관 등에 소장된 조선왕실건축도면중 1910년경 모습을 담은 '순화궁도형', 1911년 이후 '재동순화궁도형', 이를 증축한 '재동궁도형'이 남아있다. '순화궁도형'에 따르면, 이 시기의 집의 규모는 견평방 구윤옥 가옥에 비해서 비교도 안 될 정도로 작지만, 점차 대규모 복합건축군으로 늘어 도면에 '三白三十二間內 新建三十一間(삼백삼십이간내 신건삼십일간)'이라 표기되고 있다.[118]

한편 현 태화빌딩을 둘러싸고는 2019년 세워진 '3·1독립선언광장', '3·1운동 100주년 기념비' 외에도 여러 표석이 위치해있다. 1999년 서울시에 세운 '순화궁터' 표석, 1982년 12월16일 태화빌딩 준공예배시 건립한 '삼일독립선언유적지' 표시돌 등이다. 후자는 도시재개발계획에 따라 기존건물이 헐리면서 그 자리를 기념하기 위해 자체적으로 마련한 것이다. 새겨진 글은 YMCA운동가로 생전 유명했던 오리 전택부(1915~2008)가 지은 것

118 김지영 조영준 조재모, 위의 책

중외일보 1927년 3월1일자에 실린 '새봄 맞는 태화관'이라는 사진기사. 신문 지면이 몹시 훼손되긴 했으나 3·1절에 맞춰 독립선언식이 거행된 곳의 사진을 게재한 것 자체가 굉장히 상징적이라 공개한다. 바로 아래 '학문독립의 대학'이라는 기사를 배치해, '독립'의 의미를 상기시키려는 편집자의 의도가 반영된 것이 아닌가 한다. 조선총독부의 검열을 피해 메시지를 전하려는 고충이 엿보인다.

인데[119] 당대 다 확인되지 못했던 연구를 그대로 가져온 것 같다. 잘못 기술된 이야기들이 계속 재인용되고 있어 이에 대한 수정이 반드시 요구된다. "이 집터는 본래 중종때 순화공주의 궁터"라고 했는데, 헌종의 후궁 경빈김씨의 궁가였던 것이 밝혀졌다. 또 "을사, 경술 두 조약 때 매국대신들

119　1982년 세워질 때는 전택부의 글을 이철경의 글씨로 새겼다. 갈물 이철경(1914~1989)은 여성운동에 힘쓴 유명 여성 서예가이자 교육자였다. 조선후기 궁중여인들에 의해 정착된 궁체를 정리해 20세기 한글서체의 전형을 제시한 서예가로 평가된다. (이철경은 이숙종과도 많은 활동을 같이한 동지였다) 1997년 재건립 할 때 서체가 바뀌었으나 내용은 수정하지 못한 듯하다. 일설에는 손경식의 글씨라고 하나 태화복지재단 빌딩관리사무소 측은 자료가 남아있지 않아 확인이 어렵다고 밝혔다.

의 모의처로 사용되더니"라는 구절 역시 맞지 않는다. 을사조약(을사늑약)이 이뤄진 때는 1905년으로 아직 경빈김씨가 거주하고 있던 시기다. 경술국치 전후해 '을사오적' 이완용의 소유가 됐던 것이 잘못 전해진 것으로 보인다. 전택부의 저술과 인터뷰 등에서 "헌종의 후궁으로서 순화궁 김씨가 살던 태화궁이라는 고궁이 지금의 태화기독교사회관 자리에 있었다"는 식의 불명확한 서술들은 반드시 검증을 거쳐야할 것이다. (태화궁은 경복궁 후원의 동쪽 출입문인 춘양문과 담장이 연결된 궁가다. 현재 삼청동 총리공관을 포함한 그 북쪽 일대다) 1970년대 중앙일보에 실렸던 이난향(1900~1979)의 회고담 역시 구술기록으로서의 가치는 크나, 태화관에 대한 정확하지 않은 사실들이 섞여 있어 출처확인이나 교차검증이 필요하다.

또 하나 2002년 영화 'YMCA야구단' 개봉이후로 "1904년 YMCA 임시회관으로 사용하던 인사동 태화관 앞마당에서 선교사 필립 질레트(한국명 길례태)가 한국 최초의 야구단을 창단했다"는 구체적 묘사가 사실처럼 거론되나, 이미 서술한 바에 의거, 이도 사실관계가 불분명하다. 영화 속에서 '太和館'이라는 현판이 붙은 한옥이 YMCA선교사들이 사용하는 건물로 등장한다. 극중 호창(송강호)이 태화관 마당으로 넘어간 돼지오줌보 축구공을 찾으러 갔다가 선교사들과 유학파 신여성 정림(김혜수)을 통해 야구를 처음 접하게 된다. (정림은 민공의 딸로 나오는데, 민공은 자결로 순국한 민영환을 모델로 한 인물이고 실제 자식들을 유학보내기도 했다) 1903년 서울YMCA의 전신인 황성기독교청년회를 세워 인사동에 임시회소를 두었다는 기록이 있어 이 같은 설정을 하게 된 것이 아닌가 한다. 1904년 '사랑채앞'이라며 한옥 앞에서 단체로 찍은 사진이 남아있다. 종로 큰거리에 세워진 초기 YMCA회관은 1907년 신축, 1908년 개관식을 가졌다. 전택부가 서술한 것을 종합해보면 "YMCA

가 지금은 종로2가 한길 가에 서있는데 창설당시에는 그 뒤쪽에 있는 현
감리교중앙교회 자리에 있었다. 순화궁 김씨가 살던 궁이 지금의 태화기독
교사회관 자리에 있었고, 지금의 중앙교회자리에는 궁의 부속건물인 사랑
채가 있었다. 그 사랑채에는 나인들이 살고 있었는데 거의 비다시피 하니
고종의 호의로 거저 쓸 수 있었다"고 한다. 중앙교회자리는 현 태화빌딩과
붙어있는 하나로빌딩이 들어서있다. 여전히 기독교대한감리회 중앙교회
가 소유하고 있고, 건물 꼭대기에 '중앙교회'라는 간판이 지금도 붙어있다.
1904년이면 경빈김씨가 아직 생존해있을 때이나 궁터가 넓어 일부를 선교
사들이 쓰도록 배려했던 것으로도 추정해볼 여지는 있다.

3·1독립선언식 전후의 태화정

　'‘요릿집’ 태화관이 3·1독립선언 장소로 낙점된 까닭은?' 제하의 동아
일보 2018년 6월16일자 기사는 사학자 고 신석호(1904~1981)가 1969년 동
아일보사에서 발간한 ‘3·1운동50주년기념논집’에 "대한제국을 능멸하고
없애는 행위가 모두 이 집(태화관)에서 벌어졌다. 바로 여기서 독립선언식
을 거행함으로써 매국적인 모든 조약을 무효화한다는 의지도 담겨있었다"
고 쓴 것을 인용했다. (이 논집은 70주년이었던 1989년, 101주년이던 2000년 각각 재발
간됐다) 전택부의 글과 마찬가지로 서술내용 중 역사적 사실에 맞지 않다고
확인된 것들이 있으나, 이완용의 소유였다는 것을 의식한 선택으로 본 것
이다. 민족대표 33인중 한 명인 신석구 목사의 전기 ‘신석구 민족의 독립
을 위해 십자가를 지다’(이덕주·2012)에서는 "거리상 탑골공원과 가까웠을
뿐 아니라 실제 소유주인 ‘친일 매국노’ 이완용의 집에서 독립선언식을 거

행했다는 사실은 또 다른 의미의 통쾌한 복수였다"고 짚었다. 필자가 앞서 언급했던 것처럼 '한양의 중심석'이 있다는 상징성도 상당 작용했으리라 본다. 인문지리학의 대가 이-푸 투안은 "공간에 우리의 경험과 삶, 애착이 녹아들 때 그곳은 장소가 된다"고 했다. 3·1독립선언식 후 이곳이 주는 '민족성지'라는 자부심과 뿌듯함이 태화여자관/태화여학교를 드나드는 모든 이들에게 민족정신을 상기시켰을 것이다. 조선일보가 1925년 '태화녀자관 확장' 기사의 리드를 "시내 인사동 만세사건으로 유명한 전 태화관 터에 위치를 점령한 태화녀자관에서"라고 뽑았던 것처럼, 이곳을 이용하고 이곳에서 공부하는 모든 여성들과 당대인들에게 '조선독립'과 '여성해방'이라는 뚜렷한 가치를 매번 재확인하고 가슴에 품게하는 작용을 했을 것이 분명하다. 민족기상의 부활처를 차지한 여성들이 활개를 펴고 당당히 자신의 자아를 찾아가는 모습들이 눈앞에 그려지는 듯하다.

다시 1908년 시점으로 돌아가면 경빈김씨 사후, 태화관을 이완용의 이복서형 이윤용(1854~1939)이 차지하게 된다. 이윤용은 조선의 문신으로 당대 정계 거물인 이호준의 친아들이었으나 서자였던 탓에 이호준은 먼 친족의 아들 이완용을 양자로 들였다. 이윤용의 첫 부인은 흥선대원군의 서녀였다. 인사동 194번지 갑제를 '이문안 대신 집'으로 불리게 했던 영의정 김흥근의 별서 '삼계동정사'를 흥선대원군이 반강제로 압수한 일화는 유명하다. 자신의 호를 '석파'라 하고 이곳의 정자에 '석파정'이라는 이름을 붙이기도 했다. 서울특별시 유형문화재 제26호인 석파정은 서울미술관으로 변했지만, 원래의 부암동 자리를 지키고 있다. 1908년경이면 흥선대원군도 죽고 그의 서녀와도 사별한 시기지만, 이윤용 역시 자신의 친부처럼 처세의 달인이었는지 그 격변기를 뚫고 많은 이들이 탐낸 최고의 집을 점거

한다. 1907년 6월 일본과의 본격적인 강제병합 준비를 위해 개편된 내각의
총리대신이 되며 매국노의 대명사가 된 이완용의 권세 덕분인지, 이 집은
곧 이완용의 소유가 된다. 이 곳이 능성구씨 종가였을 때도 집안에서 가장
왕실에 가깝게 출세한 자손이 그 자리를 차지했던 것처럼, 일제 치하가 된
시점에서 반도에서는 이완용의 권력을 따를 자가 없었다. 이완용은 민중의
분노와 암살위협에 내내 시달렸는데, 그가 살던 집도 두 차례 불탔다. 1907
년 7월 20일 덕수궁에서 순종 즉위식이 있던 날 본래 살던 약현(중림동) 집
이 고종황제의 강제퇴위에 성난 군중에 전소되자, 왜성대 통감관저로 피신
한다. 왜성대에서 두어달, 이윤용의 집이 된 옛 대저택에서 서너달 머물다
가 1908년 1월 태황제로 물러난 고종이 직접 저동(현재 명동성당 인근)에 있는
남녕위궁을 자신에게 하사한다는 식의 정치적 연출로 사태무마를 시도한
다.[120] 1999년 명동성당 앞에 '이재명 의사 의거터' 표석이 세워졌는데, 이
재명은 1909년 12월 22일 명동성당에서 벨기에 황제의 추도식을 마치고 나
오는 이완용을 칼로 찔렀다. 이완용은 대한의원으로 옮겨져 일본인 외과의
의 집도로 살아나나, 1926년 사망할 때까지 후유증에 시달렸다. 이때 남녕
위궁에 살았다면 집근처에서 암살미수사건을 겪은 후 또다시 이사를 도모
했을 수 있다. 실제 이완용은 암살위협 때문에 경호를 철저히 하고 거처를
옮겨 다녔다고 한다.

　일제로부터 백작 작위에 이어 3·1운동 진압 공적으로 후작 지위까지 받
은 그는 엄청난 재산을 차지했는데, 국유지 등을 마구 사유화해 소유지가
1억 3000만평까지 불어났다고 한다. 동아일보 기자출신으로 제헌국회의원

120　윤덕한 '이완용 평전 (한때의 애국자 만고의 매국노)', 길 2012

을 지낸 백관수는 1929년 조선박람회를 위한 경성 안내서 '경성편람'에서 "이완용이 5년간 살다가 명월관에 집을 빌려주고 떠났다"고 태화관을 설명한다. 이완용이 태화관에 떨어진 낙뢰에 놀라 이사갔다는 소문이 있는데 이완용의 외조카 한상룡[121](1880~1947)의 회고록에 이 때의 일화가 나온다. "합방 후 외숙은 중추원 부의장이란 한직에 있으면서 종로 이문안 태화정으로 이사, 유유자적하였다. 나는 은행에서 돌아오면서 자주 이문안 집에 들러 외숙과 그의 아들 이항구와 함께 당구를 치며 곧잘 놀았다. 어느 날 갑자기 하늘이 컴컴해지더니 소낙비가 쏟아져 내렸다. 우리가 당구를 치며 놀고 있던 바로 그 방문 앞에 아름드리 고목이 있었는데, 그 고목에 벼락이 떨어져 둘로 갈라져 버렸다. 벼락이 떨어진 순간 외숙은 그 자리에 그대로 버티고 서있었다. 그리고 항구에게 충고했다. '벼락이 떨어진 후에 도망쳐야 아무 소용이 없다'라고."

이완용은 1913년 옥인동 19번지 일대 4000여평에 서구식 저택을 지어 옮겨갔는데, 1909년부터 호화저택을 지을 예정으로 땅을 매입한 것으로 보인다. 황성신문 1909년 09월30일자는 "총리대신 이완용씨는 근일 북부 자하동에 있는 김규석씨 집을 매득하였다더라"고 보도하고 있다. 조선일보

---

121 일제강점기 관료 겸 금융인, 기업인으로 조선총독부 중추원 참의와 고문을 지냈다. 친가, 외가 모두 유력한 친일파 집안 출신으로 1903년 한성은행 총무로 부임, 1923년 이윤용의 뒤를 이어 두취(은행장)로 취임했다. 1908년 동양척식주식회사가 설립될 때 설립위원으로 참가하기도 하며, 거부가 된다. 영화 '암살'에서 극중 전지현의 집으로 나온 가회동 '백인제 가옥'을 7년간 공을 들여 1913년 완성했다. 북촌전경이 한눈에 내려다보이는 2460㎡ 대지 위에 전통방식과 일본양식을 접목해 지은 근대한옥이다. 일제 고관대작 등을 불러 연회를 열곤했는데, 관동대지진의 여파로 인한 경제계 위축과 침체로 조선총독부로부터 정리 당한다. 1928년 한성은행으로 넘어가 천도교 단체가 가옥을 임차해 지방에서 상경한 교도들의 숙소 겸 회합장소로 쓰기도 했다. 1935년 개성 출신 언론인 최선익, 1944년 백병원 설립자 백인제에게 차례로 소유권이 넘어갔다. 2015년 서울시 역사가옥박물관으로 개방됐다.

와 동아일보 창간후 보도를 보면 이완용은 이 집에서도 편하게 살지는 못
했다. 1923년 9월8일에는 7일 새벽 이완용 후작 집앞에 있던 전주에 낙뢰
로 정전사태가 일어난 사건이 전해진다. 특히 조선일보 기사는 '태화관 벼
락'을 연상시키는 함의가 있는 보도였다. 동아일보 1924년 11월14일자는
이 집 앞을 서성이던 괴한 2명의 종로서에서 동행취조했다고, 1925년 1월
12일자는 암살단 파견소문과 함께 군자금청구협박문서가 들어왔다고 전
한다. 1925년 12월16일에는 친척조카가 돈을 요구하며 이완용의 허리를
발로 밟는 등 폭행하고 유리창 등을 깨부셨다가 검거되는데, 최남선이 창
간했던 시대일보는 이튿날 '이재명 비수세례후 17년 어제새벽3시 옥인동
에 이완용 암살미수? 범인은 장단 사는 이영구'라며 무려 8개의 기사를 쏟
아낸다. 이중 하나는 사진기사로 '세번째 살아난 이완용과 그의 주택'이라
며 이완용의 얼굴과 자택입구전경을 내보내는 등 후발주자로서 요란한 보
도를 한다. 결국 이완용은 1926년 2월11일 69세로 사망한다. 다음날 조선
일보는 '이완용 후작 병사'라며 "병명은 해소라는바 왕년 이재명 청년에게
치명상을 받은 후 항상 폐부가 불인해 정양을 일삼아 오던 터 이번도 역시
그에 관계가 있는지도 알수없겠더라"고 썼다.

　이완용이 이사나간 후 태화관 자리는 나뉘어 팔렸을 것이라는 추측도 있
었으나, 태화여자관 측은 이완용으로부터 매입했다고 기록하고 있다. 따라
서 이완용이 계속 소유했고 상업시설로 일부 대여하고, 고위직 일본인의
거처로 일부 제공하는 등 다양하게 활용된 것 같다. 당시 유일 한글신문이
었던 매일신보 1913년 12월12일자는 '여관설치旅館設置의 교섭交涉' 제하로
"백작 이완용씨가 자하동 신건축한 가정으로 철이함은 기보한 바 종로이
문 소재 가정은 모 내지인(일본인)이 여관을 설치하기로 목하 이완용 백작과

교섭하는 중"이라는 기사를 싣는다. 1915년 1월27일자에는 '여관에 風紀取締(풍기문란단속이라는 뜻): 요리장사는 불가한 일'이라는 제하로 순화궁 자리가 한 때 이완용 백작의 저택이었다가 태화관이라는 여관이 됐다고 전한다. 같은해 5월28일자에는 '태화여관의 번창, 경성에 제일 큰 여관'이라며 "경성종로 이문안 이전 태화관에 개업한 여관 '태화관'은 그 설비와 규모가 경성안 조선사람의 여관으로는 제일일뿐아니라 집이 크고 매우 통창한 고로 하절에는 더울줄을 모르겠으며"라고 해 이 시기에는 한국인에게 경영이 넘어왔음을 알 수 있다. "경성의 중앙에 있어 지방에서와서 두류하는 사람의 교통이 극히 편리하며"라는 정보도 더해 '한양 중심점'이라는 것도 분명히 밝힌다. 또 "요리업을 폐지하고 여관에만 힘을 쓰는 바"라고 전해 앞서 1월 있었던 단속이 영향을 끼쳤음을 짐작할 수 있다.

매일신보 1916년 1월9일자는 '태화요리관 개업'을 알리는데 주인이 바뀌며 요릿집으로 경영하기로 한 것이다. "경성 갑제 태화관을 홍순학씨가 인계해 요리관으로 변경하고 이번달 10일경에 개업한다는데"라며 홍씨가 수년간 상업회의소주임서기로 실업계에 종사했다고도 소개한다. 같은달 11일 홍씨는 개업사례광고를 하고, 2월16일에는 '태화요리관 흥황'이라는 기사가 다시 나간다. 그럼에도 홍씨는 경영악화로 태화관 영업을 얼마 유지하지 못한다. 9월29일자 '피고는 기생80명, 원고로 광교조합전부로 송사를 걸었다' 제하 기사에 "본년 1월부터 시작해 경성안의 제일류요릿집으로 한참은 방이 부족해 손님을 받지못한다고 하며 세력없는 사람은 좀처럼 그 안에 들어앉아 보지못하도록 팔리던 태화관이 어찌된 까닭이든지 팔기는 잘파나 남지 아니하야 50여명의 채권자 5000여원의 빚을 지고, 7월에는 폐업정지하게 되었는데 큰채권자에 광교기생일동의 화채 560원과 다동조합

기생의 화채 1091원50전이 있어"라는 소식이 전해진다. 결국 "다동측에서 광교조합에서 착수하기 전에 우리가 먼저 받아먹어보리라 하고, 7월16일 채무자 홍순학이 없는 틈에 태화관에 들어가 1091원치 대신 영업용 의자 탁자 바둑판 요리접시 등속까지 전부 실어갔다"는 사건이 터진다. 경영에 기생들의 큰손 투자가 있었음도 알 수 있는데, 이 사건 후 광교조합 김춘외춘(대표)외 80명의 기생이 다동조합 김명옥(대표)외 81명의 기생을 '사해행위(채무자의 악의의 재산감소행위)폐파'로 고소한다. 1917년 11월25일 '광교기가 패소, 태화관 조선의 재판' 제하로 소송결과를 알리는 기사가 나와 마무리를 알린다.

　이시기에도 내한한 해외인사들이 짧게든 길게든 태화관에 묵었다. 매일신보는 1914년 9월30일자에 "본사 사장 아베 미츠이에阿部充家가 경학원(성균관) 강연을 위해 서울에 모인 지방 유림들을 태화정으로 초빙해 식사를 대접하고 시회詩會를 개최했다"는 기사와 갓쓴이들과 서양식정장 차림을 한 이들이 섞여 앉아있는 현장 사진을 내보낸다. '이문동 전 이백작저 태화정 우거里門洞前李伯爵邸太華亭寓居'라고 한 것으로 보아 조선으로 취임하며 여기에 임시로 살았다. 아베(1862~1936)는 1914~1918년 4대 경성일보 및 3대 매일신보 사장을 지냈는데 당시에는 일본어신문 경성일보와 한글로 나오는 매일신보의 사장을 일본인이 겸직했다. 매일신보 1916년 6월30일자에는 아베가 경성에 머물고 있던 일본인 화가를 안중식, 조석진, 김응원 등 조선화가들에게 소개하기 위해 태화정에서 연회를 개최했다고 하고, 8월22일자에는 문인들을 초대해 시회를 열었다는 기사가 실렸다. 친일 유교계 인사들인 정만조, 윤희구 등의 이름을 찾아볼 수 있다. 1917년 6월16일자 동보는 본사 사장 참석하에 "수일 전 입경한 도쿄예술좌일행을 15일

1914년 9월30일자 매일신보는 "본사 사장 아베 미츠이에가 경학원 강연을 위해 서울에 모인 지방 유림들을 태화정으로 초빙해 식사를 대접하고 시회를 개최했다"는 소식을 전하며 '태화정 청유(놀이)'라는 제목의 사진기사를 함께 게재했다.

최남선, 진학문의 발기로 태화정에서 연회를 열고 다동조합으로부터 기생 7~8명을 불러 고래조선의 가무를 구경케했다"며 참석자수가 20여명이었다고 전하고 있다. 아베는 '무불진인'이라는 필명을 쓰는 문필가이기도 했는데, 이 이름으로 매일신보에 태화정을 소재로 하는 시를 여러 번 싣기도 했다. 그는 햇수로 3년간 태화관에서 머무르며 사교계 행사도 여기서 개최했다. 11월12일자에 아베가 인사동 태화정에서 한양공원(현 남산공원) 인근으로 이사 갔다고 보도해 아베의 거주기간이 끝났음을 알 수 있다. 남산 쪽에 일본인 거주지가 형성되며 북촌에서 남촌으로 권력의 중심지가 옮겨갔음을 시사하는 일이기도 하다.

1918년 이 자리에 안순환이 명월관 지점 태화관을 열었다. 이난향은 "1918년께 명월관에 불이 나 안순환이 이 자리에 세를 빌려 태화관을 차렸다"고 했는데, 명월관에 화재가 난 것은 1919년 5월22일라는 매일신보 보도와 사과광고가 있어 지점 확장인 것이 옳다. 1918년 7월21일자 동보에 '서화협회휘호회, 조선미술 부흥의 신운동'이라는 제하 기사에 창립기념 제1회 서화휘호회를 태화정에서 가졌다며 태화정을 '명월관 지점'이라 표기하고 있다. 안순환은 이미 1903년경 조선최초 조선요리를 전문으로하는 요릿집 명월관을 일민미술관 자리에 개설한 유명 실업가였다. 1880년대 서울에 중국인과 일본인들이 거주하게 되며 청요릿집과 왜각시가 나오는 일본요리옥들이 들어와 성황을 이뤘는데, 이를 조선식으로 따라한 혜천관, 수월루, 명월관, 국일관 등이 생겨났다. 사업가로의 수완도 뛰어나 여러 직책을 거쳤으며 현재 궁중요리를 바탕으로 한 한정식의 원조를 만든 이로 평가된다. 그에 의해 요릿집 태화관이 개점한 것이 아니라 이미 상업시설로 운영되던 태화관을 인수, 지점화했다. 이후 태화관에서 3·1독립선언식이 일어나자 문을 닫게 됐다고 잘못 서술하는 글들이 많은데, 한동안 영업 정지를 당했을지는 몰라도 처세에 능하고 수완도 대단했으므로 사업을 잘 이어간 것으로 봐야할 것이다.[122] 오히려 3·1독립선언식이 열린 장소로 소문이 나 장사가 불붙듯 잘됐다고 한다. 그랬기에 선교부에 팔린 태화관에

---

122 조선일보 1969년 1월1일자는 '살아있는 3·1운동 33인의 민족대표' 기사에서 민족대표 중 당시 유일 생존자인 이갑성을 인터뷰한다. "축배를 들려할 때 승려 한용운이 일어나 선언문 낭독과 '조선독립만세'를 선창. 이때가 정각2시. 주인 안순환이 깜짝놀라 안절부절, 좌중에선 일경에 전화로 알리도록 일러주고"라고 한다. 같은해 3월2일자 '3·1운동 그때와 오늘과 내일' 기사에서는 꽤 구체적인 묘사가 나온다. 독립만세 소리에 뛰어올라온 태화관 주인(안순환)이 "저는 이제 죽었습니다, 제 집에서 이런 일이 일어났으니 제가 어떻게 온전히 살기를 바라겠습니다까"라고 하자 의암 손병희가 "즉시 총독부에 전화를 걸어 이 사실을 고발하라"고 말했다는 것이다. 이 서술에 의거하면, 고발자가 된 안순환은 처벌을 피해갔을 것으로 짐작된다.

서 안나가고 버텼다는 에피소드를 남겼을 것이다. 해방까지 지속적으로 발행된 매일신보에는 1919년 3·1운동 이후 태화관을 언급하는 기사를 찾아보기 어렵다. 일제 통치방식 변화로 1920년 조선일보와 동아일보 등이 창간되면서 이 매체들에서 적극적으로 태화정, 태화관을 언급하며, 1921년 태화여자관 개관을 알린다. 매일신보는 1921년 태화여자강습소가 개학한다는 기사부터 태화여자관 소식위주로 전한다.

　보도된 기사들과 연구결과를 종합해보면, 300간이 넘는 조선의 갑제이자 궁가였던 집이 터내 가장 시야가 좋은 위치에 있던 '태화정'이라는 정자를 중심으로 상업공간으로 변모했고, 정자의 이름을 따서 '태화관'이라는 상호가 생겼다. 여관 내지 요릿집으로 운영되며 태화관 내에서도 깊숙한 후원에 위치했던 태화정처럼 독립된 공간은 '별관'이라고 불리게 된 듯한데, '별6호', '별유천지', '별유천지6호실' 등으로 기록이 남았다. '별유천지'는 '특히 경치나 분위기가 좋은 곳'을 일컫는 일반명사로 당대 신문에도 많이 쓰였는데, '別有天地'라는 한자간판이 1926년 이효덕을 찍은 사진에도 남아있다. 태화여자관이 들어서며 이 별당은 태화유치원으로도 쓰였고, 조선여자청년회, 경성여자기독교청년회, 조선체육회 등이 입주하기도 했다. 동아일보 1920년 9월22일자는 사회면 전면을 터서 '독립선언사건의 공소공판 일사천리로 심문진행'을 보도하며 부제에 '명월관 선언식'이라는 표현을 쓴다. 심문 중 '명월관지점 태화정'이라는 지칭이 나오는데 여기서는 한자를 太華亭이라며 처음 지어졌던 표기를 따르고 있다. 매일신보의 '태화여관', '태화요리점' 등도 여전히 '太華'라는 한자표기를 지속했다. 현재 모든 매체에서 3·1독립선언식이 이뤄진 太華館을 泰和館이라고 쓰고 있으나, 한글전용시대라 음이 같으니 이를 두고 따지는 이는 없는 것 같다. 3·1

독립선언식이 이뤄진 역사적 장소를 지칭할 때는 그 시기 쓰이던 太華館이라고 씀이 옳지 않을까. 하지만 太華의 출처가 중국고전시선이고, 華가 중국, 중국어를 가리키는 글자로 많이 쓰이니 굳이 '독립' 관련 장소에 쓰는 것은 저어되기도 한다.[123] 태화여자관이 지속적으로 '태화관'으로 불리다보니 이후 泰和館이라고 굳어져 100년 넘게 그대로 쓰이고 있는 것이다.

'泰和'라는 한자표기는 태화여자관을 설립한 초대관장 마이어스가 정한 것이라고 전해진다. 태화복지재단 측은 하나님의 '큰 평화泰和'를 뜻하는 것이라고 밝히고 있다. 안순환이 개명한 것으로 오해하는 이들도 많은데, 마이어스 취임시 바뀐 것은 동아일보 보도를 보면 알 수 있다. 1921년 2월 27일자에 '明月館支店이 太華女子舘으로'라고 썼다가 한 달 뒤 3월25일 마이어스 인터뷰기사에서 '泰和女子舘'이라고 바꾸어 표기했다. 이후 '태화관'은 요릿집의 대명사처럼 각인됐는지 해방이후 신문광고에 태화관이라는 조선요리나 중화요리점 광고가 실리곤 한다. 한자표기는 태화여자관에서 새롭게 단 '泰和'가 많이 쓰이고 있다. 서울시내에서는 화교 진경선이 운영하던 서린동 136번지의 중국음식점 '태화관'이 유명했는데, 1900년경에 지어진 99간 전형적 사대부가 한옥에서 운영되다가 1980년 서린1지구 도심재개발사업으로 철거된다. 동년 2월26일자 동아일보는 '광화문 전통한옥 태화관이 헐린다'며 "이완용이 현재 태화기독교사회관자리의 집으로 이사가기전 잠시 사저로 쓰던 곳, 공교롭게도 이완용의 거처 두곳이 똑같이 '태화관'이라는 이름으로 바뀌었다가 모두 올해 재개발사업으로 헐리

---

123 앞서도 언급했듯이 영조실록에는 '太華亭'으로 표기됐던 것이 순조실록에는 '太和亭'으로 표기되는 등 한자가 달리 적힌 것을 볼 수 있다. 실제 달리 쓰였는지, 단순 오기인지, 중국으로부터의 자주독립을 선언한 후 대한제국 연호를 쓰기 시작하며 중국을 뜻하는 '華'자를 배제한 것인지, 혹은 일제가 순조실록을 작성하며 같은 이유로 바꿔 쓴 것인지 등은 추정만 할뿐이다.

기존 태화관을 허물고 그 자리에 건축가 강윤이 지은 '태화사회관'. 본래 있던 한옥에서 나온 자재를 재활용했다고 여러 기록이 증거 한다.

게된 셈"이라고 전했다. "1907년 이완용이 이사 간 뒤 악명 높은 착취기관 동양척식의 계열회사인 동양산업으로 넘어간 것이 1920년경, 조선인 세가 강하던 이곳에 발을 못붙인 채 수출업체 인창상사에 팔아넘기고 옥정(현재 회현동)으로 쫓겨나고 말았다. 그후 1940년 이 집을 인수한 개성갑부 김성호씨가 조선관이라는 기생집을 차렸다가 6·25동란때 행방불명되고 진경선씨에게 매각됐다"고 했는데, 연도 표기가 확인된 것과 약간의 차이가 있다. 1966년 7월28일자 조선일보를 보면 이 자리를 두고 '소유권 분쟁'이 일기도 했다.

독립운동 건축가 재건축, 재개발로 사라져

태화정 등 오랜 한옥들을 허물고 다시 지은 '태화사회관' 등은 1980년 역시 철거가 결정된다. 대한민국임시정부 기관지 '독립신문'을 발행했던 언론인 우승규(1903~1985)는 1982년 11월30일자 동아일보에 '태화관 철거를 슬퍼한다'며 "길이 보존해야할 우리 민족정신의 심벌, 다른 곳에 옮겨 복원시킬 수 있었을텐데"라며 비감을 표한다. "태화기독회관은 3·1운동당시에 우리 민족대표들이 독립을 선언하고 잡혀간 바로 그집은 아니며 후에 새로 지은 것이지만 그 한식건축의 양식이 우리의 마음을 옛날의 바로 그집일 것이라고 사로잡아왔던 것이다.… 아무리 물질만능시대기로서니 국민적 양식이 있는 사람들이라면 마구 다루지 않을 것이라고 철석같이 믿고 이 태화관 건물을 이따금씩 무심히 지나쳤다"며 "탑골공원과 함께 우리의 3·1운동의 역사가 살아있는 한 영구히 보존돼야만 할 것이라고 믿어왔다"고 당국과 태화빌딩 소유기관 모두를 꾸짖는다. 또 필자가 발굴해 본서 1장에 썼던 것처럼 한 독지가가 이 건물을 복원하려 했고, 그 부재가 아직 남아있음에도 서울시는 여전히 이를 외면했다. '애국자', '우국지사' 같은 단어들이 낡은 것이 된 지 오래지만 송재욱 옹의 개인적 노력이 무화된 것은 국민모두의 손실이다. 다시 이-푸 투안을 인용하면 "건축물이 없다면 공간에 대한 우리의 감정은 덧없이 사라지고 만다."[124] 그 때문이라도 의미부여를 할 수 있는 물리적 상징물을 자꾸 세우고자 하는 것일 테다.

우승규의 칼럼에 나온 것처럼 철거된 건물이 3·1독립선언식이 이뤄진

---

[124] 이-푸 투안 '공간과 장소', 사이 2020

바로 그 '태화정'은 아니지만 이 건물 또한 나름의 역사적 의미가 있었다.
또다른 독립운동가의 혼과 정신이 서려있는 역작이었다. 2002년 독립운동
공훈으로 대통령표창을 추서 받은 건축가 강윤(1899~1975)은 태화관 보존
에 평생을 바쳤다. 이화여대 대강당, 수유리 한국신학대학 본관 등을 설계
했지만 가장 애착을 가졌던 건물은 '태화사회관'이었다. (1921년 태화여자관으
로 시작, 1933년 태화사회관, 1953년 태화기독교사회관, 1980년 태화기독교사회복지관으로
명칭의 변화를 겪었다) 1939년 준공된 태화사회관은 일제말기, 해방공간, 한국
전쟁을 거치면서 고비를 맞았는데, 그때마다 강윤은 평생 그 원형을 보존
하기 위해 안간힘을 썼다. 그의 대표작이라 할 태화사회관은 서양식이 아
니라 지하1층, 지상2층, 옥상층으로 된 '한양절충식'이었다. 강윤은 현장
에 있던 옛 한옥 기와들을 흔적의 소재로 재활용해 기와지붕을 만들었다.
벽체는 조선식 토담을 응용하고 중간에는 한옥 문양의 띠를 둘렀다. 구조
재인 목조트러스에는 조선을 상징하는 암호처럼 태극 문양을 새겨 넣었다.
아우내장터에서 유관순 등과 함께 독립만세운동을 주도했던 강윤은 3·1운
동이 시작됐던 장소에 역사적인 흔적을 남겨두고 싶었던 것 같다. 강윤은
유관순의 오빠 유우석과 선교사가 세운 충남 공주 영명학교 같은 반 친구
였다. 강윤은 평소 3·1독립만세사건때 일본헌병의 고문으로 생긴 이마와
머리의 칼자국을 감추지 않았다고 한다. 1975년 1월30일 76세로 생을 마감
한 그의 장례식은 태화사회관 옆 중앙감리교회에서 치러졌다. 사후에야 독
립유공자로 인정받은 그는 2004년 국립대전현충원 애국지사 제3묘역에 안
장됐다.[125]

---

125 김소연 '경성의 건축가들', 루아크 2017

1938년 5월15일자 동아일보 '태화여자학관 정초식 광경' 사진. "14만원의 거액으로 협착하고 퇴락된 옛 학관을 헐고 그 자리에다 3층대양관을 건축한다"는 기사와 함께 실렸다.

　'기독교사회복지관의 역사'에는 4대관장 빌링슬리가 설계를 위탁한 것은 미국 선교사 출신으로 1907년 일본에 건축회사 오미형제사를 세운 보리스라고 나온다. 일본귀족의 딸과 결혼한 그는 현지에서 수많은 근대건축물을 짓고 그 수익으로 기독교 자선선교재단을 설립했다. 또 1933년 이화여자전문학교가 정동에서 신촌으로 옮겨가면서 대규모 교사를 신축할 때 연건평 4523평(약 1만4952㎡)의 설계를 맡고, 한국인 강윤을 대리인으로 삼아 공사를 감독하게 했다. 빌링슬리는 "미국의 남감리회 여성들과 보리스씨 및 그의 오미형제사 직원들의 공이다. 오미형제사 직원인 강씨(강윤)는 감독을 맡았는데 우리 사업과 이 건물에 특별한 관심을 갖고 필요한 물자를 구하기 위해 참으로 많은 수고를 하셨다"는 편지로 보고한다. 실질적인 건축가는 강윤으로 봐야 옳을 것이다. 보리스는 콜로라도대학 철학과를 나왔고 건축과 출신 미국인, 일본인들로 회사를 채웠다.[126] 조선에서의 일감이 늘어나기 시작하자 조선인도 채용하게 된다. 강윤은 만세운동으로 구속됐다가 풀려난 뒤 1920년 일본 보리스건축사무소(오미형제사)에 입소하고 간사이공학전수학교(현 오사카공업대학) 건축과를 졸업한다. 강윤은 1941년 일본어 잡지 '도시와 건축'에 태화사회관의 설계의도에 대해 "그 지방에서 나오는 재료로서 그 지방의 사람들에게 친밀감을 주는 모양의 집을 세우면 그것으로 족한 것 아닐까"라며 '한양절충식'이라는 자신의 건축관을 드러내기도 했다. "우선 현장에 있던 오래된 조선건물의 기와가 팔기에는 너무 아까웠다. 또 그 기와를 이용해 현대문화가 요구하는 내부설비를 하기에는 여러 문제가 있었다. 자칫 잘못하면 '어중띠기'가 될지도 모른다는 걱정이 있었다. –결국 '어중띠기'이지만. 또 필자는 뒷골목에서 볼 수 있는 조선식의 토담 또는 행랑채에 애착심을 가지고 그것을 무엇인가에 넣어보고 싶었다"고 썼다.[127]

1933년 빌링슬리가 취임하며 영어명칭이 바뀌었지만 한국인들 사이에서는 '태화여자관'이 관습적으로 오래도록 쓰였다. (해방후 '순천당예식부'로 결혼식장 사업을 할 때조차 여전히 '태화여자회관'으로 기억하는 사람들이 많았다. 장소에 '이

---

126 윌리엄 머렐 보리스(William Merrell Vories, 1880~1964)는 재조선 선교사들로부터 많은 한국 건축물을 지은 건축가로 기록됐지만, 그가 본격적으로 건축을 배운 것은 아니었다. 일본 시가현에 건축회사를 세운 후 30명이 넘는 전문기술자들을 고용해 최소 1000개가 넘는 일본과 식민지조선의 서구양식 건축설계를 담당했다. 일본 오픈백과에 따르면, 선교사로 불렸으나 성직자가 아닌 일반신도였다. 1900년 콜로라도대학 이공계 프로그램에 등록해 1904년 철학과를 졸업했다. 1941년 일본국적을 얻게 됐다. 태평양전쟁이 끝난 뒤 더글라스 맥아더와 일본 국무대신 고노에 후미마로 사이를 중재해, 논픽션 작가 가미사카 후유코는 그를 '천황을 지킨 아메리카인'이라 평했다.

127 김정동 '강윤과 그의 건축활동에 대한 소고'(2008)에서 재인용

름붙이기'가 남긴 인식이 얼마나 강렬한지를 증명한다) 빌링슬리는 태화여학교를 성
신으로 이양하는 등 개혁작업을 크게 벌인 관장으로 기록된다. 태화여학교
를 분리시킨 후 사회사업확장을 위해 400년 된 건물을 신축하기로 결심하
고 선교부의 허락을 받은 것이 성신여학교 개교시점인 1936년이다. 신축
계획은 태화여자관이 설립될 때부터 거론됐다. 3대 관장을 지낸 와그너는
현대식 종합건물의 필요성을 강조하면서도 독립선언식이 이뤄진 역사적
장소 '태화정' 만은 보존할 것을 주장했다. 섬세한 감성을 지닌 작가이기도
해 태화정에 대한 상세한 글들을 남긴 와그너다운 결정이었다. 하지만 추
진력 넘치는 후임 관장 빌링슬리[128]는 취임직후 조직과 사업을 재정비하는
동시에, 남감리회 선교본부의 기금을 지급받고 국내 모금을 위한 위원회를
조성했다. 이어 태화사회관 소유지 일부를 팔아 옛 한옥들부터 허물어 대
규모 공사를 시작했다.

  신축계획은 1937년 중일전쟁으로 공사가 중단되는 등 몇 차례의 난관을
겪었다. 태화여자관의 신축은 당대 뉴스거리로 1938~1939년 지속적으로
보도되고 있다. 동아일보 1938년 5월15일자는 '태화여자관 정초식 거행'이
라며 현장 사진을 함께 실었고, 1939년 11월3일자에는 '태화사회관 낙성'
이라며 역시 신축된 건물 사진을 싣고 "건평 260평의 조선식양식의 절충식
으로 아름다운 건물을 세웠다"고 묘사한다. 이틀 뒤 11월5일자 조선일보도

---

128 빌링슬리(1903~2003)은 대단한 모금활동과 추진력을 보여준 여걸이었다. 미국정부의 철수명령
으로 일제말기 한국을 떠난 후에도 1947~1964년 미감리회 세계여선교부 총무로 한국, 일본, 필
리핀 등을 순회하며 해외선교사업을 벌였다. 한국전쟁 후 한국교회와 신학교, 대학교 재건에 각
별한 노력을 쏟아 거금을 모금하고 지원했다. 대표적으로 연세대 빌링슬리관과 이화여대 빌링슬
리홀 등이 지어졌는데, 기숙사로 사용되던 빌링슬리홀은 1998년 철거되고 이 자리에는 이화·포
스코관이 들어섰다.

'태화여자관 신장'이라며 전날 있었던 봉헌식에 인파가 몰린 사진을 게재
했다. 이 건물은 1940년 말 총독부가 미국 선교사들에게 추방령을 내리고
태화사회관을 몰수한 뒤 종로경찰서로 사용됐다. 1941년 3월 감리교 선교
협의회 재단이사장 스나이더는 한국을 떠나면서 선교부재산에 관한 일체
문건을 양주삼 목사에게 넘겨주고, 그를 후임 이사장으로 정했다. (양주삼은
한국전쟁시 행방불명됐는데, 납북된 것으로 추정되며 그 후의 소식은 알 수 없다.) 이 사이
화신백화점 등을 경영했던 친일파 기업인 박흥식이 태화여자관을 소유했
던 기록이 나오는데, 사실상 '헌납'하게 만든 일제의 계략이었다. 안신영에
따르면, 양주삼이 박흥식으로부터 받은 40만원은 '적산'으로 일본정부에
다시 귀속됐다고 한다. 1949년 1월8일 반민특위 제1호 검거자로 구속된 박
흥식은 10회에 걸친 신문조서를 남기는데, 이중 "태화여자관을 사서 종로
경찰서와 바꾸게 된 경위"를 묻는 질문을 받는다. 박흥식은 "본시 태화여
자관을 사려했더니 당시 종로서장이 자기가 쓰겠다하여 태화여자관은 기
증하는 형식을 취하고 종로서 건물은 불하를 받는 형식을 취하였고, 지대
와 지대는 그냥 바꿨습니다. 그것은 관유官有재산 처분규정이 복잡했던 까
닭입니다"고 답하고 있다.

1949년 여선교부가 건물을 되찾으면서 강윤이 복구공사를 해 건물을 원
상태로 돌려놓았다. 한국전쟁이 발발하면서 전세에 따라 북한 인민군, UN
군, 다시 인민군, 미군 정보부대 순으로 이 건물을 차지했다. 1955년 여선
교부가 마지막으로 되찾을 때 강윤이 다시 보수공사를 맡았다. 강윤 사후 5
년인 1980년 태화사회관은 완전히 철거됐다. '태화기독교사회복지관의 역
사'는 "1978년 4월 서울시는 종로2가 공평지구 도시재개발계획을 발표했
다. … 1978년 5월31일 열린 태화사회관 임시 운영이사회에서는 '문화공

조선일보 1939년 11월 5일자에 신축 태화사회관과 4일 오후 2시 30분 열린 봉헌식 사진이 실렸다. '태화 여자관 신장' 제하로 '태화기독교사회관'으로 명칭이 변경됐음을 알리며 "건평 260평의 3층집으로 공비 18만원을 들인 당당한 건물"이라고 전한다.

본부, 서울특별시, 국무총리실 등에 현 건물을 보전해 줄 것을 요청하는 진정서를 제출하자'는 것으로 의견을 모았다. … 태화사회관은 1939년에 지은 건물이 동·서양 건축미를 조화시킨 특이한 건축물이라는 점, 태화관이 위치한 곳이 3·1운동 발상지라는 점을 들어 현 건물을 보존토록 해달라는 의견을 정부당국에 냈으나 정부쪽에서 '일단 고시된 도시계획선을 변경할 수 없다'는 통보를 받았을 뿐이다"고 전하고 있다. 공사는 1980년 6월 23일

옛 건물을 허는 것으로 시작됐다. 건축계 일부에서 '태화사회관 건물은 한 국건축사에 중요한 의미를 지닌 것'이라며 보존을 요구해와 문화공보부에 건물 보전 여부를 문의했으나 여전히 '보존 가치가 없다'는 통보를 해왔다. 이 책은 "태화로서는 도시재개발에 의해 헐 수밖에 없었지만 건축학뿐 아 니라 교회사 측면에서도 동·서양의 미가 한데 어우러진 건물을 헌다는 것 은 아쉬운 일이었다"는 소감을 남겼다. 박정희에서 전두환 정권으로 이어 지는 군사독재시절, 무모한 개발정책의 일면을 엿볼 수 있는 일화다.

　1940년 8월11일 총독부에 의해 조선일보와 동아일보가 폐간된 후 이 엄혹한 시절의 뉴스는 잘 알 수 없다. 선교사들을 추방한 후 태화사회관 을 차지한 종로경찰서에서 항일투사들에 대한 취조, 고문 등이 이뤄진 것 은 분명하다. 해방 후에는 3·1절 기념식도 치러진다. 1949년 11월10일 선 교부에서 건물을 되찾아 태화기독교사회관으로 재발족한 후 1950년 3월1 일 '선언서서명48인[129] 기념식'이 열린다.[130] 8·15광복이 우리 힘으로 이 뤄지지 못하고 일제가 연합군에 패전하면서 주어진 것이라는 뼈아픈 현실

129　만세운동을 주도한 인물들을 민족대표33인으로 부르며, 이외에 성명서에 직접 서명하지는 않 았으나 직·간접적으로 만세운동 개최를 준비한 이들까지 합쳐 보통 민족대표48인으로 부른다. 1920년 7월12일 공판이 시작된 '독립당 수령' 손병희와 47인을 이른다. 동아일보는 당일자에 이 들 48인의 사진을 한 면을 털어 모두 싣는다. 동아일보 1965년 3월1일자는 '3·1독립선언 당시 33 인과 48인의 명단 차이'에 대해 "48인이라함은 독립선언서 서명자를 포함해 3·1운동 모의·실행에 주동적 역할을 해 재판에 함께 회부됐던 인사"라며 "이 48인에는 33인중 법원 예심중에 별세 한 양한묵과 서명직후 곧 상하이로 망명한 김병조 2인은 빠진다"고 했다. "48인은 위 31인에 17인 을 더한 것으로, 이중 이경섭, 한병익은 중앙의 모의와는 관계없이 황해도 만세사건의 주동자인 데 재판에서는 한 사건으로 다뤄졌다"며 "33인과 48인은 단지 '민족대표'로 선언서에 서명을 하고 아니하고의 차이가 있을 뿐 실지 선고를 받은 형량으로 보아도 48인에 든 분들 가운데서 33인보 다 더중한 형을 받은 분들도 많다"고 설명하고 있다.

130　조선일보 1950년 3월1일자에는 '중앙기념행사'라며 이날 거행되는 16개 행사를 보도하며 '선언 서서명 48인 기념식=1일정오 태화여자관에서'라고 했다. '태화여자관'이라는 명칭을 여전히 쓰 고 있는 것이 주목된다.

도 '3·1정신'을 되새기며 극복하는 듯 했지만, 곧 한국전쟁이 일어나며 다
시금 혼란의 시기로 접어든다. 태화사회관 회의록 등 많은 자료들이 전화
에 모두 소실됐다. 재건에만 힘쓰다보니 역사적 유산, 정신적 가치들까지
챙길 여력도 소진됐는지 언론에서만 떠들 뿐 태화사회관은 결국 분해됐다.
다만 1980년 1월11일자 조선일보에 '서울시 태화관 이전복원 새한옥지구
도 지정', 같은날 경향신문에 '종로일부 한옥 보존지구로' 제하로 "도심재
개발사업의 일환으로 철거하게되는 기독교태화관은 원형대로 다른 곳으로
이전키로 했다. 이에따라 서울시는 부지물색 등 지원책을 마련키로 했다"
는 기사가 실리기는 했다. 그러나 이 계획은 곧 무산됐는지 실현되지 못한
채 무참히 철거수순을 밟았다.

한국 최초의 여성전용 도서관 ————

태화정이 국내 최초 여성전용도서관으로 쓰였음을 알리
는 기사를 1924년 3월31일자 시대일보에서 찾을 수 있
다. '새로이 설립되는 여자전용도서관- 장소는 태화녀
자관 태화정, 4월중으로 개관하겠다고' 제하의 기사로
"시내 인사동 태화녀자관 안에 잇는 여자긔독교청년회
에서는 여자만을 들이는 도서관을 설립하기로 결정하고
유각경 녀사의 설도알에 그 준비를 착착히 진행중인바
도서관집으로는 태화녀자관 별유천지 안에 잇는 태화정

시대일보 1924년 4월1일자
에 실린 유각경 사진.

을 빌어서 시방 수리하는 중인즉 4월중으로는 개관될 예정이라는데 이에 대하야 유
각경 녀사는 말하되 "서울에 우리네손으로 경영하는 도서관으로 경성도서관이 업
는 건 아니나, 오는 사람이 남자가 만코 여자가 적은까닭에 수접은 여자의 일이라 공
연히 주저주저해지고 얼굴만 붉히며 돌아서는 이가 만흐며 딸아서 한두번가다가 고
만 발을 끊는 폐단이 잇음으로 남자는 안들이고 여자만을 들이는 도서관을 하나 맨
들어 보랴함인데 경비문뎨가 뜻과가티 되지 않흠으로 처음에는 소규모로하는 수밧
에 업슨즉 압흐로 차차 확장해야될터인데 이에는 사회유지의 동정을 바라는 바이라
책한권이라도 긔부하시면 감사히밧겟습니다'"고 하고 있다.

이튿날인 4월1일에는 유각경의 사진과 함께 면톱으로 '나의 주의와 사업 배우고
서야 해방과 동등이 잇다' 제하의 기고문을 실어, 그의 여권운동가로서의 면모를 한

껏 드러낸다. 당시 태화여자관을 이끌던 여성들의 면모를 대표하는 모습일 게다. "우리네 여자들은 무엇보담도 배와야하겟습니다 알아야 하겟습니다. 남녀동등이니 부인해방이니하고 떠들기전에 먼저 실력을 양성하여야 되겟습니다"고 시작한 글은 남녀체격차가 생긴 것은 선사시대 남녀분업이 이뤄지고부터이니 여자도 신체나 지식으로 남자에게 지지않다 보면 저절로 동등해지리라는 진보적 지식을 부르짖는 것으로 이어진다. 자신에 대해서 "북경 '픽톤 칼레지'라는 전문학교의 유치과에 들어 졸업하고 연동정신여학교 안에 유치과를 세웠고 시방도 태화녀학관안에 잇는 태화유치과에서 어린애들의 콧물을 씻어주는 중이외다"고 소개하며, 조선여자기독교청년회연합회를 조직했고, 서울에 큼직한 여자기숙사를 세우기 전에 우선 여자전용도서관이라도 하나 설립하려 한다는 뜻을 밝히고 있다. 근대도서관이 들어서기 전에도 학자층에서 이용할 수 있는 도서관이 존재했으나, 여성이 출입할 수 있게 된 것은 근대이후이고 태화여자관 내 태화정에 들어선 것이 국내 최초의 여성전용 도서관이라고 해도 무리가 없겠다.

한편 전국에서 유일하게 존재했던 여성전용도서관이었던 제천여성도서관이 남성단체들의 항의로 2021년 남성의 출입을 허용하는 해프닝이 있었다. 지근거리에 시립도서관 본관 등이 있음에도 '여성의 공간'을 허용하지 못하겠다는 일부 남성들의 생떼가 통한 것이다. 1997년 작고한 부지 기부자 김학임 할머니와의 합의에 따라 '여성전용'으로 세워져 1994년 문을 열었다. 지난 세기까지만 해도 여성의 교육소외는 비교적 흔한 사례였다. 그 때문에 무학의 설움을 지닌 할머니들이 교육시설 등에 거금을 기부하는 일이 종종 화제가 되곤 했다.

3·1정신 간직한 천도교 중앙총부

한때 '민족종교' 천도교의 기세는 대단했다. 3세 교령 손병희 생존당시만 해도 국내 최대 종단이었다. 동학을 계승해 발전한 천도교는 3·1운동에 주도적으로 참여하는 등 활발한 교세를 이어갔다. 손병희가 민족대표 33인 중 영도자 역할을 하게 된 것은 가장 연장자라는 이유도 있었지만 천도교 측에서 15명이 참가하는 등 몫이 컸다. 기독교 대표로 16명(감리교10명, 장로교6명)이 이름을 올리는데, 개신교 목사와 신도들이었다. 가톨릭도 빠지고 유교도 불참한 가운데, 일본 불교의 침투로 혼란한 불교계에서는 2명이 참가했다. 천도교는 1920년 종합잡지 '개벽'을 비롯 '신여성', '학생', '어린이' 등의 월간잡지를 간행했고 손병희의 사위인 소파 방정환(1899~1931)도 천도교하에서 잡지를 만들며 어린이 교육운동을 전개했다.[131] 농민운동, 신

---

131 종로구 경운동 88번지 일대는 1910년대 후반부터 천도교 소유로 이어져 내려왔는데, 방정환을 기념하는 '세계어린이운동발상지'라는 표석도 서있다. 방정환은 1922년 5월1일 천도교소년회 창

문화운동 등에 크게 기여했으나, 손병희가 3·1운동으로 수감돼 옥고의 여독으로 1922년 순국한 후 교단 내 신·구파 분열로 교세가 약화되기 시작했다. 3·1운동100주년, 천도교의 공로는 묻히고 현재 신도가 가장 많은 개신교에서의 적극적 기념활동이 가장 눈에 띄었다.

　일제강점기 천도교는 교도 300만에 이르러 자금동원력도 우세했고 교육계에도 많은 투자를 했다. 고려대 전신인 보성전문학교는 천도교단의 지원하에 약진했고, 동덕여대로 발전한 동덕여학단 역시 천도교의 미션스쿨이었다. ('동덕'은 교인들끼리 서로를 부르는 호칭이었다고 한다) 태화여학교를 이어받은 성신도 첫 단계에서 천도교의 도움을 받았다. 태화에서 분리해 나오면서 1936년 종로구 경운동 천도교기념관(대신사출세백년기념관)에서 첫 수업을 시작했다. 현재 이 기념관은 1969년 삼일로가 확장될 때 철거됐다. 그러나 그시절 그 뒤쪽을 지키고 있던 천도교중앙대교당만은 아직 남아있다. 지금은 쇠락했지만 영화의 흔적은 전국 곳곳에서 찾아볼 수 있는데, 그 중심지가 경운동 88번지 일대다. 현재 건물과 길이 들어선 곳과 정확히 일치하진 않지만 관련 기록들과 자료사진을 대조해 정리해보면 다음과 같다. 천도교중앙총부는 1918년 중앙대교당과 중앙총부 건물을 신축하기로 하고, 그해 가을 윤치오 소유의 경운동 88번지 대지를 2만원에 매입하고 그 인근 부지를 더 매입해 모두 1824평을 마련했다. 12월1일 교일기념일(현도기념일)에 개기식(터를 닦기 시작할 때 하는 의식)을 거행했다. 1918년 착공해 1921년에 준공된 것이 중앙대교당이고, 이어 1922년 중앙총부가 들어선 중앙종리원 건

립1주년을 맞아 이날을 어린이날로 제정하고 1923년 '어린이 권리공약3장'을 발표한다. 이것이 1924년 국제연맹총회에서 '아동권리에 관한 제네바선언'을 채택한 것보다 앞서, 이렇게 기록한 것이다.

1924년 10월 25일자 동아일보에 실린 '일반공용에 데공할 준공되는 텬도교긔념관' 사진. 현재도 남아있는 천도교 중앙대교당 위치에 비춰 있었던 자리를 알 수 있다.

물이 건립됐다. 1969년 서울시의 삼일로 확장이 결정되며[132] 중앙종리원과 1924~1925년 지어진 기념관을 철거하게 된다. 중앙종리원 건물은 다행히 우이동 천도교 봉황각(천도교 수련장 의창수도원) 앞으로 옮겨져 복원, 별관으로 쓰이고 있다. 도로재정비와 함께 1971년 세운 것이 15층규모의 수운회관이다. 이 회관은 당시 기준으로는 언론에서 '메머드급'이라고 부른 대형 건물이었고, 현재 우리가 경운동에서 볼 수 있는 것이 중앙대교당과 수운

---

[132] 1966년 3월 '불도저 시장' 김현옥이 서울시장으로 취임하면서 지도를 다시 그려야 할 만큼 엄청난 토목사업을 벌이게 된다. 조선일보 1967년 3월 2일자는 "서울시는 퇴계로2가에서부터 명동성당 뒷길까지의 도로(삼일로)를 40m폭으로 확장하기 위해 오는 8일부터 도로주변의 건물 136동을 철거한다"고 보도하고 있다. 당초 15m폭의 도로를 넓히면서 3·1운동을 기념하기 위해 삼일로로 이름 붙였으며, 2010년 4월 남산1호터널 구간을 편입하면서 '삼일대로'로 개칭했다.

회관이다.

　대신사출세백년기념관은 천도교 교조인 수운 최제우(대신사)의 탄생100
년을 기념해 1924년 건축을 시작했고, 1925년 1월27일 일반에 공개됐다.
이날 동아일보는 '천도교기념관'의 개관을 알리며 그 쓰임에 대해 다음과
같이 썼다. "시내 경운동 천도교 안에 신축 중이던 그 교의 기념관은 그동
안 공사를 급히 진행 중이더니 이제 아주 완성이 되엿는데 그 규모의 큰 것
과 설비의 완전한 것이 서울 안에도 몃재 안가게 잘되야 평상시일지라도
그 큰 '홀'안에 의자를 노코서도 약 2000명 군중을 용이하게 수용할 수 잇
다 하며 또 강연 음악 연극 등 무엇이던지 하게 꿈여 여러 가지 준비가 잘
되여 잇다는데 원내 이것은 일반사회에 봉사하기 위하야 건축한 것임으로
이 뒤로 일반에게 얼마던지 무료로 제공할터이라하며 위선 이 개관식을 겸
하야 금일부터 닷새동안을 다음과 가튼 여러 가지 모임을 개최하니…" 당
시 최대의 종합문화시설이라고 할 만한 이곳을 무료로 사용할 수 있도록
해 각종 문화와 교육이 꽃피는데 크게 기여했다. 당일 조선일보도 같은 내
용을 보도하며 "제3일(29일 하오7시반)에는 천도교내수단주최로 부인문제대
강연이 잇는데 입장은 여자에만 한함"이라고 전한다. 1924년 생긴 천도교
여성조직 내수단의 활동이 활발하게 전개됐음을 알 수 있다.

　1950년대 일반인에게 임대돼 1970년 철거 당시에는 재개봉관으로 이용
되며 '문화극장' 간판을 달고 있었다. 지금은 이 기념관에 있던 돌로 된 '궁
을장'(천도의 상징도형)만 남아있다. 이를 설계한 이훈우(1886~1937)가 박길
룡(1898~1943)에 앞선 조선 최초의 근대건축가로 2020년 발굴되면서 재조
명되기도 했다. 1920년 총독부 기수직에서 물려나 이훈우건축공무소를 개

1924년 10월28일자 조선일보에 실린 '최수운백년긔념관과 그의 필적' 사진. 동반 게재 기사는 "장내에는 우아래층에 약 1400명을 수용할 수가 잇게되얏슴으로 경성시내에서는 가장 큰 공회소라하겟더라"고 전한다.

업한 것이 국내 조선인으로서는 가장 이른 사례로 거론되며, 한국 근대건축사를 다시 써야한다는 주장이 나오고 있다. 1914년 보성고등보통학교, 1915년 동덕여학교를 건축했고, 성신여학교와 한양대의 전신인 동아공과학원 등이 개교한 대신사출세백년기념관을 지었다. (동아공과학원은 성신여학교가 빠져나간 자리에 1939년 들어왔다.) 도시계획, 재개발이라는 명목 하에 건축물들이 쉬이 사라지면서 관련 인물도, 기억도, 역사도 희미해진 일례라 하겠다. 성신도 주인은 아니었지만, 태화관에 이어 개교식과 첫 졸업식을 가졌던 기념비적 장소를 잃고 만 것은 심히 안타까운 일이다.

여러 가지 복합적 요인이 있었겠지만 천도교 측은 3·1운동에 총력을 다해 일제의 탄압을 받게 된 것을 쇠퇴의 이유로 봤다. 천도교 측은 "3·1독립운동 전 해인 1918년 독립운동자금 마련을 위해 중앙대교당과 중앙총부 건물을 신축하기로 결정했다"며 "일제의 방해를 무릅쓰고 100만원의 거금이 모였고 건축에 사용된 27만여원을 제외한 대부분의 성금이 3·1독립운동을 비롯한 독립운동 군자금으로 사용됐다"고 밝히고 있다. '3·1시민공간'[133] 의 주요 거점 중 하나인 중앙대교당 앞에는 '독립선언서배부터'라는 표석이 서있어 민족적 거사에 혼신을 다한 천도교의 공헌을 기리고 있다. 한편 1978년 서울 유형문화재 제36호로 지정돼 원형 그대로 남게 된 천도교중앙대교당은 명동성당, 조선총독부와 함께 일제강점기 3대건축물로 불렸다. 1918년 12월 착공했으나 3·1운동으로 건축공사가 주춤해졌다. 본격적으로 추진하기 위해 건축허가를 신청했으나 허가가 거부돼, 일제의 방해를 피하기 위해 건축설계와 총감독을 일본인에게 맡겨 진행할 수밖에 없었던 사연이 있다. 설계는 일본인 나카무라 요시헤이(1880~1963), 시공은 중국인 장시영이 맡았다. 도쿄대 건축학과를 졸업한 건축가 나카무라는 1908년 아예 경성으로 이주, 숙명여고보, 중앙고보, 조선상공회의소 등의 건물을 설계했다. 근대기 지어진 건물 중 벽돌을 쌓아올린 것들은 이 기술을 가졌던 중국인들이 동원됐던 것으로 보면 된다.

1972년 2월14일자 경향신문 '경매 통고받은 수운회관' 제하 기사는 "교단중흥을 내걸고 5억원을 들여 2년만에 준공한 천도교 수운회관이 7억의 부채로 은행의 경매개시통고를 받고 있다. 지하1층 지상15층으로 연건평 3521평으로 종교기관의 유일한 매머드회관을 자랑하던 천도교는 71년 11

133 서울시는 3·1운동100주년을 맞아 종로구 삼일대로 주변(청계천~북촌로 일대) 3·1운동 관련 핵심 거점을 연결하는 탐방로 발굴 및 시민공간 조성을 밝힌 바 있다. 3·1운동테마역사로 조성된 안국역 5번출구 앞, 독립선언문배부터, 천도교 중앙대교당, 서북학회터, 태화관터, 탑골공원 후문광장 등을 거점으로 정했다.

월 상업은행으로부터 천도교재산경매개시통고(1월25일)를 받고 3월31일까지 연기는 했으나 청산할 길이 막연한 상태"라며 천도교가 더욱 어려움에 처할 수밖에 없었던 사정을 전하고 있다. "매머드건물 수운회관 건립은 최덕신 교령이 부임당시 도시계획에 따라 대신사출세백년기념관(구 문화극장)이 헐리게 되자 보상금과 은행융자 및 신도들 헌금으로 착공한 것인데, 서울시로부터 보상금을 아직 지급받지 못하고 은행연체이자가 늘어나 경매통고까지 받게 된 것"이라며 "천도교는 당시 헐릴 때 1억5000만원을 요구했고 서울시는 4500만원을 제시, 지금까지 미결로 남아있다"고 했다. 또 "도시계획으로 헐려버린 대신사출세백년기념관은 신문화운동의 요람지로 '어린이' '신여성' '학생' 등 초창기 잡지를 통한 계몽운동에 앞장섰던 유서 깊은 건물이었다"고 아쉬움을 표한다.

천도교기념관에서 개교한 성신

'성신50년사'(1989)는 "기념관 홀을 판자로 칸을 막아 교실과 교무실을 만들어 학생 60명과 교직원 9명이 사용했다"며 천도교기념관에서의 개교를 기록하고 있다. "일본 군국주의의 광기가 우리 민족의 내면까지 침투하고 있던 1936년 4월28일, 서울 경운동 민족종교인 천도교 중앙총부 기념관 뜰에 마련된 성신여학교의 개교식은 엄숙하게 거행됐다. 32살의 여교장 리숙종 선생은 60명의 학생들을 앞에 놓고 '정성되고 믿음직한 여성이 되자'고 역설했다. 이 날의 개교식은 조촐한 것이었지만 일제치하에서 민족교육을 할 수 있는 새로운 장을 연다는 점에서 볼 때는 커다란 첫 출발이었다. … 성신여학교 개교식장에는 성신의 창설을 위하여 정성어린 주선과 후원을 아끼지 않았던 민족운동의 지도자들인 오세창, 최린, 권동진, 이갑성 선생 등이 참석하여 개교를 지켜보았다"고 했다. 이 4인은 모두 민족대표 33인에 속하는 인물들로, 오세창, 최린, 권동진은 천도교계 인사였다. 천도교 측 인사들은 손병희와 함께 '대중화·일원화·비폭력화'라는 3·1운동의 초기 구상을 한 것으로 알려져 있다. 특히 권동진은 동덕여학교 설립에 사재를 출연하고 재단이사를 역임했다. 1929년 11월 광주학생운동 때에도 전국적인 시위확대를 도모해 조병옥, 허정숙 등과 함께 연행됐다. 이갑성은 성신여학교 초기에 대한 기록을 남기기도 했는데, 딸을 입학시켰다고 한다.

성신의 역사는 학교, 이어서 대학을 만들기 위해 얼마나 많은 이들의 공력이 투입됐던가를 기꺼이 느끼게 한다. 천도교 인사 권동진, 이종린[134] 등의 주선으로 성신이 태동한 것은 독립정신과 교육구국사상의 자장 안에 있었다는 것을 되새기게 한다. 3·1운동 직후 자주독립과 여성계몽을 위한 우리민족의 열망이 낳은 결정체인 태화여학교의 의의를 거듭한 여성교육기관인 것이다. 또 남녀차별이 없는 천도교를 자생적 한국여성운동의 원천으

---

134 이종린(1883~1951)은 일제강점기 개벽사 사장, 천도교월보 사장 등을 역임한 언론인으로 문인, 종교인, 정치인으로도 활동했다. 한학을 수학해 1907년 성균관박사가 됐고, 친척형 이종일(독립선언서를 인쇄한 보성사 사장)이 운영하던 '제국신문'의 기자로 언론생활을 시작했다. 1906년 6월 오세창과 장효근이 '대한민보'를 창간할 때 논설기자로 일했으며, 1910년 천도교에 입교해 '천도교월보'의 주필 및 발행인으로 언론을 통한 포교활동을 전개했다. 1919년 3·1운동 때 지하신문인 '조선독립신문' 주필로 활동하다가 피검돼 경성지방법원에서 3년형을 언도받고 서대문형무소에서 복역하다가 1921년 만기출소했다. 이 해 '천도교월보' 사장으로 취임해 언론인들의 모임인 무명회를 발기하고, 언론상태 조사특별위원 및 간사로 활동했다. 만국기자대회에도 가입했다. 조선물산장려회, 조선민립대학운동 등을 주도하고 1924년 언론집회압박탄핵회를 개최해 일제의 언론탄압에 적극적으로 저항했다. 이후 조선기근구제회 회장, 전조선기자대회 대표위원 등으로 활동하다가 신간회 발기에 천도교 구파를 대표해 참여했다. 제2대 국회의원에 당선됐으나 한국전쟁 중 납북 도중 사망했다. 일제 말기 친일반민족행위자로 반민특위에 체포돼 조사를 받기도 했다. 중일전쟁 이후 천도교 교단의 최고책임자로 있으면서 교단의 영욕을 대변해야하는 지경에 처했던 것으로 보는 안타까운 시선도 있다.

로 보거나, 성평등의 내재적 원류로 동학을 꼽기도 하는데 이러한 영향 또한 성신의 자양분이 됐다. 박용옥 전 성신여대 교수는 1981년 '동학의 남녀평등사상'이라는 논문을 시작으로 이를 분석한 선구적 연구를 펼쳤다. "19세기 중반 동학은 여성을 평등한 인간으로 대해야함을 주장·실천했는데 이는 한국여성근대화의 내재적 역량의 발로였다", "동학의 '부부화순夫婦和順'은 여필종부나 부창부수로 대표되는 종적 부부관계를 수평적 부부관계로 전환한 획기적인 일이었다"는 해석이다. 이러한 주장은 결국 가부장제에서 여성의 역할을 강조하고 있는 시대적 한계를 넘지 못한 것 아니냐는 비판에 부딪히기도 한다. 그러나 오늘날의 기준이 아니라 당대의 눈으로 동양적 평등을 추구한 것으로 근대지향적 여성관을 드러내고 있다고 해도 무리가 아니다. 여기에 여학교의 등장은, 유사 이래 조선시대 서당, 향교, 성균관까지 남성만 독점하던 제도권 교육기관에서 여성이 학습한다는 자체로 획기적 패러다임의 전환이었다. 그 의미를 기릴 수 있는 원동력은 여학교이기에 가질 수 있는 학문적 발로에서 나왔다.

이숙종은 1959년 '의암손병희기념사업회' 재정분과위원장을 맡아 은혜를 갚았다. 이숙종의 너른 인맥과 사람관리의 미덕을 엿볼 수 있다. 동학 2세 교주 해월 최시형의 외손자로 '한국의 베토벤'이라는 별명을 지녔던 정순철(1901~?)도 이숙종이 모셔왔을 것으로 보인다. 동경음악학교에 유학하기도 했던 그는 동덕여학교, 경성보육학교, 중앙보육학교, 무학여고를 거쳐 1948년부터 성신여고에서 음악교사로 재임했다. 한국동란이 터지자 이숙종 교장이 피난을 가며 정순철에게 학교를 부탁했고, 9.28수복 이후 인민군이 후퇴할 때 납북되며 비극을 맞았다. 종적을 알 수 없어 후손들은 끌려간 날인 9월29일을 제삿날로 삼고 있다고 한다. 방정환과 함께 천도교에서 천도교소년회, 색동회 등의 어린이운동을 벌였고 '짝짜꿍', '졸업식노래' (1946년 문교당국에 의해 제정된 초등학교 졸업가) 등 40여곡의 국민동요를 남겼다. 시인인 도종환 전 문화체육관광부장관이 적극적으로 재발굴에 나서 정순철기념사업회도 꾸려지고 2011년 '정순철 평전'도 펴냈다. 월북이든 납북이든 북으로 갔다는 이유만으로 이름이 지워진 이들의 대한 복권도 우리의 숙제다. 성신은 1944년 6월30일 돈암동 신교사 일부가 준공되며 이전하는데, 돈암동은 일제시대 신시가지로 주목받았지만 한국전쟁시기 학살의 현장이 되고 만다. '단장의 미아리고개' 노래비가 서있는 곳은 당시 서울 북쪽의 유일한 외곽도로였기에 전쟁 발발초기 조선인민군과 국군 사이에 교전이 벌어졌고, 인민군이 후퇴할 때 피랍된 인사들을 마지막으로 배웅하던 장소라고 한다. 1990년 6월21일자 중앙일보 '납북길 뒤처지면 마구 사살 (재조명 6·25: 4)' 기사는 "40년의 세월이 흐르며 당시의 상흔이라곤 찾아보기 힘든 서울시내에서 서울의 최후방어선으로 치열한 전투가 벌어졌던 미아리고개"라며 산마다 시체가 즐비했다는 토박이의 증언을 보도한다. "서울이 점령된지 3개월 뒤인 9·28수복 때 북으로 쫓겨 가던 인민군들이 많은 애국지사를 끌고 가며 뒤처진 사람들을 지금의 성신여대 뒷산에서 학살하고 끌려간 인사들은 돌아오지 않아 '한 많은 미아리 고개'로 불려지고 있는 곳"이라고 전한다.

한편으로는 성신여대 사학과에서 동학과 천도교에 대한 활발한 연구가 이뤄지며 학문적 보답을 받았다. 고 이현희 성신여대 명예교수는 한국 근·현대사, 특히 임시정부 연구의 권위자로 방대한 저술을 남겼으며, 1998년 동학학회를 창립하고 1~2대 회장을 맡았다. '동학혁명과 민중' 등의 저술을 통해 동학이 여성개화를 선도한 것에 방점을 찍었다. 또 동학의 개혁과 자립사상이 3·1운동을 일으키는데 힘을 실었다고 보고 1986년 "대한민국 정부수립을 동학, 독립협회 자립정신, 3·1운동을 순차적으로 집대성한 임정의 국가적 기능에서 찾아야할 것"이라며 그 연속성을 강조했다. 이듬해 "상해임정을 대한민국 제1공화국으로 기산해야한다"는 주장을 담은 저서 '3·1독립운동과 임시정부의 법통성'을 펴내기도 했다. 1996년 '3·1혁명과 대한민국 임시정부의 법통성'이란 책을 다시 내고, 1999년 '3·1혁명 그 진실을 밝힌다'는 저작을 통해 다시금 동학과 천도교가 민족운동에 끼친 영향을 집중조명했다. '3·1혁명' 정명의 주창자이기도 한 그는 "3.1운동은 3.1혁명으로 용어를 정립해야 한다. 이는 동학농민혁명의 영향을 받아 일어났으며 임정의 지도자들이 거의가 혁명, 또는 대혁명이라고 부르고 있었다. 비록 실효적 지배에는 못미쳤으나 나라의 법통을 그대로 유지해 왔음을 간과할 수 없다. 그외에도 혁명의 용어정립의 이유는 다양하다. 이 혁명은 천도교의 손병희에 의하여, 동학혁명의 재현으로 1919년 이전부터 봉황각을 중심으로 준비하고 계획하여 대중화단계로 성사된 것이다. 2000만을 모아 전국적인 규모로 폭발한 민족 최대의 독립혁명이었다"고 했다.

국사편찬위원회 편사연구관, 한국정신문화연구원(현 한국학중앙연구원) 역사연구실장, 성신여대 대학원장, 독립유공자심사위원 등을 역임했던 독립운동의 연구의 대가 이현희는 친일과 '부일'을 구분할 것을 주장하기도 했다. 칼럼집 '역사가 알면 미래가 보인다'(2006)에서 "친일파에도 적극적 자율적 친일과 소극적 타율적 친일이 있는데 후자까지 다중의 힘으로 밀어붙여 친일행위자로 몰아 마녀사냥 식으로 기준도 없이 응징 성토 비판하고 있다"고 지적했다. "요즘 일부 인사가 깊이 있고 객관적인 연구도 없이, 공선사후 정신으로 60평생을 일관한 인촌 김성수를 친일파라고 무책임하게

매도하는 것을 보고 개탄과 한심함을 느낀다"며 "성신학원을 설립 운영했
던 이숙종이 자신이 듣고 보고 경험한 것이라며 '인촌은 대한민국임시정부
의 군자금 모집책이 오면 금고문을 열고 슬쩍 자리를 뜬다. 아마도 상당액
을 기부한 것으로 알고 있다. 은밀하게 지원하는 일이 인촌의 이중적인 삶
이었다'고 내게 증언한 바 있다"고 전하기도 했다.[135] 친일파 처단의지가
강력했던 1948년 반민특위 때도 피의자가 되지 않았던 인물들을 소환하는
것에 대한 비판이다.

성신이 거쳤던 역사적 장소들

성신은 경운동 천도교 기념관에서 제1회 졸업생을 배출하고 1937년 8월
견지동78-1 신교사로 이전한다. 여상이 서대문 밖으로 이전하자 그 자리
를 얻은 것이다. 현 서울여자상업고등학교 연혁에 1936년 4월11일 '홍제동
38번지 교지 1만평 매입 및 교사강당 신축이전'이라고 기록돼 있어, 1926
년 설립됐던 경성여성상업학교가 옮겨간 후 빈 교사에 입주하려던 것임을
알 수 있다. 이 견지동 교사는 시천교로부터 매입했던 것인데 이것이 말썽
을 일으켰던 일화는 '한 줄기 빛을 바라: 운정 리숙종박사 팔순기념'(운정선
생기념문집편찬위원회·1984)에 자세히 나와있다. 시천교는 동학의 일파로, 이
용구가 일진회를 조직해 친일적 노선을 걷게돼 천도교로부터 출교를 당한
후 1906년 견지동에서 시천교를 세웠다. 시천교 구성원들이 이 부지일부를

---

135 이현희 교수 "마녀사냥식 과거사청산 소영웅주의 때문", 동아일보 2006년 3월24일

명성학원과 일본 명치대학 분교지[136]로까지 이중삼중 팔아넘겨 법원에 기
소된다. 다행히 한국인 검사 김용찬을 비롯 이갑성(3·1운동 민족대표), 조병옥
(연희전문학교 교수), 유억겸(연희전문학교 교수)이 이숙종의 교육열정에 감동해
후원해줬고, 딸들도 모두 성신에 입학시켰다고 한다.

　　다만 명치대학이 들어서려했다는 것은 기억의 오류로 일본대학(니혼대학)
의 분교가 맞는 것으로 보인다. 니혼대학 재학중이던 한관섭이 니혼대학
총장을 만나 한국에 분교설립을 제안했으나, 이 총장이 건강악화로 인해
사망하며 계획이 무산됐다는 얘기가 있기 때문이다. 조선일보 1937년 8월
10일자는 '시천교당 차용에 양교가 대립분규'라며 상세보도 하고 있는데
"동 교당은 작년 8월 여자상업학교가 이전하는대로 동교교인 한관섭씨가
신설운동중인 일본대학부속중학교 분교로 사용하기로 동교 간부와 한씨
사이에 계약이 성립됐다. 그러나 1년을 지난 오늘까지 학교가 신설될 가능
성을 보이지 않는다고해 일부 간부가 충동이 되어 그 사용권을 천도교당을
빌려쓰고 있는 성신여학교에 주기로 계약이 체결돼 엿샛날 이사에 착수하
였다"고 했다. 이어 "한편 한씨는 동교당의 기지와 건물의 명의자인 동교
유력자 유지훈씨와의 사이에 현재 교사가 없어 곤란을 받고 있는 명성학교
에 빌리기로 교섭이 성립돼 같은 날 이사를 시작하였으나 교간부와 성신여
학교측의 반대로 부득이 이사를 중지하고 말았으니 여기에 이 두학교는 교
사문제로 정면충돌을 보게 되었다"고 전한다.

136　명치대학은 메이지대학을 일컫는다. 일제에 실질적으로 주권을 빼앗긴 후 일본학교가 경성분교
　　를 세우는 일들이 있었으므로, 조선에 분교를 세울 요량으로 매입했던 것으로 보인다. 1907년 척
　　식대학(다쿠쇼쿠 대학)이 경성분교를 개설한 것이 대표적이다. 이는 모두 조선거주 일본인들을 위
　　한 학교였고, 후에 조선인들에게 입학기회를 주긴 했지만 민족차별이 심했다.

동아일보 1937년 8월 22일자에 '장족의 성신여교 신교사에서 수업' 제하
로 '견지정 신교사 새로운 학교간판'이라는 사진 2장이 함께 보도됐다. 기
사는 "시내 성신여학교에서는 오랫동안 교사가 없어서 임시로 천도교 강
당에 수업하고 있었는데 마침 여자상업에서 신교사를 서대문밖에 신축하
고 이전하는 기회에 그 교사를 성신여학교에서 얻기로하며 금 20일 개학일
을 기하여 280여명 생도들은 견지정 신교사로 이전하고 오늘부터 수업을
시작하게 되었다"는 내용이다. 1944년 학교를 돈암동으로 이전하면서, 견
지동 교사는 중앙여고 전신인 경성가정여숙이 차지하게 된다. 문교부장관
을 역임한 이화여대 8대총장 김옥길의 유고집에 "성신학교가 교사도 없이
천도교 기념회관을 빌어쓰기도 하며 '견지동 중앙여고 구교사'를 얻어 전
전하는 동안"[137]이라고 한 것은 이런 까닭이다. 중앙여고 측은 이 자리를
견지동74번지라고 밝히고 있다. 1940년 추계 황신덕이 세운 학교로, 1956
년 견지동에서 북아현동으로 이전한다. 어떤 부지의 성격이 정해지면 장소
적 고유성을 지속하게 됨을 알 수 있다.

토지구획정리사업, 행정구역변경 등으로 인한 지번변동, 정정, 개편 등
으로 없어진 번지수도 있고 예전의 번지와 다른 곳도 있는 만큼 정확한 지
점을 지금에 와서 집어내기는 힘들다. 그러나 시천교당이 있었다는 견지동
80, 78-1, 74번지[138] 등이 모두 붙어있는 지대로 같은 지역을 일컫고 있는
것은 분명해 보인다. 80번지에 있던 시천교당은 당시에는 천도교당 및 중
앙기독청년회강당(YMCA강당)과 함께 3대 집회장소로 명성을 날렸다. 조선

137 김옥길 '열린 대문과 냉면 한 그릇', 이화여자대학교출판부 1994
138 독립기념관이 분류한 '국내항일운동사적지'에는 견지동 80번지가 현 74번지가 된 것이라 하는데,
       서울청년회회관, 조선청년동맹 회관, 조선물산장려회, KAPF 등이 있었다고 기록하고 있다.

형평사, 경성인쇄직공조합, 서울인쇄직공청년동맹, 경성화공청년동맹, 경성양복기공조합 등의 노동조합들, 조선학생회, 조선학생예술연구회, 조선학생총연합회 등의 학생운동단체와 조선소년연합회, 무명소년회, 경기도소년회, 경성소년연맹, 조선소년총동맹 등의 소년운동단체의 집회장소로도 널리 이용됐다. 여성단체로는 근우회가 자주 이용했다. 74번지에 있던 2층목조건물에는 위와 같은 사회주의 계열 단체들이 입주해있었다고 한다.
한편 시천교당은 1980년 철거됐다고 하는데, 해방 후 이 시천교당을 빌려 현대 태권도의 원류가 시작된 '청도관' 수련장으로 사용됐다는 기록이 있

1940년 2월6일자 동아일보 '신춘여성교육계의 낭보' 제하 기사와 함께 실린 '성신여교' 사진. 기사는 "성신가정여학교가 가정학교를 가질려면 완비된 학교교사와 또 이에 적응한 학교시설을 요하는데 현재 견지정 교사로는 할수없어 학교당국에서 노력하여 오든바 드디어 돈암정 뻐스종점부근에 1633평의 교지를 매수하고 신춘부터 정지하는 동시에 신교사를 건축할 계획이라 한다"고 전하고 있다. 사진은 1937년 8월22일자 동보에 성신여학교가 얻은 '견지정 신교사'라며 실린 것과 동일하다.

다. 현재 해당 번지수 주소 일대에는 제칠일안식일예수재림교서울중앙교
회와 서울중앙복음회관, 대불광빌딩 등 종교계 건물들이 들어와 있다. 역
시 한번 장소적 유형이 정해지면 그 속성이 지속되는 경향을 볼 수 있다.

이숙종은 1940년 돈암동 173번지에 학교 대지를 매입해 1942년 5월 교
사를 짓기 시작했다. 위에 인용한 김옥길의 글은 1964년 10월 '성신'지에
실린 '굳은 신념과 끝없는 정열'을 다시 게재한 것이다. 이숙종을 추억하는
이 글에는 "'바위와 싸우는 여인', 그 돈암동 바위산 위에 바위산을 다듬고
교사를 훌륭하게 지어낸 그분의 열의를 가리켜 교육동지들이 그렇게 불러
드리고 있지만 나는 그분을 싸우는 여인이라고 느끼기보다는 달래어줄 줄
아는 분으로 보고싶다", "강인한 정신력과 줄기찬 실천력을 지닌 분으로서
지금까지 불굴의 길을 이어오신 것이다", "웬만한 남성의 몇 곱절 활동적
인 면을 지니셨는가 하면, 가정의 알뜰한 주부 못지않게 세심하시고 자상
하시고 빈틈없으신 분이기도 하다" 등의 인물평이 더해있다. 또 "태화여학
교를 인수한 운정선생은 그러한 한국여성을 구습에서 건져내시는 데에 힘
을 기울이셨다"고 분명히 언급하고 있다.

이숙종이 매입한 돈암동 173번지는 총독부에 근무하던 일본인 고관 구
니모도가 소유주였는데, 대한제국 말기 학부대신을 두 차례 역임한 이용직
의 딸 이전완에게 재정적으로 후원을 받아 잔금을 겨우 치렀다. 학교 터가
모두 바위산으로 돼있어 정지공사부터 애로가 많았다. 바위를 깨부수는데
만 1년이 걸렸다고 한다. 수정이 났던 바위산이라 해서 성신여대생들이 스
스로를 '수정이'라는 별칭으로 이르고, 현재 성신의 엠블럼도 수정구 모양

이다. 성신여대 운정캠퍼스를 설계한 건축가 김석철[139](1943~2016)은 "성신
여대 돈암동 본관 자리를 고려대학교보다 나은 땅이었으나 미아리 공동묘
지가 들어서며 오그라들었"[140]던 것이라 회고하는데, 설립자가 좋은 터를
찾아 백방으로 들인 노력, 일제말기 목재통제령 속에 만포진까지 가서 백
두산 목재를 들여온 일 등이 후일담으로 남아있다. 1990년대 이숙종의 묘
가 있는 도봉산 난향원에 제2캠퍼스를 지을 것이라 시동을 걸었으나 개발
제한구역이라 좀 채로 뜻을 이루지 못하다가, 미아운정그린캠퍼스로 서울
내 제2캠퍼스(이원화 캠퍼스)를 가지게 되면서 국내 여자대학 중 1인당 평균
가용면적이 가장 넓은 대학이 됐다.

　사대문 안 북촌 일대에는 유서깊은 여학교들을 기념하는 장소와 표석이
곳곳에 남아있으나 성신의 흔적은 찾아볼 수 없는 것이 무척 서운하다. 덕
성여대는 홍선대원군의 거처였던 운현궁 바로 옆에 종로캠퍼스 평생교육
원[141]을 남겨두고 있고, 동덕학원도 경복궁 지근거리에 대형 동덕마크를
단 동덕빌딩, 동덕아트갤러리를 소유하고 있다. 수송동 80번지에는 숙명여
고 명의이기는 하나 '숙명여학교 옛터'라는 표지석이 남아있다. 정동에는

139　김중업과 김수근을 모두 사사한 유일한 건축가 김석철은 서초동 예술의전당을 설계했으며, 이탈
리아 베니스 비엔날레에서 한국관을 설계하기도 했다. 대담집 '도시를 그리는 건축가, 김석철의
건축50년 도시50년'(2014)에서 "2012년 성신여대 운정캠퍼스 프로젝트를 마무리졌다. 성신여대
설립자인 이숙종 박사는 저의 할아버지(한말 중추원 의관 김종영)와 소정 변관식 선생과도 가까운
사이였다"고 말했다. 변관식(1899~1976)은 청전 이상범과 쌍벽을 이루는 한국화의 거장으로, 성
신여대 인근 돈암동 산11-25에 자리를 잡고 '돈암산방'이라 당호를 붙인 한옥에서 생을 마무리할
때까지 살았다.

140　김석철·오효림 '도시를 그리는 건축가, 김석철의 건축50년 도시50년', 창비 2014

141　운현궁 양관으로 불리는 건물로 일제가 왕실인사를 회유하기 위해 1912년경 운현궁 뒤뜰에 지어
준 것이라고 한다. 홍선대원군 손자 이준용, 그의 양자로 들어온 이우가 소유하게 됐고 해방후 여
러 단체들이 차지했다. 1948년 덕성학원이 인수해 대학본관으로 사용했다. 덕성여대가 쌍문동
캠퍼스로 순차적으로 이전한 후 덕성학원재단 사무국이 자리하고 있다.

여전히 이화여고가 위치하고 이화여고백주년기념관도 건축됐다. 한편 북
촌에 옛학교들의 흔적이 많이 남아있는 것은 안국역 전차역이 생겨 교통의
중심지 역할을 한 덕분이라고 보는 시각도 있다. 안국동 일대에 1923년 식
산은행 사택이 들어오면서 일본인 집단거주지가됐고, 이들의 필요에 의해
교통조건도 좋아지게 된 것이다.[142] 지금은 강남으로 이전한 학교가 다수
지만 유독 학교가 많아서 광복전후에는 안국역 서측 교차로(삼청동 입구)를
'학생 육거리'라고 불렀다고 한다. 전차역이 생기기 전인 구한말 한성덕어
학교, 관립중학교(경기고 전신) 등이 들어서 있어 장소적 정체성이 이미 형성
돼있었음을 알 수 있다.

태화의 기독교정신과 성신의 건학이념

유서깊은 사학들은 선교사에 의해 설립된 기독교계 미션스쿨이거나 민
족자본으로 세워진 민족사학으로 크게 양분되는데, 성신은 이 두가지 전통
을 모두 이어받은 독특한 위치를 점하고 있다. 일제치하에서 그나마 종교
모임만이 숨통이 돼주었고, 3·1운동의 주체가 됐다. 자금조달이 상대적으
로 용이한 양대 종교단체는 성신의 젖줄이 됐다. "민족정신을 기반으로 정
성되고 믿음직한 여성 지도자를 양성해 국가와 사회에 공헌한다"는 성신
의 건학이념은 이러한 과정에서 생겨났다. 1장에서 기술했듯 '성신 연사'
는 "그(이숙종)는 오직 용기와 신념을 재산으로 해 기독교 태화여학교를 인
수했고 이 기독교정신은 오늘에까지도 성신교육의 맥이 되어 흐르고 있

---

142   나평순 '물길의 변화로 본 북촌의 장소성', 한국지리학회지 6권1호, 2017

다"고 밝히고 있다. 이숙종도 개신교 신자였고, 지금도 입학식이나 학위수
여식에서는 교회 목사가 참석해 기도하는 순서가 있는 등 가시적 자취도
남아있다. '성신'이라는 이름을 새롭게 지은 이유는 "인수조건에 태화라는
명칭은 일체 쓰지 말아 달라"는 것이 있었기 때문이다. 그래서 유교 경전
'예기禮記'의 '신치기성신身致其誠信(거짓이 없이 진실하고 믿음직하며 언행이 일치한
다)'에서 따 '성신'이라고 교명을 교체했다.

　앞서 인용했던 것처럼 이숙종 스스로 회고록과 인터뷰 등을 통해 태화여
학교를 인수했다는 대목을 빼놓지 않았다. 당대에는 긴 설명을 하지 않아
도 '태화'가 상징하는 바를 대개들 알고 있었기에 그 자부심을 드러낸 것이
라고 짐작된다. 오류 속에 무의식적 진실이 담겨있기도 하다는데, 일부 백
과에는 여전히 '성신여대' 항목에 "교육을 통한 국권회복을 목적으로 1936
년 4월28일 이숙종에 의해 서울 종로구 경운동에 있던 태화관에서 성신여
학교로 설립됐다"고 서술, 성신여대와 태화관의 관련성을 전 세대에서는
인지하고 있었음을 알 수 있다. 성신여학교는 한동안 태화여자관과 구분되
지 못하고 섞여 쓰이기도 했다. 교명 변경 후 몇 년간은 관련 기사들이 성
신여학교의 소개에 태화여학교를 인계받았다는 점을 반드시 설명하고 있
다. 1936년 6월22일자 동아일보는 "가정형편으로 학교를 못다녔으나 보통
가정부인 교육기관급 소재지를 알려달라"는 안산 거주 어느 여성 독자의
질의에 "경성부내 경운정 천도교기념관 안에 있는 태화여자관으로 조회하
십시오"라고 답해 그때까지도 성신이 태화로 인식 속에 박혀있었다.

　태화여학교가 이숙종에게 인계된 1936년 빌링슬리 관장은 다음과 같은
편지로 선교본부에 보고했다. "한 한국인 여성이 학교를 맡겠다고 해 정부

(총독부) 당국, 이사회 등과 협의를 거쳐 넘기기로 결정했다. 그는 학교 이름을 바꾸고 다른 곳으로 옮겨 갔다. 그는 우리가 했던 것 이상으로 학교를 크게 만들 것이다. 그는 그만한 능력이 있을 뿐 아니라 봉사정신이 투철한 여성이다. 학교가 떠나고 나자 태화관이 문을 닫았다는 소문이 돌았는데 그만큼 일반인들은 우리 사업에 태화여학교 말고는 없는 것으로 인식해왔다." 태화의 개혁가로 꼽히는 빌링슬리가 본격적으로 사회사업에 치중하기 위해 여학교를 넘기기로 결정한 배경은 1935년 4월 쓴 편지에도 드러나 있다. 빌링슬리는 "한국인들 생각에는 학교가 가장 중요한 사업이며, 돈이 생기면 학교에다 쏟아 붓고 있다"고 지적하고 있는데, 그만큼 한국인들에게는 교육이 가장 선급한 과제였다. 이숙종은 당시 태화의 고갱이를 물려받은 것이나 마찬가지였다. 그리고 한 종교인의 예언은 상상이상으로 이뤄졌는데 빌링슬리가 여러 후보들 중 후임으로 최고의 적격자를 고른 것만은 틀림없다. 부속됐던 학교가 유치원, 초등학교, 여자 중·고교 등을 거느렸을 뿐 아니라, 재학생 1만 명 규모의 종합대학교로 발전할 것을 알았다면 정말 깜짝 놀랐을 것이다.

다만 '신사참배'가 학교 인계의 계기가 되었느냐에 대해서는 태화와 성신, 양측의 서술이 엇갈리고 있다. 1961년 발행된 '성신25년사'를 바탕으로 한 '성신35년사'(1972)와 이숙종 사후 발간된 '성신 50년사'(1989)는 일제의 신사참배 강요로 인한 태화여학교 폐교 위기에서 이숙종이 경영 후임자로 간택됐다고 기술하고 있다. 당시 여러 기독교학교들이 신사참배를 반대하고 차라리 폐교하기로 결의할 움직임이 있었던 것은 사실이다. 현재 '성신25년사'는 자취를 찾기 힘들어 어떻게 편찬됐는지 확인이 불가하다. 이숙종은 민족혼과 민족교육을 내내 강조하고 있으나, 일제의 신사참배에 반대해 폐교위기에 놓인 태화여학교를 인수했다고 진술하는 것에는 분명 모순이 있다. 함부로 예단할 수는 없지만 이러한 주장은 학교경영을 위해 일제와의 타협을 전제로 하고 있다는 함의가 있어 보이기 때문이다. 이숙종의 진술을 위주로 했을 성신연사는 그래서 제한적이다. 대표적으로 1940년 3월10일자 동아일보는 '학생대의 분열식 만여 여학생 신궁참배'라며 "오늘은 륙군기념일이다. 경성부내 여자중등학교생도 약 1만명이 신궁참배와 시가지행진을 개시할터인데 참가학교는 21개교이다"라면서 성신가정학교를 비롯해 이화여전, 숙명여전까지 빠짐없이 참여한다고 전하고 있다. 직후 민족 경영 신문들이 모두 폐간되고 일제의 민족말살정책이 강화됐다. 매일신보를 보면 일제정책에 따라야했음이 꾸준히 드러난다.

'태화기독교사회복지관의 역사'의 서술이 보다 합리적이다. 빌링슬리 관장 취임 후 사업정비로 학교를 이숙종에게 인계했으며, 태화여학교가 태화사회관의 간판사업임에도 과감히 종결시킨 것에 대해 "한국인의 역량으로도 여성교육사업을 추진할 수 있는 시대적 상황이 됐다는 판단에서 그 같은 결단을 내릴 수 있었던 것"이라고 봤다. "일부에서는 일제가 신사참배를 강요해 선교사들이 태화여학교를 폐쇄하려 한 것을 이숙종이 인수해 학교를 살린 것으로 정리하고 있으나, 그보다는 빌링슬리가 관장 취임 후 사업점검 과정에서 태화여학교를 분리, 독립시키는 것이 효율적일 것이라는 자체 진단의 결과로 인계가 이루어진 것으로 보는 것이 타당하다"는 것이다. 킨슬러와 달리 빌링슬리는 학교의 존속을 계속 표명했고, 장로교와는 달리 감리교에서는 신사참배 문제가 학교경영에 문제점으로 제기되지 않았던 것도 그 근거로 들었다. 1936년 2월 빌링슬리가 쓴 편지에서 신사참배를 종교의식이 아닌 조상에 대한 예의로 해석해 신사참배 수용자세를 보여주고 있다는 것이다. 1930년대로 접어들며 일반 교육시설과 과정이 늘어나면서 예전처럼 배울 기회를 얻지 못한 부인들이 줄어들었고, 빌링슬리 관장은 교육사업보다 사회사업을 강조하는 것이 시대흐름에 맞다고 판단했다. 태화여학교와 태화유치원을 1차 사업축소대상으로 삼은 것은 두 기관의 경제적 자립이 이루어지고 있어 부득이 선교비를 투자해 태화사회관 사업으로 묶어둘 필요는 없다는 결정이었다.(태화여학교와 달리 태화유치원은 1960년대까지 운영이 됐다) 그러던 차 태화여학교를 관장하던 킨슬러가 1935년 7월 건강문제로 휴직하고 미국으로 돌아가 귀환하지 않고, 1936년 2월 자신과 북장로회의 철수를 통보했다. 학교는 존폐위기에 몰렸고, 1935년 10월 태화여학교 1, 2학년 학생 92명이 동맹휴학을 결의하고 주모자 10여명이 경찰에 연행된 것도 이러한 학교 상황과 연관이 있는 것으로 봤다. 킨슬러는 이 학교의 폐쇄까지 생각하고 있었으나 빌링슬리나 태화사회관 이사회는 존속에 무게를 두고 인수자를 물색했다. 이때 나선 이가 경성여자상업학교 교사로 근무하고 있던 여성교육자 이숙종이었다.

필자는 이숙종이 '전도부인'으로 본격적으로 사회생활을 시작했던 것이 아닌가하는 의문을 추적중이다. 그림을 그리며 병행했을 것으로 짐작되는 신문 기사들이 있기 때문이다. 태화 측에서 공을 들인 여학교를 넘길 때는 분명 독실한 기독교도, 특히 감리교인이라는 전제가 있었으리라 것 또한 이러한 추정을 가능케 한다. 이숙종이 졸업한 진명여자보통학교, 숙명여자고등보통학교 모두 한일 개신교 여성들이 주축이 돼 설립부터 참여했으므로 기독교의 영향을 받았음을 쉬이 짐작할 수 있고, 그 역시 개신교인임을 밝혀왔다. 성신역사관에는 그가 항상 끼고 읽던 성경도 여전히 전시돼 있다. 1981년 7월25일자 조선일보에 실린 '세계복음선교협의회' 창립 기사에 고황경, 김옥길 등과 기독교 원로 자격의 고문으로 참여한 것으로 나온다. 1926년 2월 일본 동경 여자미술학교 서양학과를 졸업하고 동경대 청강생, 북경대 연구생 등으로 있었다고 하는데, 1929년, 1930년 조선미술전람회에 2년 연속 입선하고 이후 '화가'라는 타이틀로 신문 좌담회 등에 참석한 기록이 있다. 여상 교사라고 신문에 등장하는 것은 1933년 이후다. 1928년 12월20일자 동아일보에는 이숙종李淑鍾과 한자까지 같은 이름의 여성이 "강원도 인제군 기린면 현리에 있는 기린교회에서는 거8일부터 1주일간 동안 남녀도사경회를 개최하고 인제읍에서 시무하는 이성석 목사와 전도부인 이숙종씨를 청빙하야 낮에는 성경을 인도하고 밤에는 강연을 하얏다는데"라고 보도되고 있어 동일인으로 볼 수 있다. 동보 1932년 4월11일자에는 "이숙종씨(前전도부인) 거4일 전근인사차" 본보인제지국 내방이라고 나와 있어, 이후 교사로 전직한 것으로 보는 것이 시기상으로도 맞다. 1932년 1월13일자 조선일보에는 "기독교조선감리회 홍천지방에서는 지난 6일 2시부터 홍천읍내 예배당내에서 홍순탁 감리사의 사회로 제1회 지방회를 개최한 바 제반 사무를 처리할 새 특히 이채를 띄운 것은 지방적으로 처음인 여전도사 파송이 있었다는데 제1회 여전도사로 임명된 이는 이숙종씨라 한다"고 나와 강원도 지역에서 지속적으로 사역한 것으로 짐작된다. 좀 더 확인이 필요한 사안이다.

3장

서울여학생운동으로 발화한
성평등교육

1932년 10월17일자 동아일보에 실린
'브나로드 대원 위안회 광경' 사진.
조선인의 문맹률이 80%에 달하던 시기,
농촌계몽운동에 참여한 2700여명의 남녀학생 중
1000여명이 모인 해산식을 카메라에 담았다.
흰저고리 차림을 한 여학생들의 참여가
두드러진 것을 볼 수 있다.
매년 참가 명단에서 태화여학교생도의 이름들도 확인된다.

각성한 여학생들의 자발적 향학열

성신의 전신 태화여학교가 한국 근현대교육사에서 가장 독특한 점을 꼽
으라면 한국여성들에 의해 자발적으로 생겨난 교육기관이라는 사실이다.
보통 정규학교는 창립자의 선구적 뜻에 의해 설립되고 학생을 모집해 운영
하게 되는 것이 일반적 수순이다. 국·공립 외에는 설립자로 모셔지는 이들
이 있기 마련이고 이들의 동상 등을 세워 기념하는 것이 일반적이다. 대부
분 여학교들도 선교사에 의해서나 여성교육에 뜻을 가진 선각자들에 의해
시작됐다. 태화여학교는 시대적 요구에 부응한 한국여성들의 요청으로 시
작된 매우 이례적 학교다. '태화기독교사회복지관의 역사'는 태화여자관의
처음 일들을 네 분야로 정리한다. 첫째 협성여자성경학원, 둘째 실업교육,
셋째 야학, 넷째 여학교를 시작한 일로 각각 나누어 구분한다. 여학교에 대
해서는 "태화여자관측이 주도적으로 벌인 것이 아니라 상황이 요구해 시

작한 일이었다"고 명확히 거론하며, 선교사들을 인용했다. 마이어스의 보고서는 "이 해 가을 야학교를 개강하려는데 우리는 거절할 수 없는 강한 요구를 받고 있었다. 서울 시내 다른 초등학교 수준으로 해달라는 것이었다. 그러려면 교사도 더 필요하고, 교과목도 개정해야했다. 우리 사업은 우선적으로 사회사업이었다. 그런데 우리가 한국인들에게 이런 말을 하면 그들은 '우리가 남들에게 뭔가를 해주려면 우선 우리가 먼저 교육받아야 합니다'고 대답했다. 결국 우리는 서울에서 부인들을 위학 학교를 시작하지 않고는 안 되었다"고 기록하고 있다.

민중, 그것도 이름 없는 여인들이 주체가 돼 학교설립을 요청해 이뤄냈고, 그 학교가 현재 국내 유수 4년제 종합여자대학교로 발전했다는 사실 자체가 유례없는 하나의 기적이다. (양반가 딸 중에서도 소수를 제외하고는 당대 여인들에게는 실제 이름이라는 것이 없었다. 호적에도 족보에도 오르지 못하기에 공적 성명이 필요없는 사회적 무존재였다. 아기, 간난이, 언년이 같은 일반명사나 섭섭이, 이쁜이, 큰년, 작은년 등으로 집안에서 적당히 부르다가, 성씨나 출신지로 호명됐다. 신분이 있는 집안에서는 친정의 성을 따라 'ㅇ씨부인'으로 불렸고, 아이를 낳은 후 아이이름을 붙여 'ㅇㅇ어멈'이라 부르는 식이었다. 조선간호부회를 만든 간호선교사 엘리제 셰핑(한국명 서서평)은 광주에서 1920년대초 조직한 여성성경반에 참석한 300여 명의 여성대부분이 자신의 이름을 가지고 있지 않았다고 미 남장로회 선교부에 편지로 보고했다. 셰핑은 한바탕 중병을 앓았다고 느낄 만큼 힘들게 이들의 이름을 지어줬고 "이들이 자신의 이름을 통해 처음으로 자기정체성과 자존감 및 인격의 중요성을 깨닫게 됐다"고 했다. 장로교에서는 셰핑이 세운 여성신학교인 이일학교를 현 한일장신대의 전신으로 삼고 있다. 민간지 최초 여기자인 최은희조차 정식 이름이 없이 '총각'으로 불렸다고 한다. 여학교에 입학하면서 출생지인 황해도 은천면을 따라서 은희라는 이름을 얻었다.)

3·1운동이라는 민중이 일으킨 혁명의 파장과 그 발원지 태화관의 장소적 힘이 오랜 기간 규방이나 부엌, 집안일에 묶여있던 여성들을 자극해 만들어낸 혁신이자, 배움의 때를 놓쳤지만 이를 보충해 뒤처지지 않고 살아보겠다는 갈급한 욕구가 만들어낸 이변이다. 영웅사관에 대치해 민중을 '역사의 주체'로 보는 '민중론'이 제기됐지만, 이중 여성의 몫을 제대로 평가하는 여성사적 시각이 얼마나 고려됐는지는 의문이다. 식민지 압제와 전근대적 여성의 처지라는 이중의 압박을 받고 있는 조선여성들이 깨어나 이룩한 대사건으로 반드시 재평가 받아야할 것이다. 같은 시기 어느 나라에서도 여성의 반식민지 투쟁이 이처럼 활발하게 일어났던 곳은 없었다. 이는 여성해방 물결로 이어졌는데, 당대 상황을 보자면 더욱 놀라운 일이다. 1920년 한국 아동취학률은 3.7%로 당시 재한 일인 아동취학률 91.5%와 엄청난 격차를 보였다. 1928년말 남녀 중학생 수는 조선인 학생수는 전체 인구비 3.4%, 일인 학생수는 20%였다. 한국인 여학생은 일인 여학생의 절반 정도이고, 한국인 남학생의 3분의1 정도였다. 1930년에도 전인구의 80%정도가 문맹이고 여성은 그 정도가 더 높았다. 주경야독하려는 여성의 바람이 야간외출과 야학을 허락하지 않는 아버지나 남편에 의해 1차적으로 훼방받기도 했지만,[143] 한국여성의 강인함과 열의는 이 모든 것을 뛰어넘고 있었다.

서양인 선교사에게 직접적으로 전달받은 앞선 서구사상, 교육받은 여성의 등장, 전도부인들이 각 지역 깊숙이까지 만들어낸 네트워크, 3·1운동 여파로 탄생한 민족언론 등 시대적 조건들이 어우러져 증폭된 향학열은

---

143 신영숙 '항일여성기록', 롤링북스 2021

지방에서까지 서울로의 유학을 부추겼다. 마이어스는 "그런데 실은 서울만의 학교는 아니었다. 왜냐하면 신문들이 이 사실을 알고 감격해서 기사를 내는 바람에 전국 지방에서 많은 여성들이 올라왔고, 결국 학생들을 위해 기숙사까지 만들어야 했다"고 보고하고 있다. 지방에서 올라온 부인들은 대부분 극빈자들이었지만 배움에의 열기만은 더할 나위 없이 뜨거웠다. B 베어(한국명 배의례)는 1925년 보고서에 "이들 대부분은 거의 굶어 죽을 정도에까지 이르러, 그들의 집을 방문해보면 가슴이 찢어질 듯 아플 뿐이다. 그러나 배우려는 의지는 더없이 강하며 지식을 조금이라도 얻을 수 있다면 어떤 희생도 기꺼이 치르겠다는 심정들이다"며 사연과 사정을 구구절절 전한다. 전국 방방곡곡뿐 아니라 해외 동포사회에까지 퍼진 3·1운동이 우리민족의 정신세계에 미친 영향은 이토록 컸다. 근대적 주체로서 스스로를 발견한 노동자, 청년뿐 아니라 여성층까지 지식과 배움을 향한 갈망을 표출하기에 이른 것이다. 사회사업을 우선하려는 선교사들에게 교육받기를 청해 정규학교가 설립되게 된 것은 우리 민족이 수동적으로 외국인의 혜택을 받은 것이 아니라, 능동적으로 계몽되고 개화하기를 원했다는 실증이다. 또 서울에 거주하는 부인들만 대상으로 해보자 하던 것이 지방에서 몰려든 여성들로 인해 부득이하게 기숙사까지 운영하게 됐다는 점도 그 적극성을 반영한다. 아사의 위기에 이른 가난에서도 자발적이고 주체적으로 들끓는 교육열로 이를 타개해나가려 한 진취성이 두드러진다.

당시 신문보도는 태화여학교의 명성이 어디까지 뻗어나갔는지를 잘 보여준다. 만주(중국 북동부), 연해주(러시아 블라디보스토크), 혹은 간도라고 불리던 지역, 더 나아가서는 하와이 등 미주까지 우리민족의 이주가 이뤄져있었는데 이곳 동포들도 태화여학교로의 역유학을 선택하고 있어 흥미롭다.

북간도 출신 민족시인 윤동주(1917~1945)가 일본으로 유학하기 전 1938년
서울로 와 연희전문에 입학한 것을 연상시킨다. 1921년 5월5일자 매일신
보는 '해삼위海參崴조선인학생음악단 중 박기순양은 태화여자관에 입학하
여, 조선말과 조선의 역사를 연구수득하며 고국에서 지내고자'라는 기사를
실었다. 중국은 블라디보스토크를 해삼위라고 칭했는데, 이를 따른 지역명
이다. '소피아 박'이라는 유려한 알파벳과 서툰 한글로 '박기순'이라고 사
인한 명함을 함께 실은 이 인터뷰 기사는 "조선말을 잘 하지는 못하나 소통
할 만큼 하는 박소피아가 어린아이 같은 발음으로 '이번 조선으로 올 때 우
리 어머니는 오지 못하게 하였으나 나는 조선사람으로 우리의 부모가 성장
한 곳을 보지 못하면 더 유감 되는 일이 없다고 말하고 금번에 함께 서울로
왔다'며 '두 달 안으로 다시 고국으로 돌아와 지금 신설한 태화여자관에 입
학해 조선역사를 연구하고 수놓는 것을 배우겠다. 조선사람으로 조선말을
못하니 여기서 더 답답한 일이 어디있냐'고 말했다"는 내용을 전한다. 1925
년 10월21일자 조선일보에는 '종로서에 양장미인' 제하로 "10여일전 노국
해삼위로부터 들어온 '강 아킨니야'라는 여자로 귀국목적을 태화여학교에
입학하고자함이라고 밝혔으나 장시간의 심문을 통해 해삼위 적색무관학교
에 재학중이던 조선인 청년이 경성에 들어온 흔적이 있어 그 여자를 불러
물어본 듯하다"는 기사가 실리기도 했다.

　'태화관'이 가지는 장소적 위상 덕인지 고려인 여성들이 고국을 배우기
위해 진학할 때 태화여학교를 선택하는 경우가 꽤 있었음을 보여주는 기록
이 또 있다. 소화8년(1933년) 11월28일 일제가 남긴 경찰신문조서에 나오는
증인 박안나는 러시아 출신으로 태화학교를 다닌 것으로 진술한다. '3·1운
동1주년선언문 배포사건·십자가당 사건'에 관련 조서로, 1933년 4월 강원

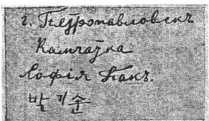

왼쪽은 1921년 5월5일자 매일신보에 실린 고려인 동
포 박기순 사진. 태화여자관 입학 의사를 밝혔다.
오른쪽은 박기순의 사진과 함께 실린 그의 사인.

도 홍천에서 기독교인들이 십자가당이란 비밀결사체를 조직해 항일투쟁을
전개한 민족운동이다. 박안나는 이 사건으로 1년6개월형을 선고받은 유자
훈의 부인이었다. 명치36년(1903년) 1월13일생으로 "5세때 부모를 따라서
러시아로 가서 러시아에서 16세때 유자훈과 결혼했다. 내가 20세때 남편
과 함께 조선으로 돌아왔는데, 내 학력은 러시아에서 보통학교 3학년을 마
치고 경성 종로에 있는 사립 태화학교를 졸업하고 다시 정신여학교 고등과
2학년을 수업했을 뿐이다"고 말하고 있다. 이후 성신으로 인계되며 하와
이 교포 등이 고국을 배우기 위해 진학하기도 했고, 필자가 대학을 다니던
1990년대에도 남미 동포 등이 재학하기도 했다.

1922년 4월7일자 매일신보는 '가정부인까지 공부열, 시집을 버리고 몰
래 서울로 공부차 왔다'는 다소 충격적인 기사를 싣는다. "평양 황금정에
서 잡화상하는 윤광록(19)의 처 김재복(21)은 예수교학교에서 공부를 하다

가 작년 어느날 윤광록과 화촉의 성전을 맺고 오늘날까지 내외의 금슬이 매우 화락하야 오더니 요사히로는 사람의 처로서의 생활보다 먼저 배화야 겠다하고 지난 1일밤에 돌연히 정든 가정을 떠나 약한 여자의 외로운 몸으로 멀리 서울을 향하야 올나와서는 방금 태화여자관에 입학수속을 하랴는 중이라는대"라며 양 집안이 발칵 뒤집힌 사례를 보도한다. 그만큼 누가 시키거나 보내서 학교를 찾은 것이 아닌, 배워야겠다는 자성과 자각이 가출을 감행할 정도로 얼마나 열성적으로 행동화됐는지를 엿볼 수 있다. 2장에서 언급했던 황해도 은율군 과부 김경근이나 경북 안동군 권씨처럼 지방에서도 적극적으로 배움을 찾아 상경, 태화여학교에서 교육받은 여인들이 있었다. 하지만 이들의 생의 방향은 극명하게 갈렸다. 시대적 한계와 더불어 지역색이 가지는 개방의 정도도 크게 상관이 있어 보인다. 1925년 통계를 보면 전국 여학생 총수가 2795명이며 이중 서울을 포함한 경기지역 985명, 황해도 390명, 평남 355명, 평북 176명 순으로 서북, 관서지방의 높은 여성 교육율을 볼 수 있다. 기독교사상을 먼저 받아들였고 3·1운동 당시 첫째날인 3월1일 시위가 일어난 곳은 서울을 제외하고 모두 지금의 북한 지역이었을 만큼, 앞선 여성개화는 전민족적 거사에도 큰 영향을 끼쳤다.

시대일보 1924년 4월10일자에 실린 '태화여자관의 신규 기생과 첩은 입학불허 남과 가치 살기위해 배우랴는 기생과 첩들은 어대가 배우나'라는 기사는 당대 사회 분위기를 여러모로 시사한다. "시내인사동에 잇는 태화녀자관에서는 훌륭한 사람을 만들기위하야 누구를 물론하고 입학을 지원하는 여자에게는 입학을 허락하야왓스나 기생과 첩가튼 사람은 도모지 회개를 하지 안코 장래의 희망이 업슴으로 지금부터는 기생이나 첩가튼 사람은 절대로 입학을 허락지 안키로 하였다하며 또 현재있는 학생중에라도 첩

1926년 1월20일자 시대일보에 실린 '태화여자학생 본사견학' 사진 기사. "태화녀자학교 학생 5,6학년생 20여명은 18일 오후5시에 교원 정문택 씨외 4교원의 인솔로 본사를 견학하얏는데 공장과 긔계를 자세히 보고 '신문 한장이 이러케 심이드는줄은 몰랏다'고 감탄불이 하얏으며 회의실에서 다과를 논흐는 중에 금방된 자긔들의 사진을 다토아 본 후에 돌아갓다"고 전했다.

과 기생가튼이가 잇스면 단연히 퇴학을 식힐터이고 만일 가지를 안코 그래도 잇다할래도 졸업증서는 절대로 주지안켔다고 한다"면서 "배와서 남과 가튼 생활을 하여보랴고 애를쓰는 기생과 첩들이 인제는 배울 곳이 없게 되었다"며 문제의식을 뚜렷이 드러낸다. 입장을 발표한 선교사 애도시 양(2대관장 에드워즈)은 "그러나 나도 그러케하고 시퍼서하는 것은 아닙니다"고 밝히고 있어, 일부 학생들이 신분제의 편견에 사로잡혀있기에 생긴 일이 아닌가 한다. 한미한 신분으로 인한 사회적 차별을 극복하기 위해서 배움의 길을 택한 여성들이 있었지만, 이들에게 여전한 선입견을 떨치기는 어려웠다. 구한말 명문가인 민영환[144]의 며느리들도 인력거를 타고 태화여

144　조선과 대한제국의 대신이었던 민영환은 명성황후 민씨 집안 출신으로 고종의 외사촌동생이기도 했다. 대한제국 1905년 11월 을사늑약 체결에 반대해 자결했다. 태화여자관이 있던 바로 옆 공

자관에 다녔다고 하니 학비를 충분히 내는 귀부인 학생들의 항의가 영향을
미치지 않았을까 짐작해본다.

맹휴의 시대, 자주성 외친 여학생들

  3·1운동으로 전면 등장한 여학생들은 '동맹휴학'(맹휴)를 통해 저항의식
을 이어갔다. 1926년 6·10만세운동, 1929년 광주학생항일운동, 1930년 서
울여학생만세운동 등 거리로 나서 대형시위로 번지기도 했지만, 학교와 사
회에 대한 문제제기를 하는 방식으로서의 학생운동은 교내에서도 끊임없
이 지속됐다. 3·1운동을 기념하거나 일제의 식민지화 교육에 항의하는 민
족운동 차원도 있었지만, 불합리한 학교정책에 반발하는 성격이 강했다.
일본인화교육을 강요하는 숙명여고보에서 1927년 일본인 교사를 배척하는
맹휴가 3개월에 걸쳐 일어나 사회적 관심을 모았다. 기독교계 학교에서 동
맹휴학이 빈발했는데, 대다수는 억압적인 학교규칙 때문에 비롯됐다고 봤
다. (온갖 제약이 얼마나 심한지 주일에는 빈대를 잡지 말도록 하는 규정이 있을 정도였다고
한다) '인간문제' 작가 강경애가 주도했던 1923년 숭의여학교 동맹휴학 역
시 '기숙사 규칙 개정과 사감 퇴진'을 요구하는 싸움이었다. 당시 숭의여학
교는 '평양 제2감옥'으로 불릴 정도로 악명이 높았고, 강경애는 이 사건으
로 퇴학까지 당했다.[145] 선교사업이 갖는 제국주의적 성향을 인지하고 이
에 대한 반발도 작용했으리라고 보인다.

평동1이 민영환 자결터로 기념비가 세워져있다.

145 김미지 '누가 하이카라 여성을 데리고 사누 – 여학생과 연애', 살림 2005

　태화에서 일어난 맹휴는 위에 언급된 것들과 성격을 달리한다. 뒤에 따로 서술할 1930년 서울여학생만세운동을 제외하고도 태화여학교 내에서 일어난 두차례 동맹휴학이 언론에 보도된 적이 있는데, 넘치는 '주인의식'에서 벌어진 데모라고 보는 것이 맞을 듯싶다. 학교를 세우게 된 것은 학생들의 뜻과 의지로, 학교의 주인은 자신들이라는 인식이 분명했음을 알 수 있다. 동아일보 1924년 6월5일자 '태화여자맹휴 당국자태도강경' 제하의 기사는 "시내 인사동에 잇는 태화녀자관에서는 지난30일 오전에 4학년 재적생도 16명중 매일 통학하는 생도 13명에게 그중 5명은 한주일간 8명은 두주일동안의 명학처분을 하자 명학처분을 밧은 생도중 7명은 퇴학청원을 교댱에게 데출한 일이 잇은 후 오날까지 그대로 되어잇는데"라고 보도한다. 그 원인을 "태화여자관장은 감리교 여선교부 선교사이며 태화여자관도 감리교선교부에서 경영하는 것인데 지난달 28일부터 전조선교사대회를 태화여자관 대강당에서 열게 되었음[146]으로 학교당국에서는 학생들의 수업에 장해가 되리라 하야 두어 번 자리를 옮겼던바 학생들은 자기네들을 업신여긴다고 불평이 생겼다"고 전하고 있다. 동보는 이틀 뒤 6월7일자에 '동맹휴교는 아니라고'라며 교무주임 장귀련의 말을 빌려 해명기사를 냈다. 장귀련은 "처음에 4학년 학생 7명이 규측위반이 잇서서 2주일동안 정학처분을 하엿더니 거긔 불형을 품고 퇴학청원을 하엿스나 아즉 밧디도 아니하고 교댱으로부터 명학긔한이 지난뒤에 오면 곳 복교식힌다고 하엿슴으로 동맹휴학은 아니요"라고 인터뷰한다.

146　1924년 5월28~30일 서울 태화여자관에서 열렸던 제5회 남감리회조선여선교대회. 1920년부터 매년 한차례 전국 각지 교회에서 열렸고, 1928년 6월6~8일 다시 태화여자관에서 제9회 대회를 개최한다.

1924년 5월말 학생들의 동맹휴학을 '태화기독교사회복지관의 역사'는
학생들의 과도한 학구열로 인한 과잉반응으로 해석했다. 5월28~30일 제5
회 남감리회 여선교대회가 태화여자관에서 개최되면서 수업장소가 변경되
거나 수업내용이 부실해지자 학생들이 불만을 품고 수업을 거부했다. 선교
사들이 주동학생 13명에게 정학처분을 내리자 이에 반발한 재학생들이 퇴
학청원을 제출하고 등교를 거부한 것이다. 몰려드는 학생수에 비해 교육시
설이나 교사진이 빈약해 특히 자기 돈을 내고 다니는 중·상류층 부인들의
불만이 커진 것이 사실이다. 장귀련이 적극 중재해 보름 만에 원상회복됐
다고 한다. 이에 1926년 4월 태화여자관 이사회는 태화여학교와 협성여자
성경학교를 통폐합하기로 결정했다.(태화여학교 가사과와 성경과로 개편된다) 선
교사 입국초기 서양인 선교사에게 입양되다시피 해 무조건적으로 그들의
교육을 받아들이기만 했던 시기와는 또다른 분위기가 형성된 것으로 보인
다. 게다가 태화여학교는 16~40세 부인들을 대상으로 시작한 학교로 학
생들의 연령도 꽤 높아 그만큼 자기 목소리를 내는 주관이 뚜렷이 형성돼
있는 비율이 많았다. 3·1운동으로 발화된 민족적 자존심도 한몫했다. 타학
교에서도 외국인 선교사나 일본인 교사에 대응해 민족차별을 하지 말 것을
요구하는 맹휴가 많았다. 한국인 교사를 많이 채용하고 이들에게 동일봉급
을 주고, 한국인 위주로 교육을 실시할 것, 학우회·교우회의 자치를 허용
할 것 등을 내세웠다.[147]

1925년 태화에 합류한 선교사 B 베어에 대한 기사는 서구인의 도넘은 고
압적이고 독단적 태도를 참고 견디지만 않겠다는 당시 시대상을 보여준다.

---

[147] 김정인 '일제강점기 경성지역 여학생의 운동과 생활', 서울역사편찬원 2020

1924년 10월24일자 시대일보는 '의정여교 교육위원이 선교사를 불신임 광폭자의감행한 백인' 제하, '교인전체를 모욕하고 전 조선민족을 무시해'라는 부제의 해주 발 기사를 보도한다. "목사와 전도사3인, 전도부인1인 합계 6인으로 해주남본정 의정학교와 해주유치원 교육위원회를 조직하고 규칙을 정해 학교일을 협의해오던바 배의례 교장이 태도를 바꿔 교육위원은 학교에 책임이 없느니, 만기가 되었으니하며 규약을 위반하며 자의를 고집하는 야비한 품성을 가진 선교사는 자격이 없다는 것이 첫 번째 이유"라며 교장 불신임을 의결한다. 또 "지난봄 의정여학교 교원 박순실의 사건도 그리 중대한 사실도 아닌데, 통지도 없이 교사회에 제출해 사실이 세상에 알려져 경찰력을 이용해 박순실을 교실에서 내쫓게 하는 교장의 자격과 위신이 없는 것, 당지 제일공립보통학교 교원으로 있는 김현수군을 교원으로 초빙하기로 교육위원회에서 가결했는데 사표제출 후 군당국에 채용치 못한다고 하고 다른 교원을 즉시 초빙해 김현수군의 장래를 낭패케한 불정직하고 간사한 것" 등을 꼽았다. 특히 "배의례가 교육위원에게 보내는 답장 중 '나를 배척하면 조선민족에 무슨 유익이 있으랴' 하는 문구와 '우리학교에 조선인의 권리가 있으려면 조선인의 금권을 지출해야한다'는 등 조선인 전체를 무시하고 교장으로서 인격이 없는 것"을 고발했다. 이어 12월9일자 동보는 '배교장을 성토, 교인들이 예배당에 모여 전 의정여학교장을 성토'를 보도하고, 이듬해 1월23일자에도 '배의례의 성토회 연기, 본부의 주선으로 화해키로 권고해'라는 기사가 실린다.

조선일보 1924년 11월25일자는 같은 사건에 "배의례는 경성태화여자관으로 전근됐다"고 전하며 "어느편이 옳고 어느편이 그른지 흑백을 분별키 어렵다더라"고 중립적인 입장을 취한다. 동보 1925년 1월1일자에 "태화유치원은 현재 서양부인 배의례씨가 경영하는 중이다"고 소개한다. 이 소식을 알게된 배의례성토위원회는 상경할 것을 예고한다. 이어 1월8일자는 "해주남본정, 남욱정 두 교회의 직원으로 조직된 해주 의정여학교 전교장 배의례성토위원회는 배의례 같이 불법행동을 하는 선교사를 징치하지 않고 여전히 교역자의 중임을 맡기는 것은 민중을 무시하고, 우리조선교육계를 모욕하는 것이라해 전 성토위원들은 더욱 분함을 참지못하고 적극적으로 배의례 배척운동을 실행하기 위해 3인을 경성에 특파해 성토회를 열려 14일경 경성으로 갈 예정이더라"고 보도한다. 이후 배의례에 대한 소식은 1925년 3월30일자 조선일보에 "금년 4월부터는 일층 새로운 면목으로 서양부인 배의례씨가 교육부를 경영하게 됐다"고 태화여자관의 확장을 알리는 기사에 등장하고 있어, 갈등이 일단락 된 것으로 추정된다. 분명한 것은 조선인을 무지몽매한 야만인이나 일방적 수혜자 취급하는 인종차별의식을 가진 선교사들도 존재했고 일제에게서도 탄압받고 있었던 우리민족은 이런 대우를 참고만 있지 않았다는 사실이다.

태화여학교내의 맹휴사건은 11년 뒤 다시 신문지면을 장식하게 된다. 1935년 10월25일자 동아일보 '태화여생도 십수명검속' 기사는 "동교에 과거 16년간 근속한 교무주임 장귀련 여사와 1학년 담임 김운경[148] 여사와 그 남편 되는 교원 양성민씨 등 3교원이 지난 12일 돌연 사직하였다고 한다. 이 의외의 소식을 접한 학생들은 그 사직이유를 알고자 하였으나 교장

---

148 당대 발행된 '기독신보'와 이를 인용한 글 등에는 '김우경'으로 나와있으나 '김운경'이 맞는 표기로 보인다. 1929년 '의열투쟁' 관련 서응호 경찰신문조서에 김운경金雲卿과 양성민이 태화여학교 교사로 나와있다. 무장항일투쟁을 벌인 의열단 간부 서응호(일명 서의준)이 "태화여학교 교사 김운경 댁을 방문했다", "태화여학교 교사 양성민(당 31세쯤)에게 취직처 주선을 의뢰했다" 등의 진술을 한 것이 기록돼있다.

은 분명한 대답을 하지 아니하므로 이상 3교원을 복직시키라 맹휴를 일으 키어"라고 전하고 있다. 동맹휴학의 이유에 대한 정확한 기록은 찾을 수 없 으나, 학교가 존폐위기에 놓이자 이를 반대하려는 움직임이 아니었나하는 정황이다. 이 보도를 통해서도 당시 여학생들이 선교사들의 미온적 태도 에 비해 교육에 대한 의욕과 주체적 의지가 얼마나 컸는지를 엿볼 수 있다. 주도적으로 교육현장에 참여한 여학생들은 어렵게 배움의 기회를 얻은 만 큼 수업에 소홀히 하는 것을 용납지 않았다. 이 두 차례의 재학생 스트라이 크는 당시 발행되던 동아일보, 조선일보 뿐 아니라 조선신문[149], 시대일보 [150], 조선중앙일보[151] 등의 신문에도 주요하게 보도된다. 결국 이런 사건들

---

149 1908~1942년 한국에서 일본인이 발행한 일본어 일간 신문이다. 경성일보京城日報, 부산일보釜山 日報와 함께 당시 한국 내에서 발행된 일본어 3대 신문 중 하나다. 1908년 11월20일 발행 인가를 얻어 12월1일 발행됐는데, 이전에 인천에서 발행되던 조선신보朝鮮新報와 조선타임스가 합병돼 창간된 신문이다. 인천은 조선이 개항되면서 부산과 함께 일찍이 일본인 거류지가 형성된 곳이 다. 인천의 일본인 거류지를 배경으로 주로 상업 관련 정보를 취급하던 신문이 조선신보-조선신 문이었다.

150 1924년 3월31일 창간된 한국어 민간 신문이다. 3·1운동의 성과로 일제는 소위 '문화통치' 정책을 취하면서 한국인이 발행하는 민간 신문 3종에 대해 1920년 발행을 허가했다. 동아일보, 조선일 보, 시사신문時事新聞이 그것인데, 이 중 시사신문은 친일파 민원식이 발행한 신문으로 신일본주 의를 내세운 대표적인 친일단체 국민협회의 기관지였다. 1921년 2월 민원식이 애국청년 양근환 에 피살되자 곧이어 발행이 중단되었다. 시사신문 폐간으로 남은 1종의 신문 발행권은 1922년 7 월 신문스타일의 시사주간지 동명東明으로 넘어가 9월 창간호가 발행되었다. 최남선이 주도했던 동명은 일간지로 전환하기 위해 1923년 6월 마지막 호를 낸 후 잠시 발행을 중단했다. 1923년 7 월 최남선이 사장에 취임하고 '시대일보'라는 새 제호로 발행 허가를 인계해 1924년 3월31일 창 간호가 발행됐다. 이로써 명실공히 한국인 발행 민간3대신문 시대가 열리게 됐다. 최남선은 대 한제국기부터 이름을 날린 지식인으로 3·1운동에서 기미독립선언 초안을 작성해 투옥됐다가 1921년 석방됐다. 편집국장 진학문은 오사카아사히신문大阪朝日新聞 서울지국에 근무하다가 동 아일보 창간에도 관여했던 언론인이다. 보천교, 홍명희 등에게 연이어 넘어갔으나 재정적 난관을 극복하지 못하고 1926년 8월 중순 해체됐다. '시대일보'의 발행 허가가 취소되면서 새로운 한국 어 민간지로 '중외일보中外日報'가 창간됐다.

151 1933년 3월7일~1936년 9월4일 발행된 한국어 민간신문이다. 동아일보·조선일보와 더불어 한 국어 3대 민간 신문의 하나인 중외일보가 1931년 11월 중앙일보로 제호를 바꾸고 새롭게 출발하 였지만 재정난은 해결되지 않고 지속됐다. 사장이 공석 중이던 1933년 2월 사회적 명망이 높은 여운형이 중앙일보의 신임사장으로 취임하고 얼마 후인 3월7일 제호를 조선중앙일보로 바꿨다. 1936년 8월 손기정 선수가 베를린올림픽 마라톤에서 금메달을 따자 조선중앙일보는 8월13일자

을 삼낭하지 못한 선교사들에 의해 학교 경영권이 한국인 이숙종에게로 넘어간다. 또 당시 신문들을 봐도 선교사들이 운영하던 여러 기관을 조선인이 자체적으로 할 수 있어야 한다는 여론이 많았는데, 이런 시대적 흐름을 탄 결과이기도 하다. 한편으로 일제는 신사참배 저항의 배후에 선교사들이 있다고 판단하고 이들을 탄압하는 동시에 회유하기도 하면서 여러 압박을 넣었는데, 이와 관련된 영향도 없지 않아 있었을 것이다.

조선중앙일보는 1935년 10월 25일자 '태화여교 90생도 돌연맹휴를 단행'이라며 2면 톱기사로 무려 4개의 기사를 연속 보도해 눈길을 끈다. '노상에서 등교생을 방해하든 10여명 경찰에 피검' 제하로 학내 소요사태에 경찰이 개입한 상황을 구체적으로 알렸다. "소관 종로서 고등계에서는 제하경부보이하 목량, 김 량 형사부장 등 수명의 형사대가 현장에 이르러 로상에서 등교를 방해하는 전기압잽이생도들중 동교 1년생 박영선(27) 이인수(21) 등 13명을 인치하고 동서에서 엄중히 취조중이다"고 썼다. 이어진 '동맹휴학의 원인은 2선생퇴직문제, 유임을 교장에 청햇스나 불응, 피검생 대부분 석방' 기사에서 "경찰에 인치한 13명 생도에서 대개를 모다 참고심문을 마치고 돌려보내고 수모격 박영선과 이인수만은 검속하고 계속 취조를 하게 되었다"고 전한다. '그 선생님들은 잘 가리키든 분, 1년급 모생도 담' 기사는 "참으로 장귀런 김운경 양 선생님들은 우리들에게 가장 잘 알도록 가르쳐주는 분들이엇세요 그래서 넘우도 의외에 별안간 나가시게되어 우리는 그 선생들의 사직이유를 아는 동시 유임운동을 하기 위해서 맹휴를 한 것

보도 사진에서 시상대에 선 손기정 선수의 유니폼에서 일장기를 지웠다. 정간 처분을 피하기 위해 9월 4일 신문에 자진 휴간을 선언하고 다음 날부터 무기휴간에 들어갔다. 1년 가까운 사실상의 정간 기간 동안 재정 상황은 재기 불능 상태에 빠져 버려 복간은 실현되지도 못했다. (1965년 창간된 지금의 중앙일보와 다른 신문이다)

이랍니다"는 재학생 인터뷰를 싣는다. 또 '책임자로서 미안천만한일, 선생들의 퇴직은 목진, 미스 삐링슬리 교장 담' 제하로 "맹휴원인에대해서 일부에서 여러가지 말이 만으나 그것은 전부무근한 소문이요 단순히 양 선생과 서기가 자기네들의 사업상 자진하야 사직한 것에 대한 곡해를 가지고 동요된 듯합니다"고 빌링슬리 관장의 인터뷰도 게재한다. 결국 다음날인 26일 '태화여교맹휴 원만히 해결되여 25일 아츰 생도대부분 등교' 라며 "그들의 동요배후에 하등의 사상관계가 업서보여 동일밤까지 취조를 마치고 인치한 나머지 생도를 전부 석방하얏는데"라고 전한다.

교육받은 여성의 임무, 농촌계몽운동

여학생들은 이런 열성적 학업의지를 사회적 실천으로 표출하며 교육의 가치를 증명해냈다. 기독교계 학교인 만큼 성탄일에 벌인 선행이 신문에도 보도되기도 했다. 1924년 12월25일자 시대일보는 '밥과 옷을 빈민에게 주어 태화여자의 미거' 제하의 기사에서 "시내 인사동 태화여자관에서는 교원과 생도들이 멋푼식의 금전을 모아 300여원에 달하는 적지안흔 금품을 가지고 쌀과 나무와 의복들을 준비해가지고 줄임에 울고 치움에 떠는 가난한 동포들을 위하야 시내 남대문밧례배당을 빌어서 작24일 오전10시부터 자선시를 버리고 쌀과 나무와 의복을 무료로 난호아 주엇는바 오정까지에 모인 빈민은 150명 가량이나 되엇섯스며 그 사람들은 길야정을 중심으로 미근동 중림동 광희정 등지의 사람들이엇섯다고 한다"고 전한다. 1925년 12월23일자 동아일보에도 '태화관구제사업'이라며 태화여자관 학생들이 점심을 폐지하고 모은 두 섬의 쌀을 동포들을 구제하는데 쓰기로 했고 민영휘씨, 박영효씨의 며느리 박원희 여사가 이 소식에 기부해 구제사업에 쓰게 했다는 기사가 나온다.

구국과 민족개조로서의 교육이 강조됐던 만큼 '교육받은 여성으로서의 책무'가 깊게 자리 잡았다. 특히 1920~1930년대에는 농촌계몽운동이 활발히 일어나면서 언론매체들에서도 시골의 부녀자들에게 한글을 가르치거나 일을 돕는 것을 장려했다. 조선일보가 귀향학생 등을 모아 '문자보급반'을 운영한데 이어 1931~1934년 동아일보가 4회에 걸쳐 전국규모의 문맹퇴치운동을 전개하는데, 러시아어로 '민중속으로 가자'는 뜻의 '브나로드운동'이라고 이름 붙여 학생들의 참여를 독려했다. 또 학생들의 농촌개발을 위한 여러 가지 계몽운동을 상록수운동이라고 불렀는데, 1935년 동아일보사의 '창간15주년기념 장편소설 특별공모'에 당선된 심훈의 작품 '상록수'는 협성여자신학교 재학 중 농촌부흥운동에 뛰어든 실제인물 최용신을 모델로 해 크나큰 영향을 끼쳤다. 1970년대까지 이 작품에 감화 받아 농촌지도사 등을 지망하는 여학교 출신들이 많았다고 한다. 1980~1990년대 활발히 진행됐던 대학가 '농활'도 이런 전통을 잇는 행사다.

브나로드운동에도 태화여학생들의 참여가 확인된다. 동아일보는 이 운동을 시리즈로 대대적 보도를 하고 있는데, 1931년 8월7일자 '제1회 학생브나로드운동'에 부천군 소래면 무지리에서 시작된 팀에서 태화여자관 김효경이 보조강사로 참가하고 있다고 거명된다. 이듬해 1932년 7월30일자에도 '2000계몽대활동개시 3000리 촌촌에 글소리 낭낭'이라며 '제2회 학생브나로드운동 각지대원소식'을 전한다. 경성부에는 생도 500여명을 가르칠 선생 29명으로 여러 학교 학생들이 파견됐고 이중 박순희, 이금동 등이 태화 재학생으로 목록에 올랐다. 1934년 6월27일자에는 "지난25일로 편의상 막음을 하엿섯는데 막음한 이튼날 또다시 11교 148명이 참가하였다. 이는 오로지 기극한 이 문맹민중을 사랑하고 그들을 불상히 녀기고 그들의 동무가 되려는 순진한 마음에서 시일과 기한을 조금도 괘렴치 않고 나온것이매 그 갸륵한 정성을 어찌 막으랴!"며 마감이 된 후에도 신청학생들을 받아줬음을 알린다. "막음이후로 …태화9명을 비롯하야"라고 이들의 이름과 파견지를 게재하는데, 성초애, 신옥석, 박정옥, 김정애, 유순남, 박응천, 김옥경, 서명숙, 김종옥 등 9명의 성명이 모두 실렸다. 6월28일자는 '계몽문화운동제일선에 75교 정예 2320명 동원'이라며 "학생 하기 계몽운동 막음안뒤 첫날 150명 둘째날에도 100여명의 참가를 보아 실로 끝일줄 모르고 뒤를 이어 동원되고 잇다"며 그 뜨거운 열기를 전한다. 추가된 학생 목록에 태화여교 학생 이덕희가 가평군 연하리로 파견된다고 나온다. 6월30일자 '진군준비를 전제한 2400용사들아!' 제하로 "본사주최 제4회 학생 하기게몽대원 동원식은 30일 오후8시경 성공회당에서 다음과 같은 순서로 열리게 되엇다"고 알린다. 78교와 별동대 포함 2419인이 최종 참가한다며 학교명과 대원수를 따로 보도하고 있는데, 태화여교에서 총 10명이 참여하는 것으로 나와있다. 브나로드운동은 이 해를 마지막으로 총독부의 금지조처로 지속되지 못했다.

한편 '태화기독교사회복지관의 역사'는 이후 가사교육 중심으로 과정 변화를 겪었지만 그럼에도 졸업생들 중 상급학교 진학률이 월등히 높았다는 점을 재학생들의 유별난 향학열의 증거로 봤다. 1929년 자료에는 졸업생 60명 가운데 상급학교 진학이 30명, 상업진출이 5명, 가정 및 기타가 25명으로 기록돼있다. 1928년 3월20일자 중외일보에는 '졸업생을 보내면서 선

중외일보 1928년 3월20일자 시리즈물 '졸업생을 보내면서 선생님들의 부탁' 16회에는 태화여학교 이일성 선생의 당부가 실렸다. '사진은 태화졸업생 일동'이라며 졸업사진을 함께 게재했다.

생님들의 부탁' 제하의 기사에 태화졸업생 일동의 사진이 실려 눈길을 끈다. 태화여교 이일성[152] 선생이 '자기의식을 노동하여 얻으라, 기생충 노릇을 피하고'라고 당부하고 있다. 그는 "작년과 재작년 졸업생 중에는 상업학교 지원자가 대다수였으며, 금년에는 잠업강습소 지원자가 대부분인 것으로 볼 때 참으로 기뻤다. 결혼문제에서는 중매결혼을 반대한다. 그런데 금년도 졸업생은 대부분 실업방면으로 나간다"고 말했다. 당시 교육의 가장 큰 걸림돌은 가난이었고, 힘들게 학업기회를 잡은 여성들이 진학한 태화 출신들은 직업부인이 되는 것을 많이들 목표로 하고 있었다. 이들이 결혼보다 경제적 자립을 먼저 추구하고 있는 것을 알 수 있는데, 당대 여성단체의 터전이 됐던 태화여자관에서 활동하는 여러 직업을 가진 여성들을 직접 접하는 것도 많은 영향을 끼쳤으리라 본다. 기존 조선에서 볼 수 없었던 생생한 체험학습이 눈앞에서 가능했다는 것이 다른 여학교들과 구분되는 태화만의 강점이라고 하겠다.

---

152 보성전문학교를 졸업했다는 것으로 보아 남자 교사다. 1932년 2월1일 발행된 '삼천리' 제4권 제2회에 실린 '5대학부 출의 인재 언,파렛드'에 보성전문 법과 제12회 출신으로 나온다. "교육계로 현 태화여학교 교감"이라고 언급된다.

태화여학교 재학생들의 면면 ─────

태화여자관 관련 자료들은 거의 소실돼 태화여학교 학적부 또한 찾아볼 수 없어, 재학했던 학생들에 대해서는 당대 보도나 총독부에 남은 조서 등을 통해서 간접적으로 파악해볼 수밖에 없다. 본문에 거론된 이름들과 신분 외에도 생도들에 대한 신문기사를 더 찾아볼 수 있어, 이를 적어두고자 한다. 이름 없던 여성들의 성명이 공적으로 호명된 것 자체가 이들의 존재감이 확인된 사건이기에 기록적 의미가 있다고 보기 때문이다. 매일신보 1922년 3월25일자 '난숙한 영어답사, 태화여자진급식' 기사는 "태화여자관에서 제1회의 진급식이 있었는데… 금년 진급에 특별히 우등희 성적을 얻은 김선덕양의 풍금독주와 찬양대의 '나사례인사람'이라는 합창과 김말봉양의 영어연설이며 임숙빈씨의 풍금독주가 끝나며 김선덕양의 답사로 최용진씨의 학사보고가 있은 후 회장으로부터 급장과 몇 우등생에게대하여 특별히 상장수여가 있음다음에 신알배터씨의 기도로 폐회되었더라"고 전한다. 이어 4월2일자는 '평화의 서품, 태화여자관 전람회' 제하로 "창립1주년 기념식을 거행하는 동시에 학예품전람회까지 개최했는데 … 그중에 2학년생 김춘혜양의 '평화' 서품은 필법이 놀랄만하였는데"라고 특별히 언급하고 있다.

매일신보 1927년 2월5일자 '경성의 우량아동' 시리즈 보도 3편에는 '태화재원 정양, 나이는 많으나 두뇌는 명석'이라며 정복례가 사진과 함께 소개됐다. "태화여자학교 보통과 4학년 정복례(20)양은 벌써 이십이라는 노숙한 나이로 재주가 비상한데 연령상관계로 이후에 학교를 계속하지못할지도 문제라하며 그가 제일 좋아하

1927년 2월5일자 매일신보
에 실린 정복례 사진.

는 학과는 산술 국어인바 그 신생님은 말하기를 '꽃다운 성격을 가지고 나이보아서는 퍽 어린모양을 가진 생도입니다. 좀더 공부를 하였으면 좋겠는데 어떻게 할지 아직 미정이라고 합니다'하더라"고 전한다. 또 조선일보 1926년 2월14일자 '경기학무과에 표창된 아동' 명단에 '태화여학교 4년 이칠영'을 찾아볼 수 있다. "본월 초순 경기도학무과에서 경기도내에 있는 관공사립 각남녀보통학교 전부를 통해 품행이 방정하고 성적이 우량한 모범적 생도를 한 학교에서 한 사람 혹은 두사람씩 뽑아 상품과 상장을 주었다"는 보도다. 매일신보 1928년 1월28일자 '우수한 보교아동 74명 표창' 제하 기사에도 '태화여학교 한정환'의 이름이 포함돼있다.

한편 당대 시대상을 엿볼 수 있는 사건사고 소식에서도 태화여자관 관련자들이 나오며 여성들의 대외활동이 늘어났음을 방증하기도 한다. 1924년 3월12일자 동아일보는 "시내 내자동 224번디에 사는 태화녀자관생도 정복윤(27)은 재작(그저께)10일 오후3시경에 시내 종로재판소압 명류장에서 의주통을 향하야 떠나가는 던차에 뛰여오르다가 떠러저서 머리를 닷치어 경성병원에서 치료 일주일 동안의 진단을 밧앗다더라"고 보도한다. 1926년 10월18일자 이 신문의 '계단붕괴로 군중추락 수십명중 사상7명' 기사는 중앙기독교청년회관에서 16일 밤 벌어진 참사를 전하면서 공립제2고등보통학교 3년생 박유영(17)군의 유족 중 매씨(누이) 박정임씨가 태화여자관 사감으로 재직 중인데 박씨 등이 이 참사 전날 밤 흉몽을 꾸었다는 이야기가 나온다.

지금과 다르지 않게 여학교에 침입하는 남성들이 과거에도 심심치 않게 존재했는데, 매일신보 1930년 7월4일자 '태화여자교숙사에 곤봉괴한 또 침입, 자는 학생의 팔뚝시계 끄르다 발견되어 일거둔주' 기사는 "3일새벽 3시15분경에 태화여학교 기숙사에서 동모4명에 같이 자고 있던 그 학교생도 임영옥(28)의 왼팔에 걸은 크롬 팔뚝시계를 누가 끄름으로 영옥이가 눈을 떠본즉 나이 23세가량 되어보이는 흰와이이셔츠에 흰양복바지를 입고 모자도 쓰지아니한 괴한1명이 자기의 팔을 만지고있음으로 영옥은 크게 놀라 소리를 지를때에 괴한은 손에들었던 장작가지로 영옥의 왼편 어깨를 몹시 때리어 이틀동안 치료를 요할 상처를 내고 도망하였는데"라고 피해자를 공개하고 있다. 여학교 기숙사 등에 강도가 드는 사건이 심심치 않게 보도되는 시절이었다.

'태화기독교사회복지관의 역사'는 "1930년 시도됐던 맹인사업이 1년만에 중단되며 일제시대 태화여자관이 시도했던 사업 중 실패한 유일한 경우였다"고 밝히고 있는데, 이에 앞서서도 태화여자관을 통해 시각장애인 교육을 시도했던 '조배녀'라는 장애인 교육자가 있어, 이름을 기록해둔다. 1925년 2월28일자 조선일보는 '여맹인을 위하야 강습소개설계획–눈어둔 조배녀양 주선으로 태화녀자관을 빌고자 교섭' 제하로 "조배녀 양은 말하되 자기는 나이가 28세로 5살부터 압흘 못보게되야 7살부터 13살까지 평양에서 홀 박사의 친절한 주선으로 맹아부의 학업을 마치고 일본에 건너가 맹아사범과를 졸업하고 조선에 도라와 이래6년동안 동대문안 부인병원에서 간호부를 교수하고 잇다는바 그는 조선안에 잇는 약7000~8000명의 자기와 가튼 처디에 있는 장님동무를 위하야 글이라도 가르치고저하나 데일에 경비문뎨로 아즉 실현하지 못하얏다하며 제생원에는 남자만을 교양함으로 전조선의 8000명 중 반을 여자로 처서 4000명의 불행한 녀성동무를 위하야 긔어코 강습과를 설립할 계획이라하며 방금 태화녀자관을 빌기로까지 하얏슴으로"라고 보도하고 있다.

1926년 5월 30일자 동아일보에 실린 피아노 치는 조배녀의 사진.

1926년 5월 30일자 동아일보에 실린 '영어와 피아노 잘하는 압못보는 조배녀양' 기사는 후일담을 전하고 있다. 조배녀가 "원래부터늘 생각하고 잇는 '눈못보는 이를 위하여 글을 가라처주자' 하는 목적을 다하기 위하여 작년에 태화녀자관에 일부를 빌어가지고 일변으로 신문으로 광고하며 혹은 백여서 '눈못보는 이에게 무료로 글을 가라처주마'고 선면을 하엿다고 합니다. 그러나 이 광고와 선전이 눈못보는 이에게는 전달되지 못하엿던지 한달두달을 기다려도 아모도 한분이 자긔를 차저주는 이가 업섯다고 합니다. 그러나 이래서는 아니되겟다고 결심한 그는 서울안에 잇는 눈못보는 녀자의 수효를 조사하여 일일이 방문을 하고 글을 가라처 주엇다고 합니다"는 일화가 실렸다. 몇 년 뒤 실행됐던 태화여자관의 맹인사업이 어려움을 겪었던 것과 마찬가지였던 것으로 보인다. 베어의 보고서는 "맹인 딸을 둔 것을 수치로 여기고 있고, 맹인 자녀를 무당이나 점쟁이로 훈련시키는 것이 최선의 생활대책이기 때문"이라고 실패요인을 분석하고 있다.

학생들의 신망받은 장귀련 교사 ─────

장귀련은 일본 기독교계 여학교 갓스이(현 갓스이여자대학)를 졸업한 유학생 출신으로 1916년이후 이화학당, 배화학당에서 영어를 가르쳤고, 태화여자관 개관 후 영어교사로 봉직했다. 태화여학교를 인계한 성신여학교로 다른 교사, 학생들과 고스란히 옮겨간 것으로 추정된다. 그의 이름이 당대 신문에 첫 등장하는 것은 1916년 5월17일자 매일신보 '광영있는 여학생-총독부에서 상금' 제하 기사에서다. "인천부 사정에 사는 모씨의 딸 장귀련이라는 여자는 그동안 내지에 유학해 사립활수여학교(나카사키 갓스이여학교)에서 학업성적 우등으로 졸업하고 또한 품행이 매우 단정한고로 이번에 총독부에서 상금으로 돈3원을 주었더라"고 해 굉장히 우수한 인재였음을 알 수 있다. 신문에 마지막으로 등장하는 것은 1951년 9월9일자 조선일보에서다. "여자의과대학 영어교수로 있든 장귀련여사가 9월10일부터 다동145번지에서 실용영어강좌를 개최하게 되었는데 회화전문반도 있다 한다"고 전하고 있다.

조선남감리회여선교대회 제2대 회장을 맡는 등 여러 직책을 거치며 교회에서도 활발히 사역했다. 1928년 4월 미국 내시빌에서 열린 미국 남감리회연서교회 창립 50주년기념대회에 한국대표로 파송되기도 한다.[153] 1920년 12월 조직된 조선남감리회여선교대회 초대 회장은 최나오미(1873~1949)가 맡았는데, 서울의 협성여자성경학원 교사로도 활약했고 1922년 시베리아 선교사로 선정돼 해외 파송된 최초의

---

153 이덕주 '한국 감리교 여선교회의 역사 1897~1990', 기독교대한감리회 여선교회 전국연합회 1991

한국인 어신교사로 기록된다.[154] 이 때 1,2대 부회장으로 '어윤희'가 임명된 것이 눈에 띈다. '개성 전도부인' 어윤희(1880~1961)는 3·1운동에 주도적으로 참여해 일경에 체포, 1년6개월형의 징역형을 받고 복역할 때 유관순과 한 감방에 있었다. 16세에 결혼해 3일만에 남편이 동학군으로 일본군과 싸우다 죽어 청상과부가 된 것으로 알려져 있다. 출감 후에도 독립운동을 지속했고 노년에 개성에 유린보육원을 설립해 고아사업을 하기도 했다. 제3대 회장은 이숙정이 맡았다.

한편 장귀련은 서양식으로 남편 성을 따 윤귀련 Eleanor Yohn 으로 표기되기도 한다. 남편 윤석규와 태화여자관 숙소에서 거주한 것으로 짐작된다. 1923년 8월19일자 동아일보에 수재의연금으로 '경성부 인사동 태화여자관 윤석규씨 50원'을 냈다는 보도가 있다.[155] 윤석규는 인기 강사로 여러 강연회에 불려다닌 것이 기사로 확인된다. 역시 영어 실력자였던 것 같다. 1933년 5월20일자 조선일보에는 서대문유치원 원장으로 소개된다. "서대문유치원은 지금으로부터 5년전 창설, 이후 2년간은 여선교회에서 경영해나가다 관계를 끊게돼 이를 애석히 여긴 장귀련 여사가 개인으로 유치원 경비를 담당하며 오늘까지 내려오게 됐다"며 "원장 윤석규씨는 부인 장귀련 씨와 힘을 합해 유치원 발전을 도모해나간다"고 언급된다.[156]

1924년 5월10일 시대일보에는 굉장히 흥미로운 기사가 사진과 함께 실린다. 우량아선발대회의 원조라할 수 있는 태화여자관의 첫 '아동건강회' 결과가 보도된 것이다. 1등상부터 3등상을 탄 아기들이 부모의 이름과 함께 소개되는데 1등상을 탄

---

154 기독교 대한감리회 역사위원회 편 '한국 감리교 인물사전', 기독교대한감리회 2002

155 이양의 감격이 넘치는 소년가극의 대회, 동아일보 1923년 8월19일

156 유치원을 차저서 [9] 유치원원유회를 압두고 서쪽의 꼿동산 아현과 서대문유치원, 조선일보 1933년5월20일

1924년 5월10일자 시대일보에 실린 '영아진단에 1등상 탄 아기' 사진. 가운데가 장귀련과 딸 윤혜원.

3명중 한명이 이들 부부의 딸이었다. "인사동194번지의 부친 윤석규(41) 모친 장귀련(33) 윤혜원(3개월)"이라고 명단에 실렸는데, 성황을 이뤄 500여명이 돌아가고 200여명만 건강진단을 한 가운데 뽑힌 아기들[157]이지만 주최측 관련자가 수상한 것은 좀 계면쩍다. 1924년 이후 '윤귀련'이란 이름으로 토론회, 여러 단체 등에 참여한 기사들이 나타나는데 장귀련과 동일인으로 보인다.

157　2세국민의 체질 가경할 영아진단성적 작8일에 재심하여 수상, 시대일보 1924년 5월10일

양성평등 여성교육·여권신장에 솔선

태화에서는 시대적 한계는 분명히 있었으나 양성평등의식의 맹아가 싹 터 오르고 있었다. 여성이 교육기회를 갖는 것 자체가 성평등이었고, 근대 교육은 여권의식 성장의 계기가 됐으나 조혼한 가정주부들은 여전히 교육 에서 가장 소외된 이들이었다. 이들을 주 교육대상으로 삼아 가정의 개조 를 노려 국민 생활 전반의 질적 향상을 꾀했다는 점도 높이 살 만 하다. 또 교육을 통해서 가정 내에서라도 대등한 부부관계를 맺을 수 있는 토대를 마련하려 했다. 마이어스에 이어 2대 관장이 된 L 에드워즈는 1924년 보고 서에 "이 나라 옛 풍습에 여성들이 지적 개발을 할 수 있는 기회가 없었던 탓에 소녀뿐 아니라 부인들을 위해서도 학교를 운영해야 할 필요가 생겼 다. 학교에 들어갈 수 있는 어린아이들에겐 시내 곳곳에 정규 초등학교가 있기에 우리가 그들을 위해 장소나 시간을 투자할 필요는 없다. 그러나 고등학교나 전문학교에 다닐 나이인데도 전혀 읽거나 쓰지 못하는 젊은 부인들을 수없이 만날 수 있었다. 이 부인들은 남편과 실질적인 동반관계를 맺을 수 있을 정도의 교육 받기를 갈망하고 있었고, 남편들도 부인들에게 그러한 기회가 주어지를 간절히 원했다"고 쓰고 있다.

에드워즈는 또 "정규6학년 과정을 4년으로 축소한 초급과정 정규학교를 개설했다. 학생들 나이는 14~25세인데 배우는데 열심이었으며 배운 것을 가정에 돌아가 실천해 보다 나은 아내와 어머니가 되고자 노력했다. 또 어떤 이들은 과정을 마친 후 고등학교나 협성여자신학교 등 상급학교에 진학하거나 전도부인이 돼 교회에서 지도자로 활약하기를 원하고 있다"고 했다. 실제 이화여전 문과 졸업생들의 학적부에는 8회(1934년) 졸업생까지 이들을 추천한 선교사들의 이름을 적는 난이 있는데, 여기에서 에드워즈의 한국명인 '애도시'도 '서울 태화관'으로 표기돼있어 태화에서 교육받고 대학까지 진학하는 사례도 있었음을 알 수 있다. 사실 여성교육이 또 다른 '현모양처 이데올로기'를 주입하는데 그친 것이 아니냐는 비판적 시점이 있으나 여성의 사회진출이 지극히 제한적 사회에서 가정의 개량 역시 쉽지 않은 과업이었다. '여필종부', '삼종지도'라는 유교적 가치가 지배하던 전근대 조선에서 아내가 남편에게 종속되는 것이 당연했다면, 부부생활에서 대등한 위치를 점유한다는 것도 남녀평등으로의 커다란 진보였다.

현진건이 1921년 발표한 단편소설 '술 권하는 사회'에는 동경유학으로 지식인이 된 남편의 고뇌를 전혀 이해하지 못하는 구식부인이 등장한다. 공부라는 것을 돈나오는 도깨비 방망이 정도로 여기고 있다. 남편은 조선 사회가 자신에게 술을 권한다고 말하지만, 아내는 '사회'라는 단어를 이해하지 못해 그저 요릿집 정도로만 생각한다. 결국 남편은 "아아! 답답해!"하면서 집을 나선다. 실제 신교육을 받은 후 조혼한 구식부인과 살기 싫다며 이혼하거나 시골에 방치하는 일들이 많았다고 한다. 당대 일반여성이 선택할 수 있는 대안은 전무하다시피한 상황에서, 생활의 전부라 할 수 있는 결혼의 유지를 위해서도 여성교육은 필수적이었다. 한편으론 신남성의 이상적 연애상대였던 신여성이 별 수 없이 '제2부인'의 처지에 처하는 경우가 생겼다. 농촌여성들은 '소'에 비유되며 고된 노동과 가사, 출산, 양육, 돌봄을 모두 담당해야했고, '효녀 심청' 설화가 말해주듯 가축처럼 팔려가는 일들도 여전히 있었다. 특히 중하류층에서 개화기 전 한국여성의 삶이란 상상할 수 없을 만큼 비참한 것이었다. 박경리 대하소설 '토지'에 나오듯이 '백정각시놀이' 같은 집단 성폭력 풍속이 있었고, 죄인의 처와 딸처럼 보호자가 없는 여성들은 조리돌림이 대상이 되기도 했다. 든든한 친정이라는 뒷배가 있는 상류층·부유층 출신들은 남편과 동등한 대우를 받는 것이 가능했을지 몰라도 법적으로나 관습적으로 아무 보호장치가 없는 많은 여성들에게는 해당되지 않는 얘기였다.

현재 아프가니스탄과 같은 일부 이슬람 국가에서 이뤄지는 '타하루시' 같은 집단강간문화, 해외 토픽에 날 만한 아내의 코를 베거나 폭행, 살해하는 '사형私刑'도 드물지 않았던 것으로 보인다. 한국 최초의 근대식 여성병원 보구여관의 간호원양성소에서 1908년 첫 간호사가 된 김마르다는 남편의 학대로 엄지손가락과 콧등 등이 절단돼 치료를 받던 여성이었다. 또 한 다른 한 명 이그레이스(이복업)는 양반집 종으로 괴사병을 치료받지 못해 불구가 돼 버려지자 이곳에서 수술을 받아 회복한 이였다. 전반적인 인권상황이 지금과 비할 바는 아니었으나 '남존여비' 풍조 하에 고아, 장애인, 과

부, 쫓겨난 여성들, 극심한 가난으로
술집이나 매춘시설로 팔려간 소녀들
이 기독교기관의 혜택으로나마 진전
된 삶을 찾았다. 문학적 소양이 풍부
해 많은 저술을 남긴 여선교사 와그
너는 "초경도 치르기 전에 딸을 시집
보내는 나라는 아마도 이 세상에 한
국 밖에 없을 것"이라고 조혼 풍습을
꼬집으며 시집살이를 종살이에 비유
하기도 했는데, 탈레반이 "여성의 첫
생리는 아버지의 집이 아니라 남편의
집에서 해야한다"[158]며 여아학대와
더불어 명예살인 등을 부추겨 여성의
인격을 말살하는 것과 전혀 다를 바
없는 상황이었을 것이다.

1938년 2월23일자 조선일보에 실린 한흥복
과 피도수 사진. 아래는 '결혼동지'.

　'태화기독교사회복지관의 역사'에는 태화여자관의 선교사들이 실질적
으로 인신매매에 처한 여성들을 구제한 사례들도 나와 있다. ＶＷ 피터스
[159](한국명 피도수·1902~2012)는 비참하게 팔려가는 여성들의 대속물을 지불
하고 구출한 일들을 기록했다. "한 처녀가 태화사회관을 찾아와 호소했는

158　"첫 생리는 남편 집에서 하라" 탈레반은 왜 여성에 악독한가, 중앙일보 2021년 9월1일

159　기독교 토착화에 힘쓴 피터스는 뛰어난 예술가이기도 했는데, 한복 입은 한국여인들을 담은 성화
　　　를 많이 남겼으나 한국전쟁 중 대다수 소실됐다. 1938년 선교사들의 반대를 무릅쓰고 이뤄진 한
　　　국여인과의 결혼은 당대 신문을 장식한 빅뉴스였다. 그의 평생은 한국, 한국인, 한국문화, 한복에
　　　대한 애정으로 점철됐다.

데, 그의 아버지가 자기를 중국의 나쁜 소굴로 팔아 넘기려한다는 것이었
다. 관장이 그 말을 듣고 한 독지가의 도움으로 그 처녀를 아버지에게 '사
서' 자유롭게 해주었다. 그가 올해 졸업했는데 동시에 관장 사무실에서 아
름다운 결혼식을 올렸다. 그 처녀는 우수한 백화점에서 판매원으로 일하고
있는 청년과 결혼했다", "또 한 처녀는 아버지에 의해 기생학교에 보내졌
는데 자신의 의지와 관계없이 그런 직업에 종사하게 돼 화려한 음식점에서
접대부로 일하게 됐다. … 한 청년이 그를 측은이 여겨 조용히 사정을 물어
보았다. 처녀의 사정을 듣고 난 그 청년은 그에게 태화사회관을 찾아가보
라고 했다. 그리고 그 비용을 정기적으로 보내줬다. 관장은 최근에야 이 사
실을 알았다. 관장은 혹시 그 청년이 처녀를 첩으로 삼으려고 그러는 것을
아닐까하고 걱정했다. 그러나 청년은 자신의 선한 뜻을 분명히 밝혔으며
처녀는 행복한 가정을 꾸미고 다른 삶을 살게 됐다" 등이다. 미국에서 세
번째로 오래 산 남성으로 기록된 피터스는 자신의 비서였던 이화여전 출신
의 한국여성 한흥복과 결혼하고 한국인으로 살고자했으나, 1941년 일제의
선교사 강제추방으로 미국으로 귀국 후 돌아오지 못했다.

결국 여성구제와 교육도 '결혼'으로 마무리되는데 결혼을 로맨스의 완성
이자 해피엔딩으로 여기고 있는 것을 알 수 있다. 글쓴이가 남성이라는 시
점적 한계를 넘어, 초기 여학교에서는 신랑감을 찾아 시집보내는 것으로
졸업식을 대신하는 경우가 많았다고 한다. 그만큼 여성이 사회 진출을 할
만한 여건도 인식도 마련돼있지 않은 시대였다. 남녀학교의 교과과정이나
교과서도 모두 달랐고 차이가 컸기에 남장을 하고 남학교에 입학시켜달라
고 찾아가는 여학생의 사례가 신문에 보도될 정도였다. 동아일보 1925년
12월23일자 '부인'란에는 '학교에서 교육바른대로 실생활을 해나가자'라

는 계몽적 사설이 실리는데, "조선녀자들이 아즉 교육이란 것에 대한 자각
이 업는 까닭이라고 생각한다"며 피상적이고 여성혐오적 시선을 드러내고
있다. 오히려 이 사설이 암시하는 것은 여성들이 배워도 자기계발을 하며
살 수 없는 사회적 압력이다. "학교시대에는 졸업하고 나가면 엇더케살겠
다 부인운동이 엇저니 부인해방이 엇저니하던 사람도 가뎡에 드러가서 아
희나코 살게되면 언제 그런 소리를 하엿드냐 하는 듯이 머리를 쪽찌고 회
회 감는 치마를 닙고다니는 사람이 만흔 것이다"며 "그러타한 나라의 풍속
과 습관이 그러케 속히 용이하게 곳치어지는 것은 물론 아니다 그러나 과
거 이십년동안 여자교육이 보급되는 동안에 가정생활에는 아모 변동이 업
다하는 것은 너무나 지지한일 아닌가"라고 한탄하게 하는 것은 실상 현실
의 높은 장벽이었다.

　　당대에도 펜을 들 수 있는 권력은 절대다수 남성에게만 속했으므로 그들
이 쓰는 글에서도 사회구조적 문제를 분석하기는커녕, 인습에 따라 여성에
대한 혐오를 버리지 못하는 경우가 많았다. 모던걸을 허영, 사치, 퇴폐, 타
락의 이미지로 성적대상화하기 일쑤였다. 어린이운동을 한 방정환조차 성
차별주의자였기에 그가 적극 참여한 '신여성' 잡지는 여성을 부정적으로
관음하는 황색저널로 일부 역할했던 것도 부인할 수 없는 사실이다. 태화
여자관을 배경으로 활동한 신여성들은 이러한 비하에 논박하는 글을 써 저
항했다. 1927년 1월 동아일보에 연재된 '여余의 혼인관'은 신여성을 비난하
는 내용이 많았지만, 유영준은 중외일보에 '여의 혼인관을 읽고'를 투고해
정면반박에 나섰다. "현대여성들은 신사조를 맛보면서도 금전의 노예성은
갈수록 풍부하다"는 비난에 대해 "현 사회제도는 특히 현재 조선의 형편으
로는 여자가 날고뛴다해도 경제적으로 남자와 경쟁을 하기는 고사하고 호

1934년 4월18일자 동아일보에 실린 '연습중의 "노라"(작야 극연회관에서)' 사진. 태화여자관 이전 직후이므로 그곳에서 사진이 찍혔을 것이다.

구지책을 하기도 어려울만큼 되어있지 않은가"라며 경제력 좋은 남성을 택한 여성들의 현실성을 높이 샀다. 성교육의 필요성을 역설해온 정종명은 1929년 월간지 '여성지우'에서 개최한 성교육문제 좌담회에서 참석자들이 성교육 대상을 여성에게 한정지으려 하자, "좀 더 대담하게 남성에게도 성교육을 해라하고 나아가는 것이 대단히 좋을 줄 압니다. … 우선 남녀학생으로 보더라도 남학생의 무책임으로 해서 여학생계를 탁란시키는 것만 보아도 알 것 아니에요"라며 여성이 피해를 입는 현실을 일갈했다.

독립된 자아를 꿈꾸며 집을 나가는 가정주부 노라를 주인공으로 한 노르웨이 극작가 헨리크 입센의 1879년작 '인형의 집'은 20세기 전반 동아시아에서도 위력을 발휘했다. 일본에서 1910년 처음으로 번역과 초연이 이뤄진 후 중국, 한국에도 소개됐다. 노르웨이를 비롯한 유럽, 미주, 한국에까지 수많은 속편과 후속작을 낳은 최초의 페미니즘 희곡이다. 채만식은 노라의 후일담을 '인형의 집을 나와서'라는 중편소설로 1933년 조선일보에 연재했다. 1934년 태화여자관으로 자리를 옮긴 극예술연구회[160]에서도 마침 무대에 올려졌고, 일본 유학시 이 연극과 희곡을 접하고 '인형의 가家'라는 시를 썼던 나혜석은 '조선의 노라'로 비유되기도 했다. 노라의 운명을 가장 정확히 꿰뚫은 자는 중국작가 루쉰일 것이다. 그는 베이징여자고등사범학교 강연에서 "집나간 뒤 노라는 굶어죽지 않기 위해 창녀가 되거나 다시 돌아올 수밖에 없었을 것이다"고 짚는다. 실제 당대 유럽 공연시에도 파격적 결말을 받아들이지 못하겠다는 요청이 너무 많아, 노라가 집을 나가기를 포기하거나 다시 돌아오는 식으로 마구 고쳐졌다고 한다. 1890년 영국 작가 월터 베전트의 '그 인형의 집'이나 2017년 미국 극작가 루카스 네이스가 브로드웨이에 올린 '인형의 집 Part2'에서는 노라가 페미니즘 베스트셀러 작가가 되기도 했지만, 대개는 안 좋은 결말로 마무리됐다. 실제 나혜석이 이혼 후 겪은 고난은 자의식을 가진 여성에게 가해지는 가혹한 현실을 몸서리쳐지게 증명했다.

여선교사들의 페미니즘 사상과 한계

근대적 여성교육이 남녀평등의식을 높이고 여성들의 민족의식 형성에도

---

160 극연회관 이전 태화여자관내로, 동아일보 1934년 4월 11일. 기사는 "극예술연구회에서는 1932년 2월이래 원한경 박사의 구별저인 어성정 34번지에 회관을 두고 잇든바 이번에 제6회 공연 '인형의 가(노라)'의 상연을 압두고 회무를 확장하는 동시에 태화여자관 뻴링슬리 양이 호의로 인사동 19번지 동학관 내로 이전하엿다한다"고 전한다.

크게 기여해 독립 운동과 구국운동에 적극 참여하게 됐다는 것은 분명하지만, 시대적 한계나 종교적 틀을 벗어나지 못한 지점들이 존재하고 있었다. 일부 외신에서 보도됐듯이 3·1운동에 여학생들이 적극 가담하게 된 것은 선진의식을 가진 여선교사들로부터 직접적으로 교육받은 자율성의 발로이기도 했다. 그러나 이들 여선교사들도 고국과 재조 선교사 사회에서 남녀평등을 보장받고 있는 것이 아니었다. 권한, 직제, 보수 등 모든 면에서 그랬다. 그렇기에 이들의 정체성은 양면적 모습을 띨 수밖에 없었다. 점차 교육받는 여성들이 늘어나고 사회주의 사조 등의 영향을 받게 되며 강압적 종교 주입에 의문을 갖고 반항하는 여학생들이 생겨나고, 앞서 배의례 선교사 관련 보도에서 보듯 그들의 독단적 언행에 반발하는 사건도 일어난다. 당대 미국 국적 위주의 여자 선교사들이 가진 출신과 사상의 한계에서 오는 것들도 많았다. 미국에서도 19세기 중후반에서야 여성에게 고등교육이 허락됐고 여성의 일자리도 보조적인 일에만 머무는 등 제한적이었다. 가부장적 체제와 기독교적 가정 관념을 이어가는 종교기관 내 사람들이라는 것도 여성의 경건함과 도덕성을 강조했던 빅토리아시대적 여성관에서 벗어나는 못하는 요인이었다. 서구에서 여성참정권 운동이 한창 벌어지고 있었지만 이들이 근대적 페미니스트로서 자신을 정체했던 것은 아니었다. 하지만 시대변화의 영향을 받아 뉴우먼, 즉 신여성으로서의 면모도 갖추고 있었다.

여선교사들 다수는 의대 등에서 대학교육까지 받은 여성들로 자신의 지식과 신앙심으로 비서구권에서 헌신하고자 하는 뜻이 분명했다. 대개 독신으로 자신의 능력을 펼치고 성취감을 얻겠다는 모험적 도전을 선택한 삶은 당시 여성으로서는 굉장히 진취적인 것이었고, 분명 페미니즘 사상의 잠재적 영향을 받고 있었다. 조선에 파견된 선교사중 3분의2~4분의 3정도가 여성[161]이었다는 통계는 남녀유별, 안방문화 등 성별분리문화 하의 아시아 여성들에게 접근하고자 동성의 교역자가 필요하기도 했지만, 고학력 서구여성들이 그만큼 결혼의 압력에서 벗어나 자아실현을 하고 경제적 자립을 할 수 있는 직업을 원했다는 방증이다. 여성이 해외선교에 파견되려면 선교사의 아내가 되는 방법밖에 없던 시대를 뛰어넘어, 독신 여선교사들은 남성들의 견제를 무릅쓰고 여성들이 직접 여선교사협회와 선교부를 만들어 선발, 파송한 이들이었다. 교회에 경제적 부담을 주지 않고 (여성들이 돈과 권리를 쥔다는 남성들의 불만을 잠재우고) 자율적으로 운영하고 자체적으로 모금해 여성인재를 파견, 포교하려는 목적이었다.[162]

한편 1931년 국내 최초로 여성목사 안수가 이뤄지는데, 대상자 14명 모두 미 남북감리회소속 여자 선교사들이었다. 이 해 6월14일 개성(송도)에서 열린 기독교조선감리회 제1회연합연회에서 당시 태화여자관장을 맡고 있던 와그너, 교육부를 맡고 있던 베어 등이 양주삼 목사로부터 안수를 받았다. 이 리스트에서 2대관장을 맡았던 에드워즈, 5대관장 올리버 등의 이름

---

161 강선미에 따르면, 일제 말까지 내한했던 북미 출신 여선교사의 총수는 주부, 전문직을 합해서 최소 566명 내지 최대 990명 정도로 전체 약 1600명의 선교사공동체의 58% 내지 83% 정도를 차지하고 있었다고 보여진다. 이 중에서 전문직 여선교사들은 전체 북미출신 해외선교사 집단의 약 32%를 차지했다. 수적 우세와 그 영향력에도 불구하고 여성선교사에 대한 연구는 여전히 주변부에 머무르고 있다.

162 주로 다음의 논문들을 참조했다.(무순) 윤정란 '19세기말 조선의 안방을 찾은 미국 여성의 욕망 - 여선교사 릴리어스 호튼 언더우드(Lillias Horton Underwood)를 중심으로-'(2009), 강선미 '조선파견 여선교사와 (기독)여성의 여성주의 의식형성' 국내박사학위논문 이화여자대학교(2002), 강선미 '근대 초기 조선파견 여선교사의 페미니즘: 조선 '신여성'의 특수성 구명을 위한 기초 연구' 신학사상 (2004), 김진연 '현대 디커니스운동과 초기 내한 남감리회 여선교사' 한국기독교와 역사 (2021), 이규희 '기독교적 여성 리더십에 관한 연구' 국내석사학위논문 아세아연합신학대학교 대학원(2013)

1931년 양주삼 감리사가 주관한 국내 최초 남북감리회 여성목사 안수. (사진=1931년 기독교조선감리회 동부·중부·서부 제1회연합연회록)

도 찾아볼 수 있다. 미국 현지에서는 1950년대 이르러서야 연합감리교회 여성목사가 배출되기 시작된 것에 비하면 변방에서 개혁이 먼저 시작됨을 알 수 있다. (한국인 최초 여목사는 1951년 재건교회에서 안수 받은 최덕지로 알려져 있다. 감리교에서는 1955년 전밀라, 명화용이 한국여성으로서는 처음으로 안수를 받았다) 그렇지 만 이방인 남성보다 백인여성에게 더 늦게 성직자 권리가 주어졌다는 것은 여성에게 유리천장이 얼마나 공고했는지, 또 종교계의 성차별적 보수성이 얼마나 굳건했는지를 보여주는 일이기도 했다.

기독교 전파로 문화적 식민지 풍토를 만들려는 미국 정부의 제국주의적 의도가 선교사 파견을 주도한 것은 사실이나, 당대 여성들은 정치로부터 분리돼있었기에 여선교사들의 활동영역과 이들이 설립한 여학교에서는 확실히 독립된 여성주의적 분위기가 형성됐다. 이 안에서 유사모녀관계와 자매애가 맺어졌다. 본토에서의 남녀차별에도 불구하고 외국인 여선교사들은 근대초기 여성시민의 모델이자, 개인적 야망을 사회적으로 성취하는 여성의 모델로 작용했다. 스승, 지도자, 전문직여성으로서 삶에 귀감이 되는 여성 리더십의 롤모델이기도 했다. 이들 중 다수가 독신이었다는 것은 역사에 확고한 발자취를 남긴 한국여성들의 독신주의에도 큰 영향을 미쳤다. 1937년 중일전쟁 이후 미국과의 관계가 악화일로를 걷게 된 일제가 선교사들을 모두 추방하게 되면서 그들이 차지하고 있던 교장직 등이 한국인에게 넘어오는 큰 변동이 있었다. 제대로 여성후계자를 키우지 못한 곳들은 여성의식의 단절을 겪기도 했다. 태화여자관 4대 관장 빌링슬리도 1940년 11월 추방당하고 1942년 모든 시설이 일제에 몰수당했고, 한국전쟁이 일어나며 또다시 사업을 접어야했다. 빌링슬리가 1936년이라는 적절한 시기에 한국인 이숙종에게 여학교 부문을 넘기면서 다행히 태화의 교육기관으로서의 역할은 더욱 번창하게 되는 이적을 이룬다.

대한제국은 일본 등 주변국의 침략에 맞서 서양인 선교사와 외교관들을 들여 힘의 균형을 맞춰보려고 했으나, 결국 '이왕직' 보전 정도에만 그치며 국권을 상실했다. 그동안 양민들은 일본 제국주의에 탄압과 약탈을 당했고 여성들에게는 성차별이라는 전통적 억압이 더해져 이중삼중으로 시달려야했다. 이때 조선땅에 가세한 서구 기독교 세력은 문화적 제국주의의 야욕을 숨기고 있었으나, 이 틈새 사이에서 서구 여성들의 자본과 지식을 흡수하며 실질적인 여성지위의 향상을 가져온 것을 부인할 수 없는 사실이다. 각자의 입장차가 있겠지만 여선교사들과 기독교여성, 여학생들은 결과적으로 여성주의 의식발달을 공유했다. 이들을 신학 틀 안에서 교회사적으로만 연구할 것이 아니라 한국여성사로 편입시키기 위한 시도가 절실하다.

종교적 교리가 절대적이 될 수 없는 다양성의 시대에 인본주의적 해석이 이시대 여성의 삶을 온전히 살려낼 수 있을 것이다. 모든 결론이 신앙으로 귀결되는 식의 서술은 이들의 파격적 혁신성과 도전정신을 그려내는 데 분명 한계가 있다. 종교적 영성이 인간의 동인으로, 역동의 힘으로 작용하는 인간의 실존적 선택으로서 보편성을 획득할 때, 누구나에게 설득력을 지니는 역사기술로 재탄생할 수 있을 것이다.

태화여학교생 8명, 독립운동가 서훈

1930년 1월 '서울여학생만세운동'(허정숙사건, 근우회사건)은 1929년 11월 '광주학생항일운동'의 부수적 여파 정도로 여겨지곤 했으나, 여성독립운동가에 대한 연구가 심도 깊게 진행되며 3·1운동의 연장 상에서 언급됐던 '대한민국애국부인회사건'(김마리아사건)과 함께 여성이 온전한 주체가 된 독립운동으로 그 의미가 승격됐다. 국가보훈처가 직권발굴한 여성독립운동가들 중 태화여학교에서는 서울여학생만세운동에 참여한 김동희(1900~?, 본적 경기도 장단 강상 마상 90), 김상녀(1912~?, 본적 평안남도 평양 사동), 남윤희(1912~?, 본적 전라북도 익산 익산 완전 133), 노보배(1910~?, 본적 평안남도 중화 화원 신읍 40), 민임순(1913~?, 본적 충청남도 대전 탄동 백운), 신준관(1913~?, 본적미상 경의선 곽산역전[163]), 정태이(1902~?, 본적 경상북도 안동 와룡 주하), 홍금자

(1912~?, 본적 충청북도 충주 살미 문화) 등 8명이 서훈됐다. 이들은 1930년 1월 15일 서울에서 광주학생운동에 동조하는 만세운동과 동맹휴교에 참여하다 체포돼 20일 구류형을 받은 것이 확인돼, 모두 대통령표창을 추서 받았다. 태화여자관이 한국 근대사 격동의 한가운데서 서울을, 또 한반도를 누가 차지하느냐에 따라 주인이 바뀌는 고난을 고스란히 겪느라 학생들에 대한 자료는 모두 소실된 것으로 보인다. 이들의 신분을 파악할 수 있는 사료는 조선총독부하 경·검찰 조서뿐이다. 여기서 생년(나이), 본적, 주소, 아버지의 직업과 재산, 생활수준, 가족관계, 종교, 봉건시대 사농공상 계급 등을 알 수 있다. 지금에 와서는 당대 여학생들의 구체적 환경과 처지를 알 수 있는 드문 자료다.

이들의 이름은 일본어로 된 경성지방법원검사국문서 중 '사상에 관한 정보철 제2책'에 '만세소요에 의한 구류 여학생에 관한 건'에서 찾아볼 수 있다. 1930년 2월6일 경성 서대문경찰서장이 발신자로 경성지방법원 검사정이 수신자로 기록됐다. 실천여고보, 태화여학교, 숙명여학교, 여자상업학교, 근화여학교, 정신여학교 순으로 70여명의 여학생 이름이 실려 있으며, 태화여학교에서는 위에 언급한 서훈자 8명 포함 총 9명이 '구류20일'의 같은 처벌을 받았다. 그러나 당시 18세의 '서중랑'(본적 내자동 128)은 아직 서훈을 받지 못했다.[164] 다른 학생들은 인사동 194번지 교내 기숙사 등 학교 일대에서 거주하고 있으나, 본래 종로구 내자동 출신이었던 서중랑은 집에서 통학하고 있던 것으로 파악된다. 태화여학교 102명 재학생 중 20명

---

[164] 仲娘이라는 이름을 통해 둘째딸임을 알 수 있다. 2022년 초 국가보훈처 공훈발굴과에 확인한 결과, 서중랑 역시 정태이 등과 같은 사건으로 심사대상에 올라있으나 아직 심사진행이 이뤄지지 못했다.

이 참여했고, 15명이 검거돼 이중 9명이 즉결처분을 받았다. 이 9명은 학교에서도 모두 무기정학 처분을 당했다. 서울여학생만세운동 가담자에 대한 각 학교별 처벌은 미처분부터 퇴학까지 다양했다. 1930년 1월 30일 서대문서의 취조가 종료되고 경찰은 구속된 여학생중 40여명을 검찰국에 넘겼다. 이중 25명은 기소유예하고 8명을 보안법 위반으로 기소했다. 주동자로 지목된 허정숙 징역1년, 최복순이 징역8개월형을 선고받았고 나머지 6명은 집행유예를 받아 3월 26일 출감했다.

　광주학생운동은 1929년 10월 30일 오후5시반경 광주발 통학열차가 나주에 도착했을 때, 일본인 학생 몇 명이 광주여자고등보통학교 3학년생 박기옥[165], 이금자[166], 이광춘[167] 등의 댕기머리를 잡아당기면서 모욕적인 발언과 조롱을 하면서 시작됐다. 박기옥의 사촌남동생으로 광주고등보통학교 2학년생이었던 박준채 등이 격분해 이들과 충돌했고, 출동한 역전 파출소 경찰은 일방적으로 일본인 학생의 편을 들며 조선인 학생을 구타했다. 거듭된 대립의 결과 11월 3일 대항일 학생운동으로 번졌다. 서울의 사회단체

---

165 박기옥(1913~1947)은 광주학생운동의 도화선이 됐으며, 이후 시험거부 백지동맹 등 항일시위에 참여하다가 강제 퇴학당한 것이 확인돼 2019년 대통령표창을 받았다.

166 친부는 일본인으로 본명은 岩城錦子(이와기 긴코)로 알려져 있다. 암성금자로 기록된 이름은 이금자를 이르는 것이다. 당시 어머니가 이광춘의 아버지와 재혼한 상태였다. 얼굴이 예쁘고 혼혈이라, 평상시에도 일본학생들의 놀림대상이었고 전라북도 이리(익산시)의 한국인에게 출가한 뒤 병사했다고 전해진다. 평소 항일정신이 투철해 광주학생운동시 활약한 '소녀회'의 일원이었다. 소녀회는 1928년 11월 전라남도 광주에서 광주여자고등보통학교에 재학 중인 장매성의 주도로 결성된 비밀결사 독서회로, 여성해방, 민족해방, 계급해방을 지향했다. 1929년 11월 3일 광주학생운동이 일어나자 장매성 등 11명의 소녀회 회원들은 가두시위에 나섰고 이듬해 조직이 발각되며, 장매성은 징역 2년형을 선고받아 옥고를 치렀다. 이금자 등 10명은 징역1년, 집행유예5년형을 선고받았다.

167 이광춘(1914~2010)은 광주학생운동의 촉발계기가 됐고, 그후 피체된 학생들의 석방을 주장하며 백지동맹을 주도해 퇴학을 당하고 일경에게 체포돼 갖은 고문을 당한 사실이 확인돼 1996년 건국포장을 받았다.

들이 조사원을 파견해 전국화에 합의하며 12월 서울만세운동으로 이어졌다. 이듬해 1월 서울시내 여학생들이 나서며 항일운동이 전국으로 파급되는 기폭제 역할을 했다. 여학생들은 이 시위가 여학생을 희롱해 번진 점에 주목해 여성들이 더 적극적으로 문제를 제기하고 참여해야한다고 생각했다. 근우회의 지도를 받아 여학생들이 주도적으로 시위를 조직하고, 서울시내 거의 모든 여학교가 시위에 참여하면서 남학생들의 참여를 촉구하는 형식으로 이뤄졌다.

당시 고등법원검사국사상부가 작성한 비밀문건 '경성시내여학생만세소요사건'에는 근우회 서무부장 허정숙을 중심으로 서울시내 13개 중등여학교간의 연결관계가 도표로 까지 만들어져 자세히 정리돼있다. 이 표를 통해 태화여학교는 이화 재학생 고명신에게 연락을 받아 참여했으며, 경성보육학교생들은 태화여학교생에게 당일 전달받아 동참한 것을 알 수 있다. 허정숙은 이화여고보 최복순을 비롯 각 여학교 대표들을 끌어들여 1929년 12월 시위운동을 도모했으나 주로 교내에서 이뤄졌고 학교들은 즉각 조기방학에 들어갔다. 1930년 1월초순 학교별로 개학이 이뤄지며 여학생들을 중심으로 다시 시위운동이 논의되기 시작했다. 1월15일 경성여고보, 실천여학교[168], 근화여학교, 태화여학교, 정신여학교, 동덕여고보, 이화여고보, 배화여고보, 경성여자미술학교[169], 경성보육학교[170] 등의 여학생들이 만세

---

168 동덕여학교 학감 이상수가 교장 조동식과의 갈등으로 사표를 낸 후, 1927년 실천여학교를 설립했다. 수송동에 있던 보성고보가 혜화동으로 이전하자 그 터에 자리잡았다. 이상수의 횡령 문제, 1930년 만세운동 등이 겹치며 1931년 폐교했다.

169 여성미술인 양성을 위해 1925년 개설된 경성여자미술연구회가 1926년 경성여자미술학교로 정식 승격됐다. 계속되는 재정난으로 1933년 휴교, 1935년 폐교했다.

170 1926년 갑자유치원 사범과로 시작해 1927년 경성보육학교로 승격됐던 유치원교사 양성학교. 재단은 일본계 교회인 조선회중교회이며, 설립자 유일선은 조선전도부 부주임으로 내선일체를 주

동아일보 1930년 2월11일자에 실린 '검사국에 호출된 불구속 여학생들' 사진. 이날 기사는 '여학생사건 금일 만기'라며 "구속자 34명과 불구속자 55명에 대한 보안법위반급치안유지법위반사건은 …불구속자 중 38명과 사건관계 13학교의 교장 또는 교무주임 13명을 각각 소환하야 최후결정의 수속을 밟았다"고 전한다. 또 "15일 오후2시 신체구속으로 서대문형무소에 수용돼있는 동사건 관계학생들은 다음과 같다"며 '태화여학교 정태이' 등 34명의 명단을 공개했다.

운동을 벌였고, 몇몇 남학교들도 가세했다. 다음날인 16일에는 경성여자상업학교, 진명여학교, 숙명여학교, 여자기예학교[171] 등까지 만세운동이 번진다. 이 운동은 1930년 3월 3·1절 기념시위까지 전국적으로 파급됐다.

　태화여학교를 중심으로 당대 신문보도를 살펴보면 다음과 같다. 1930년 1월16일자 조선일보는 3면 전면을 털어 '시내남녀15학교 3000여명이 만세

　　장한 친일파였다. 1933년 학교의 운영이 독고선 등 3명의 경영진으로 바뀌었으며 1936년 부속청진유치원을 개원했다. 1943년 폐교됐다.

171　현 동명여고 등을 경영하는 동명학원으로 발전한 향상여자기예학교를 일컫는 듯하다. 학원 홈페이지는 "현 동명학원의 전신인 향상여자기예학교는 1921년 현 서대문구 천연동에 개교했다. 광주학생독립운동을 지원하기 위해 1929년 12월 서울의 사립학교 학생들이 분기했을 때, 향상의 학생들도 동참해 민족독립의 열망을 불태웠다"고 밝히고 있다. 홈피에는 광주광역시 교육청 자료 '1929년 학생독립운동 참여학교 현황'이라는 표를 게시하고 있는데, '태화여학교'도 포함돼있다.

1930년 2월 11일자 조선일보에 실린 '검사의 최종취조바든녀학생들=금일경성지방법원에서' 사진.

시위' 제하 기사를 내고, '태화여교생도 교정에서 각출'이라는 중제로 "시내 인사동 태화여학교에서는 15일 오전10시반경에 전교생도 약 100명이 교정에 모혀서 만세를 고창하고 형세가 자못 불온하다가 검거자 15명을 내엿다더라"고 보도했다. 이튿날 17일자 동보 역시 3면 전면에 '철성경계 16일에도 남녀4교 또 만세시위'라며 사진과 함께 전국적으로 퍼진 시위를 대대적으로 보도하며 "15일 오전부터 시내 종로서에 검거된 시내 남녀중학교생도 350여명은 16일 오후에 종로서에서 대강의 취조를 받고 동일 오후 8시경에 서장의 직권으로 전부 29일의 구류직결처분을 밧게되엇는데 종로서에는 지난번 학생전위동맹사건의 60여명이아직도 검사국에 넘어가지안코 류치되어잇는 관게가 잇서 350명의 다수를 수용할 수가 업슴으로 배화여고, 실천, 근화, 태화, 여자미술, 경성보육의 각 여학교의 86명 여학생은 경기도경찰부로 이송하고"라고 전하고 있다. 1월 18일자 '원산, 경성, 인천,

진주에서 남녀9교시위만세' 기사에서는 각 학교의 휴교소식을 전하며 "태
화여교 16일부터 18일까지"라고 전한다. 1월21일자 '흠석자 2300, 피검거
학생 400여' 기사는 각 학교 현황을 전하며 "태화여교 오전부 출석 27명,
결석 36명, 피검 11명"라는 소식을 알렸다.

　동아일보 1월28일자 '송국생 전부 출학, 즉결처분자엔 정학' 기사는 "경
성시내 각 학교학생 만세사건으로 경찰에 검거되엇든 다수한 학생중에 지
금까지 석방되지 못하고 취조를 밧는 학생과 즉결처분을 바든 학생의 수효
는 388"이라며 각 학교별 명수를 게시했는데 "태화여학교 9"가 포함돼있
다. "그들 처분 문제에 대하야 경긔도 학무과에서는 각학교장을 호출하야
단호한 처분을 통고하얏는데 검사국으로 송치할 학생은 퇴학, 즉결처분을
바든 학생들은 무긔정학을 시키라고 하얏는바 퇴학처분을 바들 학생의 수
효는 50여명이오 그 외에 무긔정학될 학생은 330여명에 달하리라 한다"고
부연한다. 후속 1월31일자는 '55명은 구제 석에 방면' 제하로 설날을 맞아
특별방면이 있음을 알리고 학교별 석방된 학생수를 보도하며 "태화여교
7"이라 명시한다. 2월5일자 '여학생5명 금조 우 송국' 제하 기사는 "시내
여학생 만세사건으로 다수한 여학생이 경찰에 검거되어 즉결처분을 바든
학생들은 경긔도 경찰부에 구류를 하다가 55명은 만긔전에 가출장이되고
서문서에서 취조중이든 50여 여학생은 검사국으로 넘어갓다함은 긔보하얏
거니와 전긔가출장이나 검사국으로도 넘어가지 안코 계속하야 고 경찰부
고등과에서 취조를 밧고잇든 근화여학교 학생 김련봉(18), 김금남(20), 이
충신(18)과 숙명여자고등보통학교 조종옥(18)과 태화여학교 정태이(19)[172]

172　정태이의 당시 나이는 29세로 태화여학교는 취학연령을 놓친 여성들이 주로 재학한다는 사실을
　　　잊고 타학교생들처럼 10대의 나이로 오보한 것으로 보인다.

등 5명은 취조를 마치고 금4일 일은 아츰9시경에 세상사람의 눈을 피하야 제이호자동차로 극비밀리에 일건수류와 함께 경성지방법원검사국으로 넘기었다는바 죄명은 보안법위반이라한다"고 전한다.

이어진 동아일보 2월11일자 '관계 각여교 교장 등 호출' 제하 기사에는 1935년 태화여학교 교내 맹휴사건에도 등장한 '교원 양성민'의 이름이 나온다. "10일 오전 사건을 담임한 伊藤검사는 관계 13학교의 교장급 교무주임을 일제히 소환하야"라며 13여학교 담당자들의 이름을 나열하는데 태화에서는 양성민이 호출됐다. "각각 검사실로 불러다가 '금번 녀학생 사건의 관계학생들을 검사국으로서 관대히 처분을 하는때는 학교당국으로서 그학생에대하야 어떠한 처치를 할 것인가? 그리고 또 금후 그가튼일이 업도록 학교당국으로서 책임을 질수잇느냐' 등의 간단한 말을 뭇고 각각 돌려보내엇는데 동사건 담임검사는 어린학생들의 일임으로 관대한 처분으로 당일대부분 석방할 것을 부처말하얏다 한다"고 보도한다. 같은 면에 '검사국에 호출된 불구속 녀학생들'이라며 30여명의 치마저고리 차림의 여학생들의 대형 사진기사를 보도하고 있는 것도 눈에 띈다. 이날 보도는 "서대문서에서 구속자 27명과 불구속 62명 등 89명을 경성지방법원에 서류와 넘겼다"며 "8명만 기소할 것"이라 전한다. 2월12일자 '기소유예된 여학생 24명 당야 출옥' 기사에서 8명을 제외하고 모두 풀려났음을 알 수 있다. 이날 역시 여학생들의 출옥 광경을 사진으로 싣는다. 이틀 연속 기사에 '태화여학교=정태이'가 표시돼있어, 태화에서는 그가 주도적으로 참여했음을 알 수 있다. 이후 1930년 2월20일 경성지방법원에 기소된 8명에 대한 재판이 시작됐는데, 여학생들이 집단으로 재판을 받은 경우가 없었기에 당대 상당한 관심을 끌었다.

만세운동 태화여학교생 경·검 신문조서

　'일제시기 경성지방법원 검사국' 문서 중 항일민족운동 주요 사건별 신문조서·재판 관련문서는 국사편찬위원회가 소장하고 있으며 자료집으로도 나와있어 서울여학생만세운동의 전모를 파악할 수 있다. '정태이 신문조서'[173]에는 1930년 1월24일 서대문경찰서 피의자 조사에 임한 정태이의 상세한 신상이 남아있다. 또 처벌에서 제외된 것으로 보이는 다른 태화여학생도와 여타 이름들도 나온다. 신문보도에서와 달리 정태이의 나이는 29세로 신분은 양반, 직업은 학생, 주소는 경성부 인사동 194번지 태화여자학교 기숙사, 본적은 경북 안동군 와룡면 주하동, 정익원의 누이라고 기록됐다. 그의 진술에서 늦은 나이에 고학하고 있는 것을 알 수 있다. "본적지에는 의형義兄인 정익원(35세)이 농업을 경영하고 있으나 나의 친척이라고는 아무도 없다. 나는 서양인의 바느질 임금으로 고학하고 있다. 우리학교는 사립 태화여학교라 하고 보통과 1학년에서 3학년까지이다. 이 외에 가사과라는 것이 있으나 나는 보통과 2학년이고, 생도 총수는 약 70명 정도다"고 밝히고 있다. "기숙사에 동숙하고 있는[174] 이화여고보 생도 고명신이 금월 14일밤 숙사에서 다음 15일 오전9시반 전 경성 여학교에서 광주학생사건에 관해 만세시위운동을 실행한다며 종로사각정으로 나오라 하는 것을 들었다. 15일 아침 9시경 수업 개시 전 전 생도에게 이 일을 말하고 9시반에는 꼭 시위만세를 실행하자 하고 전 생도들은 실행하자고 했다. 9시반

---

173 한민족독립운동사자료집51 동맹휴교사건 재판기록3, 서울여학생동맹휴교사건, 경찰신문조서

174 여관으로 쓰이던 태화관은 태화여자관으로 변모한 후에도 유일한 박사 등 유명인이 내한해 머물렀다는 보도들이 있는데 숙박업소로 쓰였을 만큼 방이 많아 타학교 여학생들도 이곳 기숙사에서 유숙했음을 알 수 있다. 서울여학생만세운동의 또 하나의 모의처가 된 것이다.

에도 시내는 고요하기만 해 한 시간의 수업을 끝닌 후 각 학년 생도 약10명과 함께 종로사거리에 나가 보아도 학생들의 만세시위는 보이지 않았다. 때문에 견지동에서 학교 후문을 통하여 돌아왔다"고 피의자 신문에 응했다.

　이어 "두 시간 째 수업에는 들어가지 않고 전 생도들이 동요하고 있는 것을 보았다. 교장은 임시휴교를 선언했다. 나와 동급생 곽영숙은 경성보육학교로 가서 동일 오후1시경 연합해 만세시위운동을 실행하기로 정하고 생도 약 20명을 데리고 보육학교로 가니 동교생들도 전부 그 학교 운동장으로 나와 함께 만세를 불렀지만 동교 교사들이 학교 밖으로 나가지 못하도록 후문을 닫아 잠그므로 나갈 수 없었다"고 진술한다. "경성보육학교에 연락하러 갔다온자는 곽영숙 외에 이임용이라는 학생과 두 사람이 아닌가"라는 취조에는 "이임용의 일은 나도 모른다. 이 학생은 아무 것도 하지 않은 것으로 생각한다"고, "경성보육학교 생도 이음전이 그대 학교에 연락하러 온 것이 아닌가"는 질문에는 "별도의 연락으로 온 것은 아니지만 이음전은 우리 학교 기숙사에 합숙하고 있는 관계상 일단 귀숙할 때에 나와 만났고 보육학교에서 오후 1시경 우리 학교와 연합하여 실행하기로 결정했다는 것을 전하여 줬다"고 각각 답하고 있다. 또 "먼저 번에 타교생의 동정을 시찰하기 위하여 종로에 나갔다고 한 것은 만세시위 때문에 나간 것이 아닌가"라고 묻자 "나만은 그런 뜻에서 나간 것이고 타교생들의 시위가 있으면 나는 그것에 참가할 예정이었지만 따라 나온 다른 생도들은 단지 구경하러 나온 것이다"며 동료학생들을 적극적으로 감싸고 있는 것이 주목된다. 타학생들보다 연장자로서 자신이 책임을 모두 지려는 의도로 파악된다. "광주학생사건 동정만세를 고창했다. 만세 고창 후 우리 학교 생도 약 20명은 전부 보육학교 생도 수명과 함께 종로경찰서에 검거 당했다"고

한 정태이는 "만세시위를 실행하면 조선이 독립이라도 되는 것으로 생각했는가"라는 다그침에도 "광주학생에게 동정하는 의미로 한 것과 광주의 피구금 학생이 조속히 석방되기를 바라는 희망에서 만세시위를 실행했다"고 의연하게 답하고 있다. 정태이는 보도된대로 같은해 2월4일 검사국으로 송치됐다. 동맹휴교사건 재판기록 중 당일 경성지방법원 검사국에서 작성한 검사신문조서에 "본건에 관하여 경찰에서 진술한대로 틀림없는가"라는 질문에 "틀림없다"고 답한 기록이 남아있다. 20여일의 구류를 겪고 2월12일 풀려난 학생들은 동아일보 보도에 따르면 "각각 학교로 가서 선생들의 어떤 지시를 밧고 자긔집으로 돌아갓다한다."

1930년 2월6일 기록된 '증인 이일성 신문조서'[175]를 통해 검사국은 교사들을 따로 불러 조사했음이 드러난다. 조서에 따르면 태화여학교 학감 이일성은 당시 37세로 경성부 관훈동 112번지에 거주하고 있었다. "3년전부터 동교 학감을 하고 있다"는 이일성은 학교 관련 질문에 "6개학급에 103명이다"고 답하며, "첫째시간이 끝나고 휴식시간을 이용하여 생도들 중 20명 정도가 정문에서 밖으로 나가 만세를 부르면서 종로사거리를 향하여 갔으나 학교 내에서는 교사들의 제지로 만세를 부르지 못하게 했다"고 1월15일 있었던 서울여학생만세운동 사건을 진술하고 있다. "정태이는 어떤 인물인가"라는 질문에는 "그는 성질이 온순하고 선량하다 할 정도는 아니지만 또 난폭한 편도 아니다"고 답한다. 태화여학교가 거론된 여타 경·검 신문조서에는 모두 정태이의 소행을 집중 심문하고 있어, 태화여학교에서는 정태이가 주동자로 지목당했음을 알 수 있다. 위에 서술한 것처럼 정태

---

175 위의 책, 검사신문조서

이 역시 동급생들을 적극 감싸며 자신이 모든 혐의를 짊어지려했다. 조서
에 관련자로 등장하는 태화여학교생도의 이름은 정태이, 곽영숙, 임영옥,
이임용(한자표기를 옮기는 과정에서 실수가 있었는지, 다른 조서(곽영숙 신문조서)에 나오
는 '이출용'과 동일인으로 보인다) 등이다. 또 '김소아 소행문서'[176]에 실천여학교
생 김소아(21)는 "경성사립 태화학교 입학하여 동교 졸업, 현재 실천여학교
에 재학 중이다"라고 나와있어, 태화를 다니거나 졸업한 후 타교에 재학중
인 이들도 서울여학생만세운동에 참여하고 있음을 알 수 있다.

'곽영숙 신문조서'[177]에 따르면, 곽영숙은 17세로 신분은 상민, 직업은
학생, 주소는 경성부 인사동 194번지 태화학교 기숙사 내, 본적은 강원도
영월군 영월면 읍내면, 본적지에는 형 곽재환(32세) 외 3명의 가족이 있으
며 양복상을 하고 있다. 태화보통학교 보통과 2학년에 재학중이라고 밝히
고 있다. 조서에서 "1월15일 정오경, 나는 태화학교 기숙사에 있을 때 동
교 가사과 생도 및 보통과 생도들이 교실에서 만세를 부르며 교정으로 나
가면서 기숙사에 있는 우리들에게 나오라고 하기에 우리도 교정에서 만세
를 계속 불렀다"고 진술한다. "경성보육학교와 연락을 취했냐"는 질문에
"2학년생 정태이가 주장해 만세를 불렀으나 나오는 자가 없어서 철수하였
고, 경성보육학교에 연락을 취하여 동시에 시위운동을 일으키기로 하여 정
태이의 명에 따라 이출용과 두 사람이 경성보육학교에 갔다. 성명 미상의
학생과 면회하여 그 학교의 상황을 들어본바 오후 1시부터 실행한다는 것

---

176 김소아의 본적지의 옹진군에 위치한 옹진경찰서 송학경찰관 주재소 도순사 김인겸이 경성지방
법원검사국에 발송한 문서로 집안환경과 세간의 평까지 꼼꼼히 기술돼있어, 일개 여학생에 대해
서까지 일제의 사상 조사가 얼마나 철저하게 이뤄졌는지를 보여주고 있다.

177 한민족독립운동사자료집52 동맹휴교사건 재판기록4, 경찰신문조서

동아일보 1930년 2월 12일자 '기소유예된 여학생 24명 당야 출옥' 기사는 '여학생 출옥 광경' 사진 2장
과 함께 대대적으로 보도된다. 위쪽은 '오후 3시부터 철문 앞에 쇄도한 군중', 아래쪽은 '수십대 자동차로
출옥자를 싣는 광경'이라는 사진 설명이 붙었다. 기사는 "시내 여학생만세사건의 신체구속자 34명중 10
명을 제외하고 24명을 기소유예 또는 불기소로 출옥됐다"고 보도하고 있다. 출옥자 명단에 '태화여학교=
정태이'가 있어 이 사진에 찍혔을 개연성이 높다.

이었다. 귀교 후 그 사실을 모두에게 알려 주었다. 그리하여 만세를 부르
면서 보육학교로 향하여 가서 보육학교 안으로 들어가서 그 학교 생도들
과 같이 만세를 불렀다. 그 때 경찰관에게 제지당하고 경찰서로 연행됐다"
고 답하고 있다. "경성보육학교와 연락한 것은 그대가 자발적으로 한 것인
가" 묻자 "정태이와 이출용이 가기로 되어 있었으나 두 사람 모두 가는 길
을 모르기 때문에 나에게 가 달라는 것이었다. 나 혼자는 가지 않겠다고 하

니 이출용이 가게 되어 나는 길 안내를 하였다"고 답한다. 태화학교 주모자를 묻는 질문에는 "정태이가 교실에서 제일 먼저 일을 일으켰으나 2학년생뿐이고 3학년생도들은 나오지 않기 때문에 또 학교로 들어가서 3학년생을 나오도록 유인해 내서 만세를 부르면서 정태이가 선두로 나서서 진행하였다. 그러므로 정태이가 주모자로 생각된다"고 답한 것으로 나온다. 역시 구금자의 수를 최소화하기 위해 리더 격으로 이미 드러나 있는 정태이가 모든 죄를 뒤집어쓰기로 사전 공모한데 따라 답한 것이라 이해된다.

6·10만세운동에 고초 겪은 태화여학교

조선일보 1972년 6월 11일자는 1926년 발생한 '6·10만세운동'에 태화여학교도 관련돼있음을 밝히는 소중한 증언을 보도한다. 일제강점기 3대민족인권변호사로 명망 높은 이인(1896~1979) 초대 법무부장관은 '6·10만세는 양심의 함성' 제하의 인터뷰에서 "태화여학교 교장 권신라(켄실라)와 사감 왕래 선생은 학생들을 지하실에 숨긴 것이 탄로되어 서대문경찰서 고등계로 끌려갔었지. 두 사람 다 미국여자였는데 권 교장은 선교사의 딸이야. 고등계 주임 黑沼가 취조를 끝내고 구속하겠다고 말하더군. 내가 중간에 나섰지. '이 사람들을 구속하는 것은 좋다. 그러나 서양사람과 우리나라 사람은 생활양식이 다른데 어떻게 할 생각인가. 침대나 서양변소도 없이 더러운 유치장에 짐승처럼 구금하기만 해봐라. 내가 외국기자들에게 다 얘기할테니. 외국신문에 나면 6·10만세의 효과는 더 커질 것이고 당신들은 또 한번 망신을 할테니 두고봐라'고 을러댔지. 자기들끼리 구수회의를 하더니 풀어주더군"이라고 했다. 당시 시위는 중등학교 학생들 위주로 이뤄졌고 여학생들 역시 참여했다. 1926년 6월 11일자 시대일보는 '도열한 여학생도 만세, 황금정(을지로) 삼정목에서'라며 그 사실을 똑똑히 보도했다. 태화 여학생들을 숨겨주려다가 여선교사들 역시 함께 고초를 겪었을 것으로 유추할 수 있다.

4장에서 태화여학교에 복무한 미 남감리회 여선교사들에 대한 상세한 얘기를 다시 쓰겠지만, 이인이 언급한 권신라와 왕래는 각각 미 북장로회 선교사 메리언 킨슬러와 3대 태화여자관장 엘라수 와그너의 음차한 한국 이름이다. 킨슬러는 1924~1935년 10여년이 넘게 태화여자관의 교육부를 관장해 일부 기록에는 교장 이름이 권신라로 남아있기도 하다. 실제 킨슬러는 태화여자관 설립의 주요 동기중 하나로 작용했던 협성여자성경학교 교장을 맡았다. 1924년 파견된 킨슬러는 자기와 짝을 이뤄 성경학교를 운영할 한국인으로 이효덕을 교감으로 선택했다. 에드워즈 관장은 "서울에 있는 협성여자신학교에 들어갈 수 있을 정도의 교육을 받지 못한 여성들이 우리 성경학교로 온다…교회에서는 주일학교 교사로, 혹은 여선교회 지도자로 봉사할 수 있는 충분한 실력을 갖추기 위해 노력하고 있다"고 편지로 보고하고 있다. 이 성경학교는 1926년 태화여학교와 통합되면서 태화여학교 성경과로 체계가 바뀐다. 킨슬러는 1927년 태화여학교 성경과 1회 졸업생들과 똑같은 형태의 한복 저고리와 치마를 착용하고 찍은 사진 등을 남겼다. 북장로회가 태화여자관에서 인퇴한 후 킨슬러는 주로 피어선성경학교에서 가르쳤다. 1894년생인 킨슬러는 1949년 선교사역 은퇴후 미국에 돌아가 어린이복지를 위한 기독교재단Bethanna을 세운 흔적이 남아있다.

킨슬러가 3남매가 한국에서 선교사로 일했는데, 가장 유명한 이는 권세

열(프랜시스 킨슬러, 1904~1992) 목사다. 2017년 '숭실대학교 뿌리찾기위원회'
는 '권세열 조선의 풍경'이라는 그의 평전을 펴내기도 했다. 평양신학교 전
통을 잇는 선교사로 꼽히는 권세열은 은퇴후 미국에 돌아가서도 한국땅에
묻히기를 소원해 2001년 양화진서울외국인묘지에 부인과 함께 이장됐다.
평양태생의 아들 권오덕(아서 킨들러) 선교사는 한국인 신영순과 결혼했고,
부부는 킨슬러재단을 설립해 북한 장애인을 도우며 통일시대를 준비하고
있다. 손자 권요한(존 프랜시스 킨슬러)은 현재 서울여대 영어영문과 교수로
재직중이기도 하다. 권세열이 프린스턴 신학교를 졸업하고 1928년 내한했
을 때 이미 여러 명의 가족과 친척이 선교사로 한국에 있었다. 두 누이 메
리언 킨슬러, 헬렌 킨슬러를 비롯해 사촌 감부열(아치볼드 캠벨)과 그의 부인
등이었다.

한편 6·10만세운동은 3·1운동을 잇는 전국적 항일운동으로 순종
(1874~1926)의 인산일(장례일)인 1926년 6월10일 일어났다. 3·1운동 이후
학생운동이 점점 조직화돼 학생들이 독자적인 운동주체로 부상하게 되며
6·10만세운동의 중심세력이 됐다. 1929년 광주학생항일운동으로 이어지
는 일제강점기 3대 독립운동이기도 하다. 6·10만세운동이 상대적으로 저
평가된 이유는 '천도교와 함께 조선공산당이 지도부 역할을 했는데, 이에
대한 해방정국에서의 좌우익간 해석과 입장차로 주목받지 못했다'는 것이
학계의 분석이다. 결국 이들은 사전 발각돼 '6월사건'이란 이름으로 따로
처벌받고, 서울에서 다시금 학생중심으로 만세시위가 일어났다. 일제는 210
여명의 학생들을 체포하고 11명의 주모자를 법정에 세워 10명에게 징역1년
을 구형했다. 2019년 6·10만세운동기념사업회가 출범하며 2020년에야 국
가기념일로 공식 지정되고 2021년 처음 정부 주관 기념식이 열리게 됐다.

동아일보 1926년 5월2일자 '작일의 어성복과 시민의 봉도' 제하의 기사에는 2장의 사진이 함께 실렸다. 순종 승하후 각계각층의 모습을 전하며 "여학생들은 검은 댕기 혹은 흰 댕기와 깃옷 혹은 소복에 짚신 또는 흰신 등을 신고 전부 행렬을 지어 돈화문 앞에 이르러서 각각 정렬을 하고 망곡을 하였는바"라고 묘사했다. 아래쪽이 이에 대한 사진이다.

1926년 4월25일 순종 타계 후 여학교 상황은 동아일보 1966년 2월5일 '횡설수설' 난을 통해 종합해 볼 수 있다. 당시 이틀전 순정효황후 윤씨가 타계하자, 40년전 순종 승하를 떠올리며 "정신여학교 기숙사생들은 아침에 교실에 모여 통곡을 했는데 비애가 너무 심해 수업이 안되므로 휴교할 수밖에 없었다. 이화여학교에서는 학생들이 붉은 댕기를 풀고 책보에 싸고

머리를 푼채로 강의를 받았다. 배화나 근화도 학생들이 등교는 했으나 하
도 울어서 휴학상태가 되었고, 동덕에서는 학생들이 붉은 댕기를 검은 댕
기로 갈았고 숙명·진명·태화도 모두 근신을 했다고 한다. 여자고보(경기여
중고)는 27일 예정이던 소풍을 중지했다고 기록되어 있다"고 기억을 불러일
으킨다. 순종의 승하를 보도한 당대 신문을 보면 그가 '창덕궁 전하' 내지
'이왕 전하'로 불리웠던 것을 알 수 있는데 (순종의 죽음 후 이 호칭은 영친왕 이은
에게 물려진다) 이 기사는 주로 실제 보도를 근거로 작성된 것으로 보인다. 당
시 '여학생'이라는 신여성적 존재에 대한 관심이 두드러진 사회상의 반영
인지, 여학교 반응을 독립된 기사로 보도하는 사례가 적잖았다.

1926년 4월 27일자 조선일보는 '시내여자학교 순진한 소녀들이 혹은 모
혀서 통곡하고 혹은 무색댕기를 글러, 간절 애틋한 추모'라며 "정신여학교
에서는 기숙사생 20여명이 25일 오후 9시경 동교 교실에 모여서 방성통곡
을 해 부근 시민에게 비통함을 일층 더하게 하였고, 흰댕기까지 드린 것을
학교당국에서 알고 아직 발표전이라 하야 흰댕기만은 들이지 못하게 하였
으며 근화여학교 고등과 3,4학년생 전부도 동일 오후에 교실에 모여서 통
곡하기를 마지 않았고, 또한 동덕여학교 상급생일동과 배화, 이화 등 각 여
자고등보통여학교 학생들도 붉은 댕기를 풀고 검은 댕기를 들이었다한다"
고 보도했다. 4월 29일자 동보는 '소복과 조색 당긔로 여학교의 봉도, 돈화
문 압헤 차례로 참배, 하야 애틋한 망곡을 하며' 제하로 "시내의 각 중등정
도 여자학교에서 26, 27일부터 창덕궁전하 승하에 대해 애도의 뜻을 표하
노라고 일제히 휴학을 한후 학생들은 소복에 검정 댕기를 들이고 돈화문
앞에 와서 설움을 못이기어 소릿껏 망곡을 하였다함을 작일 석간에 이미
기보하엿거니와 28일에도 각 여학교에서는 첫교수시간에 출석만 부르고

1926년 4월29일자 조선일보는 '돈화문 전의 곡반-28일에'라며 소복을 입고 덕수궁 돈화문 앞에 엎드려
있는 한무리의 부녀자들의 사진을 게재했다. 같은 면에는 순종 승하에 휴학을 하고 돈화문 앞을 찾아 망곡
을 하는 여학생들에 대한 기사를 실었다.

또다시 근신을 하는 뜻으로 수업치않었다하며"라고 후속기사를 냈다.

　같은해 5월4일자 동아일보는 '부인'면에 '돈화문압헤 업드려우는 조선
의 어머니와 딸들의 귀한 눈물'이라는 평론을 실었다. "각 여학교에서는
상학을 하려해야 학생들이 아니와서 못하며 누가 시킨바가 아니요 누가 먼
저 시작한바가 아니련마는 일제히 자주댕기를 끄르고 흰치마저고리에 조
색댕기를 드리고나서서 돈화문앞에 엎드려 슬프게 우는 모양은 참으로 세
계역사의 드문 현상이다. …요사이 길에 지나가는 여학생치고 흰옷에 검
정댕기에 흰운동구두를 아니신은 이가 없다"고 전한다. 이어 "이때를 당하
야 남자들보다 부인네들이 여학생들이 더 슬퍼하고 애통하는 것은 사실이
다 …임금이 돌아가셨으나 나라가 없어질까봐 우나? 그 임금이 계셨으면

없어졌던 나라가 다시 생길 것을 이제 돌아가셨으니 아주 희망이 없어시 절망의 눈물인가? …아니다, 그것이 다 아니다. 섧고 분하고 원통한 것이 가슴가운데 맺히고 맺히어 동포가 한데모여 울고라고 싶으나 울때조차 얻지못하고 울곳조차 얻지 못하다가 그 기회가 돌아온 것이다"는 적확한 분석을 덧붙이고 있어 눈길을 끈다.

반면 잡지 '신여성' 1926년 6월호는 이같은 현상에 대한 여성혐오적 시각을 드러내고 있다. "일반 여학생들의 눈가가 붓고, 맵시 있던 옷이 깃옷 [178]으로 변한 까닭은? 표면적으로는 국상에 대한 조의를 표하는 것이라 한다. 그런데 자세히 살펴보면 희한한 광경이 나타난다. 과장이겠지만 하여튼 자기 부모가 죽어도 울지 않던 학생이 목을 놓고 운다. 그것도 사람 많은 길바닥에서. 또 어느 학생의 집에서는 남들은 모두 깃옷을 입었으니 자기도 해내라며 야단이 난다. 하는 수 없이 부모들이 이것저것 전당포에 맡기고 돈을 빌려 옷을 지어 입힌다. 게다가 깃옷이라 하는 것이 부모가 돌아가도 성복날이나 입는 것인데 조의만 표하면 되는 국상때 성복 전날부터 깃옷을 해 입는 것은 유사이래 처음이다. 이것은 또 여학생들뿐만이 아니다. 귀부인, 숙녀, 기생, 창부, 밀매음… 할 것 없이 깃옷을 입고 있다. 어떤 여학생은 깃옷을 입고 오색찬란한 파라솔을 들었으니… 말세다. 아마도 의복을 입는 것을 한 유행으로 아는 일부사람들은 상복도 남들이 입으니깐 그것도 유행인줄 알고 유행에 떨어질까봐서 그랬던 것 같다." 여기서 알 수 있는 것은 여학생은 부러움과 주목의 대상이며, 이들이 유행을 선도하고 있다는 점이다. 당시에도 이러저러한 성격의 여학생이 존재했을 터이지만,

---

178 졸곡후哭때까지 상제가 입는 생무명의 상복

이후 여학생들의 '애국, 애족'에 대한 진정성은 서울여학생만세운동에 이르러 본격적으로 드러났다. 이때 일제에 연행돼 고초를 겪은 여학생들 중 다수가 1930년대 민족해방운동, 정치운동에 적극적으로 참여하게 된다. 일제강점기 여학생운동의 정점을 이룬 사건이라 평가된다.

광주학생운동 '여학도 투쟁기' ————————

최은희가 1960년 '여류평론가'라는 직함을 달고 동아일보에 '광주학생사건 여학
도 투쟁기'를 2회에 걸쳐 연재하고 있어 흥미롭다. 11월3일과 4일자에 실린 글은 현
재 밝혀진 사실들과는 약간 차이가 있지만 생생한 필치가 돋보인다. 상上편은 '독서
회 조직하고 일본요리는 배격'이라는 중제를 달았는데, 여기서 언급된 가사과목을
맡은 교사가 이숙종의 반려로 성신학원을 이끌어온 조기홍과 동일인인 것이 눈에 띈
다. "광주여고보가 창설된 이듬해 1928년 5월 나주에서 광주로 기차통학하는 각 남
녀학교 학생들 중 광주여고보생 암성금자, 이광춘, 광주고보생 이순태, 동복3남매
가 있었는데, 늘 못되게 굴던 일인 학생 하나가 그날도 게다짝을 신은 발로 금자의 운
동화 신은 발을 찌그러져라 하고 밟으면서 눈을 찡긋거리는 양이 괘씸해서 광춘이가
그놈의 다리를 떠다밀었더니 옆에있는 일인 학생 하나가 광춘이의 댕기꼬리를 잡아
나꾸치며 야만적 언사를 사용하므로" 시비가 벌어진 끝에 민족감정이 고조됐다는
서술이다.

"이 일이 있은 후 여고보생들은 일인 선생 하나가 걸핏하면 모욕감을 주는고로 그
선생을 파면시켜달라는 배척운동이 일어나 7월말 학기시험에 백지동맹을 해 식민
지교육에 반기를 들었다. 문남식 교유에게 진압시켜달라 하고는 스트라이크의 책임
을 물어 파면장을 보냈다. 문선생의 후임인 조기홍 선생과도 그 무서운 감시 속에 논
의의 대상이 되고 가사과목을 통해 민족혼을 불러일으키며 일본요리를 배격하고 김
치깍두기와 된장찌개에서 민족의 긍지를 찾아야 된다고 부르짖었다한다. 그들은 종

1931년 9월24일자 매일신보에 실린 조기홍의 사진. 1927년 경성제일여고보고, 1929년 동경여자여자사범학교 가사과를 졸업하고 1930년 진명여교 교사로 취임하기 전, 전남 광주여고보 교유를 맡았던 것이 확인된다. 경기여고 교장, 성신여대 초대 총장 등을 지냈다.

횡으로 남녀학교와 비밀히 연락해 독서회를 조직하고 … 1929년 10월30일 하오6시경 광주중학생 福田修三이 민족을 모욕하는 희롱을 걸면서" 다시금 떼싸움이 벌어지게 되고 일인 순사들은 일인 학생들을 옹호하고 일인 경영의 광주일보는 대서특필로 우리학생을 비난하는 일로 이어진다.

하下편은 "31일 하오 광중학생들이 어제의 앙갚음으로 단도를 가지고 광주역 부근에 매복해 피비린내 나는 일대 난투극이 벌어졌다. 우리학생들은 11월3일 일본의 4대명절중 하나인 명치절을 이용해 데모를 일으키기로 결의하고, 광주신사에서 성대한 식이 끝나자마자 광주고보생, 농고, 사범, 여고생들과 합세해 광중학생을 습격, 일대 격투를 했다"고 전한다. "여학생들은 집집마다 들어가서 주전자에 물을 떠들고나와 먹여줘 일명 주전자부대라는 칭호까지 들었으며 해방후 당시 퇴학맞은 학생들에게 명예졸업장을 수여할 때도 기념품으로 주전자 한 개씩을 주었다 한다. 여학생들은 그날 부상당한 남학생들을 병원으로 이송하는 한편 근처 약방에서 붕대, 가제, 탈지면 등을 가져다가 상처를 싸매주고 응급치료를 하는 등 전투지대에 방불한 활동을 했다."

4일 새벽 검거선풍이 불어 우리 남학생만 수십 명을 형무소로 넘기자 다시 분개한 학생들은 광주장날인 12일에 삐라를 뿌리며 투옥된 학생들의 석방을 요구하는 제2차 시위행진을 했다. 무장경관들에게 300여명 학생이 일시에 트럭으로 연행돼 17명은 검사국으로 넘어갔다. "여학생들은 21일에 비로소 독서회를 리드하던 장매성을 광주서에 유치당하고 어떻게 지독한 고문을 당했든지 30년이 지나간 오늘까지도 한편 어깨를 잘 쓰지 못하고 있다. … 전후 12명의 여학생이 광주형무소에 수감됐고, 20여명은 광주서에 유치돼 그들 30여명은 퇴학처분을 당했다. 그후 파상적으로 전국에서 학생운동이 일어나다가 그 이듬해 1월15일 서울에서는 각학교가 일제히 데모를 했으니 …그밖에도 여학교 별로 많은 학생들이 검거돼 고생을 했다."

한 집안 이중포상의 문제 ————

2018년 열린 '제1회 한국여성독립운동가발굴 학술심포지움'은 여성발굴포상 확대에 대한 장애요인 중 하나로 '한 집안 이중 포상이란 인식'을 꼽았다. 견고한 남성 위주 사회구조에서 여성의 일은 가려지고, 남성을 중심으로 서술된 역사기록들에서 여성은 부수적으로 등장하기 마련이다. 성역할에 대한 고정관념으로 여성의 역할과 희생에 대한 언급은 거의 없고, 거기에 "남편이 독립운동가로 포상 받았으면 됐지, 아내까지 한 집안에서 각각 포상할 필요가 있는가 하는 의식"으로 기록으로 남기거나 적극적인 포상신청을 하지 않는 동안 증거들이 사라져갔다.[179] 이러한 어려움에도 불구하고 2018년 1~5월 '여성운동가 발굴 및 포상 확대방안연구' 용역을 통해 202명을 새롭게 발굴했다. 국가보훈처의 조사와 검증작업, 독립유공자 공적심사위원회의 심의를 거쳐서 포상이 확정된 이들 중 태화여학교생 8명이 포함돼있다.

　　이 용역을 통해 2018년 뒤늦게 포상 받은 이들 중 한 명이 우당 이회영의 부인 이은숙(1889~1979)이다. '서간도 시종기'라는 독립운동 수기로 유명한데, 3·1운동 100주년 행사를 맞아 이 스포트라이트를 차지한 것은 이회영의 손자로 초대국정원장을 지낸 이종찬이었다. 선열을 기리는데도 현재의 권력이 작용할 수밖에 없는 것이다. 명망가 출신 이건영·석영·철영·회영·시영·호영 6형제가 모두 만주로 이주해 독립운동을 했는데, 이종찬이 우당기념관을 건립하며 이회영의 활동이 국내에서 유

179　이정은 '독립운동가의 아내 박애신의 생애와 여성 독립운동가 발굴', 제1회 한국여성독립운동가 발굴 학술심포지움 2018년 8월8일

명해지게 됐다. 반면 이석영의 직계후손들이 생존해있는 것은 2021년에야 확인됐다. 주간지 '한겨레21'이 절손된 것으로 알려졌던 이석영의 아들 이규준이 세 딸을 뒀고 그 후손들이 나타났다고 보도했다.[180] 생계에 급급했던 후손들의 처지와 더불어 부계혈통 중심의 가족개념도 선열을 잊게 하는데 한 몫 한다고 보인다.

　흔적은 있으나 구체적 기록이 없기도 하고, 절손으로 기록을 챙기는 후사가 없거나, 여자는 나서지 않는 것이 미덕이라는 사회통념 등의 이유로 공이 차고 넘쳐도 국가유공자가 되지 못한 여성이 허다하다. 후손이 서훈신청을 안 해 보훈을 받지 못한 대표적인 여성 독립운동가가 김숙자(1894~1979)다. '한국의 혼' 등을 쓴 유명 역사학자 장도빈이 그의 남편으로, 독립운동과 언론활동 등으로 1990년 건국훈장 독립장이 추서됐다. 김숙자의 부친은 광복군 사건으로 투옥 생활을 했고, 동생 김응원은 임시정부 국내 조직인 연통제의 책임자로 활약하고 의열단에서 활동해 건국훈장 애족장을 받았다. 반면 일제강점기 '독립운동 우두머리'로 불리며 군자금을 모으다 체포되기도 했던 김숙자는 여전히 국가의 공식 인정을 받지 못하고 있다.

　1921년 6월24일 매일신보는 '여자 정치범 검거, 독립운동의 거괴 김숙자' 제하로 "평양북도 영변경찰서에서는 요사히 정치범을 검거하던중 참으로 조선독립운동의 여성의 거괴를 검거하였는데 이여자는 원래 경성 누하동에 사는 김숙자라 하는 여자로 금년 20세된 터인바 일즉이 상당한 지식도 닦았으며 또한 신교에 열심하는 터인데 … 독립운동의 자금을 모집하기에 분주해 거액의 돈을 모집해가지고 평양에 있던 선교사 모씨에게 주었던바 그 선교사는 그간에 또한 정치범으로 검거돼 지금은 옥중에서 신음하는 중인데 그 김숙자는 오히려 군자금을 모집하는 등 자못 암중비약

180　[단독] "나는 신흥무관학교 설립자 이석영의 증손녀이다", 한겨레21 2021년 7월26일

을 계속하다가 이번에 영변경찰서의 손에 검거돼 연루자 몇사람과 같이 취조를 받고
검사국으로 넘어갔다더라"고 보도하고 있다. 1920년 장도빈과 결혼한 김숙자는 체
포 당시 임신7개월의 만삭의 몸이었다고 한다.

　매일신보 1921년 5월10일자에도 '종로서에서 남녀 4명 구인'이라며 "지난 7일
아침에 종로경찰에서는 무슨사건에 관련함인지 평안북도 영변으로부터 올라온 최
봉혜와 한성도서주식회사 전무 장도빈씨 부인 김숙자와 또 전기회사사원 노기정과
성경학원에 있는 김석원 등 임신중인 여자 두 사람과 청년 두사람을 인치하였다더
라"는 단신이 나와 김숙자가 임신중이었음이 확인된다. 같은해 조선일보 7월8일자
도 '강화회의에 제출할 터인 조선독립청원서 연명함 회원을 모집하던 여교사─여자
1만명을 모집하다가 영변경찰서에 체포되얏다'는 제하 기사에서 "평양북도 영변군
숭덕여학교 김숙자(28)라하는 여교사 평양야소교 선교사 '수돗구'라하는 외인으로
부터 강화회의에 제출할터인 조선여자 1만명의 독립청원에 연할 회원의 모집해달
라는 의뢰를 받았는데 … 조선애국부인회라는 단체를 조직한 후 기부금모집에 종사
해 임의 불소한 금액을 모집해 전기 선교사에게 보낸 일이 요사이 발각돼 영변경찰
서에 체포돼 엄중한 취조를 받는 중이라더라"라고 전한다.

　조선일보 최초 여기자 최은희는 3·1운동 당시 김숙자와 함께 만세운동을 했다고
증언하기도 했다. 작고 한 달 전인 1984년 7월1일 촬영된 KBS영상에서 최은희는
"3·1운동 때 16세, 경기여고의 전신 경성여자보통고등학교 3학년 졸업반이었는
데, 민족대표 33인이 되는 박희도가 비밀조합을 하겠다고 뜻이 맞는 이를 데려오라
해서, 제일 첫 번에 후에 '한국의 혼'을 쓴 장도빈의 부인이 되고, 평양 숭덕학교 교사
가 된 22세 김숙자, 원산에서 온 이덕순, 10사람까지 데려갔다. 서클인원이 42명이
됐을 때 3·1운동이 일어났다"는 요지로 말한다.

태화 승계 성신의 혁신·여성연대

동아일보 1936년 3월 27일자 '태화여교 인계 가정학교로 변경', 5월 6일자 '태화가 성신여교로' 등을 비롯 이어지는 기사들은 성신이 별도로 설립된 학교가 아니라 태화를 인수받았음을 분명히 확인해주고 있다. 같은해 5월 8일자 매일신보도 '신 경영주 마지하야 성신여학교로 면목일신한 태화여학원 가정교육에 치중' 제하로 "16년동안이란 오랜세월을 두고 취학의 때를 놓친 여성들을 교육배양된 태화여자학원은 이번에 그 경영권이 빌링슬리 양으로부터 이숙종 여사에게로 옮아가게되자 교명을 성신여학교로 개칭하는 동시에 부내 경운정 88 천도교기념관을 임시교사로 사용 별과와 본과의 2과를 두고 가사, 요리, 직업 3부문에 나눠 가정학교의 면목을 여실이 발휘 할터이라는 바 그 발전이 크게 기대된다고 한다"고 전한다. 이때 성신여학교의 학제가 가정학교로 정해진 것은 태화여학교가 가졌던 기능을 이어가려했던 의도일 것이다. 인계시 학생 60여 명과 한국인 선생 3명이 고스란히 옮겨왔는데 이들이 성신의 성격을 결정했다고 볼 수 있다. 이때 교사 3명은 1935년 10월 태화여학교 학생들이 일으킨 동맹휴학사건의 원인이 됐던 장귀련, 김운경, 양성민이었을 것으로 짐작된다.

여권운동의 영향으로 세워진 여학교가 초기, 가정교육을 '혁신'으로 여겼던 것은 지금의 눈으로 보면 아이러니하기 조차하다. 이는 여성운동이 먼저 시작된 서구와의 태생적 차이에서 비롯되는 면도 있을 것이다. 21세기에도 세계 성격차지수GGI에서 한국은 100위권 밖에 머무르고 있을 정도로 여전히 서양과 큰 차이를 보인다. 서양에서 여성운동은 여성의 공적영역진출이라는 의제로 출발했다면, 한국은 가족 내 양성평등을 이루는 것이 법적으로나 실질적으로나 오랜 숙원사업이었을 정도로 여성의 지위가 서구에 비할 바가 아니었다. 한국에 헌신적이었고 한국여성을 주인공으로 한 여러 소설을 남긴 선교사 엘라수 와그너도 여성의 '학력과잉'을 경계하는 입장이었다. 식민치하에서는 조선인 남성도 많이 배워야 그에 걸맞은 직업을 가지기 힘들어 이른바 '고급 룸펜'이 양산됐다. 와그너는 이러한 실업문제 등 당대 한국사회의 현실을 고려해 여성고등교육에 관심을 기울이지 않았다. 또 한국여성과의 개인적 친분관계나 교류가 없었으며 결정적으로는 호수돈여학교를 이끌 여성인재를 양성해 놓지 않았다. 와그너가 호수돈여고보 교장을 마지막으로 미국으로 귀환하게 되었을 때 후임으로 선정하고 모든 일을 인계했던 한국인은 남자 교무주임이었다. 이는 엘라수 와그너의 교육선교활동의 한계라고 볼 수 있다.[181] 그러나 이화여고보의 교장도 한

---

181 김성은 '한말 일제시기 엘라수 와그너의 한국여성교육과 사회복지사업', 2014

국인 남자였다는 점에서 엘라수 와그너 혼자만의 한계라기보다는 시대적 한계라고 봐야할 것이다. 후대의 이숙종도 사후 여성 후계자를 미리 키우지 못했다는 점에서 동일한 비판을 피해가기 힘들 수 있다.

  지금은 대학에 거의 사라지다시피한 '가정관리학과'가 가정·가사가 하나의 학문분야로 인정받았던 흔적이다. 가정교사 양성을 위해 '가정교육과'는 남아있는 대학들이 있으나, 가정과는 생활과학, 소비자학, 아동학, 주거환경학 등으로 시대에 맞게 변모했다. 1970~1990년대 새마을운동의 주요사업 중 하나가 입식부엌 도입과 개량이었을 만큼 전국적으로 전반적 생활개선이 이뤄지는데까지는 오랜 시간이 걸렸다. 태화여학교를 인수한 이숙종은 가정·가사를 간판과로 내세우고 1939년에는 교명을 아예 '성신가정여학교'로 바꾼다. 1939년 4월3일자 동아일보는 '성신가정여학교 조선에서는 처음 출현'이라며 "명실공히 조선에 특수한 학교로서의 면목을 가추게하리라 한다"며 그 선진성을 소개한다. 같은날 조선일보도 '여자교육계의 출색 성신가정여학교' 제하의 보도를 내는데 '출색'이란 '눈에 띌만큼 특출하게 뛰어나다'는 뜻이다. 당시 조선교육령은 국내의 여학교는 부덕을 기르는 구체적인 방법의 하나로 자수와 수예 등 기예교육을 의무화했다. 전통적으로 가정 내 여성의 역할과 관련된 기예교육은 남녀의 차별성을 인정하는 측면과 함께 현실적으로 여성의 실업교육, 직업전문교육을 강화한다는 이중성을 갖는다. 그러한 이중성은 일본에서는 물론 이숙종처럼 일본에 유학했던 여성교육의 선각자들이 공통적으로 가졌던 이념이었다.[182]

---

182 김철효 '운종 리숙종과 동경(여자미술학교) 유학', 2009

이숙종은 "안살림과 속범절이 민족의 터"라는 신념으로 중등교육은 가정여학교에서 시작해야하겠다는 생각을 굳혀갔다. 이러한 구상을 확고하게 현실화할 수 있는 인물로 동경여자고등사범학교 가사과를 졸업하고 진명여학교에서 가사를 가르치던 우당 조기홍(1908~1997)을 영입한다. 두 사람은 이미 동경 유학시절부터 돈독한 우정을 맺어왔던 사이다. 둘은 먼저 한 달간 일본의 가정교육 실태를 파악하고 조선총독부로부터 설립인가를 받기 위해 노력을 다했다.[183] 이숙종은 회고록에서 "일본의 우수한 여성운동자 이시가와, 야마다 씨를 만나 일본 가정교육의 유래와 현황을 자문받기도 했다. 그중 '주부의 벗'의 사장 이시가와 씨는 콧대 높게 회전의자에 앉아 '원래 가정교육은 일본처럼 문화가 향상된 지역에서만 할 수 있는 것이지 조선에서는 아직 이르다'고 했다. 나는 그의 오만한 태도, 얄은 소견에 일종의 모욕감 같은 것을 느끼고 즉석에서 '어떤 고장이라도 다 그 고장의 이상이나 희망이 따로 있다'고 역설하고 '문화의 발전은 동서가 없고, 고하가 없이 다 발전할 후 있는 것으로 우리는 한국에 돌아가 우리 풍토에 맞는 가정교육을 실시하려 한다'고 반론을 폈다"고 했다. 이숙종은 스스로 여권운동가의 길을 걸었는데, 이는 다음 장에서 다시 논한다.

태화와 성신의 공통점과 차이점

태화와 성신의 가장 큰 차이점이라면 운영주체가 바뀌면서 학교가 가지고 있던 기독교적 색채가 민족주의적 태세로 갈음됐다는 것일 터다. 이숙

---

183   성신50년사편찬위원회 편 '성신50년사', 성신학원, 1989

종이 "그때 그 분위기 속에서도 우리 학교엔 지조있는 유가나 애국지사의 딸들이 많았던 것을 기억한다. 이들의 공부하는 태도는 보통 학생들과 달랐다. 뭔지 사명감을 갖고 공부했다"고 회고록에 썼는데 그밖에 당시 '여성교육'이라 칭해지던 방향에는 크게 변화가 없음을 알 수 있다. 실질적으로 태화여학교의 설립정신과 갖은 유산을 기리는 것이 한 교육기관의 역사 뿐 아니라, 여성사를 되살리는데도 큰 몫을 한다. 여러 사록史錄에 태화여학교와 여학생들의 존재가 뚜렷이 남아있지만 현존하지 않는다는 이유로 재구성되는 역사 서술이나 연구자들의 논문 등에서 누락되는 일이 일어나고 있다. 기억의 주체가 돼야할 성신이 제 구실을 하지 못하면 '민족성지' 태화관이 가진 장소성을 이어받은 여학교의 의미와 선학들이 지녔던 독립정신 등이 모두 한낱 물거품이 되고 만다. 교장 이숙종의 집안배경과 개인의 민족주의 성향이 더해졌고, 그것이 태화여학교의 인계자로 낙점되는데도 보탬이 됐지만 기본적으로 학교의 뿌리가 학부모와 학생들의 선호도에도 큰 영향을 끼쳤을 것이다.

동아일보 1938년 1월4일자 '새 주지로 나온 성신여교 전모 성신여학교 장 이숙종' 제하의 인터뷰에서 "우리 성신여학교는 15년이라는 과거에 연혁을 다시 쇄신하고 본교의 사명을 부르짖고 태화라는 구교명을 변하여 성신이 된지 어느덧 3년이 되엇습니다. 여기에 경영자가 달라젓고 교육의 주장이 달라졋습니다"며 "사회생활에나 가정생활에 잇어서 암담한 전정을 탄식하고 학문에 굼주린 여성이 만흔 것을 잊을수 없엇으니 본교는 이 여성들을 위하야 또 사회와 가정의 임무를 위하야 뒤떠러진 여러 여성을 구급지도하며 견실한 여성을 만들고 정신수양에 힘써 개성지도에 원만한 인격을 함양하고 가정교육이 실제생활에 일치하고 조선가정생활에 합리할 수 잇도록 양성코자하는 것이 본교의 사업입니다. 과연 연령이 초과하엿서도 배우고자하되 배울곳이 없는 여성을 위하야 개방하엿습니다"고 말하고 있다. 차이점을 강조하고 있지만 17년 전, 동보 1921년 3월 25일자에 실린 태화여자관 초대관장 마이어스의 인터뷰와 기조 면에서 크게 다르지 않다. 마이어스는 "가정을 개조하자면 먼저 여자를 교육하여야 하겠습니다. 그러면 조선에 제일 시급한 것이 여자교육이올시다. 그런대 조선의 여자교육기관으로 몃개의 학교가 업는바는 아니나 이미 가정에 든 여자로서 어려서 학교교육을 밧지 못한 여자는 상식을 얻을만한 기관이 업스며"라고 태화여자관의 설립의의를 말하고 있다. '성신50년사'도 "당시(초창기)의 학생들은 대부분이 결혼한 부녀자들이었다. 조혼한 이들은 구세대의 전통적인 가정에서 구태의연한 여자로서 시부모를 섬기고 자녀를 기르는 것을 생활의 전부로 삼았던 것에 비하여, 부유한 양반집 자제들인 남편들은 일본에 유학하여 새로운 학문을 닦이 신문화를 받아들이고 새 시대 사조에 따라 생각하고 행동하였다. … 무식한 아내와 고등교육을 받은 남편 사이에는 간격이 생기고, 마침내 가정이 깨지는 불행한 결과가 일어났다. 그러나 결혼한 부녀자들에게 새교육을 실시하는 곳은 거의 없었다. 지식의 필요성은 알고 있으나 그것을 충족시킬 곳이 없었던 부녀자들은 성신여학교의 소식을 듣고서 모여들었던 것이다. 부모가 직접 딸을 데리고 왔는가 하면 며느리에게 신교육을 가르쳐 주기 위하여 시아버지가 직접 며느리를 데리고 와서 부탁하기도 했다"고 서술하고 있다. 이 부분은 태화여학교 시절을 기록하고 있는 것이 아닌가 싶을 정도다. 특히 초기에는 태화여학교와 운영방침과 교육관이 크게 다르지 않았던 것이다.

이숙종이 자신의 전공을 살려 '서화부'를 둔 것이 가장 색다른 특징이다.

이숙종은 위 인터뷰에서 "생도의 재적은 250여명이오 경기를 중심으로 13
도에서 모이엿으며 먼곳으로 평북강계와 만주벽지로 기타 하와이 같은 곳
에서까지 본교의 취지를 알고 모여드럿습니다. 졸업생은 200여명으로 가
정 상급학교 여성들로 나누어잇습니다. 그러면 이와같이 전조선 또 타국에
서 모여드는 생도는 환경의 모든 난관을 타파하고 나오게된 열성과 동기
여러 가지로 보아…"라고 하는데, 이 역시 태화여학교에 고려인 등 해외동
포들이 고국으로 역유학하는 사례와 겹쳐진다. 더불어 이숙종이 평생 독신
을 유지하며 교육사업에 투신한 것은 당대 외국인 여선교사의 사례가 롤모
델이 된 것이 분명하다. 사회활동을 활발하게 한 신여성 가운데는 이렇게
결혼하지 않은 경우도 많았고, 이들 인텔리 여성들은 돈독한 자매애로 엮
여있었다. 이숙종은 역시 독신이었던 이화여대 초대총장 김활란과 뜻을 같
이하며 평생의 궤를 같이했다. 조기홍이 가정을 꾸리기는 했지만, 이숙종
은 그를 '반려자'라 칭하며 일생 동반자 관계를 형성했다. 여성교육발전과
여성지위향상에 헌신하며 여성연대의 표본을 보여줬다는 점에서 이들의
삶의 방식 또한 문화사적 접근이 필요하다. 역사에 기록됐듯 이들의 결속
이 모두 좋은 방향으로만 흘렀던 것은 아니지만, 여성 스스로 공적영역에
나가 활동했던 이들의 투쟁적 삶은 영웅적이라 할 만한 것이었다.

　'태화기독교사회복지관의 역사'는 "남성 직원은 주로 여성들의 사업
을 지원하는 것으로 일의 한계를 두었다. 사업의 주역은 여성들이었다. 이
숙정, 박정화, 최활란, 이효덕, 이금전 등 초창기 태화여자관 사업을 이끌
던 한국인 여성 사역자들이 떠나간 자리를 제2세대 태화사회관 여성들이
메웠다"며 여성이 주도적으로 모든 것을 결정하고 실행하는 기관이었음
을 분명히 했다. 여학교를 설립하고 운영했다는 것은 여성들이 주체가 되

는 여성위주의 공간과 공적기관을 창조해냈다는 점에서도 고무적이다. 처음 성신여학교가 세워졌을 때부터 이숙종의 리더십은 절대적이었고 대학이 창립됐을 때도 초대학장은 이숙종이, 종합대학교로 변경 후 초대총장은 조기홍이 각각 역임했다. 여성이 독립된 존재로서 무엇이든 여성의 힘으로 할 수 있다는 모범을 보여준 혁명적 사례였다. 해방직후 다시 사회생활에 나선 최은희가 1945년 9월10일 여권실천운동자클럽을 만들고 가장 먼저 '여학교 교장은 여성으로' 운동을 전개한 것은 그만큼 의미심장하다. 이를 통해 태화여학교에 근무했던 차사백은 무학공립여자중학교(현 무학여고) 초대교장이 됐고, 경기여고 고황경, 경성여자사범학교 손정규 등을 교장으로 임명하는데 성공했다.[184] 유리천장을 깨고 여성의 자리를 만들어내는데 여학교가 디딤돌 역할을 할 수 있음을 보여줬다. 이 같은 최은희의 뜻은 후속 운동으로 더욱 뚜렷해졌다.

대한부인회 서울시본부 창설위원, 대한여자국민당 서울시 당수에 취임한 후, 최은희는 여성의 정계 진출, 즉 여성입각운동을 추진했다. 1952년 대한여자국민당은 임영신을 부통령 후보로 추대했고, 최은희는 "임여사를 우리의 부통령으로! 여자 부통령 입후보는 만고의 처음입니다"는 선전문을 작성했다. 1960년 민주당 정권에서 각료 인선이 시작되자 보사부 장관에 박순천을 등용시켜 달라는 진정서를 제출하기도 했다. 하지만 임영신, 박순천 등 여성 정치인들은 내각에 기용되지 못했고, 이에 분노한 최은희는 장면 정권을 강도높게 비판하는 논설을 발표하기도 했다.[185] 1960년 11

---

184 심양섭 '여자가 기자가 된다', 커뮤니케이션북스, 2008년 2월15일
185 장영은 '3·1운동과 감옥에 갇힌 여성 지식인들-최은희의 자기서사와 여성사 쓰기', 東方學志 제
        185집, 2018년 12월

월5일자 조선일보 부인시론에 '여성도 대폭 등용하라-장내각에 충고한다'
며 "제2공화국 국무총리 인준이 시작될 때부터 여권실천운동자클럽에서
는 보사부 장관(차관은 의사로 하고)에 박순천 여사를, 법무부 정무차관에 이
태영 여사를 기용하여 달라는 요청서를 국회에서 인준되는 대로 즉각 그에
게 수교하여 주도록 미리 민의원 의장에게 맡겨둔 일이 있었다. 이 두 여사
의 실력이 어느 누구라도 능가하리라는 것은 천하공지의 사실이언만 신정
부는 이를 고려하지 않았고, 서울특별시에서 9개구의 청장과 수백의 동장
군을 임명할 적에도 전혀 염두에 두지 않았으며 심지어 말단 공무원인 부
녀국 부녀계장이 과거에 여자이었던 것을 남자로 바꾸어버린 일과 사범대
학부속여고 여교장 자리에 또한 남자 교장을 채용하였은즉 실로 거거우심
去去尤甚라는 말을 던지지 않을 수 없게 되었다"고 꾸짖었다.

　최은희는 이 글에서 '여학교 교장은 여성으로' 운동의 성과를 예로 든다.
"여성에게 있어서 장정권은 확실히 횡포요 독재다. 해방후 군정에서도 민
주의원과 입법의원에 여성의원들을 진출시켰으며 필자자신이 그당시에 앞
장서서 여학교교장(관선)을 여자로 하여달라는 진정서를 라캇트 학무국장
에게 제출하고 학무위원7명을 역방한 결과 그 산파역에 성공한 일은 현문
교부장관 오천석씨와 이대 김활란총장이 잘 기억할 것이요, 서울시 학무
국장 이승재씨에게 국민학교에도 여자교장을 발령하여 달라는 진정과 함
께 곧 실행된 것이다. 여교장들이 모두 100퍼센트의 능률을 올린 것은 더
말할바 없고 깡패기질이 농후한 남자중고등학교교장에 한하여는 여자교
장을 배치하는 것이 효과적일 것이라는 논의가 식자간에 거듭 대두되었다
는 것을 아는 이가 많을 것이다"며 "이승만 전대통령은 아무리 독재정권이
라 하였지만 초대상공자관 무임소장관 공보처장 감찰위원 등에 여성을 기

용하였고 … 여성들이 민의원이나 참의원에 당당입후보하여 남자와 실력을 대결하고 국회에 과반수를 차지하게 된다면 다른 논리가 필요없을 것이로되"라고 역설한다. 이러한 실례에서 엿볼 수 있는 것은 여성의 권리신장과 자리찾기에는 정파나 정치색을 따질 수 없다는 것이다. 여야, 좌우 가릴 것 없이 여성의 영역은 지워지지 않고 명맥을 유지하는 것 자체가 힘들만큼 여권의 지위는 항시 풍전등화 같았다. 생존을 위한 여성의 선택지는 언제나 협소했다.

여학교·여자대학은 왜 존재하는가

이숙종의 생애만 훑어봐도 개화기 여성운동의 흐름과 함께 초기 여학교들이 어떻게 연계를 맺고 연대하고 있었는지가 한눈에 드러난다. 일본으로 유학가기 전 대한제국 황실이 세운 진명여자보통학교와 숙명여자고등보통학교를 다녔고, 숙명 재학시 차미리사의 부탁으로 근화학원(덕성여대 전신) 야간부 교사직을 병행하기도 했다. 성신 설립 전에도 여러 여학교에 복무했다. 경성여자상업학교(현 서울여상) 교사를 지내며 기숙사 금화료를 운영하기도 했고, 조동식과의 각별한 친분으로 동덕여자고등보통학교로 옮겼다. 임영신이 교장으로 있던 중앙여자보육학교(현 중앙대)에도 강의를 나갔다. 해방 후에는 이화여대와 숙명학원의 재단법인 이사를 지내며 우리나라 여성교육 전반에 기여했다. 당시 몇 손가락 안에 꼽는 여성 선각자들의 동지의식을 엿볼 수 있다. '연결될수록 우리는 강해진다'는 페미니즘의 모토가 자연스럽게 연상된다.

　제도권교육에서 완전히 소외됐던 여성들을 위해 여학교가 설치된지 한 세기만에 '여대 무용론', '여대 폐지론'이 제기되고 있는 것은 격세지감을 느끼게 한다. 저출생 경향으로 인한 신입생 감소, 여성의 지위향상과 더불어 여학생들의 대학진학률이 남학생을 앞지르게 되고, 인기학과에 대한 남학생들의 역차별 주장 등이 겹치며 남녀공학으로의 전환을 고려하는 여대들도 있다. 실제 다수의 4년제 여대들이 이미 남녀공학으로 전환했다. 중앙여자대학이 1949년부터 남녀공학을 실시하며 중앙대가 됐고, 한성여자대학도 1978년 한성대로 변경됐다. 수도여자사범대학이 공학으로 개편되며 1979년 세종대로 재출범했고, 상명여대가 1996년 남녀공학대학이 됐다. 서울 외 지역에서도 부산여대가 1997년 신라대로, 청주여자대학이 1979년 청주사범대학으로 개편됐다가 현 서원대학이 되는 등 여러 사례를 더 찾아볼 수 있다. 효성여대는 1994년 대구가톨릭대와, 성심여대는 1995년 가톨릭대와 통합됐다. 1928년 조선여자의학강습소로 시작한 서울여자의과대학이 1957년 남녀공학이 된 후(수도의과대학, 우석대 의대) 1971년 고려대에 흡수합병됐다.

　이 과정에서 여자대학만이 가진 고유한 전통과 문화가 사라지게 된 것은 비통한 면이 있다. 소수자인 여성에게 교육혜택을 주려 설립된 취지가 무색해지고, 역사조차 희미해졌다. 페미니즘 백래시가 심해지며 중앙대에서는 대학최초 여성주의 교지를 표방하는 교지 '녹지' 운영비를 등록금에서 빼달라는 항의가 수년째 이어지고 있다. 총여학생회가 폐지되며 그 자리를 대신했던 총학생회 산하 성평등위원회를 2021년 없애기도 했다. 재단이 두산그룹으로 넘어간 뒤 박용성 전 이사장이 "분바르는 여학생들 잔뜩 입학하면 뭐하느냐"며 '특성화고졸 재직자 전형'에서 합격자 성비 조정을 지시

동아일보 1981년 2월 12일자에 소설가 박화성이 '금화료에서 이숙종씨(왼쪽)와 필자(1933년)'라며 공개한 사진. '나의 교유록'을 연재하며 "이숙종은 그 당시 황금정 이정목에 있는 금화료라는 과히 크지도 않은 2층건물에서 몇십명의 학생들을 지도하고 … 그 시절이 대(大)성신 탄생의 진통을 겪는 기간이었음을 나는 몰랐어도 자신만은 짐작하고 있었을까"라고 썼다. 또 "송금선도 그때는 근화학원이라는 자그마한 학원을 맡고 있었으나 훗날의 그것을 대(大)덕성으로 이룩해놓았다"고 언급하고 있다.

했다는 보도[186]가 나와 여성단체들이 시위에 나서는 일도 있었다. 두산 자체가 창업주의 아내 정정숙이 '박가분'을 제조하며 흥하기 시작한 기업이고, 중앙대 역시 여학교를 모태로 하고 있다는 점에서 여성과, 가까스로 만들어진 여성의 자리가 어떻게 삭제돼 가는지를 적나라하게 보여준 사태였다. 2011년 동기 여학생을 추행하고 영상을 찍은 '고대 의대생 성추행 사건'은 물론, 성비적용선발로 실질적 '남학생 할당제'로 들어온 교대 남학생들이 수적 열세에도 여학생들을 성희롱해 사회적 문제가 되는 등 끊이지 않는 성범죄가 교내에서의 남녀 권력차를 극명하게 드러낸다.

186　[단독] 박용성 "분 바르는 여학생들 잔뜩 오면 뭐하나", 한겨레 2015년 5월 20일

공학대학에서 민주화운동의 산물인 총여학생회가 2013년부터 줄줄이 폐지되며 여성주의 목소리를 낼 수 있는 공식통로가 전멸하다시피 했다. 취업률, 임금 문제 등에서 일일이 수치를 들이대지 않아도 성차별과 성희롱·성폭력사건, 여혐문화 등은 여전한데 여학생의 교육기회가 늘고 성적이 우수해졌다는 것만으로 성평등이 실현됐다고 보는 것은 시기상조다. 여학교는 아직도 나아가야할 길이 까마득하다. 세계경제포럼WEF에서 매년 발표하는 성격차지수GGI에서 상위권인 선진국이라고 해도 여성차별이 완전히 해소된 곳은 없다. 그런 면이 '페미니즘의 전진기지'로 여겨지고 있는 여대의 존치를 주장하는 강력한 기반이다. 사회적 약자로서의 여성의 위치는 여전히 연대와 여성리더십 양성을 필요로 한다. 남성우위의 관습적 제도가 통하지 않는 지성집단에서 여성이 대표가 되는 경험을 할 수 있는 것만으로도 능력과 독립심, 자존감, 자신감 함양에 끼치는 영향력이 엄청나다. 여성의 잠재력은 아직 다 발휘되지 못했다. 단지 생물학적 여성이라는 것이 '개혁'의 이유는 되지 못하지만 여성은 아직 기성권력에 덜 물든 진보적 사고로, 차이와 다름을 보여줄 가능성이 크다. 사회변혁에 자못 기대되는 '계층'이다. 술자리가 사회생활과 동의어인 듯 여겨지는 세상에서 술 없는 신입생 오리엔테이션과 대동제를 여는 성신여대의 사례는 여성의 문화가 어떻게 세상을 변화시킬 수 있는 지를 보여주는 단적인 예라 하겠다.

2018년 미투운동이 점화된 시기, 대학가에서는 여자대학들만이 우리사회를 뒤흔든 '미투혁명'의 구심점이자 버팀목 역할을 해냈다.[187] 같은해 성신여대는 학생들을 상대로 성폭력을 저지른 교수가 파면된 국내 최초 대학

---

[187] 공학 대학에서 미투운동이 사그라든 이유와 여대존치운동의 사례 등에 대해서는 필자의 전작 '여성에게 국가는 없다 – 한남·여혐민국의 20대여성 현상'에 상세하게 기술돼있다.

이 됐다. 제자를 상대로 상습 성폭력을 저질러온 고려대 국문과 K교수 사건이 처음 불거진 것도 성신여대생들에 의해서였다는 것도 상징하는 바 크다. 백래시가 심화되자 여대들에서는 학교간 협력체제가 부활했다. 페미니즘 동아리들의 교류 등 여대끼리의 자매연대도 눈에 띄게 늘어났다. 2015년에는 한국여자대학총장협의회가 발족했고, '여대언론연합'이 만들어져 2020년 좌담회를 열기도 했다. 여학생들이 대개 여대로 진학하던 시절에는 연합 동아리라고 하면 주로 남학생들과 어울리는 것이 목적이었다. 최근에는 e스포츠, 록그룹 동아리들이 모여 여대만의 리그가 만들어지는 경우도 많다. 2017년 여대 최초 창업선도대학으로 선정된 성신여대는 서울 동북권에 속한 덕성여대, 동덕여대, 서울여대와 손잡고 지역창업활성화에 공동전선을 펴고 있기도 하다.

미군정하 혼란기 성신여자중학교(지금의 중·고교)에서 있었던, 성폭력을 가한 남교사에 대한 재학생들의 대처는 현시대 여학교들에서 일었던 '스쿨미투' 못지않다. 전 언론을 뜨겁게 달구었던 '성신여학교 임천수 사건'은 문교부장관과 서울시장까지 나서 마무리 됐다. 1947년 3월 성신여중 음악교사 임천수는 한불천(18·가명) 등 제자 여러 명을 농락해 성북경찰서에 유치됐는데 학교 측의 신원보증서가 제출되면서 석방된다. 이에 전교생 700여명이 학생회를 개최해 공개적으로 '미투'의 원형을 보여준다. 이 해 경향신문 3월18일자는 '학생회서 진상규명 교장은 보증취소요구' 제하로 학생회를 열어 해결책을 토의 중 "나도 임천수에게 희롱을 당했다"고 손을 들어 고백한 여학생이 여러 명 있었음을 알린다. 기사에 따르면 먼저 4명이 먼저 나섰고, 손을 들지 않은 학생 1명이 추가 지목을 당하는 등 총 9명이

피해자인 것으로 드러났다. 신문은 이 사건과 관련 유 문교부장[188]이 "서울
시청에 진상보고를 하게 했고, 교원은 학교에서 파면시켰다고 들었다"고
말했다고 보도했다. 3월 20일자 동아일보는 "서울시 김 시장[189]은 18일 기
자단과의 회견석상에서 시정제반문제에 대하야 일문일답을 하였다"며 '성
신여학교 임천수 사건'에 대해 "시로서도 매우 유감으로 생각하는 바인데
앞으로 또다시 이러한 불상사가 없도록 시내 각 여학교 교원의 개인생활
즉 이력과 독신 여부등을 고려하야 대 정리를 하겠다"는 답을 받는다. 지금
과 비교가 되지 않는 엄격한 정조관념 속에서도 당시 여학생들이 적극 나
서 자발적으로 자생적인 '미투'를 벌였다는 점이 경이롭다. 이들은 임천수
가 학교와 학생들에게 불명예스러운 누를 입혔다는 사실을 분명히 하고 임
천수를 감싸고돌던 이숙종의 변화까지 이끌어내는데, 학생주도적이고 주
체적인 교풍이 내내 이어지고 있었음을 들여다볼 수 있다.

---

188 연희전문학교 교장을 지내고 당시 문교부장이었던 유억겸을 이른다.

189 당시 서울시장 김형민을 가리킨다. 해방후 미군정 경성부윤으로 재직중이던 1946년 9월 28일 경
성부가 서울시로 승격되며 초대 서울특별시장이 된다.

여자팀 감독은 여자선수 출신으로 ─────

최은희가 해방직후 여권실천자운동자클럽을 만들어 '여학교 교장은 여성으로' 운동을 벌이고, 이어 여성입각운동을 추진하는 등 여성의 자리를 만들고자 했던 노력은 무려 70~80년이 지난 21세기에도 여전히 유효한 목소리다. 사회 각 분야 어디든 마찬가지지만 유독 남성위주의 문화가 강한 스포츠계에서 '여자팀 감독은 여자선수 출신으로'라는 구호가 터져 나왔지만 '유리천장'도 아닌 '철벽'을 깨기엔 역부족이다. 이런 남성 중심의 위계문화의 지속은 성폭력의 온상이 되며 '미투운동'시 또하나의 핵이 됐다. 여자 스포츠계도 프로, 아마추어 할 것 없이 활성화되며 스타 여성선수들도 다수 탄생했지만, 여전히 여성들은 높은 연봉이 보장되는 지도자로서의 위치에 도달하기 힘들다.

남자 스포츠계에서는 선수 출신이 코치, 감독의 수순을 자연스레 이어가게 되지만, 여자선수들은 선수로서의 생명이 끝나면 경력단절을 맞이하는 경우가 많다. 대한민국 여자농구의 레전드로 불리는 박찬숙(b.1959)조차 생계를 위협받는 수모를 겪었다. 국가대표 여자농구팀 감독도 맡았던 박찬숙은 한국여자농구연맹 WKBL 이 생기며 최초 프로팀 여성감독 후보로 강력하게 언급됐지만, 결국 꿈을 이루지 못했다. 2007년 프로농구 우리은행구단 감독공모에서 자신이 탈락한 고용차별과 더불어, 이전 박모 감독이 선수를 상대로 한 성폭행 미수사건에 대한 미온적 태도로 책임을 회피하고 있는 것은 스포츠계의 심각한 여성차별을 반영한 사태라며 국가인권위원회에 진정서를 내기도 했다.

　박찬숙은 2019년 인터뷰에서도 "12년전 박 전 감독 사건이후에도 온갖 대책이 다 나왔지만 무엇이 달라졌느냐"며 "정책만 내놓아서는 안 된다. 강력한 의지를 가지고 혁명적으로 바꿔야한다"고 지적했다. 또 "초등학교에서 대학을 거쳐 더 많은 연봉과 권력을 가진 실업·프로팀으로 갈수록 여성지도자 수는 적어진다"며 "12년전 사건 이후에도 여성지도자 20%할당제가 대책으로 나왔지만 지켜지지 않고 있다. 여성지도자 50%할당제까지 도입하는 등 강력한 대책이 필요하다"고 주장했다.[190] 반면 해외에서는 남성 프로축구팀에까지 여성감독들이 선임되는 사례가 늘고 있다.

　이와 함께 꼭 언급해야할 것이 학교에서 벌어지고 있는 '여학생들에게 운동장을' 캠페인이다. 여학생들에게 체육을 제약하는 것이 여성이 신체활동에 소극적이라는 편견강화와 더불어 몸의 경험을 제한하고 결국에는 여성건강권 문제로 귀결된다는 것이다. 전문선수들 뿐 아니라 생활체육인들에게도 환경과 인식의 제약이 따라 붙는 것은 마찬가지다. 2003년에도 이에 대한 언론보도가 있었다. 이 해 동아일보 4월 24일자는 "'여학생도 운동장 좀 씁시다'"는 기사에서 "전북도내 초등학교 여학생들이 남학생들에게 빼앗긴 운동장 사용권을 되찾자는 움직임을 보이고 있다"고 전한다. "남학생들이 축구를 하면서 운동장을 독차지하는 바람에 전교생의 절반을 차지하는 여학생들은 한쪽 구석으로 밀려 줄넘기를 하거나 얘기나 나누는 수 밖에 없다는 게 여학생들의 하소연"이라며 운동장 활용문제를 공론화시키고 대책을 마련하고 있다는 것이다. "여학생들의 학생회장 진출이 두드러지면서 여학생들이 권리 찾기에 적극적으로 나서는 것과도 적지 않은 관계가 있다"고 봤다.

190　농구스타 박찬숙 "12년 전 감독 신인선수 성폭력과 달라진 게 없어", 한겨레 2019년 1월15일

　학교에서의 이러한 면적과 영역 차별은 여성에게 지워진 '공간의 불평등'을 상징적으로 보여주는 현상이다. 2018년 4월13일자 경향신문은 '최현희 교사의 학교에 페미니즘을, 여학생은 체육을 싫어해? 남학생판이 된 '기울어진 운동장'' 칼럼을 통해 여전한 현실을 전하고 있다. '페미니스트 초등교사' 최현희는 "학교 운동장 사용의 성별 불균형 문제는 1990년대부터 연구와 대응방안이 지속적으로 논의돼왔다"며 "여학생들이 학년과 학교급간이 높아질수록 운동장에서 멀어지는 현상은 우리 사회의 여성의 몸에 대한 규범, 왜곡된 여성성, 여성에 대한 성적대상화 등의 문제와 밀접하게 연결돼 있다"고 지적했다.

성신여학교 출신의 성평등 공헌 —————

남녀평등을 실현코자 종교에 투신한 원불교 서대인 대각여래위.

성신은 종합대학교로까지 발전하며 그동안 수많은 인재들을 배출해왔다. '성신여학교' 교명을 달고 있던 초기 졸업생으로 종교계 고위직으로 뚜렷한 발자취를 남겼으나, 잘 인지되지 못하던 인물을 발견해 기록해두고자 한다. 서대인徐大仁은 원불교에서 여성 최초의 대각여래위(원불교의 최고법위)로, 여성 최초로 예비 대각여래위였으며, 2015년 정식 대각여래위에 추존됐다. 원불교 측은 "기성 불교에서 아직도 여성 출가자를 남성과 동급으로 대우하지 않는 것을 감안하면 불교계를 통틀어 처음으로 여성으로서 최고 법위에 올랐다고 해도 무방하다. 석가모니불 같은 최고 경지의 인격자임을 인증하는 것으로, 지금까지 원불교 창시자를 포함해 총 6명만 '성인' 반열에 올라있다"고 했다.

2002년 4월24일자 주요신문에는 전날 91세로 타계한 원불교 서대인 종사宗師의 부고가 일제히 실리는데, 전북도민신문의 부음기사가 자세하게 일생을 적고 있다. "1914년 12월 전남 영광군 법성면 용덕리에서 1남7녀중 다섯번째 딸로 태어난 그는 18살에 '불평등한 남존여비 관행을 타파하고 여자와 남자가 동등한 세상을 만들고자 하는 서원'에서 원불교를 창시한 교조 소태산 대종사를 직접 찾아가 친견하고 출가했다. 서울교당에서 교역자의 길을 걸으면서 근화학원, 경성성신여학교에서 공부했으며, 일제말기 초량교당, 마령교당, 영광교당 등지에서 온갖 어려움 속에서 교화사업에 힘썼다. 이후 이리보육원 서무부장을 거쳐 교육부장, 감찰원장 등을 역임했으며, 특히 교육부장으로 일하면서 육영사업회를 발족시키고 육영통신을 창간하는 등 교단의 인재양성의 기초를 다지는데 심혈을 기울였다"고 전했다. 서대인의 본명은 서금례徐金禮, 법호는 용타원龍陀圓으로 1941년 성신여학교를 졸업했다. '성평등'을 제1목적으로 실천하고자 종교에 투신한 것이 돋보이는, 특정종교 강제가 지워진 여학교 본연의 목표에 부합하는 재원이었다.

한국 4대 종단으로 인정받고 있는 원불교는 흔히 '정녀'라고 불리던 여성 교무(성직자)들에게 힘입은 바 크다. 과거에는 "원불교에 가면 여자도 공부시켜준다"는 유입요인이 많아 윗세대에서는 여성교무의 수가 남성교무(정남)의 수를 압도했다고 한다. 1916년 창시때부터 당시로서는 파격적으로 성평등을 핵심교리로 삼아, 여성교무는 남성교무와 동등한 지위를 가졌다. 사회개혁에 이르는 근본으로 철저한 남녀평등사상을 실현하고자 한 것인데, 세계종교사에서도 손꼽힐 만한 일이다. 원불교의 남녀평등 이념은 '부부동권', '남녀권리동일', '자력양성'이라는 조목으로 이어져 내려오고 있다. 1931년 '통치조단 규약'을 제정, 최고 의결기구인 수위단을 남녀동수로 조직하고 여성교무에게 종교의례를 주관하는 제사권을 부여했다. 정녀의 금혼규칙은 사적 가부장제에서 개별 남성의 억압으로부터 해방을 위해 자발적으로 실천되기 시작했으나, 시대의 변화에 따라 2019년 독신서약을 공식적으로 폐지했다.

4장

여성계에 기여한
태화·성신의 인물들

1958년 10월 2일
국립중앙의료원 낙성식에 참가한
스칸디나비아에서 파견된 간호사들의 모습.

한국 땅에 헌신한 여성 선교사들

2018년 크게 인기를 얻은 TV드라마 '미스터 선샤인'의 마지막 장면에는 서울 합정동에 위치한 양화진외국인선교사묘원이 배경으로 나왔다. '외인묘지'로 불리기도 하는 이곳에는 약 500기의 묘가 남아있는데, 조선말과 일제강점기 우리 민족을 위해 일생을 바친 외국인 선교사와 그 가족 150여 명 정도가 안장된 것으로 파악된다. 제중원 2대원장이었던 헤론을 시작으로 배재학당 설립자인 아펜젤러, 숭실대학을 시작한 베어드, 연세대 전신인 조선기독교대학을 설립한 언더우드와 세브란스의학교를 설립한 에비슨 등이 여기 묻혔다. 여권신장에 절대적 역할을 했던 스크랜턴 대부인의 묘도 이곳에 있고, 해리엇 깁슨도 첫 남편 헤론 곁에 안장됐다. 오랫동안 방치됐던지라 무덤의 숫자나 안장자수 집계 등에 기록마다 차이가 있다. 1979년 지하철 2호선 공사로 서울시에서 이 묘지를 이전하려 했으나 기독

1938년 3월11일자 조선일보에 실린 배의례의 사진과 부고. "1913년 4월 조선에 건너와 … 경성에 아홉해 동안 잇슬 동안에는 부내 인사정 태화여자관을 중심으로 유치원무 산아동교육 가정부인구락부 등 사업에 전력하야 그 비용을 엇고저 피아노 개인교수까지 한 분이다"고 보도됐다.

교계의 반발로 무산된 사연도 있다. 여러 기독교단체 등이 소유권과 관리권을 놓고 다툼을 벌이기도 했다. 2005년 한국기독교100주년기념사업회가 관리운영을 전적으로 맡게 되며 지금의 모습을 갖추게 됐다. 물론 일제에 협력하고 서구제국주의의 첨병 역할을 한 부정적 측면도 일부 있겠지만, 그들의 일생을 당시 이름도 낯선 먼 타국에서 헌신했다는 면에서라도 선교사들의 공로가 너무 쉽게 잊혔다는 것이 아쉽다.

태화 관련자로는 1925년 태화여자관 교육부에 파견됐던 베어 Bair, Blanche Rosa (한국명 배의례)가 1938년 양화진외국인선교사묘원에 안장됐다. 양화진외국인선교사묘원 홈페이지에 기록된 그의 행적은 너무 오류가 많아 전반적 수정이 요구된다. 베어가 관장으로 취임한 적이 없음에도 관장으로 일했다는 식의 확인되지 않은 서술은 신뢰성을 심하게 떨어뜨린다. 베어는 앞장에서 서술된 1924년 해주에서 있었던 '배의례성토위원회'의 당사자다. 태화에서도 갈등을 일으켜 일시적으로 고국에 돌아간 적이 있을 정도로 문제적 인물이었다. 이덕주의 '신석구 민족의 독립을 위해 십자가를 지다'(2012)에서는 그 이유를 병세 탓으로 보고 있다. 1933년 11월 빌링슬리가 태화여자관 관장으로 취임하면서 베어의 '독단적인 태도'를 들어 베어를 퇴진하게 했고, 미 북장로회의 킨슬러도 떠나게 만들었다. 베어는 태화여자관에서 물러난 뒤 안식년 휴가로 귀국했다가 1934년 돌아와 천안지방 여성사업을 책임지고 활동하다가 1938년 3월10일 세브란스 병원에서 뇌암으로 별세했다. 신석구 목사와 천안의 교회사택에서 함께 지낸 베어는 비정상적인 언행으로 구설에 오르기도 하고 돌발적인 행동으로 신 목사를 난처하게 했다고 한다. 결국 사인이 밝혀지면서 그의 이상행동의 원인이 뇌의 병에 있었음을 알게 된다. 베어 선교사가 순직한 뒤 천안지방 여성선교 사역은 언니 채핀Anna B Chaffin (한국명 채부인)이 승계했다. 부인성경학교 교사, 감리교협성여자신학교의 초대 교장과 남녀공학이 된 '협성신학교'의 초대 부교장을 역임하면서 여성 신학교육의 초석을 놓은 인물이다. 그 역시 양화진에 있는 남편 묘소에 합장됐다. 남편 빅터 채핀은 내한 3년 만에 과로로 순직했고, 자매가 모두 한국땅에 묻히게 됐다.

태화여학교가 태화여자관 부설이었을 때 관장들은 줄곧 교장으로도 불리기도 했다. 당시 한국에 파견된 여선교사들의 70%정도는 시골학교 교사 경험이 있었고, 한국에 와서도 대개들 가르치는 일에 종사하면서 순환근무를 해 기독교계 여학교들 간의 연계와 유대를 만들어냈다. 1~4대 관장이 태화의 교장격이었다. 1920년 12월~1923년 9월 1대 마이어스Mamie D Myers (한국명 마의시), 1923년 9월~1929년 7월 2대 에드워즈L Edwards (한국명 애도시), 1929년 7월~1933년 11월 3대 와그너Ellasue C Wagner (한국명 왕래), 1933년 11월~1940년 11월 빌링슬리Margaret Billingsley (한국명 필런사)가 그들이다. 빌링슬리가 일제에 의해 추방당한 후 1947년 6월 5대 관장으로 올리버B Oliver (한국명 오리부)가 취임하지만, 3년만에 종로경찰서로부터 건물을 찾자마자 이번에는 한국전쟁이 일어났다. 6대 관장 빌링스[191] Peggy Billings (한국명 변영숙)는 1952년 1월 한국선교사로 임명받지만 휴전논의가 활발해진 1953년 3월에야 내한해 1954년 9월말에야 태화사회관에 입성할 수 있었다. 한국인의 자립의지를 높이 평가하던 그는 관장직을 사임하며 한국인 관장 시대를 열어야한다고 강조했고, 1963년부터는 한국인이 쭉 관장을 맡게 됐다. 1995년에는 태화기독교사회복지관 본관이 수서동으로 이전 개관하고, 인사동에 지어진 태화빌딩은 사회복지법인감리회 태화복지재단이 사용하게 된다. 한편 이들 미국인 관장들은 모두 스카릿대학Scarriitt College for Christian Workers 에서 선교사 훈련을 받았다. 이 대학은 1892년 미주리주 캔자스시티에서 남감리교회 여성선교사 리더 양성을 목적으로 스카릿성경훈련학교로 문을 열었고, 1924년 테네시주 내슈빌로 이전하며 스카릿대학으로 재승인받았다. 1988년 대학이 문을 닫은 후 캠퍼스는 비영리단체인 스카릿베넷센터로 이용되며 여권운동, 인종차별 근절 등에 힘쓰고 있다. 한국인 동문으로는 차미리사, 전 영부인 이희호 등이 있다.

---

[191] 빌링스(1928~2019)는 1963년 귀국후에도 여성운동과 흑인인권운동 등에 적극적으로 참여했다. 한국의 민주화운동에도 관심과 지지를 아끼지 않았고, 1975년에는 북미한국인권연맹을 조직해 한국의 인권상황 개선을 위한 국제연대 활동을 진행했다. 1980년 5월29일 북미한국인권연맹 주최로 뉴욕 리버사이드 교회에서 열린 광주민주화운동 희생자추모예배를 통해 5·18을 미국에 알리는데 큰 역할을 했으며, 한국에 대한 미국정부의 책임을 촉구하는 활동을 지속 전개했다. 2011년 태화복지재단 창립90주년 행사에 방한해 한국언론의 주목을 받았다.

한국 관련 소설과 저작 남긴 와그너

　1992년 태화여자관 제3대 관장이었던 엘라수 와그너(1881~1957)의 이름
과 사진이 새삼 뉴스를 장식한다. 8월4일자 경향신문은 '미국인이 쓴 한
국선교소설' 제하로 "서양인이 한국을 주제로 쓴 최초의 선교소설인 장편
'금옥이'가 발굴, 공개됐다"며 여선교사 와그너의 작품을 소개한다. 버지
니아주 매리언 칼리지와 스카릿성경훈련학교를 졸업한 후 1904년 남감리
회 선교사로 송도에 파견된 와그너는 1940년 일제에 의해 강제귀국당할 때
까지 30여년을 한국에서 복무했다. 기독교연합언론인 '한국선교보The Korea
Mission Field'의 주필, 편집으로도 활약한 그는 중간 중간 미국을 오가며 현지
에서 한국을 배경으로 한 소설과 풍속서 등을 출간했다. 그가 가장 큰 애

'스카릿 성경훈련학교'는 1892년 미국 미주리주 캔자스시티에서 남감리교회 여성선교사 리더 양성을 목적
으로 개교했다. 사진은 1894년 캠퍼스 모습으로, 1924년 테네시주 내슈빌로 이전해 스카릿대학이 된다.

스카릿성경훈련학교
1894년 졸업반 사진.

정을 가지고 있었던 곳은 개성 호수돈여학교였다. 1906~1908년 제2대 교
장을 맡았고, 1908~1910년 안식년을 마치고 한국에 돌아와서는 1910~
1914, 1916~1919년 다시 호수돈여학교의 교장에 임명됐다. 1920년 모친
의 건강문제로 귀국했다가 1923년 복귀했으며, 1922년 송도에 설립된 고
려여자관에서는 1924~1925년, 1937~1938년 관장을 역임했다. 1925년부
터 약 2년간 원산 루씨여학교 9대 교장을 맡았다. 1926년 가을부터 태화여
자관 사업에 참여했고 1929년 태화여자관 3대 관장이 됐다. 1933년 건강
악화로 귀국했다가 1937년 다시 내한했다. 강제출국을 당한 무렵에는 다시
금 호수돈의 교장으로 부임해있었다.

3·1운동 관련 알제리에서 발행된 신문에 호수돈여학교 학생들이 '혁명
가'라 마르세예즈를 부른 사실이 실린 일을 전술했는데, 당시 교장이 바로
와그너였다. 장병욱의 '한국감리교여성사 1885~1945'(성광문화사, 1979)에는
1919년 3월 와그너 교장의 제자사랑과 책임감, 여기에 일본인 개성군수가
취했던 대처가 기록돼있어 눈길을 끈다. 호수돈여고보 학생들은 3월 2일 만

세운동을 계획하고 연명 선서를 민들었다. 3월3일 학교 기숙사 식딩에 모여 학생대표 이경지가 연명서를 읽기 시작했다. 이 사실을 안 와그너 교장은 달려와 꾸짖으며 이경지를 교장실에 연금시키는 한편 학교 문을 잠그고 여학생들이 만세운동에 참여하지 못하도록 했다. 그러나 많은 여학생들이 학교를 빠져나가 만세운동에 참여했다. 이 소식을 들은 와그너 교장은 만세 시위 현장에 달려와 출동해 있던 일본인 야마사키 군수를 붙잡고 "오늘 이 여학생들의 거사에 책임은 교장인 나에게 있으니 나를 구속하고 그 대신 학생들은 모두 돌려보내 달라"고 애원했다.[192] 이에 여학생 대표 권명범 등은 엘라수 와그너에게 매달려 울며 "이번의 거사는 정확히 어떤 일을 맡아했는지 확인하기 어렵다. 조선 사람인 우리들이 마땅히 해야 할 일이고 또 당신은 우리 학교 교장이긴 하지만 미국사람이기 때문에 이 일에 아무런 관련이 없으니 제발 돌아가 달라"고 간청했다. 이를 본 야마사키 군수는 "어린 여학생들이 자기 나라를 위해 이와 같이 열렬히 운동을 벌인 것은 세계 어느 나라에서도 일찍이 볼 수 없었던 일이고 나로서도 감격을 금할 길 없다. 내가 어린 여학생들을 위해서 만세를 선창할 테니 다 같이 만세를 선창하고 돌아가라"고 제의했다. 그리고 군수의 선창에 따라 여학생과 군중이 다 같이 독립만세를 고창했다고 한다. 그러나 3.1운동으로 휴교령이 내리면서 호수돈여고보는 6개월 휴교를 했는데 문제는 9월에 학교를 다시 열었을 때 복학한 학생이 너무 적었다.[193] 이는 교육선교 사업에 막대한 타격을 입었음을 의미했다.

---

192   이 에피소드는 2019년 상반기 KBS에서 101부로 나눠 진행한 '나의 독립영웅' 시리즈의 72번째로 소개돼, 엘라수 와그너의 이름이 대중에게도 알려지는 계기가 됐다.

193   김성은 '한말 일제시기 엘라수 와그너의 한국여성교육과 사회복지사업', 2014

와그너에 대한 기록들은 대개 그의 합리성과 유연한 소통능력에 뛰어난 평가를 하고 있다. 유달영 전 서울대 농대 교수는 저서 '소중한 만남'(솔, 1998)에서 와그너와의 일화를 적고 있다. 1930년대 말 개성 호수돈여보고에 박물교사로 부임했을 때 자신이 맡은 동물, 식물, 광물, 생리 과목 이외에 가정교육학, 화훼 원예, 우생학 과목을 신설해 가르치면 여학생에게 더욱 도움이 될 거라는 생각으로 한국인 교무주임에게 과목 개설을 건의했지만 승낙을 받지 못했다. 그래서 와그너 교장을 직접 만나 설명을 하게 됐고, 의외로 유달영의 취지를 잘 이해하고 예산관계로 별도수당은 지불하지 못하지만 그 의도가 좋으니 마음껏 해보라는 격려와 함께 새 과목의 개설을 허락했다. 유달영은 엘라수 와그너 교장을 "작은 초가집으로 시작한 호수돈여고를 조선 굴지의 학교로 육성한 교장. 사교가이며 시도 쓰는 보기 드문 거인형의 인물"이라고 극찬했다.[194] 와그너가 태화여자관에 온 1926년은 태화여학교와 협성여자성경학교를 통합해 3년 과정의 가사과(주부과)와 성경과로 나누어 교육을 시작한 때였다. 여성교육에 풍부한 경험을 가지고 있던 와그너의 투입은 여러모로 큰 도움이 됐을 것이다.

와그너는 태화관에 대해서도 굉장히 사려 깊은 글들을 남겼다. 2장에 전술했듯 태화관이 '민족성전'이고 '서울의 중심'이라는 점을 기록했던 그는 태화여자관이 어떤 의의를 가지는지에 대해서도 잘 파악하고 있었다. 그는 '한국선교보'에 "태화여자관이 입주한 태화관 건물이 420년 전에 지어져 오랜 기간 궁궐이었으나 요리점으로 운영되면서 기생과 함께 흥청대며 여성의 지위와 품위를 떨어뜨리는 용도로 사용됐다. 그러나 선교회가 인수한

이후 조선의 자부심과 영광을 떠올리게 하는 장소에서 여성의 지위를 향상
시키고 품격을 높이는 장소로 거듭나게 됐다"며 그 의의를 강조했다. 태화
여자관의 장소적 상징성을 가장 압축적으로 잘 설명한 구절일 것이다. 또
"장차 태화여자관의 새 건물이 건축된다면 1927년 당시 유치원 교실로 사
용되던 '독립관Independence Hall'을 사회관Social Hall으로 만들어 독립선언의 장
소성과 역사성을 기리며 계속 보존하겠다"는 계획을 세웠다. 3·1운동이 한
국인에게 가지는 의미를 누구보다도 더 잘 알고 있었다. 그가 지칭한 '독립
관'은 '별유천지'라는 간판을 달고 있던 태화정으로 독립선언식이 이뤄진
바로 그곳이다.

와그너의 저술과 문학작품들이 1990년대초 재조명되면서 2000년을 전
후해 그는 가장 많이 연구되는 외국인 여선교사 중 한 명이 됐다. 영어로
출판된 그의 책들 중 1999년 '한국의 아동생활Children of Korea'(1922년작), 2009
년 '한국의 어제와 오늘 1904~1930Korea: the old and the new'(1931년작) 등이 국
내에 번역 출간됐다. 전자는 송도를 배경으로 서방에 전혀 물들지 않은 한
국인들의 옛 풍습과 생활, 어린이들의 모습 등을 사실대로 기록해 민속학
적 가치도 높다. 제3장 한국의 어머니, 제9장 결혼 등에서는 당시 한국여
성의 실태를 고스란히 서술하고 있다. 후자는 "옛 한국은 영원히 사라졌
다"며 서구문물이 유입되며 한 세대동안 한국이 어떻게 급격히 변화했는
지를 생생하게 묘사했다. 한국의 전통과 역사, 자연환경, 의식주 등 일상
생활과 가정생활의 변모를 기술하며, 특히 변화하는 여성의 지위에 대해
주목한다. 장옷을 뒤집어쓴 채 거리를 걷던 여인들의 풍경은 새 한국에서
는 더 이상 찾아보기 힘들며, 의사와 간호사는 물론 백화점 직원, 전화교환
수, 버스 안내원 등 새로운 형태의 직업을 가진 여성들이 얼마나 유능한지

에 새삼 감탄한다. 또 신식 문물을 접한 부모세대들의 딸에 대한 교육열을 얘기하며 상류층 부모들은 딸을 서울의 훌륭한 여학교에 보내려 하고 현대적이고 독립적인 딸의 모습에 흡족해한다고 썼다. 일제침탈후의 한국인의 여러 모습을 다각도로 분석하고 있기도 한데, 한국인의 애족심에 대해서는 "조선인들의 가장 두드러진 특징은 열렬한 민족정신이다. 조선 사람은 애국심과 자신의 친구, 가족, 왕과 나라에 대한 충성심 때문에 종종 위험하고 고통스러운 일을 맞았으며, 자신이 지키려는 원칙을 위해서라면 이를 대수롭지 않게 여겼다. 끝까지 용감하여 좀처럼 패배를 인정하지 않았다"고 했다. 그 외에도 1934년 '은자의 나라 문앞에서 At the hermit's gate : a presentation of some events of 1883-1884', 1948년 '내일의 여명 The dawn of tomorrow : true stories from old Korea', '한국의 부름 Korea calls : pioneer days in the land of morning calm' 등 충실한 기록들이 영어로 출판됐다.

와그너는 '간증문학'이라 할 수 있는 선교소설들도 발간했는데, 그의 소설들은 한류열풍 등 한국에 대한 관심이 높아지며 영어권에서도 재출간바람이 일었다. (사후저작권이 만료된 것도 영향을 끼쳤으리라 생각된다) 1909년작 단편집 '김서방과 또 다른 이야기들 Kim Su Bang and Other Stories of Korea', 1911년작 중편 '복점이 Pokjumie: A Story from the Land of Morning Calm', 1922년작 장편 '금옥이 Kumokie, a Bride of Old Korea: A Love Story of the Orient' 등이 그것들이다. 스카릿대학이 있는 내슈빌의 교회출판사를 통해 출간됐고 소설책이면서도 한국 현지를 찍은 사진들이 많이 들어간 것이 특징이다. 선교기금을 내준 신도들에게 한국의 현실과 선교 성과를 전하고, 더 많은 기금 모금을 위한 목적도 있었다고 보여진다. '김서방'은 둘째 부인을 둔 김 서방이 기독교 신앙을 받아들이고 선교사의 권유에 따라 일부일처제를 인정하고 거듭나고, 첩

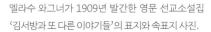
엘라수 와그너가 1909년 발간한 영문 선교소설집
'김서방과 또 다른 이야기들'의 표지와 속표지 사진.

이었던 마리아는 남편과 헤어져 고향으로 돌아가나 보쌈의 위기를 맞아 큰
소리로 신앙고백을 하며 이를 물리쳐 존경받게 된다는 내용이다.

단편집에는 3편의 이야기가 더 실려 있는데, 모두 어린 소녀들을 주인공
으로 삼고 있다. '똑순이Toksunie'는 10살된 한국소녀가 친구를 따라 개성에
서 선교사들의 집과 학교를 방문하게 되고, 기독교로 개종하게 된다는 내
용이다. '믿음이Mittome'는 기독교를 믿는다는 이유로 매질을 당하고 집에서
쫓겨난 양반 출신 어린소녀 애기가 자신의 이름을 '믿음이'라 짓고 양부모
를 전도하지만, 결국 오랜 외지생활의 고통으로 사망하고 양부모는 개종으
로 새로운 삶을 살게 된다는 내용이다. '컴 언투 미Come unto me'는 조혼 풍습
으로 8세에 시집간 소녀가 아들을 낳지 못해 쫓겨나고, 다시 첩으로 들어
가나 딸을 낳아 아이와 함께 쫓겨났다가 아이는 죽는 비극을 그린다. 결국
에는 기독교 여성의 구원을 받아 기독교인이 된 후 첫남편을 다시 만나 기

독교 가정을 이루는 해피엔딩을 맞는 것은 당시 유행하던 로맨스소설 형식을 답습한 것이 아닌가 한다. 단편선들은 모두 와그너가 1904~1908년 송도에 파견된 시절 쓴 것들인데, 1933년 '한국선교보'에 30년전 쓴 이 소설이 모두 실제 이야기였으며 등장인물들도 모두 실존한다고 밝혔다.[195] 중편 '복점이'는 부잣집 양반에게 첩으로 팔려가 갖은 고초를 당하던 주인공이 외국인 선교사를 만난 후 복음을 전파 받고 새 삶을 살게 된다는 스토리다. 장편 '금옥이'는 주인공이 완고한 풍속에서 벗어나 개성의 여학교에서 신교육을 받으며 기독교신앙에 눈떠가는 과정을 담고 있다.

격동의 한국근현대사에 휘말린 여선교사

한국에 파견된 여성선교사 중 많은 수가 누락됐는데, 이는 선교사 남편을 따라온 부인들이 제대로 집계되지 않은 이유도 있다. 독신의 전문직선교사와 구분되는 주부선교사라 할 수 있는 이들은 실질적으로 선교사 일을 행했지만 남편의 부속으로 여겨졌다. 또 독신으로 파견됐다가도 현지에서 결혼하면 남편의 교단과 선교부로 편입돼야했다.[196] 단기 선교사로 방한하거나 이른 나이에 이국땅에서 병사[197]하는 바람에 뚜렷한 기록이 남지 않

---

195 박종현 '한국 근대 기독교 여성의 탄생 -감리교 여선교사 엘라수 와그너의 소설을 중심으로-' (2007)에서 재인용

196 스카릿성경훈련학교를 졸업하고 1902년 남감리회 선교사로 한국에 입국한 마요셉빈(Mrs. Josephine Hounshell McCutchen)이 대표적이다. 배화여학교 교사 등을 지낸 그는 1908년 남장로교선교사 마로덕(Luther Oliver McCutchen)과 결혼하며 1909년부터 남장로교 선교지역인 호남의 선교거점 전주에서 활동한다. 교단마다 부인선교사에 대한 소속과 대우가 달랐다.

197 양화진외국인선교사묘원에 묻힌 미 텍사스 출신의 선교사 루비 켄드릭(1883~1908)이 대표적이다. 역시 스카릿성경훈련학교를 졸업한 그는 24세에 한국에 온지 9개월만에 급성맹장염으로 순교했다. '내게 만약 줄 수 있는 천개의 생명이 있다면, 모두 조선을 위해 바치겠다'는 묘비명이 유

은 이들도 많다. 3000여명에 달하는 내한 선교사의 발자취를 일시에 모두 조사하는 것은 불가지만, 그들을 파견한 본국의 선교본부 등을 뒤진다면 방대한 자료를 취득할 수 있으리라 보인다. 자료를 조사하던 중 태화여자관을 중심으로 한 외국인 여성선교사의 흥미로운 삶을 발견할 수 있었다. 격동의 근현대사를 겪으며 남북 모두로부터 외면 받고 증발해버린 인물들이 많았지만, 현실이라고 믿기지 않을 정도로 파란만장한 일생을 산 선교사도 있었다. 이들의 인간적 면모를 엿볼 수 있는 사례이기도 하다.

한국전쟁에서 인민군의 서울 점령시 선전방송을 맡아 미군들에게 '서울 시티 수Seoul City Sue'로 불려진 애나 월리스 서Anna Wallis Suh(1900~1969)는 여느 미남감리회 여선교사들처럼 1930년 스카릿대학을 졸업하고 한국으로 파송돼 주로 감리교계 학교에서 교사로 일했다. 1937년 2월 휴가를 받아 스카릿대학을 방문했을 때, 이 달 '스카릿 칼리지 보이스'에는 월리스가 최근 태화사회관으로 전근했다는 소식이 실린다. 월리스는 애칭인 '앤'으로 불리기도 했는데 "앤과 빌링슬리 관장은 센터에 방들을 갖고 있지만, 식사는 마당을 가로질러가 해야한다. 구조는 우리가 사는 집들과 비슷한데 진료실, 유치원 등으로 구성돼있다. 많은 일들 가운데 앤이 특별히 하는 임무는 야학에서 가르치고, 낮에는 다른 클럽들과 영어수업들을 돕는 일이다"고 적고 있다. 1930년대 말 월리스는 상하이어메리칸스쿨로 자리를 옮긴다. 영어판 위키피디아에는 여기서 한국남성을 만나게 되고, 그가 한국어를 가르치며 입학처에서 조수로 일하던 서규철徐奎哲(일부에서는 '서균철'로도 쓰고 있는데 오기 같다)이라고 하는데 이는 잘못된 사실이다. 서규철은 본래 태

명하다.

1950년 언론에 공개된 사진 뒷면에는 "'서울시티 수'로 밝혀진 Mrs 앤 월리스 서는 미국 태생의 선교사 출신으로 외국인학교 교사일 때 한국인 비서와 함께 찍은 사진"이라며 "20년 전 감리교 선교사로 내한, 한국인과 결혼했다"고 타이핑돼있다. 시누이 서규현이 통역을 통해 "앤이 공산주의자들을 위한 방송에 강제동원됐다"고 말한 것도 기록돼있어, 사진 속 한국여성이 서규현일 가능성도 제시되고 있다.

화사회관의 직원으로 그를 만난 것은 서울에서였다. 국제결혼하며 남편의 국적을 따라야하는 당대 국적법에 따라 미국시민권을 잃게 되고, 선교사일 도 그만두게 된 것이 아닌가 한다. 남편의 좌익성향에 영향을 받아 한국의 정치적 상황에 관심을 갖게 된다.

윌리스는 2차대전 말기 2년간 상하이 외곽에 위치한 백인수용소에 억류돼있었을 가능성이 높다. 우여곡절 끝에 풀려난 후 상하이어메리칸스쿨에 복직했다가 1946년 남편과 함께 해방된 한국으로 돌아온다. 서울에서 외교관 자녀들을 가르쳤는데, 1949년 남편의 좌익활동이 수사를 받게 되며 해고됐다는 서술은 확인이 필요하다. 곧 한국전쟁이 발발하며 3일만에 수도 서울이 북한군에 함락 당하자, 서울에 남아있던 부부는 북한정권에 충성서약을 하고 윌리스는 라디오 선동방송에 차출 당한다. 미군들에 의해 '서울 시티 수'라는 별명을 얻은 목소리의 당사자가 윌리스라는 것은 1950년 8월 27일자 뉴욕타임스에 실린 도쿄발 기사가 근거가 된다. 선교사들이 방송 목소리가 앤 월래스Ann Wallace의 것이라고 증언했다는 것인데, 철자가 다소 틀리지만 정황상 윌리스라고 짐작할 수밖에 없다. (이 여성 목소리가 여러 명의 것이며, 윌리스가 그 중 한 명이라는 증거가 없다는 주장도 있긴 하다) 인천상륙작전이 성공하자 부부는 북으로 넘어가고, 윌리스는 라디오평양에서 UN군을 상대로 방송을 이어간다. 월북 미군이었던 찰스 로버트 젠킨스[198]는 윌리스가 조선중앙통신의 영어발행을 맡았고 1962년 프로파간다 팸플릿에서 또 다른 월북 미군 래리 앨런 앱셔와 함께 만찬을 하는 사진에 실린 것을 봤다고 진술했다. 1964년 평양 제2백화점 외국인전용 코너에서 잠깐 만난 적이 있으며, 1969년 남한과의 이중간첩혐의로 총살당했다고 전했다.

2장에 썼듯이 인사동 태화사회관 건물은 근현대사 격전의 한 가운데서

---

[198] 찰스 로버트 젠킨스(1940~2017)는 주한 미군 중사로 비무장지대(DMZ) 철책 근무중이던 1965년 베트남 발령을 피하기 위해 북한으로 넘어가 39년을 살았다. 1980년 일본인 납치피해자인 소가 히토미와 북한 당국에 의해 짝지워졌고, 2002년 소가 히토미가 일본으로 귀국한 2년 뒤 두 딸과 함께 일본으로 올 수 있었다. 2007년 북한생활을 기록한 수기 'The Reluctant Communist(마지못한 공산주의자)'를 출간했다.

일제말기 '적산'으로 징발돼 종로경찰서로 쓰이고 한국전쟁시 북한 인민군, UN군, 미군 정보부대 등이 차지했다. 내부 물품 등도 모두 압수되거나 폐기되고, 전쟁시에는 가구, 비품들이 약탈당하기도 했다. 이 과정에서 그 이전 시기의 수많은 자료들이 소실됐다. 그 때문에 '태화기독교사회복지관 개관100주년 특별전시회- 세상의 빛, 태화 100년'에서도 1980년 태화빌딩이 재건축되면서 발견된, 1938년 석조건물을 지을 때 세운 머릿돌 밑에 정초식을 행하며 넣어놓은 약사 등 소수의 자료만이 전시됐다. 3대관장 와그너가 제작한 '영문사업안내서', 역시 와그너가 직접 타이핑한 영문역사요약자료, 1938년 5월14일 진행된 태화사회관 정초식 초대장과 순서지 원본 정도만이 남아있다. 여기서 드러난 명단에서 확인할 수 있는 것 중 하나는 앤 윌리스가 빌링슬리 관장, 선교간호사 로젠버거와 함께 당시 미국인 직원으로 재임한 사실이다. 그의 음역된 한국명은 '왕리서王利西'다. 1930년대 전반기 춘천에서 근무했을 때 신문보도 상에서 찾을 수 있는 이름이다. 1933년 6월5일자 동아일보 보도에는 춘천여학교후원회 고문으로 이름을 올리고 있고, 동보 1935년 4월7일자에는 미국 여선교부 보조가 끊긴 춘천 유치원에 50원의 의연금을 기부한 것으로 나온다.

'태화기독교사회복지관의 역사'에 그 동안 베일 속에 가려져있었던 윌리스와 서규철에 대한 여러 사실들이 언급돼있다. 미 남감리회에 주도로 미 감리회와 미 북장로회가 태화사회관을 연합운영해오던 틀이 빌링슬리 관장 취임 후로 깨지면서, 빈 자리를 보충하기 위해 1935년 5월 남감리회에서 파송된 이가 윌리스다. 1930년 내한해 춘천여자관 사업과 학교사업을 주관하던 그는 교육사업을 담당하던 베어와 킨슬러가 떠난 자리를 메우기 위해 파견됐다. 1935년 6월초 휴가를 얻어 미국에 돌아갔던 윌리스는 1936

년 9월 서울로 돌아온다. 그러나 실험적으로 일해보겠다고 하고는 2년 후 선교사역 포기를 선언하고 태화사회관을 떠난다. 한편 1935년부터 태화사회관에 몸담은 서규철은 이 해 1937년 7월 청일전쟁으로 태화사회관 건축공사가 중단됐을 때 이를 재개시킨 공을 세운 인물이다. 중국인 공사감독 왕공온이 중국으로 돌아가자 서규철은 본관 건물을 제외한 선교사와 직원 사택을 짓는 일을 마무리한다. 이후 본관건물을 완공한 것은 건축가 강윤이다. 빌링슬리는 이때 "자재는 옛 건물을 헐어서 나온 것들을 사용했다"고 편지하고 있다.

서규철과 월리스의 이름이 태화사회관에 다시 등장하는 것은 해방 후다. 1947년 건물을 되찾고 태화사회관 사업이 재개되자, 1946년 한국으로 돌아왔던 월리스는 외국인학교 교사로 일하며 올리버 관장을 도왔다. 금요일 저녁 오락부 모임을 맡아봤다고 한다. 또 킨슬러가 떠난 후 무산아동사업은 서규철, 서규숙, 최정선 등 한국인 사역자들이 담당했다. 한국전쟁 발발 후 1950년 9월말 서울이 수복됐을 때 공산당에 협조했던 월리스와 서규철 등 몇몇 직원들은 돌아오지 않았다. 북으로 간 것이 분명했다. 올리버 관장은 "서씨는 확실히 공산주의자였고, 월리스가 '서울시티 수'라고 불리며 선무방송을 한 것은 남편이 체포되는 것을 막기 위해 강요에 의해 한 행위로 보인다. 그녀의 삶은 온통 비극 뿐"이라며 "이 사실이 미국에 알려지자 그의 여동생이 일본까지 와서 방송 목소리를 듣고 자기 언니임을 확인했고, 식구나 선교사들은 그가 위협받아 하는 일로 추측하고 있을 뿐"이라고 편지로 보고하고 있다. 실제 1917년 러시아혁명 성공후, 기독교학교에서 교육받은 많은 기독교인들이 사회주의·공산주의로 전향했다. 평양 장로회신학교에 다니다가 1911년 105인사건 때 상하이에 망명해 현지 한인

교회 담임전도사로 시무했던 여운형도 공산주의 사상가로 변모한 대표적 인물이다.

여러 자료를 참조해볼 때 월리스와 서규철은 1938년 하반기 결혼해 함께 상하이로 자리를 옮겼다가 해방후 1946년 한국으로 돌아와 다시금 태화사회관에 합류한 것으로 보인다. 1945년 11월24일자 조선일보 '상해동포송환에 한국교민회를 조직코 맹활동' 기사에 "해방이후 재중동포들의 환국운동이 활발히 전개되는 가운데, 상하이 거주 동포 약 5000명은 '상해한국교민회'를 조직해 생명과 재산의 안전을 기했다"고 나오는데, 교민회 의사회에 서규철이 포함돼있다. 서규철은 '무산아동구락부' 사업에 정성을 다해온 것이 올리버 관장에게도 인정받았는데, 일부에서는 두 부부가 돌보던 아이들을 두고 갈 수 없어 서울함락시 피난을 가지 못했다고 짐작하기도 했다. 앞서 두 사람이 결혼 전후 상하이로 떠났던 것은 조선에서 타인종간 결혼에 대한 따가운 시선을 피하기 위해서였던 것이 아니었나 싶다. 당시 상하이에는 프랑스 조계지 등 외국인거주지역들이 있어 동양인과 결혼한 다른 백인여성들도 있었고, 이들 부부에게 보다 수용적인 환경이었을 것이다.

한편 최혜월[199]은 "한국남자와 사랑에 빠지는 미국여성을 그린 와그너의 소설(미발표작)은 한국에서 실제 있었던 일에 영향을 받았을 수 있다"고 짚었다. 1948년 5월24일 와그너가 "잊고있었는데, 너는 물론 앨리유(와그너의 제부)를 기억할거야. 나는 앨리유가 서울에서 앤 월래스와 그녀의 애인을

199　뉴욕주립대(버팔로)에서 국제교육학 박사를 받은 최혜월은 애리조나대 등 미국 대학에서 20여년간 한국학을 가르치다가 2010년부터 8년간 호주국립대 한국학연구소장을 지냈다. 2018년 8월부터 미국 아이오와대에서 한국학 교수를 맡고 있다.

보고 앨리유가 얼마나 쇼크를 받았는지가 떠오를 때마다 여전히 웃는다.
너 서울에 왔을 때 앤 본 적 있니? 그녀는 분명히 꽤 힘든 시간들을 보냈는
데, 그녀가 뭘 기대할 수 있었을까?"라고 쓴 것을 그 근거로 들었다.[200] 앞
장에서 서술했던 미국인 목사 피터스와 한국여성의 결혼도 백인 커뮤니티
의 반대에 부딪혔는데, '인종간 결혼금지법'이 존재하던 미국에서는 백인
여성이 한국남성과 맺어진다는 것은 상상도 못할 정도로 충격적이었을 것
이다. 피터스와 한흥복의 결혼에 대해 1938년 2월13일자 동아일보는 '피목
사 한양의 결혼, 선교사측 영사측 반대로 좌초, 미완성 국제 웨딩마취'라는
제하로 보도, 타인종간 결혼에 대한 터부, 여전한 인종차별 인식을 보여주
고 있다. 두 사람의 사진이 실린 기사는 "철원의 미국선교사 피터스(38)씨
와 그의 여비서 조선인 한흥복(23)양의 국제결혼에는 잡음이 들어와 미완
성 결혼행진곡으로 피나레가 될 모양이다"며 "작년 8월 약혼한지 4개월째
인 12월15일에는 신 앞에서 국제결혼의 화촉의전을 올리기로 되엇엇는데
이에 방해의 손길이 미친 것이다. 즉 선교사측의 암묵리의 반대와 이와관
련되어 미국영사관에서 수속을 지연시키고 잇기 때문에 연주되려든 결혼
행진곡은 그대로 우울과 근심의 곡조로 변하고 말았다"고 보도한다. 신문
은 두 사람이 해피엔드를 맞을 수 있을지까지 걱정하나, 두 사람은 글자그
대로 '백년해로' 한다.

---

200 Choi, Hyaeweol 'An American Concubine in Old Korea: Missionary Discourse on Gender,
Race, and Modernity', 2003

가정법 개정 앞장선 여권운동가 이숙종

여느 여성의 역사들처럼 허물어졌다가 재생되기를 반복하는 동안, 국내 여성운동의 수많은 업적들이 흩어져버렸다. 개화기에 구국운동, 여성교육 운동 등으로 움튼 국내 여성운동은 1919년 3·1운동을 맞아 대중화됐다가 전시체제에 들어간 일제의 억압으로 움츠러든다. 해방과 한국전쟁을 겪은 후 국가재건을 하던 1950년대 다시금 여성의 권리를 찾으려는 선각자들이 노력이 있었고 1959년 한국여성단체협의회(여협)가 발족하게 되지만 여권 운동보다는 여성단체들을 대표하는 모임정도로 점차 보수화됐다. 1970년 대 전후 유신시대 여성운동은 독재정권을 지지하거나, 독재정권에 대항한 사회민주화운동에 통합돼 여성운동으로서의 정체성을 잃고 침체됐다. 이 숙종, 최은희 등의 1세대의 활동으로 간신히 맥을 이어오던 한국 여권운동 이 다시금 굵직한 역사를 쓰기 시작한 것은 1980년대 민주화운동이 꽃피

며 진보적 여성운동가들의 모임이 형성되면서 부터다. 1986년 부천서성고
문사건을 계기로 이듬해 한국여성단체연합(여연)이 창립되고, 1988년 여성
신문[201]도 창간되며 페미니즘의 기치가 다시금 우리사회 전면에 등장했다.
1990년대 대학가를 중심으로 영페미니스트가 나타났지만 2000년 이후 정
부주도의 '국가페미니즘'이 제도화되며 활력을 잃게 된다. 2005년 반세기
동안 여성계가 주장해온 호주제폐지까지 이뤄지며 투쟁해오던 많은 차별
법이 개선되고, 다수 운동들이 국가직으로 편입됐기 때문이다. 2015년
이후 영영페미니스트 세대가 등장하고 미투운동이 촉발되기까지 페미니즘
은 한동안 잊힌 이슈이기도 했다. 여권운동이 부침을 오가면서 한세대 단
위인 30여년마다 과거를 잃어버린 새로운 페미니스트들이 등장해 맨바닥
에서 시작하는 일이 되풀이되고 있다. 지속적으로 여성운동의 업적이 쌓이
고 영향력이 커지는 것을 훼방하는 요소다.

성신여대 설립자 운정 이숙종(1904~1985)은 '친일파' 낙인이 찍히면서 언
급이 기피되는 인물이 돼버렸다. 역사적 인물에 대한 공과는 모두 기록돼
야하며, 독신으로 여성교육계 투신해 국내 굴지의 여성대학을 세우고 여성
정치가로도 활약한 이숙종의 여권운동가로서의 면모는 그저 간과돼서는
안 될 것이다. 이숙종이 여성의 사회적 차별철폐에 공로를 남긴 페미니스
트로서의 면모는 1998년 한국여성개발원(현 한국여성정책연구원)이 펴낸 '한국

---

201 1988년 창간된 현 여성신문이 이 제호를 쓴 첫 번째 매체는 아니다. 1946년 5월12일 일간 여성신
문 '부녀신문婦女新聞'이 창간됐으나 채 20일도 발행되지 못하고 중단된다. 1947년 4월20일 황기
성이 제호를 '여성신문'으로 바꾸고 부녀신문의 지령을 이어받아 15호부터 발행했다. 이외에도
미군정기 동안 가정신문, 부녀일보, 부인신보(부인신문) 등 여성대상 신문이 발행됐다. 경제적 능
력이 별로 없었던 여성을 상대로 독자확보가 어렵고, 정치세력의 후원도 얻기 어려워 길게 지속
되지 못했다. 그후 1960년대 초 잠시 여성신문이 발행된 적이 있다.

역사속의 여성인물'에 잘 정리돼있다. '이숙종/성신여학교 설립한 여권운동가' 부분은 박용옥 전 성신여대 교수가 집필했는데, 생전 이숙종을 가까이에서 봐온 박 전 교수의 강력한 주장으로 포함됐다는 뒷얘기가 있다. 박용옥은 이숙종이 학교의 성장과 한국여성교육을 성취하기 위해 여권운동에도 매진했다며 1946년 김활란, 박순천 등과 독립촉성애국부인회[202]를 조직해 본격적인 여권운동을 전개했다고 본다. 또 1959년 국내 여성운동단체를 통합해 한국여성단체협의회를 발족하고 이듬해 국제여성단체협의회에 가입한 것에 대해, 국내 주요 여성단체들을 하나로 결집해 세계 여성운동의 흐름과 안목 속에서 새로운 여성운동을 전개하려는 한 차원 높은 단계의 활동을 수행한 것이라고 평가했다. 박용옥은 "당시의 여성운동은 여성만의 차원이 아니라 국가 그리고 인류차원의 운동으로 그 범위가 확장하는데 이것은 운정의 여권운동의 기본사상이었다"고 정리했다.

　20세기를 관통하는 이숙종의 삶은 항시 여성운동의 중심에 있었다. 도쿄 유학중에도 유학생단체에서 활동했고, 1935년 12월12일자 동아일보에는 태화여자관에 있던 조선직업부인협회 회장으로 뽑힌 것이 보도돼있다. 해방후 이숙종의 주요 여성운동 관련 이력을 추려보면 다음과 같다. △1950년11월 한국여학사회 발족·부회장 역임 △1956년8월 세계여학사협회 한국대표로 파리총회 참석 △1959년12월 한국여성단체협의회 발족·부회장 역임 △1963년6월~1979년8월 국제여성단체협의회 한국대표로 총회 다수 참석(워싱턴, 암스테르담, 파리, 밴쿠버, 오슬로, 나이로비 등) △1968년8월 범태평양

202　1946년 4월 발족한 대한독립촉성국민회 산하 여성 우익단체로, 신탁통치 반대운동을 전개했다. 1948년 8월15일 대한민국 정부가 수립된 후에는 대한애국부인회로 개칭하고, 1949년 서울시부녀회와 통합해 대한부인회가 됐다.

동남아시아여성협회 한국대표로 제11차 미국 하와이 회의 참석 △1970년 3월~1982년2월 한국여성단체협의회장 △1973년6월 범여성가족법개정법 촉진회장 △1977년12월 가족법 개정안 국회심의 및 7개항목 통과 △1978 년3월~1980년3월 소비자보호단체협의회장 △1981년5월 제9차 아시아여성연합회FAWA 자카르타 회의 참석 등이다. 1976년 8월26일자 경향신문에 는 "25일 서울 영빈관에서 열린 아시아지역국제여성대회 참가대표들을 위한 리셉션에서 이숙종 의원(유정)이 최규하 국무총리에게 '여성의 지위향상이 세계적으로 중요한 문제가 되고 있다'고 말했다"고 보도되고 있다. 무엇보다 국내 여성계의 최대 숙원이던 가족법개정운동에서 이숙종의 공이 크다고 하겠다.

2005년 호주제가 폐지될 때까지 여성단체들은 정권이 바뀔 때마다 가족법개정을 위해 백방으로 뛰었고, 여기에는 여야나 진영도 따로 없었다. 1948년 대한민국 정부가 수립되며 법전편찬위원회를 구성하고 김병로 위원장이 1954년 10월26일 민법안을 정부안으로 국회에 제출했다. 당시 제헌헌법에는 '남녀동권'을 규정했으나 민법의 친족과 상속편에서 여성차별적인 제도를 그대로 두고 있었다. 국내 최초 여성법률가인 이태영 [203](1914~1998)이 1952년 각종 청원서와 진정서, 각종 집회, 방송, 강연 등을 통해 가정법개정운동을 시작했다. 여성단체연합을 조직하는 한편 1956

---

203 이태영은 1952년 제2회 고등고시 사법과에 합격했으나 당시 이승만 대통령의 반대로 판사에 임용되지 못하고 변호사로 개업했다. 당초 김병로 대법원장이 이태영의 판사임명제청을 건의했지만 아직 여성판사는 시기상조라는 이승만의 거부로 실패했다. 실상은 이태영의 야당인사인 정일형의 부인이기에 판사임명을 거부했다는 설도 있다. 결국 대한민국 최초 여성판사 타이틀은 서울법대 후배인 황윤석이 거머쥐게 되나 젊은 나이에 변사한다.

년 여성법률상담소(이사장 황신덕[204], 소장 이태영)를 설립하고 본격적인 개정운동을 전개했다. 이태영의 남편 정일형 의원이 대표제안자로 1957년 11월 민법수정안을 국회 제출했으나 거의 반영되지 못했다. 1961년 5·16군사정변 이후 여성단체들은 국가재건최고회의에 진정서를 제출했으나 가정법원 설치만을 승낙 받았고, 큰 진전을 보지 못했다. 유신헌법 발효 후인 1973년 이숙종은 제9대 국회의원의원직을 맡게 되고 '범여성가족법개정촉진회'의 회장을 겸임하며 가족법개정운동에 박차를 가했다. 1200명 여성대표가 참여한 촉진회는 이태영 등을 자문위원으로 삼아 가족법 344개 조항 중 81개 조문을 수정하고, 19개 조항을 신설하는 방대한 작업에 기초한 개정안을 1975년 4월9일 국회에 제출한다. ①호주제도의 폐지 ②친족법 결정에 있어서의 남녀평등 ③동성동본 불혼제도의 폐지 ④소유 불분명한 부부 재산에 대한 부부 공유 ⑤협의 이혼 제도의 합리화 ⑥부모의 친권공동행사 ⑦이혼 배우자의 재산분배 청구권 ⑧적모 서자 관계와 계모자 관계의 시정 ⑨상속제도의 합리화 ⑩유류분 제도의 신설 등이다. 유림계를 비롯한 보수적 남성계에서는 가족법개정안에 적극반대했으나, 이숙종은 포기하지 않고 밀어붙여 1977년 제98회 정기국회에서 가족법 일부를 개정 통과시켰다. 박용옥은 "비록 일부분만이 개정되기는 했지만 여성에 대한 전통적 인식 전환의 첫 관문을 열었다는 점에서 역사적인 큰 의의가 있다"고 평했다.

---

204 유명한 전도부인 홍유례의 딸로 평양에서 출생한 황신덕(1898~1983)은 일본 유학 시 2·8독립선언과 3·1운동에 참가했다. 귀국 후 시대일보, 중외일보, 동아일보, 신가정의 기자로 근무했고, 근우회 집행위원 등으로 여성사상단체에서 활동했다. 의친왕의 아들 이우가 희사한 2만원으로 1940년 경성가정여숙(중앙여고 전신)을 설립하고 이를 추계유치원에서 추계예술대학교에 이르는 종합학교법인으로 성장시켰다. 3·1여성동지회 5~7대 회장을 지내기도 했으나, 일제말기 친일행위로 2009년 대한민국 정부발표 친일반민족행위자 명단에 포함됐다. 3·1여성동지회를 창립하고 초대회장을 지낸 황애덕(황애시덕, 황에스터)이 친언니입니다.

가족법개정운동은 1980년대에도 계속돼 1984년 7월에는 한국여성단
체협의회 주관, 41개 여성단체 대표의 발기로 '가족법개정을 위한 여성단
체연합'(회장 이태영)을 결성, 가족법 개정 촉진대회를 개최한 이후 서명운
동 및 계몽운동을 계속했다. 1987년 6월민주항쟁으로 대통령 직선제를 골
자로 하는 헌법개정이 국민투표로 확정되고 진보적 국회가 구성되며 1989
년 여성단체연합의 개정안을 반영한 3차가족법개정안이 통과된다. 1세대
여성운동가들이 노쇠해지며 점차 세상을 떠나게 됐고, 한국여성단체연합
이 1999년 '호주제폐지운동본부'를 발족하며 이 운동을 이어간다. 1994년
성폭력특별법, 1998년 가정폭력방지법이 시행되고 1999년 군가산점폐지,
2004년 성매매특별법 제정되고 2005년 마침내 호주제가 폐지된다. 호주제
가 전통이 아닌 일제 식민지 잔재였다는 점에서 한국의 가족법개정운동은
여성운동이자 법개정운동이며 탈식민운동이라 평가된다. 반세기에 걸친
여성계의 노력이 '여연' 시대를 맞아 결실을 보게 됐지만, '여협'을 중심으
로 한 1세대 여성운동가들의 치적을 무시해서는 안된다는 것이 보수여성
계의 불만이다. 남한사회에서 사회주의의 실질적 소멸 후 이념을 떠나 사
회적 약자일 수밖에 없는 여성의 인권을 위해 싸워온 역사를 결코 간과해
서는 안 된다는 것이다. 현 여성정책의 기본은 미군정에서부터 찾아볼 수
있고, '박순천[205]법'이라고 불리는 간통쌍벌적용, 축첩반대운동, 농촌지도

---

205 박순천(1898~1983)은 전 세대에서는 모르는 이가 없었던 여성정치인이었으나 사망 후 너무 쉽게
지워진 여성인물 중 한 명이다. 3·1운동에 참가한 후 기생으로 가장하고 일본으로 도피, 같은 동경
유학생인 황신덕과 교분을 쌓았고 같은 집에 하숙하던 훗날의 부군 변희용을 만나게 된다. 집에
서 본명인 박명련으로 송금한 것이 문제가 되며 3·1운동 참가경력이 드러나 국내 압송돼 복역했
다. 일본 도피 생활 중 사용한 '순천댁'이라는 별칭에서 박순천이라는 이름이 나왔다. 니혼여자전
문학교를 마치고 1924년 귀국, 12월27일 변희용과 결혼한다. 이때 '태화관'에서 결혼했다고 잘못
알려졌으나 1924년 당시 태화관은 태화여자관으로 이용되고 있었다. 당시 신문보도에 따르면 이
들은 남대문 '식도원'에서 결혼했다. 태화관을 운영하던 안순환이 당시 식도원을 운영해 생긴 혼
동이라 여겨진다. 1950년 대한부인회 소속으로 국회의원에 당선된 것을 시작으로 무려 5선의원

사업, 새마을부녀회 등의 여성사적 의의 역시 기려져야한다는 주장이다.

이숙종의 성장환경, 미술가로서의 면모

　　이숙종이 남긴 책들과 그와 관련된 도서들은 모두 성신여대 성신관 운정문고[206]에 보관돼있다. 두 권의 회고록 '구름 따라 성을 돌며'(1971)와 '길을 따라 걸었는데'(1973), 학교사들, '백수정의 자태 :운정이숙종선생화갑기념'(운정선생기념사업추진위원회편·1964)', '운정의 향기로-성신학원 설립자 운정 리숙종 탄신 100주년 기념'(2004), '운정 선생의 여성교육과 21C 교육의 과제'(2004) 등의 책과 신문보도를 중심으로 그의 전반기 생을 재구성해본다. 먼저 박용옥의 서술을 빌려오면 "운정의 부친은 딸만 여섯이었으나 한 번도 아들 없음을 한탄하지 않을 만큼 진취적이고도 개화된 분이었다. 운정이 어린시절 자칭 대감이라 하면서 남장을 하고 사랑에 나와 앉아 입에 장죽을 물고 수염을 쓰다듬으며 언니를 호령한 일이 있었다. 그 때의 그의 부친은 '여자들이 무엇 때문에 불편한 치마를 입는지 알 수 없구나. 우리 숙종이는 큰혁명을 했소'라고 말하셨다. 부친의 딸에 한 평소의 생각이나 표현은 당시의 여아에 대한 교육풍습으로는 감히 생각할 수 없는 진보적인 것이었다. 25세에 어머니가 돌아가셨을 때, 운정은 '딸도 자식이니 마땅히

이 됐고, 제3공화국 때는 민주당 총재를 맡았다. 민주화투쟁과 더불어 여성 인권신장을 위한 입법 활동으로 유명하다. 여성노동자에게 생리일유급휴가와 산전산후 60일 유급휴가를 허용하는 모성보호법을 통과시키고, 간통쌍벌제를 법제화했다. 앞서 1940년 박순천은 황신덕과 함께 경성가정여숙의 설립을 추진하고 부교장을 맡았는데, 황신덕과 박순천은 1943년 재학생이던 김금진이 조선여자근로정신대에 자원하도록 종용한 것 등이 뒤늦게 드러나며 친일인명사전에 등재됐다.

206　당초 운정문고는 성신여대 중앙도서관내 있었으나 2021년 확인시, 성신관 2층 열람실·서고로 이전돼있었다. 일반접근이 제한돼있는 것이 아쉽다.

상주가 되어야 한다'고 강력히 주장하여 당시 우리 사회의 불변의 철칙이
었던 남자상주제에 과감히 도전했다. 부친이 이처럼 남성중심사상을 떨쳐
버리고 여권의식에 찬동한 것이 뒷날 운정으로 하여금 여성교육과 여권운
동을 해 평생을 몸바치게 한 중요한 계기들이 되었을 것으로 생각한다"[207]
고 했다.

　이숙종은 세종대왕의 다섯째 왕자 광평대군의 자손인 항일인사 이범규
의 6녀 중 막내로 종로구에서 1904년 태어났다. 아버지 이범규는 '대동단
사건'으로 옥살이를 했다. 조선민족대동단은 1919년 3월1일에 일어난 만
세시위가 본격적으로 전국으로 퍼져가던 시기인 4월 초 결성됐다. 당시 국
내 최대 규모의 지하조직으로 고종의 5남 의친왕 이강을 망명시켜 중국 상
하이 대한민국임시정부 지도자로 추대하려다가 만주에서 발각돼 일망타진
당한다. 앞서 1907년 이범규는 항일단체 동우회 결성에 참여하고[208], 1909
년 반일성향의 유교단체인 대동교 결성 때 자신의 집을 제공하고 참여했다
[209]는 보도도 찾아볼 수 있다. 1909년 9월11일 북부 홍현(현 안국동·화동의 일
부) 이범규의 집에서 대동교 총회를 열고 회장 이용직, 종교부장 박은식, 편
집부장 장지연, 총사 이범규 등으로 구성했다.[210] 이용직은 성신이 돈암동
부지를 매입할 때 재정적 후원을 해준 이전완의 아버지다. 이숙종은 "이전

207 '한국역사속의 여성인물', 한국여성개발원 1998

208 황성신문 1907년 6월5일자는 '동우회임원조직'이라며 "동우회에서 재작일에 회원300여명이 회
　　　동하여 임원 50여명을 선정하난대 회장은 도진공이씨오 부회장은 윤치병 이범규 양씨라더라"고
　　　보도한다.

209 대한매일신보 1909년 9월2일자는 '대동교났네'라며 "저작일에 북부홍현 리범규씨의 집에서 종
　　　교회 발긔회을 하였는데 공자교의 대동주의를 밝히기위하야 교명을 대동교라 명하고 당일에 출
　　　석한 인원은 60여명인데 리용직씨로 총장을 선명하엿다더라"고 전하고 있다.

210 신용하 '박은식의 사회사상연구', 서울대학교출판부 1982

완 선생은 나와는 동갑으로 어릴 적부터 허교하고 지낸 막역한 사이이다. 학부대신을 지낸 이용직 선생의 따님으로 그 자당과 우리 어머니 또한 세교가 깊으셨다. 당시 우리 아버지께서 감옥에 수감 중이셨으므로 우리 집안은 늘 어두운 분위기가 감돌고 있었으며 … 그런 어머니를 위로해주기 위해 이전완씨 자당께선 항상 골패놀이의 동무가 되어주시곤 하셨다. 또한 우리 아버지의 무사방면을 위해서도 그 자당께서 깊은 마음을 써주셨다" 며 혈육 같은 사이라고 썼다.[211] 이용직은 경술국치 당시 학부대신의 직위에 있으면서 병합조약에 소극적으로나마 저항했지만, 대동교 회장에서 친일유교단체 공자교회 회장으로 옮겨가고 일본정부로부터 자작작위를 받는다. 조선총독부 중추원 고문을 맡았지만 3·1운동 때 독립청원서를 작성해 보내 김윤식과 함께 작위를 박탈당한다. '선친일 후항일' 제외원칙으로 친일인명사전에는 포함되지 않으나 국가보훈처로부터 독립유공자로도 인정받지 못했다.

1918년 진명여자보통학교, 1922년 숙명여자고등보통학교를 졸업한 이숙종은 1923년 일본 유학길에 올라 1926년 도쿄여자미술학교를 졸업하고 이후 동경제대 문학부 미학과에서 수학했다. 당시 동경제대 역시 여학생을 받지 않아 시험을 치러 청강생 자격으로 수업을 들었다고 한다. 공식프로필에는 1926~1929년 동경제대 청강생으로 수학한 것으로 나오나 당대 신문보도 등을 참조해봤을 때 1년 수료 후 1927년 귀국한 것으로 보인다. 1927년 5월6일자 동아일보 '동경유학 졸업생환영회' 제하 기사에 5월4일 오후8시 열린 동경여자유학생동창회 환국환영모임에서 이숙종이 답사를

211 '운정의 향기로-성신학원 설립자 운정 리숙종 탄신 100주년 기념', 성신여자대학교출판부 2004

1927년 5월10일자 동아일보에 실린 이숙종의 사진과 '동경미술학교2학년 재학시에 자기 얼굴을 석경에 비춰 스케치한 그림'.

했다고 나온다. 이후 다시 도쿄로 돌아갔을 가능성도 있으나 1927년 5월10일자 동아일보에는 본인사진과 자화상이 실린 인물소개 기사에서 "동경여자미술학교 서양화과를 우수한 성적으로 지난해 봄 졸업한 후 1년동안 동경제국대학 문과에서 조선낙랑시대고고학을 전문으로 연구하는 한편 일본역사를 연구하고 올봄 귀국하였다"며 "아틀리에(화실)를 동대문밖에 짓는중"이라고 보도되고 1929년과 1930년 연이어 조선미술전람회에 입선했다. 또 1927년 6월 '숙명여고보맹휴사건'에도 이를 해결하기위한 사립숙명여자고등보통학교 학부모회에 의해 위원으로 선임됐다는 기사가 보도됐다. 이숙종은 회고록에서 일본 유학을 마치고 3년간 북경(베이징)에서 유학했다고 밝히기도 했는데 큰언니와 형부가 있는 북경으로 가서 북경대학 연구생으로 견문을 넓혔다고 한다. 여러 정황상 북경을 오갔음은 짐작할 수 있지만, 진술이 어긋나나 지금에 와서 사실 확인이 어렵다. 앞서 짐작한 것처럼 그림을 그리며 전도부인으로 일했을 가능성을 완전히 배제할 수 없다.

　1936년 태화여학교를 인수해 성신여학교를 설립하기 전까지 경성여자
상업학교에서 교사로 일했다. 이숙종의 이름은 일본유학시기부터 신문 상
에 등장하고 있다. 1923년에는 황금정(을지로)에 회관을 둔 '고려미술원'의
동인으로 동양화가 김은호, 변관식, 서양화가 나혜석, 백남순, 조각가 김복
진 등 쟁쟁한 미술가들과 나란히 언급된다.[212] (도쿄여자미술학교에서 수학한 나혜
석이 관동대지진[213]으로 잠시 고국에 돌아온 후배 이숙종과 백남순을 교수진으로 불렀을 것
으로 유추된다) 1925년에는 일본 동경유학생모임 '을축구락부 창립회' 당선
위원에 유일한 여성으로 이름을 올린다.[214] 학생신문 발행도 결의한다.[215]
1926년 동경유학생으로 조직된 극예술연구회에서도 하계순회극실행기성
회위원 리스트에 올라있어[216] 그의 활동적인 면모를 엿볼 수 있다. 동경으
로 유학 온 여학생들은 대개 이숙종의 하숙방을 거쳐 가게 되며 이들의 정
신적 지주 역할을 했다고 하니, 이때도 리더십이 대단했던 것으로 보인다.
2017년 이준익 감독이 이제훈을 주연으로 영화화하며 재조명된 독립투사
박열[217]과 그의 일본인 연인 가네코 후미코(박문자)가 옥중 결혼을 하게 되

212　고려미술원, 조선일보 1923년 12월21일
213　국내에서는 '간토대지진 조선인학살사건'으로 잘 알려져있다. 1923년 도쿄일원의 간토지방이 지
　　　진으로 인해 궤멸적 피해를 입었고, 이때 불안한 민심의 희생자로 한국인이나 중국인을 타깃으로
　　　삼아 일본인 자경단에게 잔혹하게 살해하게 했다. 희생자수는 6000~6600명을 추정한다.
214　일본동경에서 을축구락 창립, 조선일보 1925년 11월19일
215　학생신문발행 동경유학생이, 동아일보 1925년 11월19일
216　극예술연구회 임시총회, 조선일보 1926년 2월5일
217　박열(1902~1974)의 사례는 잘 만들어진 대중문화의 힘을 보여준다. 대중의 인식 속에 거의 자리
　　　잡지 못했던 박열은 영화 '박열'의 개봉후, 한 조사에서 독립운동가 인지도 2위를 차지하기도 한
　　　다. 1926년 임신 중 옥중 의문사한 가네코 후미코는 2018년 일본인으로는 두 번째로 대한민국 건
　　　국훈장 애국장을 추서받았다. 역시 영화의 영향으로 볼 수 있다. 박열은 재일조선인거류민단의

며 법정에서 결혼선언시 입은 찬란한 '홍장'은 이숙종이 빌려준 것이라는
일화도 눈길을 끈다. 아마도 이숙종이 자신의 혼인식에 입었던 의상을 제
공했던 것이 아닌가 추정해본다. 결혼의사가 없어 평생 독신을 고수한 것
으로 알려진 이숙종이 팔순에야 부모의 간절한 소망으로 유학을 전제로 한
결혼조건을 승낙했던 과거를 드러냈기 때문이다. 1922년 봄 신제학교[218]
졸업을 앞두고 일본 대학에 재학 중이던 김종운씨와 결혼했으나 신혼여행
을 빙자해 일본으로 떠난 후, 기차에서도 따로 앉아간 두 사람은 목적지에
서 행선지를 달리한 것이 결혼의 전부였다. 은사 야마노우에 선생이 미리
일본에 가서 동경여자미술전문학교에 입학수속을 밟아놓았고 이숙종은 기
숙사로 바로 간다.[219]

이숙종은 회고록에서 동경여자미술전문학교에 적을 두고 당시 민족주의
를 표방한 학생 비밀단체인 학흥회, 신간회, 건우회 등에 가입한 것이 여성
운동의 첫걸음이라고 밝혔다. 유학을 마치고 돌아와 박인덕과 함께 '조선
직업부인회'를 조직해 여성들의 사회활동을 고취시켰다. 여운형의 뒷받침
을 받았으나 얼마 안가 일제의 가혹한 탄압으로 도중에 좌절됐다. 이후 이

초대단장을 맡았고 건국 후 이승만의 초청으로 영구귀국했으나 한국전쟁 중 납북됐다.

218 이숙종은 1922년 지금의 숙명여고를 졸업했는데, '신제학교'는 총독부의 '조선교육령'에 의해 바
뀐 학제를 뜻한다. 1911년 공포된 후 1922년, 1938년, 1943년 3차례 걸쳐 개정됐고, 각각 바뀌기
전 제도의 학교를 '구제', 바뀐 후의 학교를 '신제'라 부른 것으로 보인다. 조선에서 중등교육기관
중 일본인용 학교는 중학교라는 명칭을 사용하고 조선인용 학교는 차별적으로 고등보통학교라
고 불렀다. 1차개정에서 고등보통학교의 차별적인 수업연한과 수업배당이 중학교와 동일하게 됐
다. 또 관립고등보통학교와 사립고등보통학교가 같은 급으로 개정됐다. 한편 일제는 일본본토와
조선인학교의 학제도 불평등하게 설정해 일본에 있는 전문학교나 대학에 진학 자격을 갖추기 위
해서는 고등보통학교를 졸업하고도 더 수업을 받아야했다. 이숙종은 "나는 3년제 숙명을 졸업하
고 다시 1년 더 공부하는 신제학교에 들어갔다. 일본으로 유학갈 속셈으로 남모르게 도서실에 묻
혀 진학공부를 했다"고 썼다.

219 '한 줄기 빛을 바라: 운정 리숙종 박사 팔순기념', 운정선생기념문집편찬위원회 1985

1942년 10월 22일자 매일신보에 실린 '청담회' 현장 사진.

숙종은 3년간 북경에서 유학하다가 돌아와 조선어와 한문을 가르치는 교
사로 일하게 됐다고 밝히고 있다. 이 시기 김활란, 유각경 등 유학파 출신
여성들과 친목회 '청담회'를 조직해 당시 여성들의 고루와 부조리를 정화
하는 데 앞장섰다고 했다. 이를 "특히 당시 특별한 귀족처럼 뽐내던 일인들
에게 어떤 경각심을 일깨워주기도 했다. 이것이 성격적으로 희미했지만 왜
정 암흑기에 우리 여성들로서는 최후의 활동이었다"고 회고한다. 그러나
이숙종의 현실적인 입장과 별개로 최은희는 이 청담회의 친일을 지적한다.
매일신보 1942년 10월 22일자 '총후부인운동책을 협의, 총독부인을 중심으
로 청담회 간담'이라는 기사를 보면 친일단체임을 부인할 수 없을 듯하다.
기사는 "총독 총감부인을 중심으로 하는 경성의 내선부인들의 친목기관인
청담회에서는 신임총독 총감부인이 경성에 온 후 처음으로 21일 정오부터

경무대의 총독관저에서 모임을 얼고 점심을 가티하면서 여러 가지로 간담하고 오후2시경 화기넘치는 가운데서 산회하엿다"면서 "비상한 시국에 대응하여 반도의 전시국책을 철저히 수행해 나가는데는 가정부인들이 각기 굿게 그 가정을 직히면서 힘을 합하야 총력을 봉공해야겟다고 격의업시 환담하엿다. 멀지안혀 신임회장인 총독부인을 마지하야 반도의 가정부인게 몽운동을 이르켜나갈 대일본부인회 조선본부의 중견들이 오늘 이 모힘에 다수 참석하엿든만큼 전원은 시종 열성것 격의업시 의견을 토로하야 금후 활발히 전개될 반도의 부인보국운동에 힘찬 약속을 해둔 것은 이날 청담회의 큰 수확이엿다"고 쓰고 있다.

이숙종이 화가로 활동한 기간은 매우 짧아 그를 미술가로서의 조명하는 글은 별로 없다. 김철효[220]가 삼성미술관자료실 수석연구원이었던 당시 쓴 '운종 리숙종과 동경(여자미술학교) 유학' 논문 정도다. 논문을 요약하면 다음과 같다. "여자미술학교(현 조시비미술대학)은 1945년까지 한국과 대만, 중국은 물론 일본에서도 여성을 위한 미술학교로는 유일했기 때문에 운정에게뿐 아니라 근대기 여성미술을 논할 때 그 중요성이 크다. 운정은 나혜석에 이어 조선여자로는 두 번째로 서양화과를 선택해 진학하게 된다. 안타갑게도 운정의 주요 유화작품으로 현재 온전하게 남아있는 것은 없다. 다만 그가 미술학교를 졸업하고 귀국 후 숙원이었던 총독부주최 조선미전에 2년 연속 입선했던 작품들 '面: 얼굴, 1929', '붉은건물이 있는 교외, 1930' 만이

---

220 김철효(b. 1945)는 서울미대 졸업 후 성신여대 대학원 서양학과 석사, 미술사학과 석·박사 학위를 받았고 2014년부터 경기도 양주 안상철미술관 관장을 맡고 있다. 2010년 도쿄에서 일본어로 발간된 '여자미술교육과 일본의 근대 : 여자미100년의 인물사'(학교법인 여자미술대학)에 공저로 참여했는데, 일본에서 나혜석, 이숙종, 백남순, 장선희, 박래현, 천경자 등 한국인 졸업생에 대한 기록도 허술하지 않음을 엿볼 수 있다.

흑백도판으로 전해진다. 운정의 미술에 대한 각별한 관심은 특히 좋은 미술
교사를 확보하기 위한 노력에서 나타난다. 조시비 졸업자로서 성신여학교
에서 1946~1950년 자수교사를 했던 이산옥은 운정이 성신의 자수교사를
뽑으려 동경에까지 왔었고 그래서 졸업 전에 자신이 교사로 발탁되었다고
증언한 바 있다. 그 외에도 조시비를 졸업하고 성신에서 교사로 일했던 사
람은 1947~1948년 미술교사 김연영, 1963~1967년 박래현 미대 동양화과
교수, 자수교사 이복진(이산옥의 후임)과 유복신 등이다. 또 성신의 미술교사
로 재직했던 많은 사람이 현재 한국화단의 중추적 역할을 하고 있는데 이러
한 사실은 운정이 미술교사 선정에 각별히 신경을 썼다는 증거가 된다."

　성신여대 미대가 나름 규모가 크고 실기에 강세를 보이는 것[221]도 미술
전공자인 이숙종의 영향이 크다고 할 것이다. 이숙종은 미대에 진학하고
1923년 고려미술원 동인으로 참여한 후 국내 유명화가들과의 교류가 꾸
준했다. 1936년 동아일보의 '일장기말소사건[222]'으로 해직된 청전 이상범
[223](1897~1972)을 1937년 성신여학교에 기용했던 일화도 보도돼있다. 12월

221　언론계에서는 '안녕하세요 연합뉴스입니다'라는 기자 조각상을 만든 김경민(성신여대 조소과 91학
　　　번) 작가가 유명하다. 종로 수송동 연합뉴스 사옥 앞에 위치, 노트북을 들고 스카프를 휘날리며 힘
　　　차게 걸어가는 언론인을 형상화한 대형작품으로 외국인 관광객들의 사진명소가 되고 있다. 이 자
　　　리는 대한매일신보사 창간사옥터와 접해있다.

222　1936년 8월13일자 동아일보 지방판 조간2면, 조선중앙일보 4면, 8월25일자 동아일보 2면에
　　　1936베를린 하계올림픽 남자마라톤에서 손기정이 우승한 사실을 보도하면서 일장기를 삭제한
　　　사건이다. 이 사건으로 동아일보에서는 송진우 사장, 김준연 주필, 설의식 편집국장 등이 사임했
　　　다. 사회부 현진건 부장, 사진과장 신낙균, 사진부 서영호, 조사부 이상범 화백, 운동부 주임 이길
　　　용과 월간 신동아에 전재한 최승만 잡지부장 등 8명이 구속됐다.

223　2015년 국내 미술시장 한국화작품경매에서 낙찰총액과 작품수 모두 1위를 기록한 한국화 6대화
　　　가 중 1명. 김은호와 함께 대한민국 동양화 분야의 토대를 닦은 거장이다. 1933~1945년 서울 서
　　　촌에 위치한 청전화숙을 운영해 후진 양성에 힘썼다. 1963년 3·1문화상을 수상하기도 했으나 일
　　　제 말기 친일혐의는 피하지 못했다.

7일자 동아일보는 '싱신어학교에 서화부를 설치' 제하로 "동양화계에 거징이신 이청전 선생이 심사원이시고 규수화가로 유명한 정용희씨가 지도함"이라고 보도한다. 이숙종이 당대 화단과도 꾸준한 교류를 갖고 있었고, 돈암동 성신여대 인근에는 일본 유학파를 포함한 유명미술가의 흔적이 많이 남아있다. 2장에서 밝혔듯이 이숙종과 교류해온 소정 변관식은 '돈암산방'을 두었고, 성신여고와 담장 하나 사이를 두고는 무사시노미술대를 나온 권진규(1922~1973)의 아틀리에가 지금도 보존돼있다. 1957년 모스크바에서 열린 제6회 세계청년축전에서 '삼일운동'이라는 작품을 발표하기도 한 월북화가 이쾌대(1913~1965)는 일본제국미술학교 졸업 후 1946~1947년 돈암동에 '성북회화연구소'를 냈다. 명륜동으로 이전하기 전까지 동소문로3가에 있는 지금의 태화장 여관 자리에 위치했던 것으로 알려졌다.

언론에 비친 이숙종의 페미니즘과 부일

젊은 시절 이숙종은 몇 안 되는 여성 해외유학파로서 주로 여성문제에 있어 여러 강연회와 좌담회 등에서 논객으로 활약하고 있다. 당대 매체들에 보도된 것을 보면 지금 봐도 상당히 급진적인 페미니스트로서의 면모를 보여주고 있다. 1932년 1월1일자 동아일보는 '남성에 대한 선전포고 각계 신구여성의 기염(1)'에 유각경, 손메례 등과 나란히 '화가 이숙종'으로 이름을 올렸다. 이 설문에서 이숙종은 '질투는 대금물'이라며 여자끼리 질투하지 말고 남성에게 직접 대적할 것을 주장한다. "여성에 대한 남성들의 횡포야말로 끝이 없다. 그들에게 몸을 바치고 고민과 저주에 한숨이 크다 할지면 머지않은 장래에 서전의 폭발이 자연히 있을 것이다. 남성을 위한 세

상에 무제한한 횡포는 그들을 그대로 기르고 있다! 축첩이니 결혼권태니
난봉이니 그것이 모두 남자에만 국한한 폭행입니다. 이를 대적할 전술은
약혼시에 재산통수권을 교환할 것입니다. 남자의 정조상 의리상 불법행동
을 감행할 때에는 여자도 그게 응하여 이지적으로 횡포를 그와 같이 할 것
입니다. 보기 싫게 질투나 하고 바가지를 긁는것은 여자의 위신상 금물입
니다. 인류로서 같은 행동을 이지적으로 감행하여 남자들의 애걸을 기다릴
것이오, 1000만 여성이 다같이 단결한다면 남성의 존재는 크게 가없을 것"
이라고 했다.

　동아일보 1936년 1월1일자 '당혼한 딸을 위한 어머니 좌담회'에 유각경,
유억겸, 박순천, 차사백 등과 함께한 이숙종은 "기숙사생을 오래간만에 내
놓아 볼 때 바깥 경치에 감탄하는 걸보면 재래가정의 방식으로 딸을 가둬
만두고 내놓치않는 것보다는 어머니가 좀 더 따님을 인식하야 잘 이해시켜
자립정신을 길러줌이 더 좋겠습니다. 그렇지 않고 가둬만뒀다가 혹 나올
기회가 있으면 더 유혹에 빠지기 쉬울터이니까요"라고 조언하는 등 여성
교육에도 개방적 자세를 보여준다. 이숙종은 조선일보에서 운영하던 라디
오방송에도 단골로 출연하고, 1939년 조선일보 '어찌하리까' 코너에 소설
가 이태준과 번갈아 고정으로 독자편지에 고민상담을 해줬다. 미국의 '디
어 애비'와 같은 조언칼럼을 일찍이 실행하고 있었던 것이다. 당시 시대상
에 맞춰 보수적인 의견도 내놓지만 여성의 독립과 자립을 권하는 충고를
많이 한다. '믿고 살던 남편이 딴 여자와 만주로 갔어요' 같은 사연에는 "남
편에게 의뢰하는 마음을 버리시고 나는 나를 위하여 나왔은즉 인생에 나라
는 이상을 저버리지 마십시오. 당신 처지대로 정신노동도 좋고 육신노동도
좋습니다. 힘껏 나를 살려보십시오"라며 꿋꿋한 마음가짐으로 독립해나가

조선일보 1939년 5월 10일자 '어찌하리까' 코너에 소설가 이태준과 함께 필자로 선정돼 실린 이숙종 사진.

기를 권하고 있다.

동아일보 1939년 11월 5일자 '각계인사들의 현답 나의 생활철학'에서 '사모하는 위인'을 묻는 질문에 이숙종은 "프랑스 화가 밀레, 그분에게 배우고자하는 것은 예술을 위하여 세상에 나서 예술도취에서 생애를 끝막음한 일"이라면서도 '남기고 싶은 사업'을 묻자 "완비한 여자대학"이라고 답하고 있다. 미술학도였지만 교육계에 투신한 이후로는 이미 여자대학을 세울 계획을 가지고 있었던 것이다. 앞서 1927년 유학 직후 동아일보와의 인터뷰에서도 이숙종의 사상을 엿볼 수 있다. "서양화를 조선화하여 연구할 방침이며 주인 잃은 창경원 안에 있는 박물관을 이용하야 순전히 조선의 미술을 연구 하겠다"며 "소수의 사람들이 향락하던 예술을 여러 민중의 앞에

드리고자 하는 것이 저의 현재의 생각"이라고 포부를 밝히고 있다.[224] 이런 생각이 확대된 것이 이숙종의 교육철학이라 할 것이다. 이숙종은 "내가 처음 교직에 몸담던 시절은 일제암흑기로서 단지 교육만이 우리민족의 미래를 밝혀주던 시절이었다. 일본에서 미술을 전공하고 돌아온 내가 이렇듯 교육에 몸담아야겠다고 생각했던 것은 조선여성 전체를 생각하는 마음으로, 나 홀로 화가로서 성공하는 일보다 여성을 계몽시키는 교육이 더 시급하게 생각되었기 때문"이라고 회고록에 썼다.

　일제가 1937년 중일전쟁을 일으키며, 이를 전후한 '민족말살통치기'에 친일 내지 부일 행적이 기록된 것은 반성, 속죄해야할 부분이다. 1937년 8월18일자 조선일보 '애국금차회' 기사에 이숙종은 김활란, 고황경, 유각경 등과 창립준비위원으로 이름을 올린다. 기사에 따르면 "조선부인의 전시체제 총후봉공기관인 애국금차회의 발기회를 개최했다"며 "현재 애국부인회와 국방부인회가 있는데 애국금차회를 또 조직하는 것은 쓸데없이 중복의 번거를 자아내는 폐단이 없지않다"는 반대의견이 있었으나 원안대로 일치가결됐다고 한다. 이숙종은 국방헌금자에도 이름을 올리고 있다. 1938년 6월22일자 동아일보와 조선일보에 따르면, 24일 중앙기독교청년회관에서 유각경, 박봉애, 황신덕, 장정심과 함께 여성 각단체연합의 첫 시국강연을 개최한다. 이숙종은 '비상시국에 처한 부인보국'이라는 연제로 강연을 한다고 보도됐다. 1938년 11월1일자 동아일보 '순회강연반파송' 제하에서도 국민정신총동원연맹 조선연맹에서 총독부의 협력으로 각도에 파송하는 34명의 연사 중 한 명으로 보도되고 있다. 이듬해 8월에도 순회강연에 참

224　녀자계의 새인물을 차차, 서양화를 조선화, 조선미술을 특히 연구하고 예술에 민중화를 위해 힘써, 동경미술 이숙종, 동아일보 1927년 5월10일

여하고 있다. 1940년 민간한글신문이 모두 폐간된 후 뉴스는 총독부기관지 매일신보를 통해서만 알 수 있는데, 조선인의 80%이상이 창씨개명한 1941년 이숙종은 미야무라 요시카네宮村淑鐘라는 이름으로 보도되기 시작한다. 이후 일제의 전시동원체제에 꾸준히 부역하고 있음을 찾아볼 수 있다.

이 시기 이숙종은 학교유지를 위해 일제의 교육방침을 따라야했지만 꾸준히 소극적 저항을 했다고 밝히고 있다. 일본말로 교가를 부를 바에야 차라리 안부르는 것이 좋다는 생각에서 교가를 짓는 일 조차 하지 않았다. 당시 학교를 지을 때는 꼭 호오안덴奉安殿(일본천황의 사진과 그가 내린 칙어(포고문)를 보관하는 건물)이 따로 있어야했지만, 일제의 강요와 협박에도 교사만 준공시켰다. 또 가미다나神棚(일종의 소형 신사)도 껍데기만 그럴듯하게 꾸며서 교무실이 아닌 3층 한구석에 놓아 일제의 눈을 피했다. 일본인 교감을 두라는 등 일제의 탄압에도 일본인 교사는 채용 않고 한국인 교사만 채용한 것도 나름의 대항이었다. 오히려 조선어학회사건으로 옥고를 치러 '불령선인'으로 낙인된 한글학자 김윤경(1894~1969), 이윤행, 방신영 등을 받아들였다. 김윤경은 "그는 사사가정을 이루지 않고 성신과 결혼하였고 앞에 모아놓은 소녀들을 보고, 너희는 이 나라를 받들고 나아갈 주인이라 생각하였던 것이다. 이 기관의 발전을 위하여서는 마키아벨리주의도 왜정당국과의 교제도 기피하지 않은 것으로 보이었다. 당시 나의 친구 중에서도 배일사상가요 민족주의자로 낙인찍힌 나를 경원시 할 정도였음에도 불구하고 이 교장은 나를 자기 기관에 불러 주었던 것이다"[225]고 이숙종에 대해 회고하기도 했다. 김윤경은 1961년 10월2일자 동아일보 '훈육50년 우리말

---

225 '성신50년사', 성신학원 1989

의 등대수 김윤경 박사' 제하의 인터뷰에서도 이때의 일을 밝혔다. 기사는 "김교수는 1937년 6월에 피검되어 1938년 7월에 보석으로 출옥하였다. 출옥하였으나 동우회사건이 판결되기까지 5년이란 세월이 흐르는 동안 죄수 아닌 사회의 미결수로서 방안에 들어박혀있지 않을 수 없었다. ···그야말로 일제가 전 동양을 침략하기 시작한 시기이기도 하였다. 이때 김교수는 성신가정여학교에 잠시 교사로 나가 가족과 더불어 겨우 연명하고 있을때였었다. 그러니까 1942년 일이다. 10월1일 일제 형사가 김교수 집 대문을 두들겼다. 함남 홍원 경찰서 형사가 김교수의 팔목에다 고랑쇠를 잠겄다. 이것이 잔악한 일제의 침략사에서도 유명한 소위 조선어학회 사건의 발단이었다"고 쓰고 있다.

일제 식민통치시기가 길어지며 1948년 반민특위에서도 친일파의 범위를 규정하는데도 논란이 있었다. 3·1운동 및 6·10만세운동에 참가했던 사람, 우리말과 글을 지키는데 공헌이 있는 사람 등은 면제를 해줄 것 등이 논의됐다. 어디까지가 면죄부가 될 수 있을지는 모르겠지만 일단 이숙종은 반민특위 피의자 명단에 이름이 없다. 1949년 반민특위 해체에 대한 언론보도를 보면 "반민법이 공포된 후 343일 간에 총건수는 682건이며 특검에 송치한 것이 554건이다.··· 더욱 38선은 가로막힌 채 시국은 혼란하고 인재가 부족한 때에 반민족 처단을 지나치게 하는 것은 민족·국가를 위하여라도 도리가 되지 않는 것이라고 생각하지 않을 수 없다. 이러한 견지에서 교육자나 공무원에 대하여는 특별한 조처를 하였다는 것을 부언한다. 그러나 왜정하 욕스러운 교육이나마 전폐할 수 없어서 부득이 과오를 범한 것으로 인정하고 금후 그들이 국가의 동량이 되어 교육을 위하여 진심으로 공헌할 것을 기대해서 그 죄과는 거의 불문에 부하였으니 당사자는 특히 명심하여

할 것이다"[226]는 담화발표가 있어 당시 분위기를 짐작케 한다. 악질들이 완전 처단되지 못한 것에 대한 잘못도 있으나, 친일파라고 일방적으로 매도하기에는 상당히 복잡한 정황이었음을 당대 참작 받은 것이다.

이숙종과 3·1운동에 적극적으로 참여했다는 예전 몇몇 연구나 보도는 당시 만15세였던 이숙종의 나이를 감안해 신빙성이 적어 보인다. 다만 함께 여성교육계에 종사한 서은숙[227](1900~1977)은 "3·1운동 때 진명보통과 4학년이던 이숙종씨(현 성신여사대 재단이사장)는 청소당번이어서 기숙사 밖으로 물을 길러 나갔다가 광화문 쪽에서 만세소리가 나자 물 떠 갈 것도 잊고 양동이를 팽개친 채 광화문 쪽으로 달려갔다 한다. 그는 어린 마음에 우리나라가 독립됐는줄 알고 아무나 붙잡고 울면서 만세를 부르다가 일본경찰에 끌려갔는데 배후를 대라는 경찰심문에 '닭도 때가 되면 운다. 누가 울라고 해서 우느냐'고 지금생각해도 의젓한(?) 대답을 해, 왜경은 어이가 없었던지 등줄기를 떼밀며 내보냈다한다. 이예행씨(현 숙명여고 교장)의 언니 이선행씨와 권애라씨(여성운동가·김희로 구출서명운동주창자) 등 선배들도 이때 왜경에 끌려가 투옥됐는데 이숙종씨 등은 학교가 임시방학에 들어가자 매일 주먹밥을 만들어 이들에게 차입해 주었다한다"[228]고 전하고 있다. 이숙종은 회고록에 "고종황제 3년상을 계기로 숙명의 역사적인 첫 스트라이크를 벌였다"며 일인 교사들에게 반항을 한 1922년도 일을 주로 기록했다.

---

226 李仁 반민족행위특별조사위원회 위원장, 공소시효 종료에 대한 담화를 발표, 한성일보 1949년 9월 1일

227 이화여자전문학교 교수를 지내다 1928년 미국으로 유학, 컬럼비아대 대학원에서 유아교육학 석사학위를 받았다. 1935~1939년 이화보육학교 학감을 지내며 한국 유아교육의 토대를 닦은 인물로 평가받았지만 일제말기 일제의 침략전쟁에 협력했다.

228 신여성교육(11)-서은숙, 중앙일보 1970년 11월 20일

02 가정법 개정 앞장선 여권운동가 이숙종　　　　　　　　　　**369**

　　이숙종이 교직에 처음 발 담그며 가르친 과목은 조선어다. 숙명 재학 시 차미리사의 부탁으로 근화학원 야간부에서 무보수로 조선어와 한문 교수를 맡았다. 세종대왕의 후손이기도 한 이숙종은 "여러 한글학자들과 비밀리에 우리말 운동에 참여하여 어려운 고비를 여러 번 겪기도 했다"고 밝혔다. 1930년 5월 조선어학회 이사, 1935년 1월 조선어표준어사정위원회 수정위원을 맡았다. 해방 후에는 한글학회와 세종대왕기념사업회 발기인으로 참여했고, 1972년에는 제1회 외솔상[229] 실천부문을 수상했다. 한글학자인 이희승 전 동아일보사 사장은 이숙종이 운영하던 여학교 기숙사 '금화료'에서 조선어표준어사정위원회 회의를 하다가 일경이 들이닥치자 이숙종이 여학생의 침실에 밤중에 침입했다 호통을 쳤던 일화를 기록하기도 했다.[230] 이숙종도 이 사건을 회고록에 쓰며 "황금정(현재 을지로) 입구에 한옥 한 채를 갖고 있었는데 지방에서 올라와 기거할 데가 마땅치 않은 학생들을 그곳에서 기숙하게 하면서 조선어와 전통예법 등을 가르치고 가끔씩 사회저명인사들을 초대해 강연을 하기도 했다"고 추억했다. 또 "서울 태생으로 우리 가정이 순 서울생활을 오래해 표준어 사용에 익숙했으며 또 어쩌다 표준어 아닌 것을 사용하면 집안어른들이 고쳐주고 하여 표준어 사용 습관이 몸에 배었다"고 조선어학회와 인연을 맺게 된 계기를 말했다. 인터뷰나 신문기고문 등에도 조선어학회에 간여했던 일들을 밝히곤 했다. 1980년 10월10일자 경향신문 칼럼에는 "해마다 한글날을 보내면서 일제 암흑기에 우리말, 우리글을 지켜오시던 선각자들이 생각이 난다. 바로 그들이 주시경, 이윤재, 최현배, 김윤경, 문일평, 문세영, 장지영, 이희승, 정인승

229　한글학자 외솔 최현배의 유지를 받아 설립된 외솔회가 제정한 상. 이숙종은 사학교육을 통해 한국여성의 사회적 지위향상에 이바지한 공적으로 실천부문을 초대 수상했다.

230　이희승 '운정선생에게 받은 깊은 인상', '한줄기 빛을 바라' 운정선생기념문집편찬위원회 1985

선생 등 여러분이었다. …그때 내가 겪었던 한가지일은 충남 아산에서 있
었던 조선어학회주최 표준말사정회에서였다. 그때 조선어학회 회원들을
중심으로 각계각층 주요인사들도 여기에 참석했었다. 또 여성으로서는 유
각경, 방신영과 나도 한 몫 끼게 되었다. 물론 이 기간중에도 일경의 감시
는 심하여서 몇 번이고 피신해야했다"[231]고 썼다.

　이숙종은 회고록에 일제의 횡포가 얼마나 지독했는지 일일이 나열하며
"나는 그때 그들의 보복에 자칫하면 죽을 번 했다"고 회상했다. 실제 일제
의 보안법위반사건에 증인으로 심문을 당한 조서 등이 남아있어 여러모로
일제의 압력을 피할 수 없었음을 시사한다. 경성지방법원 검사국문서 중
1927년 '신문지출판물요항' 편철 중 '수이입 신문 잡지 보통출판물 및 그
취제상황–신문 잡지 수이입상황' 문서에 이숙종이 '여자계'[232] 발행인으
로 지목돼있다. 1927년 9월9일 경성 종로경찰서장이 경성지방법원 검사정
에 보낸 '근우회 상무집행위원의 건' 문서에도 이숙종의 이름이 올라있다.
1936년 중국군관학교사건으로 피의된 독립운동가 안재홍[233]의 증인으로서
신문조서가 남아있기도 하다. 이 해 6월22일 종로경찰서가 작성한 4회차

231　이숙종/우리말의 얼을 되살리자, 경향신문 1980년 10월10일

232　재일본 동경여자유학생 친목회에서 1917~1921년 한국여성들을 계몽하기 위해 발행한 회보. 도
　　　쿄에서 발간됐지만 고국과 해외한인사회 여성들에게까지 배포할 목적으로 만들어졌다.

233　안재홍(1891~1965)은 일제강점기 시대일보 이사 겸 논설위원, 조선일보 사장 겸 주필을 지냈으며
　　　신간회, 조선어학회, 흥업구락부 등에서도 활동했다. 3·1운동에 참여, 대한민국임시정부와 연락
　　　하다 검거돼 심한 고문을 당하고 3년을 복역했다. 1936년 6월 중국 난징군관학교에 두 청년의 밀
　　　파 입학을 알선한 사건에 연루된 혐의로 또다시 체포됐다. 이때 임시정부와의 내통이 발각돼 징
　　　역2년형을 선고받았다. 1919년 이후 20여년동안 조선총독부에 9번에 걸쳐 체포돼 총7년8개월
　　　의 옥고를 치렀다. 1931년 5월에는 조선일보 사장에 옥중 취임하기도 했다. 미군정청 예하 민정장
　　　관을 지냈고 정부수립에 참여했으나 한국전쟁시 돈암동 자택에서 피납됐다. 1989년 해금조처돼
　　　건국훈장 대통령장을 추서받았다.

신문조서에는 이숙종과의 관계를 묻고 있다. "경성부 경운정 성신여학교 교장인 이숙종이라는 사람은 소화2년(1926년)경 알게 됐다"며, "작년 1월경 이숙종이 북평(베이징시)에 여행한 사실이 있는가"라는 질문에 "이숙종이 북평에 가게 됐을 때 북평에 거주하는 이숙종의 자형 조남준에게 내가 발행하고 있는 '백두산등반기'라는 출판물 4책 정도를 그 곳 친구에게 배포해 줄 생각으로 가지고 가게 한 일이 있었다"고 답하고 있다. 다음날인 6월 23일 이숙종은 증인신문에 불려나온다. 안재홍을 아는가라는 질문에 "약 3년 전 겨울휴가 중 온양온천에서 조선어의 표준어회가 있었을 때 약 40명 정도가 집합해 나와 안재홍도 그 회에 출석하였기 때문에 서로 알게 됐다"고 답한다. 그러나 북평에 여행한 일은 없다고 부인했다. 이숙종은 "소화10년(1935년) 1월경 나는 평북 지안문 밖 이광교 동로18호 조씨 집에 여행한다는 것을 안재홍씨에게 이야기하였던 바 … 안재홍씨로부터 받은 '백두산등반기'라는 책 4~5권을 갖고 안동(단둥)에 가서 한동세관의 관사 유옥인의 집에서 5일정도 체재하고 있었는데, 경성의 누이로부터 출산전보가 왔기 때문에 경성으로 돌아오게 되어서 '백두산등반기'는 경성으로 돌아와서 앞에서 말한 북평의 형부 앞으로 송부하였다"고 진술했다.

고난과 고비도 많았지만 이숙종 개인적으로 많은 영달을 누렸다. 제9대 국회의원으로 의정활동을 하는 한편, 주요 이력만 꼽아 봐도 한국여성단체협의회 회장, 한글학회 이사, 소비자보호단체협의회 회장, 국정자문회의 위원 등을 지냈다. 대통령으로부터 1964년 국민훈장 동백장(문화훈장 국민장), 1979년 국민훈장 모란장, 1985년 국민훈장 무궁화장 등의 훈장을 받았다. 그 외 주요 표창으로는 1955년 해방10주년 기념건국공로자 표창, 1956년 서울특별시 교육공로표창, 1960년 서울특별시교육회 교육공로포창, 1972년 새마을운동공포표창, 1981년 사학재단연합회 교육공로 봉황장 등

이 있다. 1968년 재단법인 숙명여자대학교 30주년 공로표창을 받은 것을
비롯, 1966년 이화여자대학교에서 명예문학박사학위, 1984년 미국 컬럼비
아대학에서 명예 인류문화학 박사학위를 취득했다.

서울시내 사립여학교 교장 모임, 구인회 ────────

박용옥 전 성신여대 교수는 "일제말기 지식인 중 친일하지 않은 사람은 만해 한용운 밖에 없다는 얘기가 있다. 변명일지는 모르지만 폐교당하지 않고 학교를 지속하기 위해서는 어쩔 수 없었다. 부녀조직에 가입만 안 해도 끌려가 맞는 시절이었다. 일제 말기 전쟁선동에 동원된 조선인학교 교장들이 '구인회九忍會'라는 모임을 만들어 이 시기를 버텨나가자고 할 만큼 엄혹한 시기였다. 그 시대를 살아보지 않고서는 그 참 담한 심정을 이해하기 힘들 것이라고 했다. 한 세기쯤 지나면 또 평가가 달라질지 모른다"고 옆에서 지켜봤던 이숙종에 대해 필자에게 직접 밝힌 적이 있다.

구인회에 대해 이숙종은 "조동식 박사(동덕여고 교장), 이세정 교장(진명여고), 신봉조 교장(이화여고), 서원출 교장(보성고보), 심형철 교장(중앙고등학교), 황신덕 교장(중앙여고), 송금선 교장(덕성여고), 문남식 교장(숙명여고), 배상명 교장(상명여고), 그리고 성신여고 리숙종으로 이루어졌었다"며 "왜정시대엔 한 달에 한번씩 열리는 교장회가 있었는데 당시 공립학교 교장이란 일본의 고등관으로 이 모임의 주도권을 지니고 있었다. 그러나 사립학교 교장은 별다른 발언권조차 없었다. 공·사립통합 교장회의가 끝나면 우리 사립학교 교장들은 암암리에 다른 장소에서 비공식 모임을 가졌다. 공식적으로 드러내놓고 떳떳할 수 있는 모임이 아니었기에 뜻을 같이 하는 교육동지들이 서로 울분을 토로하고 식민지시대의 암울함을 함께 걱정하면서 내면적인 결속력을 다지는 결성체였다"고 밝힌 바 있다. 구인회의 회원들이 해방 후 사립학교연합회

를 결성했다.[234] 이 모임은 아홉 번 참고 인내하자는 뜻으로 조동식이 지었다.[235]

　　해방 후에도 구인회는 한 달에 한 번씩 만남을 지속했다. 국내 최초 민간신문 여
기자인 최은희의 장남인 이달순 전 수원대 총장은 2008년 2월11일자 경인매일에
"1958년 정부공보실에서 3·1절 기념행사로 3·1운동사건 사료를 현상 공모한 일이
있었다. 최은희는 대한민국애국부인회 사건(세칭 '김마리아 사건')를 기록하고 그 증빙
서류로 그들의 재판판결문을 첨부하여 제출하였다. 이 사건 사료가 단1편으로 사료
史料로 당선되었다. 그 당시 동덕여고 교장 조동식씨를 비롯하여 이화 신봉조, 진명
이세정, 숙명 문남식, 중앙 황신덕, 덕성 송금선, 성신 이숙종, 상명 배상명씨등 사립
여고교장으로 뜻 맞는 분들끼리의 구인회九忍會 모임에서 단행본으로 출판하여 부교
재로 채택하기로 하고 구인회 부담으로 출판과 출판기념회도 성대히 거행하였다"
고 구인회의 활동에 대해 전하고 있다.[236] 이렇게 나온 것이 '근역의 방향'이라는 최
은희의 공식적인 첫 저서다. 이 책을 바탕으로 언급된 인물들이 뒤늦게 서훈되기도
했다.

234　　이숙종 '구인회를 만들기까지', '한줄기 빛을 바라' 운정선생기념문집편찬위원회 1985

235　　'창설자 춘강 조동식의 사상과 업적', 동덕여대 박물관 2015

236　　이달순 수원대 명예교수/역사속 현장에서-김마리아와 최은희, 경인매일 2008년 2월11일

‘여권통문’ 발굴, 박용옥 성신여대 교수

여러 훌륭한 교육자들이 성신을 거쳐 갔지만 박용옥(b.1935)전 성신여대 사학과 교수는 한국여성사학의 개척자이자, ‘자생적’ 여성운동을 연구해온 독보적 선구자다. 그가 1970년대 발굴해 명명한 ‘여권통문’이 반세기만에 대중적으로 알려지면서 새삼 주목받고 있다. 2018년 서울시여성단체연합회는 우리나라 최초의 여성인권선언문 ‘여권통문’ 선포일인 9월1일을 ‘서울여성의 날’로 선포했다. 국가차원의 기념일로 제정하자는 목소리도 나오는 가운데, 2019년에는 홍문섯골 사립소학교 자리인 서울 중구 신한금융그룹백년관(삼각동 117번지) 앞에 여권통문 기념표석이 세워졌다. 1898년 9월1일 북촌 부인들이 ‘여학교설시통문女學校設始通文’을 발표한 역사적 장소다. 당대 황성신문, 제국신문, 독립신문, 독립신문 영문판인 ‘The Independence’가 보도해 기록이 남아있다. 한국최초 여성단체라 볼 수 있는 찬양회의 주도로 서울 북촌의 양반여성들 300~400명이 모여 이소사

237李召史, 김소사金召史의 이름으로 공포했는데, 여성의 평등한 교육권, 참정권, 직업권이 주창됐다. 1876년 개항 이후 조선사회에 개화론開化論이 등장하고 나라가 개화하기 위해서는 여성도 개화해야 한다는 주장이 이어진 때 나온 것으로 자연스레 여권운동이 됐다. 찬양회는 토론회, 연설회, 정기집회를 열고 직접 대궐로 나가 상소를 올리기도 하는데, 국가재정이 부족하다는 이유로 여학교 설치가 미뤄지고 예산안이 부결돼 관립여학교 설립은 이뤄지지 못한다. 결국 1899년 2월 회비를 걷어 순성학교를 개교하고 교장은 찬양회 부회장이었던 양현당 김씨가 맡았다. 7~13세 여아 50명을 뽑아 오늘의 종로5가 부근(느릿골)에서 직접 교육을 시작했으나 1903년 양현당 김씨가 사망하고, 1905년 12월24일 교장직을 이어받은 자현당 이씨가 사퇴한다는 대한매일신보 광고를 끝으로 소멸한다.

양현당 김씨는 이미 1897년 사재를 털어 정선여학교(승동여학교)를 설립한 이력이 있었다. 이 학교의 설립자인 평양출신 서경인 김씨가 양현당 김씨와 동일인임이 밝혀졌다. 여성의 교육에 관해서는 모두 뒷전이었던 시절, 우리나라 여성이 세운 최초의 학교의 맥이 여권선언으로까지 이어졌던 것이다. 한국여성의 이러한 주체성은 스스로 교육받기를 원해 주동적으로 학교 설립을 요구했던 태화여학교생도에게도 면면히 흐르고 있었다. 여성 교육운동에 앞장섰던 여성 선각자들은 국채보상운동 등 여러 사회운동에도 앞장섰다. 박용옥의 여성사 관련 첫 논문도 '국채보상운동에의 여성참여'(1968)였다. "국권을 수호하려는 민족적 각성에 기초해 일어난 국채보상

---

237 '召史(소사)'로 적히는 이두식 한자 '조이'는 양민의 아내나 과부를 이르는 말로, 여자는 제대로 된 이름이 없던 시절임을 보여주기도 한다. 이소사, 김소사는 찬양회 회장을 맡았던 이양성당과 부회장 김양현당을 일컫는 것으로 보인다.

왼쪽은 1898년 9월 8일자 황성신문에 실린 '여학교 설시통문'. 오른쪽은 서재필이 발간한 독립신문 1898년 9월 9일자에 실린 '여학교 설시통문'. 이 날 이후 수일에 걸쳐 여학교 설치를 지지하는 기사를 내보낸다.

운동에 처음부터 부녀들이 자발적으로 참여할 수 있었던 것은 남녀 동권의식의 성장 때문이었다"고 파악했고, 사학계뿐 아니라 사회학계에도 커다란 반향을 불러일으켰다. 박용옥은 "국채보상운동은 남성이 독점했던 정치에 여성들이 자발적으로 참여한 운동"이라며 이를 '한국 최초의 근대적 여성운동'이라고 평가했다.[238] 이러한 의미부여가 여러 후속연구들의 토대가 됐음은 물론이다. 1907년 1월 대구에서 발단, 일본 차관 1300만원을 갚아 주권을 회복하고자한 국채보상운동이 전국적으로 확산, 거대 민중운동이 될 수 있었던 것은 역시 부녀자들의 자주적이고 주도적 참여였다.

---

[238] 국채보상운동 기록물은 유네스코세계기록유산으로 등재됐다. '동아시아 최초의 근대적 여성주체운동'이며 전세계적 국채보상운동의 효시로 보는 시각도 있다. 2011년 대구에 국채보상운동기념관이 국채보상운동기념공원 안에 들어섰다. 앞서 2006년에는 국채보상운동 여성기념비도 제막됐다.

여성들이 1890년대 전근대적 가부장제에서 벗어나 목소리를 내고 모으
는 데는 당시 발간되기 시작한 한국최초 근대 신문들의 대중적 영향력이
중추적 역할을 했다. 1896년 한국최초의 신문 독립신문, 1898년 한국최초
일간지 매일신문, 최초의 순한글신문인 제국신문, 황성신문 등이 각각 창
간되면서 반상차별, 남녀차별을 비판하는 계몽의식을 전파했다. 특히 제국
신문은 사장 이종일[239]이 '부녀자 계몽지'를 염두에 두고 개간했는데, 국한
문혼용으로 발행된 황성신문과 달리 국문만을 사용했다. 여성을 국가발전
에 유용한 잠재적 자원으로 인식해 주요 독자층으로 상정했기 때문이다.
당시 사람들은 제국신문과 황성신문을 각각 '암신문'과 '숫신문'으로 불렀
다고 한다.[240] 이 신문들에는 여성들의 독자투고가 꾸준히 실리며 여성의
공적 발화의 직접적 통로가 됐다. 누구나 교육을 받는다면 평등한 권리를
누릴 수 있다는 담론이 형성되며 여성교육이 중요한 사업으로 제시됐다.
여학교를 세우는 것을 여권신장운동으로 이해하고 중요한 정치적 활동에
도 적극적으로 참여했다. 하지만 여성의 사회활동에 대한 남성들의 견제와
훼방이 지속되고[241], 여성들만의 힘으로 여학교를 운영하는 것이 힘들었기

---

239 조선말 문신 출신으로 민족대표 33인중 1인인 이종일(1858~1925)은 서재필, 윤치호, 주시경 등과
함께 독립신문 창간에 참여하고 필진의 한 사람이 됐다. 이승만 등과 제국신문을 창간해 1910년
까지 사장을 지냈고, 여러 언론기관에 참여했다. 보성학교 교장을 맡는 등 교육인으로 활동하고
인쇄소 보성사 사장을 맡기도 했다. 당시 독립선언서 3만5000장을 극비리에 인쇄, 배포해 예정
대로 3·1운동이 진행될 수 있었다. 2년6개월 복역 후에는 조선국문연구회장으로 한글 맞춤법을
연구하는 한편 '한국독립비사'를 집필했으나 일경에 압수됐다.

240 이경하 '대한제국 여인들의 신문 읽기와 독자 투고', '되살아나는 여성', 도서출판 여이연 2019

241 대표적인 것이 황국협회 쪽 보부상단의 수장인 홍종우 등이 이화학당, 정동교회의 여학생들과 여
성교인들에게 협박 편지를 보낸 사건이다. 1898년 11월22일 독립협회와 어용단체인 황국협회가
충돌하면서 독립협회 회원인 김덕구가 사망하자 김덕구의 장례는 만민장으로 치러졌는데, 찬양
회의 부인회원 120여 명과 정동교회 및 이화학당의 여성 다수가 제문을 짓고 찬미가를 부르는 등
주도적으로 참가했다. 이와 관련 제국신문 1898년 12월9일자에 "역적 김덕구 죽은데 계집들이
모여가서 찬양하는 것이 도리가 아니라 일향 그러하면 너희를 다 함몰하리라"는 협박 편지내용
이 공개됐다

에 재정난으로 문을 닫는 여학교가 계속 등장했다. 여성 주도의 여권운동은 침체기를 맞았으나 국채보상운동으로 다시 활성화되는 계기가 됐다. 여성들은 단순히 개인적으로 돈을 의연하는 수준에 머물지 않고 부인회를 조직하고 취지서를 발표하면서, 남성과 동등하게 되겠다는 목적을 달성하기 위해 '국민'이라는 호명에 적극적으로 응답했다. 경영난을 겪은 제국신문을 새로 인수한 정운복이 친일성향이었기에 많은 여성독자들이 1907년 5월 순한글판을 발행하기 시작한 대한매일신보로 이동했다.[242] 대한매일신보는 국채보상운동 확산의 중심이 되면서 당대 신문들과 함께 '프레스 캠페인'의 기원으로 기록됐다.

한국여성의 자생적 근대화 조명

　1장에 언급했던 것처럼 박용옥 연구의 요체는 "우리나라 여성운동은 항일민족독립운동 추진과정 속에서 발전했다"는 것이다. 여성독립운동가를 발굴하고 기록하는 것이 곧 한국여성운동의 역사를 되살리는 일이 됐다. 반세기 동안 그가 낸 여러 저서 중 '한국여성항일운동사연구'(1996), '한국여성근대화의 역사적 맥락'(2001), '김마리아-나는 대한의 독립과 결혼하였다'(2003) 등은 지금껏 출간되는 스테디셀러다. 그의 연구는 페미니즘 시각으로 전통적·유교적 여성관을 재조명하고, 동학의 남녀평등사상을 부각하는 등 한국여성운동의 자생적 뿌리를 찾아가는 것으로 확장됐다. 2001년 정년퇴임기념 '박용옥 교수 정년퇴임기념 논총 봉정식'에 제출된 후학들의

242　주형일 '대구에서 발원한 국채보상운동의 사회문화적 전개양상과 함의', 2019

논문을 엮은 책이 국학자료원에서 나온 '여성; 역사와 현재'다. 1984년 한
국여성학회 발기인으로 4대회장을 역임한 박용옥은 지나치게 이화 중심으
로 편중돼있던 한국근대여성사에 다른 관점을 부여한 학자이기도 하다. 이
화가 국내 최대의 명문여대로 수많은 여성인물을 배출해낸 진취적 여성교
육의 요람임은 분명하지만, 배타적 학벌주의적 독식은 여성계에서도 배제
돼야할 일이다. 박용옥은 성신여대 대학원에 여성학협동과정을 개설하고
부설 한국여성연구소를 만들었다. 그 스스로 여자이기도 하지만 여자대학
이라는 학문적 토대가 그의 지속적 여성사 연구를 가능하게 했다고 본다.
국내 최초로 여성학을 도입한 곳으로 알려진 YWCA에서 꾸준히 여성사 강
의[243]를 맡는 등의 활동으로 2012년 한국YWCA90주년에 봉사상 등을 수
상하기도 했다. 근대한국여성운동의 발생 시기를 끌어올리며, 다양한 학문
적 백그라운드로 근대여성사에 절대적 균형감각을 심었다.

　박용옥은 뛰어난 통찰력으로 획기적 여성사 연구결과를 내놓아 자주 언
론에 보도돼온 스타학자이기도 하다. 그가 언론의 주목을 받기 시작한 것
은 국사편찬위원회 연구관으로 재직하던 1970년 3월 한국사연구회 월례강
연회에서 '한말에 있어서의 여성운동'을 발표하면서 부터다. 3월27일자 동
아일보에는 이 발표문이 '한말 여성운동은 양반중심, 토색항거·국채보상
등 단체활동 활발' 제하로 요약보도됐다. 한국의 여성운동이 이미 1890년
대에 활발했음을 증명해 "한국 한말의 여성운동의 전통사회의 지도층이었
던 양반 또는 전관의 부인네들을 중심으로 일어났던 사실을 보아 전통사

243　박용옥의 강의가 보도된 가장 앞선 기사는 1976년 8월16일자 매일경제. '대학YWCA여름캠프서
　　　수도여사대 박용옥 교수 강연, 한국여성사를 통한 공동체의식의 발견, 삼국시대부터 자기직분 다
　　　해' 제하의 기사를 찾아볼 수 있다.

왼쪽은 1971년 5월 15일자 경향신문에 실린 박용옥의 사진.
오른쪽은 2002년 10월 17일자 조선일보에 실린 박용옥의 사진. 손에 들고 있는 것은 독립운동가 김마리아의 미 파크대학 졸업사진이다.

회에서의 여성의 지위는 종래의 연구가 보여준 만큼 낮은 것은 아니었다"고 논증했다. "△1894년 동학혁명 때 동학군수령에 여성이 있었으며, 서울을 중심한 도시에선 여성교육을 목적으로 하는 운동이 여성을 중심으로 일어나고 있었고 △1897년 김양현당에 의해 정선여학교가, 1898년 양반계층 부녀들에 의해 양성원(일명 찬양회)이라는 여성단체가 설립되고 △1907년 대구에서 왜채를 대한인의 손으로 갚자는 국채보상운동이 일어났을 때 중요 도시는 물론 농촌 곳곳에 이 운동에 참여키 위한 여성단체가 설립되지 않은 곳이 없었다"는 것들이 그 근거다.

1971년에는 우리나라 여성개화 기점 관한 최초의 논문 '여성개화서설'을 써 주목받았다. 경향신문 5월 15일자는 '이화개교가 여성개화기점 아니다'는 제하로 박용옥의 인터뷰를 실었다. "여성개화의 기점을 박영효의 ①

남녀6세이상취학 ②취첩금지 ③과부의 개가허용 등을 주장한 상소에 두고 있다"는 새로운 주장을 내놓았다. "무엇보다 여성학대 금지, 교육균등 시행, 과부재가인허, 남자의 취첩금령을 국왕에게 호소한 박영효의 사상이 우리나라 여성개화의 수용과정에서 높이 평가돼야한다"는 것이다. "근대화엔 주체적인 의식이 작용되어야한다는 관점에서 1886년 미국선교사 스크랜튼에 의한 이화학당의 개교가 여성개화의 기점이 될수는 없다"며 "이화학당의 설립은 기독교선교의 목적의 일환으로 십자가의 도를 전하는 전도사로 양성하는데 있어 과목도 1893년까지는 성경밖에 없었기 때문에 선구자적인 사명감이나 또는 전 여성을 개화의 길로 이끌어나갈 지도력을 거의 기대할 수 없었다"고 주장한다. 그러면서 "한국여성의 개화가 싹트기 시작한 것은 17,18세기의 유교적인 사회질서를 부정 또는 개혁하려는 천주교와 동학의 배경이 촉진제역할을 했다"며 그 예로 "사족의 부인 강완숙이 남편과 자식을 버리고 천주신앙의 길을 택해 전도활동을 한 사실과 동학란의 봉기에서 여자수령 이소사의 등장" 등을 들었다.

  5월22일자 중앙일보도 '소급되는 한국 여성 개화기' 타이틀로 박용옥의 논문을 요약해 실었다. "한국 여성 개화의 기점을 어디에 두느냐, 또는 둘 수 있느냐 하는 문제는 한국 여성사의 체계를 정립하는데 있어서 무엇보다도 먼저 선행되어야 할 과제이다. 17~18세기 이후 19세기말까지 여성 사회는 끊임없이 변화 발전하고 있었음을 사료를 통하여 찾아 볼 수 있었으며 또한 그 변화 발전이 한결같이 개화를 향하고 있는 성질들의 것으로 분석할 수 있다. 17세기 천주교 전파를 기점으로 유교철학에 비판이 시작됐으며 천주교 여신도들의 활동은 유교적인 질서의 해체를 의미하며 18세기로부터 여성의 개화성이 보이고 있었다. 여성 개화성은 천주교 울타리 밖에서도 과부개가금지의 비판시정 의식이 싹트고, 깊은 학문경지로 문집을 남긴 부녀들도 적지 않고 자유결혼을 주장하는 여인도 나타났다. 19세기 동학의 교리도 도의 초보를 가도화순家道和順에 두고 있어 부녀에 대한 인간적인 대우와 인격적인 존중을 교리로 가르치고 있어 여성의 개화성을 찾아볼 수 있다. 부녀 소아에 대한 한울님으로서의 존중관은 1894년 동학 구도의 봉기에서 22세의 젊은여자 수령과 14세의 소년 수령을 냈던 것으로 생각된다. 1876년 일본과의 병자수호조약은 국민생활과 국가사회전반에 걸쳐 점차 중대한 변화를 가져왔었고, 한국여성의 개화문제가 구체적으로 다루어진 것은 갑신정변의 주동자로 일본에 망명하고있던 박영효가 1888년 1월13일부로 상소한 '개화상소'가 처음이라고 할 수 있다. '근대화가 주체적인 의식이 작용'해야한다면 박영효의 개화상소가 개화기 여성개화의 모태가 돼야한다"고 정리한다.

식민사학 벗어난 주체적 여성사관

1970년대 박용옥은 식민사관에서 벗어난 '국사 바로잡기' 주역 중 한명이기도 하다. 국사편찬위원회가 일제식민사관으로 왜곡된 한국사 정립을 위해 간행한 25권의 '한국사' 집필에 참여한다. 해방이후 한국사 연구성과를 집대성, 주체성에 입각한 내재적 발전을 부각시켜 한국사에 대한 인식전환을 노렸다. 박용옥은 이같은 민족사관을 여성사 연구에도 적용했다. 1980년 11월에는 '증산의 남녀평등사상'을 발표해 언론의 주목을 받았다. 11월17일자 동아일보에 보도된 내용을 요약하면 다음과 같다. "박용옥 교수는 구한말 사상가 증산 강일순(1871~1909)의 남녀평등사상이 '해원적 인

존사상'에 바탕을 두고 있다고 했다. '해원'이란 원한을 풀어주는 것으로
'몇천년동안 깊이 갇혀있어 남자의 노리개와 심부름꾼에 지나지 못했던 여
자의 원을 풀어 정음정양正陰正陽으로 화化하게한다'는 것이다. 정음정양론
의 실천적 근거로 일부일처제, 과부재혼, 자매혼 중시라는 3원칙을 제시했
다. 박교수는 종래 다처 질서유지를 위해 여성억압적 사회제도가 뿌리박
고 있었으나 우주에는 일음일양만이 정도의 원리라고 주장했다. 또 '열녀
의 불경이부'가 여성억압적인 유교질서의 탓이라며 후천선경사회의 건설
을 위해 자연질서의 순리대로 과부개가가 허용돼야한다고 했다. '자매'는
타인을 통한 중매와 반대되는 개념으로 부모가 짝지어준 인연적 혼인은 개
가할 수도 있으나 혼인당사자의 의견으로 결정된 혼인은 천연으로 죽더라
도 개가할 수 없다고 했다. 박 교수는 증산의 가정과 부부관에 대해 '가도
화순', '부부화합' 등으로 여성억압이 아닌 여성존중의 질서에서 출발하고
있는 점이 주목된다고 말했다."

　1984년 박사학위논문을 바탕으로 '한국근대여성운동사 연구'를 출판,
한국근대여성운동이 자생적으로 발전했다는 논지를 펼쳐 다시금 화제를
불러일으켰다. 5월16일자 경향신문 인터뷰에서 "유교의 여성관 부정은 식
민사관"이라는 점을 분명히 했다. "18세기 이후 여성들의 개인적 지적활
동이 1905년과 1910년 사이 서울 반가집여성들을 주축으로 200여개 이상
의 여성교육기관으로 필연적 발전하고, 축첩폐지, 과부의 재가 등을 거론
한 휴머니스트적 남성들의 여권옹호 등은 유교생활의 규범에서 저력을 갖
고 일어난 자생적 근대화의 예"라며 "근대사회의 가장 큰 특징인 남녀동등
을 위한 성차별폐지, 신분폐지의 사회적 자의식과 함께 조선조의 중세적
체질을 벗어나려는 사회구조의 큰 흐름에 같이 실려온 사적발전이기도 하

다"고 했다. 기사는 "15년에 걸쳐 곳곳에 소장된 자료와 선비들이 남긴 각
종 문집 안에 실린 여성들에 대한 기록을 보아온 결론이 실학과 천주교·동
학의 새로운 개념범위 안에 포함된 여성들의 자의식, 지적활동과 경제활동
에 대한 새로운 인식이었다"는 박용옥의 말을 전하고 있다. 그러면서 "근
대 이전의 조선조 여성은 무조건 유교사회논리에 따라 노예처럼 낮은 지위
에 있었다고 단언한 비학문적 고찰이나 역사적 자료의 소화없이는 도외시
되기 쉬운 내재적 근대화의 배경을 모르고 기독교의 영향만을 너무 외곬으
로 강조한 일련의 연구과정들을 지양한 것이라 평가된다"고 간파했다.

　　한국여성독립운동사 연구의 중추로 활약해온 박용옥의 업적은 1995년 8
월16일자 중앙일보 '여성의 독립운동 재평가작업 미흡'이라는 기사에 확
고하게 드러난다. 이 기사는 광복50주년을 맞아 '여성적 역사쓰기'의 부진
을 지적하며, 기존 출판된 책으로 3·1여성동지회가 1980년 펴낸 '한국여성
독립운동사'와 박용옥 교수가 1990년 저술한 '한국여성운동'을 대표로 꼽
았다. 박용옥은 이 때 이미 "여성들의 독립운동은 남성들 뒤에서 보이지 않
게 뒷바라지 한 것을 비롯, 위험한 무장투쟁까지 매우 다양했다"고 분석했
다. 이 기사는 3·1여성동지회가 정부의 재정적 지원없이 여성독립운동에
관한 학술강연회와 저술작업 등을 해왔다고 지적한다. 당시 3·1여성동지
회장이었던 김정애는 "독립유공자로 선정되는 과정에서도 여성들이 했던
활동을 그 가치를 제대로 인정받지 못하고 있다"며 "독립운동가의 아내로,
또 그 딸로서 해온 활동을 당시의 상황을 고려해볼 때 가장의 활약에 못지
않게 평가받아야한다"고 주장했다.[244] 3·1독립운동에 직접 참가했던 여성

---

[244] 여성의 독립운동 재평가작업 미흡, 중앙일보 1995년 8월16일

독립운동가들이 중심이 돼 1967년에 창립된 3·1여성동지회에서 박용옥은
21대 회장을 맡았으며, '한국여성독립운동사' 등 이곳에서 발간된 출판물
의 주요 저자로 암약해온 것은 물론이다. 독립기념관 한국독립운동사연구
소가 총 60권으로 펴낸 '한국독립운동의 역사' 시리즈 제31권 '여성운동',
2016년 여성독립운동사발간위원회의 일원으로 국가기록원에서 발간한 '여
성독립운동사 자료총서-3·1운동 편'에도 주동적으로 참여하는 등 여성독
립운동사를 논할 때 박용옥은 절대 빠질 수 없는 이름이다.

　2001년 성신여대에서 퇴직한 후에도 박용옥은 현역 못지않은 활발한
활동을 이어가고 있다. 2003~2009년 한국양성평등교육진흥원 이사장,
2006~2010년 3·1여성동지회장을 맡았고, 2001년 녹조근정훈장, 2016년
국민포장을 받았다. 꾸준한 연구로 2007년 제18회 위암 장지연상(한국학 부
문)도 수상했다. 김마리아 선양에도 학술적 근거를 제공하고 있는 대표적
학자다. 2002년 10월17일자 조선일보 '〔사람들〕박용옥 교수, 한국여성사 연
구 반평생' 기사는 "박씨는 지난해 강단에서 정년퇴임한 후에 오히려 그
열정을 더해가고 있는 여성사학의 개척자"라고 명명했다. '탄신 110주년
기념, 김마리아의 생애와 항일독립운동 조명'이란 주제로 학술대회를 열며
인터뷰에 응한 박용옥은 "독립운동사에서 유관순 열사 못지않은 인물인
김마리아가 대중에게 널리 알려져 있지 않고 존경받지 못해 안타깝다. 역
사에서 단지 여성이란 이유로 그 비중이 절감된 인물들이 상당히 많다"고
말했다. 기사는 "'인간 상록수'로 불리는 최용신을 비롯해 송죽결사대 지
도자 황에스더, 만주벌판의 투사 남자현, 민족교육에 재산을 바친 평양 거
부 백선행 등 여성인물들을 찾아내 그들의 생애와 업적을 알려나간 것"과
"조선시대여성사, 한국근대여성사, 한국여성항일운동사연구 등의 책으로

여성사 연구에 귀중한 자료가 되고 있는 것" 등을 그의 업적으로 들었다. "특히 미궁에 있던 김마리아의 미국 망명생활에 관한 자료를 수집하면서 벅찬 기쁨을 맛봤다"는 박용옥의 말을 옮겼다.

　박용옥은 자신의 학문적 후계자가 뚜렷하지 못한 것에 대해 "너무 힘든 길이기 때문"이라고 말했다. 여성사 연구에 대한 학계와 사회의 인정, 무엇보다 지속적으로 참여할 수 있는 연구기관과 사업 등에 지원이 있어야 연구인력이 양성, 유지될 수 있는데 그렇지 못한 것이 현실이다. 박용옥의 직계제자로 독립운동가 발굴에 뚜렷한 공을 세운 이로는 국가보훈처 공훈발굴과 김정아 전 연구관(2021년까지 근무)이 대표적이다. 2009년 행정안전부가 뽑은 '대한민국 최고기록 공무원' 94명 중 첫 타자로 여러 언론매체에 보도되기도 했다. 성신여대 사학과를 졸업하고 대학원에 재학중이던 1989년 국가보훈처 공훈심사과에서 독립운동사료를 분석하는 일로 시작해 1992년 정식 채용됐다. '기네스 공무원'이 된 것은 2006~2009년 국가보훈처가 발굴한 전체 독립유공자 1304명의 절반을 웃도는 679명을 찾아낸 공을 인정받은 덕분이다. 2012년 8월15일 KTV에 '탐정 공무원', '발굴의 달인'으로 방송을 타기도 했다. 2018년 수행된 '여성독립운동가 발굴 및 포상 확대방안 연구용역'의 국가보훈처 담당자로, 앞서 2015년 2월25일 광복·분단70주년기념대토론회 '통일의 길, 한국여성독립운동에서 찾다'에서 '잊혀진 여성독립운동가의 현황과 발굴, 선양방안'을 발표하는 등의 활동으로 그 근거를 마련해왔다.

북유럽 설립 국립의료원간호대 승계

2000년대 들어 성신여대는 학과 신설·개편을 통해 한 단계 더 도약하는 진용을 갖춘다. 2006년 사회복지학과가 개설되고, 2007년 국립의료원간호대학을 인수해 간호학과가 생기게 됐다. 결국 돌고 돌아 태화가 가졌던 여성 위주 활동기능이 성신으로 회귀한 셈이다. 필자의 발견으로 성신의 근원이 태화여자관이라는 것을 뒤늦게 알게 된 성신여대생들의 놀라움은 컸다. 사회복지학과 16학번 A는 "전공과목 수강시 태화복지재단이 우리나라 최초의 사회복지시설이란 것을 배우긴 했는데 성신과의 연관성을 알지 못했다. 진작 알았으면 더욱 더 자부심을 가지고 공부했을텐데 너무 아쉽다"고 말했다. 과내 학술제에서 이에 대한 발표를 한 간호학과 16학번 B는 "태화여자관은 모든 간호학, 특히 지역사회간호학에서 큰 의미를 갖는다. 이는 한국최초의 모자보건사업과 연관되기 때문"이라며 자랑스러움을 표했다. 간호사는 약사, 영양사와 함께 여성이 주도적으로 이끌어온 3대 전문

직업군이라 할 수 있다. 후술할 '국립의료원 파업사태'처럼 일하는 여성이
제대로 인정과 대접을 받지 못하는 시대를 뚫고 강인하게 지켜온 여성 직
업의 역사를 연결하는데 성신이 매개가 된 셈이다. 2장에 썼듯이 박용옥이
참여한 '간호사의 항일구국운동: 시대의 아픔을 함께한 근대의 간호사, 그
들의 애국정신과 독립운동'(2012)은 항일여성독립투사로서 이들을 조명하
고 있다. 2021년 발간된 '독립운동가 간호사 74인'(강영심 저)은 1920년 대한
민국애국부인회사건으로 체포된 80명중 41명이 간호사라는 사실 등을 밝
혀내기도 했다.

　국립의료원간호대학 인수는 사립대학이 국립대학을 합병한 최초의 사례
로, 의료 인력과 기술 뿐 아니라 정신, 학풍을 모두 인계했다는 점에 더 큰
의의가 있다. 동창회까지 성신여대 총동창회로 편입되면서 그 역사가 모두
성신에 흡수됐다. 대학사에는 근현대사의 편린들이 속속들이 담겨있고, 기
리고 연구해야할 사적史的 영역이 더욱 확장됐다. 또 이를 바탕으로 성신여
대는 2010년 글로벌의과학과를 출범, 국제의과대학인 AUAAmerican University
of Antigua College of Medicine 와의 양해각서MOU를 통해 AUA 본과 과정에 무시
험 연계 진학해 미국의사가 될 수 있는 교육과정을 국내 최초로 시작했다.
간호대학과 글로벌의과학과 등은 2011년 1월 완공된 미아운정그린캠퍼스
에 위치해있다. 성신여대는 1940년대 설립자 이숙종이 매입한 돈암수정캠
퍼스 외 서울시내에 제2캠퍼스를 둔 국내 유일의 대학이 됐다. 여기에는
국내 최대 교내의료실습센터인 SWANS센터 Sungshin Woonjung Advanced Nursing
Simulation Center가 갖춰져 있다. 국립중앙의료원NMC **245**은 지금도 이 센터에

245　서울특별시 중구 을지로245(을지로6가 18-79)에 있는 보건복지부 산하 국립종합병원인 국립의료
　　　원은 2009년 3월2일 '국립중앙의료원의 설립 및 운영에 관한 법률'이 국회 본회의에서 통과되고

물품을 공급하고, 학생 실습을 받고 있다. 나이팅게일선서식에도 NMC 원
장과 수간호사들이 참석하는 등 긴밀한 관계를 이어가고 있다.

 북유럽의 선진복지, 라이프스타일, 디자인 등이 최근 들어 크게 각광받
고 있는데, 우리나라에는 이미 한국전쟁시 UN군 의료지원군으로 참여하
며 의료계에 큰 영향을 끼치기 시작했다. 1950년 덴마크정부는 1934년 건
조된 대형선박 유틀란디아호를 대여해 병원선으로 개조했고, 1951년 3월
10일 부산항에서 임무를 시작했다. 부상당한 군인들 뿐 아니라 약2만 명
정도 추산되는 한국 민간인들도 치료해줬고, 버려진 고아들을 구조해 보살
펴주기도 했다. 간호원[246] 42명 모집에 무려 4000여명이 응모했다는 에피
소드가 전해지는데, 북유럽 여성들의 진취적이고 도전적 기상을 엿볼 수
있다. 2020년 메디컬TV에서 6·25 70주년 특집으로 방영한 다큐멘터리 '유
틀란디아호의 항해'에는 이들 여성 간호사들의 활약이 잘 담겨있다. 스웨
덴은 야전병원(서전병원), 노르웨이는 이동외과병원으로 참전했다. 전쟁 후
에도 스칸디나비아3국은 한국정부의 요청으로 국제연합한국재건단UNKRA
과 협력해 1958년 11월28일 서울에 국립의료원을 개원하게 된다. 병원선
시절부터 한국에 의료기술과 시스템을 전파하는 실질적 '교육병원' 역할
을 이어왔다. 개원 당시 아시아에서 가장 훌륭한 장비와 현대식 설비를 갖
춘 최대병상 병원이었다.(당대 신문에서는 영어명인 '메디컬센터'라는 일반명사로 지

4월1일 공포되면서, 2010년 4월2일부터 특수법인 '국립중앙의료원(NMC)'으로 확대개편됐다.
앞서 1958년 10월2일 설치될 때는 '중앙의료원'으로 불렸고, 1960년 8월12일 '국립의료원'으로
개칭했다.

246 간호원을 간호사로 바꾸는 문제는 1970년대부터 논의가 있었고, 1987년 간호원과 조산원의 명
칭을 간호사와 조산사로 바꾸는 의료법 개정이 통과되며 간호사가 정식 호칭으로 정해졌다. 앞서
일제강점기에는 일본식 호칭인 간호부, 산파로 불리다가 해방이후 1951년 국민의료령이 제정되
며 간호원, 조산원으로 바뀌었다.

조선일보 1953년 1월25일자에
보도된 덴마크 병원선 유틀란디
아호의 사진.

칭, 지속 보도된다) 전쟁으로 상처받은 국민들에게 커다란 위안과 희망을 주
고, 서구의 선진기술과 문화를 도입해 우리나라 의학 및 문화 발전에 커다
란 교량적 구실을 했다는 평가를 받는다. 국립의료원간호대학은 병원 설립
후 연이어 생기며 발걸음을 함께했다.

　1958년 6월27일 대한민국과 스칸디나비아 3개국의 원조 및 협정으로 국
립의료원 부설 간호학교를 설립, 보건사회부 소속 하에 관리운영하기로 하
고 1959년 7월6일 개교했다. 당시 국내에는 48개 간호학교가 있었는데 국
립의료원간호학교는 몇 개 안 되는 고교졸업자 대상 학교였고 수준높은 교
육을 무료로 실시한다는 점에서 그 인기가 대단했다. 스칸디나비아 간호감
독이 교육을 총괄했고 신입생 정원 30~35명으로 소수정예교육을 했다. 전
원 국비장학생에 숙소까지 제공해 서울시내 우수한 여고 우등생들이 한 해
180~300명씩 몰리고는 했다고 한다. 졸업생은 졸업 후 거의 본원에 취직

돼 3년간의 의무근무가 부과됐고, 간호원들의 인서비스 트레이닝을 위해 졸업후과정이 마련돼 자질향상을 꾀했다. 이러한 교육 및 훈련이 한국의 학발전에 기여한 것은 당연했다. 1977년 9월1일 국립의료원간호전문학교, 1979년 1월1일 국립의료원간호전문대학으로 개편했으며, 1999년 3월1일 국립의료원간호대학으로 명칭을 변경하고 국내 유일의 국립단과대학으로 운영됐다. 2006년 학습환경 개선과 4년제 승격을 위해 폐지되고, 성신여대 간호대학으로 승계됐다.[247] 개교초기에는 의료원 부원장이 교장을 겸임했는데 부원장제도가 폐지되며 원장이 겸임하게 됐다. 전신에서 교수를 맡았던 이들은 물론 제1대 교장을 맡았던 장철부터 제12대 학장[248]을 겸임했던 주양자(전 보건복지부 장관)까지, 이들 부원장, 원장들과 학생 지도를 한 의사, 간호사들도 오늘의 성신여대 간호대를 만든 교육자로 추대돼야할 것이다.

1977년 간호전문학교로 개편되며 교감제도가 폐지될 때까지는 의료원 간호과장이 교감을 겸임했다. 미국에서 수학한 유순한(1912~2003)은 1962~1970년 재임하며 교감직도 맡았는데, 유한양행 창업자인 유일한(1895~1971) 박사의 여동생이다. 유순한은 미국식 병원행정에 익숙했기에 의사에게 고분고분해야 했던 당시 분위기로는 병원장을 비롯한 고위직과의 관계가 원만하지 않았다. 국립의료원에 임명받아서 8년간 근무하다가 병원장이 간호과장을 다루기가 쉽지 않았을 즈음에 국립보건원 훈련부 보건간호담당관으로 발령받게 되는데, 이 때문에 국립의료원 간호사들이 파업을 결의했다. 유순한이 나서 간호사들을 설득해 진정시켰는데, '간호계

---

247 '질병치료 50년 국민건강 100년: 국립의료원 50주년: 1958-2008' 국립의료원, 2008

248 1978년 12월20일 문교부가 4개 초급대학과 111개 전문학교를 모두 전문대학으로 개편인가했다. 1979년 전문대학이 되면서 교장이 학장 직위로 바뀐다.

에서는 처음 있었던 일이다'[249]고 기억될 정도로(실제 국내 최초 간호사파업은 정종명이 세브란스병원에서 주도한 것으로 알려져 있다) 크나큰 파장을 몰고 온 만큼 당대 신문들도 떠들썩하게 이를 보도했다. 1970년 10월8일자 조선일보에는 '그러나 끝나지 않았다, 제2의 간호원파업 수습은 되었지만' 제하로 보사부(현 보건복지부)와 국립의료원장의 1차적 책임을 묻는 기사가 실린다. "첫번째 파업의 동기는 처우개선을 요구하기 위한 것이었고, 두 번째 파업은 첫 번째 파업에 대한 보복인사의 인상이 짙은 유순한(58) 간호과장의 전보발령을 철회하라는 것이었다. …그들에 대한 근본적인 처우개선이 없이는 이번 같은 사태는 또다시 일어날 소지는 얼마든지 남아있다고 봐야할 것 같다. … 이와 같은 낮은 봉급에다 간호원들의 평소 불만의 싹이 되고 있는 것은 의사들과의 원만치 못한 관계를 들 수 있다. 간호협회에 의하면 '대부분 의사들은 일제때 나쁜 유습이 남아서 간호원들을 예속물처럼 취급하는' 경향이 있다는 것이다. 이같은 경제적 현실과 눈에 보이지 않는 불만 등 비교적 복잡하게 얽힌 간호원 파업을 수습하려는 보사부의 태도는 너무나 안일하고 고식적인 것이었다." 기자는 특히 "김태동 장관이 앰뷸런스 인수식에 참석하기 위해 국립의료원에 2~3시간동안 가있었으면서도 안병훈 의료부장만 만나고 간호원들은 한사람도 만나지 않은 것"을 지적하며 위압적인 태도를 비판한다.

　한편 유일한 부부는 태화여자관과도 인연이 있는데 1927년 3월27일자 동아일보는 유일한이 중국부인(중국계 미국인 소아과의사 호미리)과 함께 태화여학교 교장자택에 유숙한다고 보도한다. 유일한씨와 메리부인이라며 부부

249　"코로나 극복 중심병원은 북유럽 3국의 선물" [유승흠의 대한민국의료실록] ⑦국립중앙의료원의 출범, 코메디닷컴 2020년 3월3일

왼쪽은 1973년 6월3일자 조선일보에 실린 유순한의 사진. 기사는 그를 의료업계의 '간호 사단장'으로 칭했다. 1970년 유순한 간호과장의 전보발령 취소를 요구하며 국립의료원 간호사들이 파업을 벌였을 만큼 후배들의 전폭적인 신뢰를 얻었다.

오른쪽은 1927년 3월27일자 동아일보에 실린 유한양행 창업주 유일한 박사와 중국계 미국인 부인 호미리(메리)의 사진. 기사에는 "시내 인사동 태화녀학교 교장 자택에 류숙"한다고 돼있는데, 당시 관장인 마이어스와 그의 숙소인 태화관을 이르는 것일 테다. 유일한은 감리교회의 도움으로 미국 유학을 마쳤고, 이런 인연으로 소아과 의사인 부인 호미리도 태화여자관에서 강연을 하는 등 관계를 이어갔다. 국립의료원 4대 한국인 간호과장 유순한이 유일한의 막내여동생이었다.

의 사진까지 실은 기사는 9세 때 미국으로 건너가 고학한 유일한이 "근소한 자본으로 미국에서 대성공"했다고 썼다. 같은 해 11월24일자는 유일한이 '유한양행'이라는 상호로 무역상을 경영하고 부인은 소아과·부인과 병원을 개설했다며 "부인의 부친이 조선과는 특별히 친해서 지난 삼일운동 때 물질상 정신상 만흔 보조를 하였다는 사실만을 이에 긔록하여 두거니와"라 전하고 있다. 1928년 9월14일자 동보는 "금14일 오후2시에 태화여자관내에서 유일한씨 부인을 초빙하야 영아건강에 대한 강연이 잇스리라는데"라며 '영아위생강습회' 예고기사를 내기도 한다. 유일한 회장은 1971년 전재산을 유한재단에 헌납해 '사회환원 정신'으로 유명한데, 딸 유재라가 1991년 200억원 상당의 재산을 기증한데 이어 유순한도 1995년 10억원 상당에 보유주식을 모두 유한재단에 기증했다. 평생을 간호계에 헌신한 유순한은 1967년 국제적십자사에서 주는 플로렌스나이팅게일기장을 받았고, 1972년 정부로부터 대한민국 녹조훈장을 받았다. 청십자운동을 이끌었던 의사 장기려와의 친분을 계기로 1975년 부산으로 이전, 유순한장학회를 만드는 등 타계시까지 활발한 사회사업활동을 이어갔다.

태화, NMC, 성신으로 이어진 간호 역사

1989년 발간된 '국립의료원 간호전문대학 30년사'는 초창기 이 대학 교수였던 한윤복과 동문, 재학생들의 '회고좌담회'로 시작된다. 한윤복은 "설립과정에서 의사3, 간호사3명(방숙자, 한윤복, 김순자)이 스칸디나비아 3개국에 파견돼 의료시설을 견학하고 여러 가지 간호기술을 연수해 이를 직접 수용해 NMC에 수용했다"며 "초창기에는 학교장(정철 병원부원장), 간호과장(살로메 한), 미스 보이스타드를 비롯해 헬스사이언스의 교양과목은 국내외 정상급 교수들이 직접 가르쳤고 메디컬사이언스는 각과 과장님들이 강의했다. 대부분이 외국분들(미스 로렌, 미세스 라운센, 미스 앙드레, 미스 보이스타드, 부르먼, 아겔레임 등)이 영어로 수업했다"고 전했다. 1회 졸업생 차인자는 "영어로 수업을 받았으므로 거의 공부만 해야하는 상황이었다. 도서관에는 의사들보다는 학생들이 더 많이 공부했을 정도다. 그렇게 공부를 한 덕분에 졸업후 얼마 안돼 미국에 갔을 때도 전혀 두렵지 않았다. 3년간의 영어수업으로 인해 귀가 뚫렸을 뿐 아니라 스칸디나비아인들의 의료를 직접 수용해 배웠으므로 미국 근무시 어려운 것 없이 일할 수 있었다"고 회상했다. 또 "초창기 졸업생 대부분이 외국으로 많이 나갔는데 간호학교가 각종학교 범주에 들어서 계속 공부할 수 있는 자격을 부여받지 못했기 때문"이라며 "미국이나 캐나다로 눈을 돌리고 스칸디나비아로 떠나게 된 것은 우리학교 졸업생들의 간호수준이 외국에서 더욱 인정을 받았기 때문"이라고 서술하고 있다. 한편 2008년 '질병치료 50년 국민건강 100년: 국립의료원 50주년: 1958-2008'에 회고록을 실은 제7대 간호과장 이동란은 "삼성의료원이 개원 당시 보호자없는 병동, 전인간호를 할 수 있는 병실운영에 대해 강의를 해 달라는 부탁을 해왔었는데, 이는 국립의료원의 과거 모델을 따른 것"이라며 "국립의료원은 개원 당시부터 적어도 10~15년간은 환자의 가족이나 간병인이 환자를 돌보는 일은 없었다. 당시 간호과에서는 간호사들이 체계적이고 조직적인 간호를 할 수 있는 시스템을 갖췄다"고 증언하기도 했다.

  처음 병원개원시 북유럽에서 지원한 간호사 40여명과 각지에서 뽑혀온 한국인 간호사 50여명이 함께 일하기 시작했다. 간호학교에 처음으로 부임한 외국인교수는 보이스타드였다. 그 외 '1959년이후 전직 외래교수'로 산과간호학 G Bergström(1959년11월~1964년3월), 정형외과간호학 Ellen Kilby(1959년10월~1964년6월), Professional Adjustment(전문적 적응) Evy Nilsson(1959년10월~1967년3월), 병원행정·소아과간호학 Gullan Peterson(1963년2월~1964년8월), 영어 Mrs. Laursen(1963년1월~1964년3월) 등 북유럽식 이름을 찾아볼 수 있다. 1968년 완전히 한국인 교수들만이 강의하게 될 때까지 스칸디나비아인 여교수는 1~2년만에 한 사람씩 교대로 바뀌었다.[250] 간호

---

250 '국립의료원 간호전문대학 30년사', 국립의료원 간호전문대학 1989

1930년 7월10일자 조선일보에 실린 이금전의 사진. 태화 여자관 모자보건사업을 태동시켜 한국 지역사회간호의 선구자가 되고 은퇴 직전 국립의료원 2대 한국인 간호과장을 맡아 간호역사의 연결고리로 작용하고 있다. 1948~1949년 하와이한인회 알선으로 퀸스병원간호학교에 유학했다고 하는데, 이를 매개로 초대 간호과장이었던 하와이 교포 사로메 한의 뒤를 이어 부임한 것이 아닌가 한다.

과장 1~4대[251]는 북유럽출신 1명과 한국인 1명이 공동으로 맡았는데, 북유럽인으로는 1대 Grota Dahlstr, 2대 Ingrid Noren, 3대 Ragn Langeland, 4대 Kerstin Hyllner가 담당했다. 한국측에서는 1대 사로메 한Salome Han, 2대 이금전Frances Lee Hwang, 3대 이성덕, 4대 유순한이 과장직을 맡았다. 일제강점기 스웨덴의 여성사상가 엘렌 케이를 만나기 위해 유학을 간 최영숙이라는 인재가 나타날 정도로 북유럽의 여성해방은 이미 한국에까지 알려져 있었다. 당시 북유럽도 성별분업적 관습에서 완전히 자유롭지 못한 것으로 보이나, 여교수들의 앞선 기술, 문화, 박애정신, 여권의식은 한국인 제자들에게로 이어져 내려왔을 것이라고 충분히 짐작할 수 있다. 1968년 한국정부로 병원운영권이 이양될 때까지 스칸디나비아 사절단이 머물던 숙소로 사용됐던 옛 로하우스는 2015년 스칸디나비아기념관으로 개관돼 초기 NMC의 역사를 모두 만나볼 수 있다. 특기할 것은 1960~1961년 2대 한국인 간호과장이 태화여자관에서 모자보건사업을 태동시켰던 이금전이었다는 것이다. 1960년 모든 공직에서 은퇴했다고 알려져 있었는데, 국립의료

251　한국정부로 경영권이 이양되기 전인 1~4대는 '간호부 부서장'으로 불렸다.

원에서 마지막으로 근무한 기록을 찾을 수 있다. 이렇게 태화에서 성신까지 인연들이 이어져왔다는 것을 새삼 확인할 수 있다.

1대 한국인 간호과장 사로메 한의 인터뷰와 사진을 찾은 것도 이 책의 성과다. 그에 대해 찾기 어려운 것은 그가 하와이 교포였기 때문에 이름이 여러 방식으로 표기됐고, 1958년 9월~1959년 12월 재임해 재직기간이 짧았던 이유로 보인다. 1959년 4월30일자 조선일보는 '천직 (10) 간호부 중앙의료원 최살리미 여사'라며 사진과 함께 그의 인터뷰를 싣는다. 이 기사에 따르면, 당시 54세의 그는 5살 때 부모와 함께 하와이로 건너가 퀸즈병원('퀸스병원'의 오기로 보임) 간호학교를 졸업하고 하와이에서 간호사로 일했다. 기사는 "슬하에 아들 하나와 딸 두명이 있으며 미국에는 훌륭한 가정이 있으나 우리나라에서 처음으로 생기는 중앙의료원 간호학교에 40명의 외국 간호원과 120명의 한국간호원들의 중계역할을 하며 의료원 초창기의 간호 사업의 틀을 꾸미기 위하여 이곳 간호부장이라는 직을 맡아보면서 직접 환자들 간호에 솔선수범을 하고 있으며 후배 간호원 지도양성에 정성을 기울이고 있다"고 보도한다. 또 "미국간호원보다 우리나라 간호원들은 사회적으로 멸시당하고 있다"며 "앞으로 우리나라 간호원의 사회적 지위를 높이는 일에 주력하겠다"는 그의 말을 전한다. 그에 대한 자료들은 후손에 의해 'Salome Choi Han'이라는 이름으로 하와이대 한국학연구소에 기증됐다. 사로메 한의 아버지는 1872년경 한국에서 태어나 서울 정동에 살았던 최진태로, 재한미국북감리교 선교부가 1904년 하와이에 파송한 한인 전도사 9명중 한 명이었다. 1913년 최진태 사망후 그의 아내 최엘리사벳(박엘리사벳)은 이승만이 설립한 한인중앙학교 여학생 기숙사 사감으로 활동했고, 대한인부인회 등 여성조직에 몸담고 독립운동기금에 공을 세웠다. 1919년 이

1959년 4월30일자 조선일보에 실린 국립의료원 초대 한국인 간호과장을 맡은 사로메 한의 사진. 하와이 교포였던 그에 대한 귀중한 자료다.

승만의 소개로 국민회 회장이던 안현경과 재혼한다. 사로메 한도 대한민국 초대 대통령이 된 이승만과의 인연으로 한국에 온 것으로 보인다.

　국립의료원은 탄생 전 준비과정, 최첨단시설을 갖춘 건물 건축부터 언론들의 주요 보도 대상이었다. 1958년 8월7일자 동아일보는 '동양굴지의 대규모시설 국립중앙의료원 내월초 개원 북구의료요원 제1진 내한' 제하로 "현재의 계획으로는 9월초순부터 이 병원에서 일할 사람은 한국인 330명, 스칸지나비아인 약 100명으로 도합 430명인데, 병원은 한국인 3명과 스칸지나비아인 3명으로 조직된 운영위원회의 결의에 따라 운영되며, 원장은 한국인으로 하되 그 밑에 각 과정은 스칸지나비아인이 맡게 될 것으로 병원의 운영면에서 일어나는 모든 책임은 원장이 지고 의료기술면에 대한 책임은 스3국의 의료요원들이 지도록 되어 있다"고 구체적 계획을 보도한다. 조선일보 1958년 12월30일자에는 최은희가 사회평론가 타이틀을 달고 '여성단체총결산'을 전하며 "대한간호협회[252]＝국립중앙의료원에서 활동하는 스칸디나비아 간호원 45명과 같이 일하는 간호원 100여명중 대부분이 회우로써 충당됐다"는 소식을 포함했다. 한편 북유럽의 선진 사회보장제도가 국립의료원을 통해 전수됐음을 기사의 조각들을 통해서도 알 수 있어 눈여겨 볼만하다. 1958년 11월4일자 경향신문은 스칸디나비아3개국에서 1년동안 유학한 국립의료원 내과의 김종설씨를 통해 '사회보장제도의 구상'을 보도하고 있다. 김씨는 "건강보험 양로연금 실업보험 장해보험 등이 사회개선법으로 입법이 다 돼있고 각 국민학교에서는 무료급식을 하고 이밖에 노동조합 농업협동조합 등도 고도로 발달돼있으며 빈부의 차가 별로 없고 국민들은 높은 생활수준과 문화수준 생활을 누릴 수 있다", "3개국의 모든 국민은 거의 모두가 건강보험에 의무적으로 가입하고 있다. 3개국의 병원은 전부가 국립병원이고 의사는 국가공무원으로 돼있으며 물론 무의촌 같은 것은 없고"라고 전한다. 서울의대 1회 졸업생인 김종설(1923~2019)은 1964년 국립의료원 흉곽외과과장 폴 오테센 박사, 유회성 박사와 함께 국내 최초로 영구심박동기(인공심장) 시술을 하기도 했다. 국립의료원은 선구 의료기술과 기구를 적용해 국내 처음으로 각종 수술이 이뤄진 기록도 여럿 가지고 있다.

1968년 북유럽 사절단이 대부분 떠나게 되면서 그동안의 결산이 기사화된다. 교육기관으로서도 이때까지 1257명의 인턴과 레지던트, 203명의 약

252　대한간호협회는 우리나라에서 가장 오래된 여성전문직업단체로 꼽힌다. 1923년 엘리제 셰핑(한국명 서서평)이 창립한 조선간호부회를 전신으로 하고 있다. 우리나라에서 결성된 간호사 첫모임은 1908년 한국에서 활동하는 서양인 간호사 모임인 '재조선졸업간호부회'로 발족됐다. 1911년 '재선서양인졸업간호부회'로 명칭을 변경했고, 조선인과 서양인이 모두 참여하는 '조선간호부회'는 1923년 4월 결성돼 1926년 완전통합됐다. 초대회장은 간호선교사 엘리제 셰핑이었다.

사, 921명의 간호사, 404명의 기술원 등 총 2785명의 의료요원을 훈련해왔
다.[253] 1967년 10월25일자 경향신문은 "다녀간 의사·간호원만 443명"이라
고 보도했다. 1968년 9월28일자는 동아일보는 "지난 1958년 노르웨이 덴
마크 스웨덴 등 스칸디나비아 3개국의 공동원조로 세워진 메디칼센터(국
립의료원)가 오는30일 창립10주년을 기해 그 운영권이 우리정부에 옮겨진
다. 정부는 오는30일 거행되는 창립10주년기념식에서 노르웨이 국제개발
처 사무총장 R K 안드레센 박사와 솔하임 박사 등 5명에게 국민훈장·국민
포장·장관감사장을 수여키로 했다"고 보도하고 있다. 포상명단에는 "간호
고문단장 켈스틴 힐러(커스틴 힐러), 간호고문단 엘렌 칼비(엘렌 킬비), 기술고
문관 그래테 메드슨(그레데 마슨)"이 포함돼있다. 전모를 파악하기엔 부족하
지만 이런저런 기록들을 종합해볼 때, 한국전쟁시기부터 북유럽에서 최소
수백명대의 여성간호인들이 낯선 극동의 땅으로 파견됐을 것으로 추산된
다. 1968년 10월1일자 조선일보는 '10년동안 고마웠읍니다' 제하로 간호
사들이 한국고아들을 입양해갔음을 밝힌다. "내과과장 김종설 박사는 '1년
이상 근무한 간호원치고 울지않고 떠난 사람이 없었다'면서 스웨덴 간호원
부리다 에릭손 양은 연고자가 없는 3살된 환자를 성심껏 치료해서 데리
고 귀국했다고 했다. 이렇게해서 스칸디나비아로 입적해간 어린이는 4명
이었다"는 내용이다. 4대 간호과장과 여직원들에 대해 "어스틴 힐러(50)여
사는 의료원 간호과장으로 지난 64년 1월 내한, 간호원들의 어머니 역할을
맡아 엄격하게 훈련을 시켰으며 동의료원 간호학교설립을 도왔다.[254] 그리

253 인술 이바지 10년, 동아일보 1968년 10월3일

254 어스틴 힐러는 커스틴 힐러의 오기로 보인다. 또 간호학교는 1959년 개교했으므로 1964년 내한한 그가 설립을 도왔다는 것 역시 오보다. 그러나 그 이전에도 내한했을 가능성을 배제할 순 없다. 엘렌 킬비의 내한 시기도 신문마다 다르게 표기되고 있기 때문이다.

고 감삿장을 받은 그레데 마슨(48) 여사는 66년4월에 내한, 예술원 고문으로 일하는 동안 혈액관리취급을 지도했다. 또한 엘렌 킬비 여사는 간호원 생활 40년의 베테란, 간호고문관이라는 직책으로 우리 환자들과 피부를 스치며 정을 나눈 일선 실무자였다. 엘렌 킬비 간호원은 지난 58년 이후 3번이나 한국근무를 자원, 4년6개월을 이곳에서 일해온 이 의료원의 산증인으로 자기 손을 거쳐간 한국인 환자를 줄잡아 10만명으로 계산했다. 이날 한국정부의 감삿장을 받은 킬비 양은 가장 인상깊었던 날은 우리나라 최초로 인공심장박동기 부착수술(환자 장미자·16)에 성공했던 일이며, 그날은 한잠도 못이뤘다고 되새겼다"고 보도한다.

4·19혁명 총상 학생들의 치료 거점

민간에서도 대형병원을 설립, 운영할만한 역량이 갖춰지기 전까지 국립의료원은 황윤석 판사 의문사 등 주요 사건사고 사망자, 부상자, 감염자, 환자들과 관련해 언론을 탔다. '3·1운동의 제34인'으로 불리는 프랭크 스코필드 선교사도 1970년 이곳에서 타계했다. 모두 시대상을 파악할 수 있는 소중한 자료들이다. 특히 1960년 4월 학생들을 비롯한 국민들이 이승만 자유당 정부의 독재와 부정부패, 부정선거에 항의하며 벌어진 민주항쟁시 국립의료원 의료진의 공헌은 따로 기록해야할 만큼 지대했다. 시위가 일어난 시내에서 가깝고 당대에는 최대병상과 최고의술을 갖춘 병원이었기에 총상 환자들을 치료하는데 최적이었다. 당시 급박했던 현장 상황은 기사로 속속 보도됐는데, 국립의료원의 활약도 그 중 하나였다. 1960년 4월23일자 조선일보 '병원마다 만발한 인정의 꽃' 기사는 '4·19사태 국경을 초월, 서

울의 외인들 앞을 다투며 채혈, 중앙의료 전직원들까지도'라는 중제를 달
고 보도된다. "중앙의료원에서 일하는 스칸디나비아반도 3개국에서 파견
된 30명의 의사 간호원들도 피의 부족으로 위독상태에 빠진 부상자를 위해
피를 제공했다", "이러한 외국인들의 온정속에서 일하는 중앙의료원의 한
국인 직원은 원장이후 70명이 모두 피를 제공했으며 스칸디나비아 3개국
의 의사와 간호원들의 지극한 정성과 밤낮을 쉬지 않고 18일부터 계속 일
하는데 감격하여 전원이 계속 근무를 하고 있다" 등의 구절이 나온다. 이승
만이 하야한 4월26일에도 격렬한 시위로 사망자가 많았다. 이날 동아일보
는 "이날 밤의 메디칼센터의 풍경은 긴급동원된 외국인 의사와 간호원 30
여명이 구급환자들을 대기하고 있었다"고 역사의 한 장면을 전한다. 이들
은 4·19희생학생 위령탑 건립기금을 내는 외에도 수많은 미담을 남겼다.

1960년 5월8일자 경향신문은 4·19혁명과 관련 2대 간호원장 노렌이 기
고한 장문의 글을 싣는다. "잉그릿드 노렌 여사는 8일 세계적십자날을 맞
아 '한국학생들에게 보내는 글'을 보내고 이번 4월학생혁명운동은 '낡고
썩은 질서에 대한 청년학생들의 당연한 항쟁이며 장하고 숭고한 일'이라
고 찬양하였다. 작년 9월 스웨덴 본국으로부터 한국에 온 이래 메디칼쎈터
에서 줄곧 한국의 병환자들의 치료에 진력해온 노렌 여사는 이번 4·19 및
4·26사건때 260여명의 학생들을 간호해 주었다"고 소개한다. 노렌은 "얼
마나 숭고하고 장한 일입니까 길이 세계학생들의 모범이 되고 청사에 남을
일"이라며 "4월19일 그러니까 제1차 학생의거의날 우리 메디칼쎈터에는
총탄에 맞아 피를 흘리며 실려온 학생들이 130여명이나 되었읍니다. 그들
은 몇분동안만 그대로 두었더라도 영원히 건질 수 없는 중환자들이었읍니
다. 그러나 천만다행이었읍니다. 그들의 대부분이 바로 우리병원앞에서 부

경향신문 1960년 5월8일자에 게재된 국립의료원 2대 외국인 간호과장 잉그리드 노렌과 한국 어린이들의 사진.

상을 입었으므로 아주 빠른시간안에 치료를 할 수 있었고 그들은 곧 회복되어 나갔습니다. 나의 간호원생활을 통해 이와같이 다행스러운 일은 처음 겪은 것입니다"고 감격을 표한다. 글은 "하도 많은 환자들이 한꺼번에 밀려들어 오는 바람에 그들을 차가운 땅바닥에 눕혀두고 응급치료를 해야만 했을땐 가슴이 메이는 듯했습니다.…이는 불의에 굽힐 줄을 모르는 젊은 이들의 성스런 투쟁이었습니다.…젊은이들의 봉기가 역사를 뒤집어 엎어 놓은 사건은 역사책을 통해서 읽어왔지만 이번 한국에서의 학생혁명을 눈 앞에서 똑똑히 보고 많은 교훈을 얻었습니다"고 이어진다. 노렌은 또 "나의 조국 스웨덴의 학생들도 한국학생들의 4월혁명을 다들 잘 알고 있을 것입니다. 근착한 본국신문을 보았습니다. 매일처럼 1면 토프기사로 한국학생들의 의거가 실리고 사설로써 찬양했습니다. 도쿄에 와있는 본국 신문통

신 기자들이 한국에와서 자상하게 취재해 보냈습니다. 어제 도착한 신문에
는 이승만박사가 이기붕씨의 일가의 장례식에 가서 울었다는 기사도 실려
있더군요. 노르웨이나 덴마크 등 스칸디나비아 여러나라들의 신문에도 모
두 1면 머리기사였읍니다"는 소식도 전했다. 이틀 뒤 5월10일자에는 '중앙
의료원 노렌 여사에게 보내는 편지'라며 '서울대 대학원 김학훈'이 보내온
글이 실린다. 그는 "국경을 넘은 여사의 박애적인 간호활동은 이 나라 민주
주의의 한 거름이 되었고 여사의 이름은 한국학생의 어머니로서 길이 불리
워질 것입니다"고 노렌의 인류애를 찬양했다.

　외국인 인사가 드문 시기, 국립의료원을 오가는 의료진의 동정 또한 주
요 기사거리였다. 1962년 11월10일자 동아일보는 '낙위(노르웨이) 간호부
로여사 낭군따라 이번엔 영국행 "극빈자 다 못봐줘 가슴아파요"'라는 기사
를 '메디칼센터의 수석간호원으로 10개월간 일하다 1일 떠나는 로오켄 여
사'라며 사진과 함께 실었다. 75%의 환자를 무료로 치료해줘 전후 복구시
기 가난한 환자들이 몰렸던 당시 국립의료원의 사정을 알 수 있다. 1965년
2월21일자 조선일보에는 국립의료원 간호교사 카린 쇼베르가 본 한국여성
의 모습에 대한 기사가 실려 이채롭다. '에트랑제의 눈, 체한외국인 일요수
상시리즈-너무 이른 한국여성의 어머니수업' 이란 기사는 성평등의식에서
도 앞서있을 북유럽인의 시각이 담겨있다. 문화차를 고려해 매우 조심스럽
게 답변하고 있지만 여아를 아이보개로 쓰는 등의 관습에 불편함을 느꼈던
것 같다. 인터뷰 전문 중 일부를 옮기면 다음과 같다. "한국여성은 그들의
사고방식이나 행동이 우리보다 훨씬 여성적이란 생각이 든다. 그들은 훌륭
한 아내가 되기 위해 오랜시간 준비하며 남편을 즐겁게 하는 것이 그들의
가장 큰 욕심인 것 같다. 22세의 어느 한국여자는 여성의 할 일이란 그들의

왼쪽은 1964년 2월21일자 조선일보에 실린 국립의료원 간호교사로 체류 7개월째인 스웨덴인 카린 쇼베르의 사진.
오른쪽 위는 1962년 11월10일자 동아일보에 실린 국립의료원 수석간호원으로 근무한 노르웨이인 져트르드 로오켄의 출국시 사진.
오른쪽 아래는 경향신문 1968년 9월28일자에 실린 중앙의료원 간호고문관 엘렌 킬비의 사진. 한국전쟁 시기인 1951년 덴마크 병원선 유틀란디아호를 타고 부산과 인천 등에서 근무하며 한국과 인연을 맺었다고 보도됐다.

이해력과 재치를 총동원해서 남편에게 그의 중요한 직업을 수행해나갈 힘을 북돋아주는 것임을 확신한다고 나에게 말한 적이 있다. 또한 그들은 어머니 수업을 아주 일찍부터 시작하게 된다. 6세쯤 되는 조그만 소녀들이 흔히 등에 그들의 동생을 업고 다닌다. 때로는 힘이 들 것 같은데도 그들은 웃고 뛰놀면서 놀랄 만큼 잘 돌본다. 이 작은 소녀들이 어머니처럼 행동을 하면서 그들이 업고 있는 갈색눈의 살아있는 인형을 자랑스럽게 생각하는걸 보면 아주 감동하게 된다. … 이곳의 삶이란 부엌에 여러 가지 현대식 설비가 없어서 많은 주부들에게 아주 힘이 든다. 물을 예로 들더라도 많은 가정에서는 먼거리까지 가서 물을 길어와야하는 형편이다"고 당대 한국 여아와 여성에 대한 관찰 소감을 말하고 있다.

언론에 비친 간호대학 ─────

초급대학 과정의 3년제 '중앙의료원 간호학교'가 생겼을 때만 해도 전후 한국인 대부분이 가난했고, 여성교육 역시 여전히 도외시되던 시절이었다. 여성이 사회진출을 할 수 있는 분야도 제한적이었다. 이럴 때 국비를 받아 전문자격증을 딸 수 있는, 대학수준의 교육을 받는 것은 가정형편이 어렵지만 성적이 우수한 여학생들에게는 희소식이었을 것이다. 이 때문에 신문에는 이 학교에 대한 질의를 하는 독자들이 있었다. 신문에 보도된 간호대의 소식은 당대의 분위기를 짐작해볼 수 있는 좋은 소스다. 1964년 1월8일자 조선일보는 "중앙의료원(메디칼센터) 안에 있는 간호학교의 입시과목, 날짜, 특전 등을 알려달라"는 두 여학생의 문의에 "국립으로서 등록금은 일체 면제되며 숙식제복도 국비로 나옵니다. 수업연한은 3년, 졸업후에는 메디칼센터나 보사부장관이 인정한 다른병원에서 간호원으로 일할 수 있습니다. 수험자격은 만 18~23세 여고졸업이상의 학력을 가진 미혼여성, 전기에 24명을 뽑습니다. … 지난번 시험때는 10대1의 경쟁을 보였다고 합니다"고 상세히 소개하고 있다.

1965년 1월14일자 조선일보 '서울시내중·고교 올해 우등졸업생 상타는 얼굴들 ②' 기사 중 신광여고 졸업생 중 2부(야간) 수석자가 연대 지망을 하고 있는 데 반해 1부(주간) 수석자는 국립의료원간호대학을 지망하고 있어 눈길을 끈다. 그만큼 성적이 뛰어난 여학생들이 지원하고 있음을 알 수 있다. 1976년 12월20일자 경향신문은 "간호전문학교는 졸업후 간호원자격증, 중등양호교사 자격증 등을 취득할 수 있어 여학생들에게 큰 인기가 있다. 매년 평균 경쟁률은 10대1. …간호원이라는 인기

직종에 등록금이 싸 해마다 경쟁이 치열하다. … 국립의료원의 경우 입학수준이 상당히 뛰어난 것으로 알려져 있다"고 언급하고 있다.

　비보도 찾아볼 수 있는데, 1962년 11월17일자 경향신문에는 "17일 상오7시반쯤 시내 을지로6가 국립의료원 내에 있는 간호학교 기숙사 106호실에서 동교 2년생 장화자(21)양이 다량의 극약을 먹고 자살했다. 경찰조사에 의하면 장양은 집이 가난한 것을 비관한 나머지 자살한 것이라고 한다"는 단신이 실린다. 불우한 가정환경을 이기지 못한 젊은이의 죽음이 서럽다. 한편 1982년 국립의료원 여의사의 자살도 일하는 여성에게 부과되는 시집살이와 집안일, 출산, 육아가 얼마나 과중한지를 엿보게 한다. 이 해 6월17일자 조선일보는 "전명숙씨(27·국립의료원 마취과의사)가 손등에 약물을 주사해 숨져있는 것을 시누이가 발견했다"며 "의대 선배인 남편 오씨가 제주도로 취직해 떠난 뒤 시어머니 등 시집식구 6명과 함께 살아왔는데 지난 1월 장녀를 낳은 뒤 몸이 쇠약해진 상태에서 혼자서 병원일과 집안살림을 꾸려나가는 것을 힘겹게 여겨왔다"고 보도한다. 같은 날 경향신문도 "혼자 8식구의 시댁생활을 도맡아 꾸려왔는데, 장녀를 출산하면서 몸이 쇠약해진데다가 3일에 한번씩 돌아오는 야간근무로 가사를 이어나가기가 힘겨웠고 시집살이마저 적응을 못해 고민해왔다", 중앙일보도 "시어머니(55)가 중풍으로 몸을 가누지 못해 대소변을 받아내는 등 살림살이에 지쳐 '죽고싶다'는 말을 해왔다"고 전해 가부장적 문화 하에서 전문직 여성에게 가해진 극단적 부담으로 인한 비극을 드러냈다.

한 세기라는 시간, 그리고 한 개인의 염원

● 나오면서 ●

여성에게 거저 주어진 것은 아무것도 없었다. 지금 우리가 너무 당연히 누리고 있는 참정권, 교육권, 직업권 등은 앞세대 여성들의 치열한 투쟁으로 얻어진 것이다. 본서의 초판이 나오는 2022년에도 제20대 대통령선거, 국회의원 재보궐선거, 제8회 전국동시지방선거 등이 치러진다. 투표를 할 때면 언제나 최우선 떠오르는 것이 여성의 선거권이다. 이 한 표의 권리를 위해 부녀자, 여학생들은 자신들이 국가에 한 몫을 할 수 있는 존재라는 것을 증명하기라도 하듯 독립운동에 참여, 목숨을 바치고 피를 흘렸다. 그럼에도 한 세기가 지난 현시대에도 정치계의 부름을 받을 만큼 유명한 어느 의사가 "여자는 4분의 3만 권리를 행사해야 한다" 등의 망언을 버젓이 공개 인터뷰에서 하고 있다. 여기에 플라톤(BC 427~BC 347)을 들먹이며 "독재가 왜 잘못된 거냐"는 말까지 21세기 주요매체에 실리게 한다. 무려 2500년 전 얘기를 '잘못' 해석인용하고 있는 그는 기득권 남성세력에게 얼마나 여성혐오와 약자혐오가 뿌리깊게 배어있는지를 보여준다. (아이러니한 것은 그가 모 여대 앞에서 피부미용 개념을 도입한 병원을 선도적으로 개원, 주로 여성의 소비를 통해 부와 유명세를 함께 얻었다는 점이다)

플라톤과 동시대 아리스토텔레스(BC 384~BC 322)는 "여성은 남성의 불구 형태"라고 하는 등 차별주의자였는데, 이 같은 관념은 동서고금을 막론하고 억압의 기제로 얼마나 오랜 세월을 버텨왔는지 1898년 발표된 '여권통문'에는 여성 스스로 자신들을 '병신'으로 지칭하는 구절이 나온다. "어찌하여 우리 여인들은 일양 귀먹고 눈 어두운 병신 모양으로 구규舊閨만 지키고 있는지 모를 일이로다. 혹자 신체와 수족과 이목이 남녀가 다름이 있는가. 어찌하여 병신 모양 사나이의 벌어주는 것만 먹고 평생을 심규에 처하여 그 절제만 받으리오"라고 한다. '병신'이란 말은 본래 장애인을 모욕하는 단어인데, 인권에 반하기에 근절운동으로 지금은 거의 쓰지 않지만 여성을 비하할 때도 쓰이는 욕설이었다. 이 '장애'라는 인식은 있어야할 것이 없다는 의미로, 남성기가 없이 태어난 것은 외양부터 '고추'를 달고 태어나지 못했기에 한 사람 몫만큼 제 구실을 하지 못한다는 함의다. 때문에 여성운동은 장애인 등을 비롯 모든 차별받는 소수자들을 위한 권리찾기 운동이기도 하다. 이 한국최초 여성인권선언문은 여성도 학교를 다녀 교육을 받아야한다는 점을 첫째로 꼽고 여학교 세우기에 나서 '여학교설시통문'이라고도 불린다. 현재 '여학교'의 특수한 의미가 많이 희석됐지만, 위와 같은 이유에서라도 여학교의 설립취지는 잊히지 않아야 한다. 여성이 공적공간으로 나올 수 있는 디딤대가 돼준 여학교, 여성을 위한 최고 아카데미로 시작된 여자대학은 그 존재만으로도 '여권'의 의미를 되새기게 한다.

어느 여대 총장의 말처럼 "여대는 자기 소멸을 위해 달려가야 하는 역설적인 학교"일지 모른다. 언젠가는 사라져야할지도 모르지만 그 때가 지금이 아닌 것만은 확실하다. 지키려고 노력하지 않으면 퇴보할 수 있는 것이 권리의 속성이다. 우리가 '민주주의'를 위해 지속적으로 행동하지 않으

412

면 후퇴의 길로 몰려나는 것과 마찬가지다. 서구에서는 '젠더' 관점을 부여해 민주주의가 언제 시작됐는지를 가리기도 한다. 오늘날 학자들은 민주국가를 판단할 때 인종과 계급에 상관없이 남녀 모두가 보통선거권을 가지고 있느냐를 기준으로 삼는다. 미국의 사회학자 파멜라 팩스턴은 어떤 국가가 민주주의 국가인가를 이야기 할 때 학자들이 보통선거가 시작된 시기를 따지지 않는다고 지적한다. 여성과 유색인종까지 참정권을 가지게 됐을 때를 척도로 삼는다면 대한민국은 그만큼 앞서 민주주의를 획득한 국가로 꼽혀야할 것이다. 스웨덴의 '민주주의 다양성 연구소V-Dem'는 최신연구를 통해 '여성의 권리 없이는 민주주의로 이행할 수 없다'는 결론을 내놨다. 영국 정치학자 조니 로벤두스키는 여성의 정치 대표성이 국가의 민주성을 시험하는 좋은 잣대라고 주장한다.[255] 민주주의의 소중함은 매번 역설되면서 이를 유지·발전시키기 위한 여권의 문제는 한국에서는 너무나 과소평가되고 있다. 페미니즘, 페미니스트라는 말이 어떻게 한국에서는 기피대상이 됐는지, 만연한 여성혐오에 경악하게 될 따름이다.

오늘날 여성들에게도 동권同權이 얻어진 과정을 안다면, 감히 '나는 페미니스트는 아니지만' 증후군에 시달리거나 안티페미가 되기는 어려울 것이다. 여성들조차 자신들의 역사를 잊는 것은 연구의 어려움과 더불어 교육의 부재 때문일 것이다. 나 역시도 한국 땅에 어렵게 꽃핀 여성교육기관을 혜택을 무수히 입었음에도 내가 다닌 학교들에 대해서 잘 몰랐다. 이화학원 산하 예술영재중학교 예원학교[256]의 설립자였던 신봉조(1900~1992) 명

255 드루드 달레룹 '민주주의는 여성에게 실패했는가' 현암사, 2018년 9월 13일

256 현재 예원학교가 위치한 서울 중구 정동길25는 본래 조선왕실의 땅이었던 것으로 추정된다. 새 문안교회, 경신학교, 대한성소공회, 대한기독교서회의 역사가 시작된 장소로, 현재 담을 맞대고

예이사장이 내가 재학시 생존해있었으나, 그가 우리나라 여성교육계에 얼마나 위대한 업적을 남겼는지 같은 것도 몰랐다. 금요일 오전마다 정동교회에서 예배를 보고 이화여고 내 유관순기념관에서 성가대회에 참여하면서도 그 장소들이 얼마나 역사적으로 중요한 곳인지도 인식하지 못했다. 인터넷도 없고 정보도 따로 구하기 힘들었던 한 해 100만 수험생 시절, 담임교사가 원서를 써주는 대로 진학한 성신여대가 여교사를 많이 배출해와 교사들 사이에 평판이 좋다는 정도만 들었을 뿐이다. 어떻게 여성교육사에 남을 유구한 역사를 지니게 됐는지나 고인이 된 설립자에 대해서는 무지했다.

성신의 내력을 찾아올라가며 오랜 여학교간의 자매애를 발견하고 여성의 역사를 회복하는 동시에, 한국여성들의 자생적이고 자발적인 여권운동의 맥이 흐르고 있음을 깨달았다. 미국선교사들에 의해 시작된 태화여학교를 천도교의 도움으로 개교한 성신여학교가 인계하면서, 근대사립학교의 주요 뿌리인 기독교계 미션스쿨과 민족자본으로 세워진 민족사학의 전통을 모두 이어받은 독특한 위치를 점하고 있다는 것도 알게 됐다. 3·1운동의 양대 주체라 할 수 있는 기독교와 천도교의 영향을 당대에 모두 받아들였다는 점에서, 민족정신의 교두보로 자리매김하는 동시에 유연하고 자유로우면서도 융합학문시대에 걸맞은 협동적이고 통합적인 학풍을 가지게 됐다. '여성'이 주체가 된 교풍은 여성중점의 교육과 여성시각의 연구를 지

복원된 덕수궁 중명전이 들어서있다. 고종의 윤허로 선교사들이 입국하며 연세대 설립자인 언더우드 저택, '마포삼열'이라는 한국식 이름을 지닌 '한국교회의 아버지' 마펫 저택이 들어섰다. 1902년 덕수궁 소유가 되고 일제가 들어서며 '이왕직'에 소속됐다가, 다시 미국 감리교 여선교부에서 구입해 서양식건물을 짓고 독신 여선교사 사택 '그레이하우스'(회색관)로 사용됐다. 마펫 사택터는 1953년 이화학당에서 사들여 서울예고가 사용했고, 서울예고가 평창동 신축교사로 이전 후 언더우드 사택터도 1977년 예원학교 소유로 넘어가 운동장으로 변했다. (이덕주 '개화와 선교의 요람 정동이야기'(2002) 일부 참조)

414

속가능하게 한 요체였다. 직업학교 역할로 점점 전락해가는 대학에서 학생들은 점점 보수화되며 대학이 가져야할 신선한 혁신의 정신이 사라져가고 있다. 오직 여대들만이 '미투운동'으로 변혁의 중심이 섰다는 것은 3·1운동과 서울여학생만세운동의 기개를 떠올리게 하는, 여성주도의 진보성과 선진성을 상징하는 사건이었다. 젊은 여성들이 모여 대안적 문화를 만들어가고 있다는 점에서도 여자대학의 존재 이유는 뚜렷하다. 여러 여성적 방식과 방법론이 시도되는 장으로, 가시적인 예로는 본문에 기술했던 성신여대의 '술 없는' 신입생 오리엔테이션과 대동제 등이 대표적이다. 음주 없이는 사회생활이 불가능한 것처럼 여겨 '술판'이 사업과 친분의 장인 양 여겨지고, 심지어 만취가 여러 강력범죄의 감형사유가 되는 요지경 세태 속에서 어떻게 새로운 세상으로 나아갈 수 있는지를 몸소 실천해볼 수 있는 터전이 되고 있다. 대학 행사에 주류회사들이 무료로 술을 제공하는 것이 홍보수단이 된 시대에 자본주의의 유혹도 뿌리칠 수 있는 것은 여성이기에 할 수 있는 미래지향적 시도다. 대학총장선거에 직선제 도입 시도는 여러 번 유행처럼 번지다가 사라지기를 반복했지만, 대학의 전구성원이 참여하는 직선제 적용의 물꼬를 튼 것은 이화여대와 성신여대. 교수, 교직원에 이어 재학생과 동문까지 직접투표로 총장을 선출할 수 있도록 선거권을 부여한 것은 그만큼 민주적 분위기가 형성돼있기에 가능했던 일이다.

개인적으로 한 세기라는 세월의 무게를 직접적으로 느끼게 된 것은 밀레니엄 즈음이었다. 당시 나는 미국 LA에서 기자로 일하며 주류에서 활약하는 한인들을 찾아내 기사화하는데 보람을 느끼고 있었다. 그러던 중 일본 인타운 '리틀도쿄'가 한국계 건축가 데이비드 현(1017~2012)에 의해 설계됐다는 자료를 발견하고는 그를 만나러 갔다. 별다른 사전정보 없이 갔다가 놀라운 가족사를 듣게 됐다. 그의 아버지 현순 목사가 1903년 하와이로 향하는 첫 한인 이민선 하나에 지도자격으로 가족과 함께 탑승했고, 3·1운동과 임시정부에서 중요한 역할을 했다는 등의 역사적 사실이었다. 그는 그의 맏형 피터 현이 영어로 발간했던 'MAN SEI!'(만세!)라는 책과 함께 몇 대에 걸친 가족사진이 담긴 앨범 등을 내게 줬다. 나는 2003년이 한인 미주이민100주년이라는 역사를 인지하고 이에 대한 책을 쓰리라 결심했다. 하지만 얼마 뒤 귀국해 재취업을 하고 기자업과 나름의 삶에 쫓기느라 마음의 부채가 된 이 자료들을 묻어둘 수밖에 없었다. 하지만 내가 썼던 데이비드 현에 대한 기사는 미 전역에 배포되는 교포잡지에 실리면서, 노령으로 신이민자들로 이루어진 한인사회와의 연계가 멀어졌던 그가 현지와 한국에서 모두 다시 주목받는 계기를 만들었다. 데이비드 현은 2002년 미국 동포 출판사를 통해 '현순 목사와 대한독립운동'이라는 책을 냈으며, '만세!'는 김창희 전 프레시안 편집국장의 소개로 2015년 한국에 번역출간됐다. 같은 해 '현 앨리스와 그의 시대', 이듬해 '현순-3·1운동과 임시정부 수립의 숨은 주역' 등의 책이 연이어 나왔다. 앨리스 현은 데이비드 현이 '하와이에서 출생한 첫 한인'이라고 말해주었던 그의 큰누이로, 책을 통해 알려진 그의 실체적 진실과 파란만장한 삶은 현순 가家의 여러 면면과 함께 화제를 불러일으켰다. 뒤늦게나마 아쉬움과 함께 안도감을 느꼈다. 이에 대한 이야기는 또 다른 기회에 풀어낼 수 있기를 바란다.

'100년사'에 대한 미련이 무의식에 남아있었기 때문일까, 2019년 3·1운동100주년은 특별한 의미로 다가왔다. 여러 자료를 조사하던 중 모교 성신여대가 민족성지 태화관에서 시작된 태화여학교를 인계받아 시작했다는 사실을 발견하게 돼 책을 쓰게 됐다. 자료를 찾을수록 그 수많은 이야기들

416

이 한 세기도 되지 않아 덮여버렸다는데 충격을 받는 한편, 묻힌 과거의 사실들을 되살려낼 수 있다는데 뿌듯함을 느꼈다. 사실 역사는 낡고 고루한 것이라는 선입견이 컸었다. 그러나 과거에 존재했던 사건들과 사람들이 나의 삶과 직접적 연계성이 있다는 것을 알게 되면 모든 곡절들이 생동감있게 다가온다. 역사를 알고 난 뒤에는 또 다른 눈이 열리고 시야가 넓어지는 것을 느끼게 된다. 무심코 지나쳤던 것들이 새롭게 보이고 세상을 이루는 것들이 거저 생겨난 것이 아니라 기저에서 서로 영향을 주고받으며 연관돼있었음을 깨닫게 된다. 옛신문들을 뒤지면서 습관적으로 해왔던 기자일이 '현대의 사관'이라는 점을 체감하고 사명감도 더해졌다. 진취적 여성 선배들의 발자취를 더듬으며 이들을 배우고 기리는 것이 우리 안의 자부심과 도전정신을 일깨우는 일이라는 것도 뒤늦게 절감했다. 아무리 역사적 상징물을 세우고 기념행사를 해도 그 역사가 오늘날 우리의 삶과 의식을 구성하게 된 필수요소라는 점을 이끌어내지 못한다면 한낱 피상적이고 공허한 유희에 그치고 만다.

마지막으로 책이 나오는 단계에 도움주신 항일여성독립운동기념사업회 연구소 신영숙 소장, 기계형 젠더뮤지엄코리아 관장(국제여성박물관협회 이사, 전 국립여성사전시관장), 태화기독교사회복지관 차지현 복지사께 감사드린다.